Forschungsmethoden der Psychologie

Bachelorstudium Psychologie

Forschungsmethoden der Psychologie
von Prof. Dr. Hans-Werner Bierhoff und Prof. Dr. Franz Petermann

Herausgeber der Reihe:
Prof. Dr. Eva Bamberg, Prof. Dr. Hans-Werner Bierhoff,
Prof. Dr. Alexander Grob, Prof. Dr. Franz Petermann

Forschungsmethoden der Psychologie

von

Hans-Werner Bierhoff und Franz Petermann

HOGREFE  GÖTTINGEN · BERN · WIEN · PARIS · OXFORD · PRAG
TORONTO · BOSTON · AMSTERDAM · KOPENHAGEN
STOCKHOLM · FLORENZ · HELSINKI

Prof. Dr. Hans-Werner Bierhoff, geb. 1948. 1967–1971 Studium der Psychologie in Bonn. 1974 Promotion. 1977 Habilitation. Seit 1992 Inhaber des Lehrstuhls für Sozialpsychologie an der Ruhr-Universität Bochum. Forschungsschwerpunkte: Regeln der Fairness in Aufteilungssituationen, freiwilliges Arbeitsengagement, Kundenzufriedenheit, Bindung, Bestätigungssuche und Narzissmus in persönlichen Beziehungen.

Prof. Dr. Franz Petermann, geb. 1953. 1972–1975 Studium der Mathematik und Psychologie in Heidelberg. 1977 Promotion.1980 Habilitation. Seit 1991 Lehrstuhl für Klinische Psychologie an der Universität Bremen und seit 1996 Direktor des Zentrums für Klinische Psychologie und Rehabilitation (ZKPR). Arbeitsschwerpunkte: Psychologische Diagnostik, Behandlung von Entwicklungs- und Verhaltensstörungen im Kindes- und Jugendalter.

 Informationen und Zusatzmaterialien zu diesem Buch finden Sie unter www.hogrefe.de/buecher/lehrbuecher/psychlehrbuchplus

Bibliografische Information der Deutschen Nationalbibliothek

Die Deutsche Nationalbibliothek verzeichnet diese Publikation in der Deutschen Nationalbibliografie; detaillierte bibliografische Daten sind im Internet über http://dnb.dnb.de abrufbar.

© 2014 Hogrefe Verlag GmbH & Co. KG
Göttingen • Bern • Wien • Paris • Oxford • Prag • Toronto • Boston
Amsterdam • Kopenhagen • Stockholm • Florenz • Helsinki
Merkelstraße 3, 37085 Göttingen

http://www.hogrefe.de
Aktuelle Informationen · Weitere Titel zum Thema · Ergänzende Materialien

Umschlagabbildung: © Dreamstime – Angelina Dimitrova
Satz: ARThür Grafik-Design & Kunst, Weimar
Druck und Bindung: AZ Druck und Datentechnik GmbH, Kempten
Printed in Germany
Auf säurefreiem Papier gedruckt

ISBN 978-3-8017-2183-1

Inhaltsverzeichnis

5   Die Beobachtung – Dokumentation von Verhalten   187

6   Biologische Methoden 221

7   Einstellung und Verhalten 253

8   Empirische Prüfung von Hypothesen und ausgewählte Versuchspläne 289

9   Veränderungsmessung und Längsschnittforschung ... 317

Vorwort

Das Fach „Psychologie" erforscht das menschliche Erleben und Verhalten. Damit sind vielfältige Fragestellungen verbunden, die den Einsatz unterschiedlicher Forschungsmethoden erforderlich machen. Die Forschungsmethoden der Psychologie weisen dabei Bezüge und Gemeinsamkeiten mit den Nachbardisziplinen „Biologie" und „Sozialwissenschaften" auf. Die theoretischen Positionen und einige verschiedene Denkansätze basieren auch auf den Geisteswissenschaften, vor allem der Philosophie.

Versteht man Psychologie als „Faktenwissenschaft", dann kommt den empirischen Forschungsmethoden eine hervorgehobene Position zu. Wir berichten in unserem Buch aus diesem Grund vor allem von empirischen Zugängen zur Psychologie. Für ein umfassendes Verständnis der Psychologie liefern die Forschungsmethoden den Schlüssel, der nötig ist, um Befunde und Erkenntnisse der Psychologie zu bewerten. Die Ergebnisse psychologischer Forschung beruhen dabei auf sehr unterschiedlichen Daten; die Qualität solcher Daten bestimmt den Stellenwert der damit erzielten Befunde.

In vielen Bereichen und in jüngster Vergangenheit besonders deutlich versteht sich die Psychologie als Naturwissenschaft. Dieses Selbstverständnis räumt dem Experiment eine zentrale Position ein. Die Grenzen des Experiments werden jedoch sowohl in der sozialpsychologischen als auch klinisch-psychologischen Forschung besonders deutlich.

Die Aussagekraft einer Forschungsmethode wird dann erkennbar, wenn man die damit erzielten Ergebnisse zusammenstellt und die offen gebliebenen Fragen gegenüberstellt. Vielfach stellen der Nutzen und die praktische Verwertbarkeit von Befunden bei der Beurteilung einer Forschungsmethode eine wichtige Rolle dar. In diesem Kontext sucht das Fach „Psychologie" immer wieder den Ausgleich zwischen seinen Aufgaben als Grundlagendisziplin und den Erwartungen, die die Gesellschaft an eine angewandte Wissenschaft berechtigterweise formuliert. Naheliegender Weise führen diese gegensätzlichen Orientierungen zu unterschiedlichen Bewertungen von Forschungsmethoden und Forschungsergebnissen.

Forschungsmethoden werden zu Beginn eines Studiums vermittelt. Das bringt verschiedene Probleme mit sich, die damit zu tun haben, dass man den Stellenwert der Forschungsmethoden am besten auf der Basis der eigenen Forschungserfahrung erkennen kann. Methoden richten sich auch an den zu bearbeitenden Inhalten aus, wobei man im Studium erst allmählich die Inhalte der Psychologie kennenlernt. Um die Vor- und Nachteile von Methoden bewerten zu können, muss man damit Erfahrungen sammeln. Solche Erfahrungen sammelt man später im Verlauf des Studiums in Studien- und Examensarbeiten, Doktorarbeiten und wissenschaftlichen Publikationen. Erfahrungen im Umgang mit Forschungsmethoden kann man auch durch Berichte von Dritten vermitteln. Diesen Weg wählten wir, indem wir ein Dutzend Experten zu einem Interview eingeladen haben. Wir wählten dazu besonders erfahrene Kolleginnen und Kollegen aus, die teilweise mit den Autoren dieses Buches seit Jahrzehnten freundschaftlich verbunden sind. Selbstverständlich vermitteln die „Experteninterviews" einen persönlichen Zuschnitt zum jeweiligen Thema. In der Regel gaben wir in diesen Experteninterviews das Thema und die Forschungsmethoden vor. Die Resonanz auf dieses Vorhaben war sehr groß. Uns gelang es damit nicht nur, prominente Forscher unserer Disziplin zu präsentieren, sondern auch unsere eigene Sichtweise zu erweitern. Allen Interviewpartnern gilt unser besonderer Dank.

An dieser Stelle möchten wir unseren Mitarbeiterinnen und Mitarbeitern für ihre wertvolle Unterstützung danken: Frau M. Sc. Andrea Führer, Frau M. Sc. Stephanie Hanke, Frau Iciar Martinez, Frau Merle Möllers und Frau Bahar Öztamur in Bochum sowie Dr. Urike de Vries, Dr. Marc Schipper, Prof. Dr. Hans-Christian Waldmann in Bremen. Selbstverständlich danken wir dem Verlag und dem Lektorat für die Geduld und die Betreuung dieses Buches.

Bochum und Bremen, März 2013   Hans-Werner Bierhoff
                                                                        Franz Petermann

Kapitel 1

Wissenschafts- und erkenntnis-
theoretische Grundlagen

Inhaltsübersicht

Aufbau dieses Kapitels

Im ersten Teil dieses Kapitels wird die Frage beantwortet: Wie lässt sich die wissenschaftliche Methodologie kennzeichnen? Mit der Antwort auf diese Frage wird ein Bezugsrahmen entwickelt, innerhalb dessen sich der Inhalt dieses Buches ansiedeln lässt. Im Einzelnen geben wir Antworten auf die Fragen, was objektives Wissen ist und wie sich empirische Daten fassen lassen. Dann befassen wir uns mit der Beantwortung von Warum-Fragen, die zu psychologischen Erklärungen in Hypothesen und Gesetzen überleiten. Wir beschreiben die Logik der wissenschaftlichen Forschung und stellen das Hempel-Oppenheim-Schema als Basis für die Prüfung von Hypothesen vor. Schließlich differenzieren wir zwischen Erklärung und Prognose einerseits und zwischen Beschreibung und Erklärung andererseits. Abschließend wird das Forschungsgebiet der Szientometrie vorgestellt.

1.1 Empirische Forschung: Worin liegt die Schwierigkeit und welche Lösung bietet sich an?

Psychologische Methodologie: Erkenntnisgewinnung durch Anwendung wissenschaftlicher Methoden

Unter psychologischer Methodologie versteht man die Erkenntnisgewinnung durch die Anwendung wissenschaftlicher Methoden. Sie besteht aus einer Sammlung von Regeln und Kriterien, mit deren Hilfe die psychologische Forschung dargestellt und kritisch gewürdigt wird. Die Methodologie lässt sich der Wissenschaftstheorie zuordnen. Sie stellt eine Metatheorie dar, die Aussagen darüber enthält, wie psychologische Theorien geprüft werden. Gleichzeitig begründet sie eine Ordnung der Methoden in ihrer Vielfalt, auf deren Grundlage wissenschaftliche Erklärungen geprüft werden. Es geht in den Worten von Wolfgang Stegmüller (1973), der ein monumentales Werk zur Wissenschaftstheorie und Methodologie geschrieben hat, um die „Explikation und Präzisierung der verschiedenen Formen wissenschaftlicher Systematisierungen, von denen die wissenschaftliche Erklärung … als Prototyp gelten kann" (S. 72). Methodologie befasst sich sowohl mit der genannten Explikation und Präzisierung von Hypothesen/Gesetzen als auch mit den Verfahren zu ihrer Überprüfung.

Methoden = zum Sammeln wissenschaftlich relevanter Evidenz eingesetzte Verfahren

Methoden sind die Verfahren, die eingesetzt werden, um wissenschaftlich relevante Evidenz zu sammeln. Darunter fallen die in der Forschung verwendeten Untersuchungsdesigns. Wir gehen in diesem Kapitel auf drei Untersuchungsdesigns ein, die für die psychologische Forschung von grundlegender Bedeutung sind: die experimentelle Studie, die Korrelationsstudie und die Fallstudie.

Empirische Wissenschaft bedarf der fortlaufenden Überprüfung und Optimierung. Zwar wäre es wünschenswert, eine allgemeingültige Methodologie zu entwickeln. Aber die Geschichte der wissenschaftlichen Forschung zeigt, dass man immer nur von dem gerade erreichten „State of the Art" sprechen kann. Forschung folgt bestimmten Paradigmen, die die „normale Wissenschaft" definieren, bis es zu einem Paradigmenwechsel kommt (Kuhn, 1996). Beispiele für solche „wissenschaftliche Revolutionen" sind die Lerntheorie, die von Clark Hull und Kenneth Spence vertreten wurde, oder die „kognitive Wende" in der Psychologie, die durch den Siegeszug der Attributionstheorie von Edward Jones, Harold Kelley und Bernhard Weiner veranschaulicht wird. In Deutschland lässt sich in den 1950er Jahren eine Ablösung der geisteswissenschaftlichen durch die naturwissenschaftliche Psychologie konstatieren. Das Aufbegehren der „Jungen" gegenüber den „Alten" wurde durch die Gründung der Tagung der experimentell arbeitenden Psychologen (TeaP) in den 1950er Jahren symbolträchtig zum Ausdruck gebracht.

Fortschritt der Forschung als Paradigmenwechsel

Die Anfälligkeit für Fehlschlüsse wurde in der Psychologie im Zusammenhang mit Versuchsleitereffekten in experimentellen Studien verdeutlicht. Wenn Versuchsleiter die Hypothese kennen, entwickeln sie vielfach die Tendenz, Ergebnisse zu erheben, die mit den Hypothesen in Übereinstimmung stehen. Das ist insbesondere dann der Fall, wenn sie mit den Details des Experiments vertraut sind. Eine Gegenmaßnahme gegen eine solche Konfundierung des Versuchsplans ist der „Doppelblind-Versuch" (vgl. Kapitel 3.3.2).

Die Gefahr von Fehlschlüssen ist aber natürlich nicht nur in der Psychologie, sondern auch in anderen Wissenschaften gegeben. Einige Beispiele sind besonders frappierend. Dazu zählt in neuester Zeit die Wirtschaftswissenschaft, die in beeindruckender Weise an den Ereignissen der Immobilien- und Finanzkrise von 2008 vorbei geforscht hat. So wurden Wissenschaftler, deren Forschungsergebnis die Implikation beinhaltet, dass eine Finanzkrise wie die von 2008 unmöglich auftreten kann und dass Banken für das Funktionieren des Wirtschaftskreislaufs ohne große Bedeutung sind, mit Preisen ausgezeichnet.

Dieser unfreiwillige Humor lässt erkennen, dass Fehlschlüsse ein gravierendes Problem auch in der modernen Wissenschaft darstellen. Die Gründe dafür sind vielfältig und werden im Folgenden noch weiter erläutert. Aber ein Grundproblem scheint die Neigung zur *overconfidence* der wissenschaftlichen Forscher in ihre Methoden

„Overconfidence" in die eigenen Methoden und Ergebnisse kann zu wissenschaftlichen Fehlschlüssen führen

und Ergebnisse zu sein und das Fehlen direkter Replikationen von
Ergebnissen (vgl. Kapitel 8.4). Die Probleme der Vermessenheit und
Selbstüberschätzung treten besonders deutlich in Erscheinung, wenn
auf der Basis von weitgehenden Vorannahmen (z. B. Rationalität aller
Wirtschaftssubjekte) mathematische Modelle entwickelt werden, die
nicht hinreichend mit den empirischen Abläufen rückgekoppelt werden. Mathematische Modelle für komplexe Sachverhalte, wie die
Vorhersage auf das Wirtschaftswachstum im nächsten Jahrzehnt oder
auf den Klimawandel auf unserem Planeten, erweisen sich als wenig
überzeugend, wenn ihre Prognosen im Detail mit den tatsächlichen
Messwerten verglichen werden (Silver, 2012).

„False positives"   Man kann nun nicht annehmen, dass Forscher in der Wirtschaftswissenschaft weniger intelligent und wissenschaftlich inkompetenter
arbeiten als in anderen Wissenschaftsbereichen wie der Psychologie.
Vielmehr besteht in der Wissenschaft gelegentlich die konkrete Gefahr, falsche Erkenntnisse als wahr zu identifizieren (sog. false positives), so dass die Öffentlichkeit durch die Publikationen der Wissenschaft in die Irre geführt werden kann (vgl. Kapitel 3.4.2). Dieses
Problem wird auch als Fehler der 1. Art oder Alpha-Fehler bezeichnet. Die Methodologie der empirischen Wissenschaft versucht, diese
Gefahr zu verringern oder ganz zu vermeiden, so dass die wissenschaftliche Forschung anstelle von Verwirrung einen „Mehrwert" an
Wissen erzeugt.

Trennung zwischen
Signal und Hinter-
grundrauschen
Tatsächlich ist es in vielen Forschungsbereichen der modernen Wissenschaft auch gelungen, in den letzten Jahrzehnten die Prognosen
zu verbessern, während in anderen Wissenschaftsfeldern ein Still-
stand zu verzeichnen ist und die Unterscheidung zwischen Signal und
Hintergrundrauschen schwer fällt (vgl. Silver, 2012). Die Beschäfti-
gung mit Methodologie ist also kein überflüssiger Luxus, den man
den Philosophen überlassen kann, sondern ein wesentlicher Beitrag
zu einer erfolgreichen Wissenschaft, die auf eine empirische Rück-
kopplung angewiesen ist. Am besten scheinen solche Wissenschafts-
bereiche zu florieren, in denen eine fortlaufende Rückmeldung durch
die Realität im Hinblick auf die Gültigkeit der Prognosen gegeben
ist. Die Wettervorhersage stellt ein solches Beispiel dar. Die Meteo-
rologen, die Wettervorhersagen für den nächsten Tag machen, erhalten nach 24 Stunden eine Rückmeldung darüber, wie genau die
Vorhersage gestimmt hat. Aufgrund dessen können sie ihre Vorhersagen fortlaufend verbessern, was in den letzten Jahrzehnten – neben
anderen Entwicklungen wie der Verwendung von Supercomputern

zur Wettersimulation – zu einer wesentlich größeren Genauigkeit von Wetterprognosen geführt hat.

Die Forschungsmethoden der Psychologie wurden in den letzten 60 Jahren kontinuierlich weiterentwickelt, während sich gleichzeitig ein Katalog wissenschaftlicher Kriterien von guter Forschung durchgesetzt hat. Triebfeder der Entwicklung ist zum einen die dramatisch gestiegene Leistung der Informationstechnologie. Das Computerzeitalter ermöglicht es, dass gewaltige Datenmengen innerhalb von Sekunden mit komplexen statistischen Verfahren ausgewertet werden können. Dafür stehen unterschiedliche Programmpakete zur Verfügung (Holling & Gediga, 2011), insbesondere die Statistik-Softwares SPSS (Leonhart, 2010) und R (Dalgaard, 2008).

Weiterentwicklung psychologischer Forschungsmethoden

Generell sind die zur Verfügung stehenden Datenmengen in den letzten Jahrzehnten gewaltig gestiegen. Das ist einerseits ein Fortschritt, stellt aber andererseits ein großes Problem dar, weil bei Tausenden von Variablen, die man in die Analyse einbeziehen kann, schon rein zufällig signifikante Zusammenhänge „nachgewiesen" werden können, die dann auch noch verschiedene Replikationen überstehen, bevor der Zusammenhang, der durch den Zufall vorgegaukelt worden war, aus den Datenreihen verschwindet (Silver, 2012). In Kapitel 3 wird dieses Problem der statistischen Schlussfolgerungsvalidität als Problem der Fehlerrate bzw. als „Fishing" bezeichnet (vgl. Tab. 7 auf S. 137 f.). Fishing trägt zu der oben schon erwähnten Selbstüberschätzung der Forscher bei (Shadish, Cook & Campbell, 2002, S. 49).

Glücklicherweise hat sich über die Jahrzehnte hinweg ein Methodenbewusstsein entwickelt, das die Forscher für die „Fehler und Fallen der Statistik" (Stelzl, 1982) sensibilisiert (vgl. Rost, 2007, für den Bereich der Pädagogischen Psychologie). Hinzu kommen Entwicklungen in der pharmazeutisch-medizinischen Forschung, die den Siegeszug der evidenzbasierten Therapiestudien in der klinischen Forschung und Gesundheitsförderung ausgelöst haben, der die Bedeutung von randomisierten Experimenten betont (Müller, 2009).

Entwicklung eines Methodenbewusstseins

1.2 Objektives Wissen und empirische Daten

An dieser Stelle ist es nicht möglich, eine umfassende Betrachtung der wissenschafts- und erkenntnistheoretischen Grundlagen des Forschens anzustellen (vgl. aber Opp, 2005). Wir können stattdessen bestimmte Themen und Probleme herausgreifen, die von allgemeinem Interesse für die psychologische Forschung sind.

Zielsetzung psychologischer Forschung

Was ist die Zielsetzung der wissenschaftlichen Forschung? Es geht darum, objektives Wissen über das Verhalten und Erleben von Menschen zu gewinnen bzw. sich diesem Wissen, das sich nach allgemeineren und spezielleren Aussagen strukturieren und in einem Bezugssystem von Ursachen und Wirkungen darstellen lässt, möglichst weitgehend anzunähern.

Objektives Wissen

„Objektives" Wissen beruht auf Daten, die intersubjektiv überprüfbar sind

Als *objektiv* lässt sich Wissen dann kennzeichnen, wenn es auf Daten beruht, die intersubjektiv überprüfbar sind, und wenn es diese Daten angemessen repräsentiert. Unter *intersubjektiver Überprüfbarkeit* ist Folgendes zu verstehen: Der Versuchsablauf und die Datenerhebung werden genau und bis ins Detail festgelegt und dokumentiert. Dadurch wird eine 100%ige Replizierbarkeit des Ablaufs gewährleistet. Beobachtungen können von unterschiedlichen Forschern unabhängig voneinander nach dem gleichen standardisierten Schema kodiert werden, sodass ihre besondere Erfassung nicht an einer Person hängt, sondern in unterschiedlichen Forschungseinrichtungen wiederholbar ist. Die intersubjektive Überprüfbarkeit ist dementsprechend hoch.

Der Ausdruck *objektives Wissen* kann auch so verstanden werden, dass die Wissensinhalte, die als objektiv gekennzeichnet sind, sichere oder wahre Tatbestände darstellen. Es kann durchaus sein, dass solche Tatbestände existieren. Allerdings kann die Forschung sich diesen Tatbeständen immer nur approximativ nähern. In der *subjektiven Bewertung* der Verlässlichkeit des objektiven Wissens verbleibt immer noch eine Spur der Unsicherheit, da die Forscher ihre Hypothesen nicht endgültig verifizieren können (siehe unten).

Urteile von Wissenschaftlern über den Grad der Bewährung einer Hypothese sind immer vorläufig

Die Urteile von Forscherinnen und Forschern über den Grad der Bewährung einer Hypothese sind immer nur vorläufig. Vielfach wird auch argumentiert, dass sie eine subjektive Komponente enthalten (siehe unten). Diese kommt z. B. darin zum Ausdruck, wie groß die Wahrscheinlichkeit der Hypothese vor der Sammlung neuer Evidenz eingeschätzt wurde. Vernunftbegabte Forscher werden eine bis dato sehr gut bewährte Hypothese nicht vollständig aufgeben, nur weil in einem Labor in Knoxville oder in Klagenfurt eine Studie durchgeführt wurde, die (scheinbar) die Hypothese widerlegt.

Unter *Daten* versteht man Merkmalsausprägungen auf bestimmten Merkmalsdimensionen, die einer Untersuchungseinheit zugeordnet sind (Mayntz, Holm & Hübner, 1978). Daten sind also durch das Bezugssystem aus Untersuchungseinheit, Merkmalsdimension und Merkmalsausprägung definiert (vgl. folgenden Kasten).

Daten = Merkmalsausprägungen auf bestimmten Merkmalsdimensionen

Was sind Daten?

Die Merkmalsdimensionen werden durch Variablen abgebildet. Eine Variable ist im Unterschied zu einer Konstanten dadurch gekennzeichnet, dass sie unterschiedliche Merkmalsausprägungen aufweisen kann. Ein Beispiel ist die Messung von Narzissmus, Extraversion und Verträglichkeit bei einer Stichprobe von 100 Studierenden. Für jeden Teilnehmer, der als Untersuchungseinheit fungiert, werden auf den drei Merkmalsdimensionen die Merkmalsausprägungen eingetragen, die sich aus der Beantwortung der Fragebögen zur Messung von Narzissmus, Extraversion und Verträglichkeit ergeben haben. Diese Daten werden üblicherweise in Tabellen dargestellt, in denen z. B. drei Spalten für die drei Merkmale und 100 Zeilen für die Untersuchungseinheiten enthalten sind. Die Bezeichnung „Untersuchungseinheiten" wurde absichtlich neutral gewählt. Oft sind damit Personen gemeint, es kann sich aber auch um Schimpansen oder Vögel handeln, oder auch Gruppen von Personen oder Wochen eines Jahres bzw. Jahre eines Jahrzehnts.

Eine Variable kann unterschiedliche Merkmalsausprägungen aufweisen

Letztere werden z. B. in Cross-Temporal-Metaanalysen verwendet (siehe unten). Wenn man die Daten in ein Datenverarbeitungsprogramm wie SPSS eingibt, bilden die Untersuchungseinheiten die Zeilen und die Merkmalsdimensionen die Spalten der Datenmatrix. Die Merkmalsausprägungen der Untersuchungseinheiten auf den Merkmalsdimensionen stehen in den Zellen der Datenmatrix.

Warum wird überhaupt nach objektivem Wissen gesucht? Zum einen spielt die wissenschaftliche Neugier eine große Rolle, also der Wunsch, mehr über die Menschen und die Welt, in der wir leben, zu erfahren. Dem liegt häufig eine *Warum-Frage* zugrunde.

Der Suche nach objektivem Wissen liegt oft eine Warum-Frage zugrunde

Ein Beispiel für eine spannende Warum-Frage lautet: *Warum kommen Narzissten anfänglich gut bei neuen Gesprächspartnern an, während sie langfristig auf Ablehnung stoßen?* Diese Warum-Frage lässt sich in eine Hypothese überführen:

Narzissmus wirkt sich unterschiedlich auf die Frühphase und die spätere Phase einer Beziehung aus: Während hoher Narzissmus (im Vergleich zu niedrigem Narzissmus) in der Frühphase mit hoher sozialer Akzeptanz durch die Gesprächspartner zusammenhängt, ergibt sich in der späteren Phase der umgekehrte Zusammenhang, weil hoher Narzissmus mit geringer sozialer Akzeptanz zusammenhängt.

Diese Hypothese zeigt schon, dass psychologische Hypothesen typischerweise nicht trivial sind, sondern oft wegen ihrer Kreativität aufhorchen lassen (vgl. Kapitel 1.5).

Psychologische Erklärungen betreffen die Ursachen individueller und sozialer Probleme

Bei der Suche nach objektivem Wissen geht es zum anderen aber auch darum, dass psychologische Erklärungen die Ursachen von individuellen und sozialen Problemen betreffen. Sie gestatten, wenn sie sich empirisch bewähren, Prognosen, die eine potenziell gewinnbringende Anwendung des psychologischen Wissens ermöglichen (siehe unten).

Im Folgenden wenden wir uns der Forschungslogik zu, die geeignet ist, die Forscher auf dem Weg zu objektivem Wissen über die Welt voranzubringen. Dabei spielen Gesetze eine zentrale Rolle. Unter Gesetzen versteht man die gut bewährten Aussagen einer Wissenschaft. Sie lassen sich als Wenn-dann-Sätze formulieren. Die meisten Aussagen über Wenn-dann-Beziehungen, die aktuell überprüft werden, sind noch nicht so gut bestätigt, dass sie den Status eines Gesetzes einnehmen könnten. Dann spricht man besser von einer Hypothese, für die viel spricht, die aber noch in empirischen Tests weiter geprüft werden muss. So stellt z. B. die Annahme von der globalen Erwärmung eher eine Hypothese als ein Gesetz dar (Silver, 2012). Genauso lässt sich konstatieren, dass viele Wenn-dann-Aussagen in der Psychologie als Hypothesen betrachtet werden, die in der Forschung schrittweise geprüft werden.

1.3 Logik der wissenschaftlichen Forschung

1.3.1 Die Wissenschaftstheorie von Popper: Kritischer Rationalismus

Beobachtung beruht auf Hypothesen

Michael Eysenck (2004) berichtet darüber, dass der bekannte Philosoph Karl Popper in seinen Vorlesungen die Aufforderung gab: „Beobachten Sie", worauf sofort die Rückfrage der Studierenden kam: „Was denn?". Diese Anekdote verdeutlicht, dass Beobachtung immer

gerichtet ist. Sie beruht auf bestimmten Hypothesen, die der Alltags-
mensch der Beobachtung implizit oder explizit zugrunde legt. In der
Wissenschaft werden analog dazu Hypothesen der Beobachtung
zugrunde gelegt. Eine Folgerung aus dem kleinen Vorlesungstest
beinhaltet, dass jede Beobachtung theoriegeleitet ist.

Karl Popper liefert in seinem Buch *The Logic of Scientific Discovery*
(2002a) die methodologischen Grundlagen für die empirische Wissenschaft, die als kritischer Rationalismus bezeichnet wird (vgl. Frey
& Bierhoff, 2011). Er unterscheidet zwischen Metaphysik und empirischer Wissenschaft und entwickelt ein tragfähiges Kriterium, um
zwischen beiden zu trennen. Dieses Kriterium kann aus logischen
Gründen nicht die Verifikation sein, weil ein Einzeltatbestand nicht
geeignet ist, um eine allgemeine Hypothese zu bestätigen.

Wenn eine Behauptung über empirische Tatsachen aufgestellt wird,
dann beruht ihre Überprüfung auf der Ableitung von logischen Konsequenzen. Diese logische Ableitung fällt in das Gebiet der Aussagenlogik. Im einfachsten Fall ist die Gesetzesaussage mit $p \rightarrow q$ for-
malisiert. q ist eine Konsequenz, die aus der Prämisse p folgt. Die
empirische Prüfung einer Behauptung der Form $p \rightarrow q$ beinhaltet, das
Auftreten von q zu beobachten. Während der Positivismus die Verifikation und Falsifikation von Behauptungen zur Grundlage nimmt,
stützt sich Popper (2002a) nur auf die Falsifikation.

> Die Überprüfung einer Hypothese beruht auf der Ableitung logischer Konsequenzen

Der Positivist geht davon aus, dass sich empirische Behauptungen
verifizieren lassen und dass auf diesem Weg eine Bestätigung der
allgemeinen Gesetzesaussage möglich ist. Das ist aber aus logischen
Gründen nicht möglich, denn die Aussage $[(p \rightarrow q) + q] \rightarrow p$ ist logisch
nicht schlüssig. Stattdessen gilt der Modus ponens $[(p \rightarrow q) + p] \rightarrow q$.
Man kann also aus der Behauptung $p \rightarrow q$ und dem Auftreten der
Prämisse p die Implikation ableiten, dass q gegeben ist. Hingegen
kann ein Einzeltatbestand, der q entspricht, nicht dafür in Anspruch
genommen werden, das Zutreffen von p zu erschließen.

> Im Positivismus wird angenommen, dass sich empirische Behauptungen veri-fizieren lassen

Ein interessanter erkenntnistheoretischer Tatbestand ist die Asymmetrie zwischen Verifikation und Falsifikation (Popper, 2002a).
Allgemeine Gesetzesaussagen können durch Einzeltatsachen nicht
endgültig bestätigt werden (sie können dadurch nur mehr oder weniger plausibel gemacht werden). Auf der Grundlage des Modus tollens
können Einzelaussagen aber die allgemeine Gesetzesaussage widerlegen. Der Modus tollens beinhaltet den folgenden Formalismus:

Einzeltatsachen
können Behauptungen
widerlegen, aber nicht
zweifelsfrei bestätigen

$[(p \rightarrow q) + -q] \rightarrow -p$. Wenn also die Konsequenz nicht auftritt ($-q$), dann ist die Prämisse unwahr ($-p$). Einzeltatsachen können also Behauptungen widerlegen, aber nicht zweifelsfrei bestätigen. Auf dieser Erkenntnis beruht das Falsifikationsprinzip, das innerhalb des kritischen Rationalismus grundlegend ist. Ob eine Hypothese falsifiziert wird oder nicht ist das Ergebnis einer kritischen Prüfung. Daher die Charakterisierung dieses wissenschaftstheoretischen Ansatzes als „kritischer" Rationalismus.

Eine erfolgreiche
Wissenschaft sollte
nicht nach Bestäti-
gung, sondern Wider-
legung ihrer Hypo-
thesen suchen

Eine Behauptung ist dann falsifizierbar, wenn sie die Menge aller möglichen Konsequenzen in zwei nichtleere Subklassen trennt: Tatbestände, mit denen die Behauptung inkonsistent ist (die sie ausschließt) und Tatbestände, mit denen sie konsistent ist (die sie erlaubt). Erstere werden potenzielle Falsifizierer genannt. Wenn die Klasse der Falsifizierer nicht leer ist, kann die Behauptung falsifiziert werden. Nehmen wir die Behauptung: „Morgen wird es regnen oder nicht regnen." Diese Aussage beinhaltet eine leere Klasse von Falsifizierern, weil alle möglichen Ereignisse durch die Aussage erlaubt werden. Hingegen ist die Aussage „Morgen wird es regnen" falsifizierbar. Aus dieser Analyse ergibt sich ein überraschendes Ergebnis: Eine erfolgreiche Wissenschaft sollte nicht nach Bestätigung für ihre Hypothesen suchen, sondern nach deren Widerlegung.

Es kommt also darauf an, aus jeder Behauptung abzuleiten, dass dies oder das nicht passieren kann (Popper, 2002b). Zum Beispiel lässt sich aus der Hypothese, dass sichere Bindung zu Vertrauen in den romantischen Partner führt, ableiten, dass es nicht passieren sollte, dass eine Gruppe von Personen, die sicher gebunden sind, ihrem romantischen Partner mit mehr Misstrauen begegnet als eine Gruppe von Personen, die unsicher gebunden sind. Wenn aber die unsicheren Personen tatsächlich mehr Vertrauen in ihren romantischen Partner zum Ausdruck bringen würden als die sicheren Personen, wäre die Hypothese falsifiziert.

Eine Hypothese ist
solange als gültig
zu betrachten, wie
keine überzeugende
Alternativhypothese
zur Verfügung steht

Hypothesen lassen sich nicht endgültig bestätigen, sondern es geht im Forschungsprozess darum, sie zu widerlegen (Popper, 2002a). Man kann sich also nur schrittweise an die Wahrheit annähern, indem verschiedene Tests durchgeführt werden, in denen eine Widerlegung der Hypothese misslingt. Eine bestimmte Hypothese erweist sich deshalb niemals als uneingeschränkt wahr oder falsch. Sie ist vielmehr solange als gültig zu betrachten, wie keine überzeugende Alternativhypothese zur Verfügung steht. Dementsprechend kann man feststellen, dass die

Ergebnisse von Hypothesentests immer auch von den anderen zur Verfügung stehenden Alternativhypothesen abhängen (Phillips, 1973, S. 85).

Die psychologische Forschung beruht auf Hypothesen, die Konstrukte beinhalten, die miteinander in Beziehung gesetzt werden (wie Bindung, Vertrauen, Depression). Um die Hypothesen zu prüfen, müssen die Konstrukte, die sie enthalten, operationalisiert werden. Aufgrund der Operationalisierung werden für jede Untersuchungseinheit entsprechende Messungen durchgeführt.

Die Hypothese bewährt sich am besten, die den Test auf der Grundlage von unterschiedlichen Operationalisierungen ihrer Konstrukte besser als konkurrierende Hypothesen besteht. Die Anwendung des multiplen Operationalismus schafft also ein wichtiges Kriterium dafür, als wie groß die Unterstützung einer Hypothese angesehen werden kann (ein Umstand, der in Metaanalysen häufig ignoriert wird). Im Ergebnis kann der Bestätigungsgrad der Hypothese gesteigert werden, wenn unterschiedliche Operationalisierungen zu Ergebnissen führen, die mit der Hypothese korrespondieren (vgl. Kapitel 2.4 für eine ausführlichere Analyse von Operationalisierung und multiplem Operationalismus).

1.3.2 Innere Struktur einer Aussage

Die Logik der Erklärung bezieht sich auf Aussagen. Damit sind Sätze gemeint, die wahr oder falsch sein können. Solche Sätze werden in der Prädikatenlogik genauer analysiert.

Veranschaulichung der Prädikatenlogik

Ein Beispiel aus der einstelligen Prädikatenlogik ist: Frederik besitzt eine sichere Bindung. In dieser Aussage wird einer Person (Frederik) eine Eigenschaft (sicher gebunden zu sein) zugeordnet. Wenn wir die Eigenschaften mit Großbuchstaben abkürzen (z. B. S für sichere Bindung) und die Untersuchungseinheiten mit Kleinbuchstaben, dann kann der Beispielsatz wie folgt repräsentiert werden: Sf. Analog könnten wir die Aussage „Frederik ist intelligent" mit If symbolisieren.

Das jeweilige Merkmal, also die sichere Bindung oder die Intelligenz, wird allgemein als Prädikat bezeichnet. Die Person, der ein

Prädikat = Merkmal

Objekt = Person, der ein Merkmal zugewiesen wird

Merkmal zugewiesen wird, wird auch als Gegenstand oder Objekt bezeichnet. Sie hat einen Namen und stellt eine Individualkonstante dar, die im Zusammenhang mit einem Prädikat auch als Argumentausdruck bezeichnet wird.

Die bisherigen Beispiele veranschaulichen einstellige Merkmale. Es gibt aber auch mehrstellige Merkmale. Diese werden in der mehrstelligen Prädikatenlogik behandelt. Sie sind auf zwei oder mehr Objekte bezogen. Ein Beispiel ist: g ist der Vater von m, formal geschrieben als Vgm. Oft ist es eine Interpretationsfrage, ob ein Merkmal einstellig oder mehrstellig repräsentiert wird. Das kann man gut am Beispiel der sicheren Bindung veranschaulichen. So wie das Beispiel weiter oben dargestellt wurde, ist sichere Bindung ein einstelliges Merkmal. Man kann aber auch folgende Darstellung wählen: Frederik besitzt eine sichere Bindung in seiner Beziehung zu seiner romantischen Partnerin Angie. Dann lautet die Darstellung des zweistelligen Merkmals: Sfa, also Frederik hat eine sichere Bindung zu Angie. Wenn wir das zweistellige Merkmal für beliebige romantische Personen x und y darstellen wollen, schreiben wir entsprechend Sxy.

Die mehrstellige Konzipierung eines Merkmals ermöglicht Differenzierungen

Indem man ein Merkmal mehrstellig konzipiert, werden Differenzierungen ermöglicht. Man kann z. B. die Frage aufwerfen, ob die sichere Bindung von Frederik gegenüber romantischen Bezugspersonen (wie Angie) vorhanden ist, aber nicht gegenüber anderen (wie seiner Mutter). Diese Fragestellung führt dazu, dass sichere Bindung als zweistelliges Merkmal konzipiert wird. Die Frage nach der Ein- oder Mehrstelligkeit eines Merkmals wird also auch nach Zweckmäßigkeitserwägungen entschieden.

Singuläre vs. nicht singuläre Sätze

Aussagen über Tatsachen sind in singulären Sätzen enthalten. Diese werden auch als raum-zeitlich begrenzte Existenzsätze, deskriptive Sätze, Basissätze oder Es-gibt-Sätze bezeichnet. Die Aussagen mit Individualkonstanten, die wir betrachtet haben, sind Beispiele für singuläre Sätze. Demgegenüber sind nicht singuläre Sätze solche, die nicht raum-zeitlich eingeschränkt sind. Darunter fallen Gesetzesaussagen, wie sie z. B. in den Naturwissenschaften verwendet werden. Beispiele dafür sind das Fallgesetz oder das Ohm'sche Gesetz. In der Psychologie werden ebenfalls Gesetzesaussagen verwendet. Ein Beispiel sind die Gesetze des Verstärkungslernens nach Skinner, die in der angewandten Psychologie genutzt werden können.

Gesetze lassen sich als Wenn-dann-Sätze darstellen. Eine andere Möglichkeit, die an dieser Stelle nur erwähnt werden kann, ist die Darstellung als Je-desto-Sätze. Ein Beispiel für einen Wenn-dann-Satz ist die Aussage:

Wenn eine Person eine sichere Bindung gegenüber ihrem romantischen Partner aufweist, dann zeigt sie ihm oder ihr gegenüber Vertrauen.

Wir hatten schon gesehen, dass sich der erste Teil dieser Aussage als Sxy symbolisieren lässt. Der zweite Teil beinhaltet die Aussage: Person x zeigt gegenüber ihrem romantischen Partner y Vertrauen. Diese symbolisieren wir wie folgt: Vxy. Somit können wir die Wenn-dann-Aussage symbolisch wie folgt darstellen:

Wenn Sxy, dann Vxy.

In Wenn-dann-Sätzen können die Prädikate nur zwei Werte aufweisen: ja oder nein bzw. vorhanden oder nicht vorhanden. Dementsprechend können wir die genannte Gesetzesaussage in einem 2×2-Schema repräsentieren (vgl. Tab. 1). Eine Implikation der Form wenn $\rightarrow$ dann weist die Besonderheit auf, dass sie in drei der vier resultierenden Kombinationen wahr ist. Sie ist richtig, wenn Sxy und Vxy zutreffen. Sie ist aber auch richtig, wenn aus etwas Falschem etwas Wahres gefolgert wird und wenn aus etwas Falschem etwas Falsches folgt. Die einzige widerlegende Evidenz für die Aussage *Wenn Sxy, dann Vxy* ergibt sich, wenn die Wenn-Komponente zutrifft (Frederik weist eine sichere Bindung gegenüber Angie auf) und die Dann-Komponente nicht zutrifft (Frederik vertraut Angie nicht).

Marginalien:
Gesetze lassen sich als Wenn-dann-Sätze oder als Je-desto-Sätze darstellen

Tabellarische Darstellung der Implikation

Tabelle 1: Wie kann eine Wenn-dann-Hypothese widerlegt werden? (modifiziert nach Opp, 2005, S. 34)

Wann ist die Aussage „*Wenn eine Person eine sichere Bindung gegenüber ihrem romantischen Partner aufweist, dann zeigt sie ihm oder ihr gegenüber Vertrauen.*" falsch?		
Die Person x zeigt ihrem romantischen Partner y gegenüber Vertrauen.	**Eine Person x hat eine sichere Bindung mit ihrem romantischen Partner y.**	
	zutreffend	**nicht zutreffend**
zutreffend	richtig	richtig
nicht zutreffend	falsch	richtig

1.3.3 Was kennzeichnet ein Gesetz?

Ein Gesetz erfüllt verschiedene Bedingungen

Nachdem wir ein Beispiel für eine Gesetzesaussage gegeben haben, liegt es nahe, genauer anzugeben, wann wir von einem Gesetz sprechen wollen. Die Abgrenzung von Gesetzen gegenüber anderen Aussagen ist nur durch bestimmte plausible Festlegungen möglich. Wir folgen hier der Präzisierung des Gesetzesbegriffs von Opp (2005, S. 37 f.). Wir sprechen dann von einem Gesetz, wenn eine empirische Aussage vorliegt, die verschiedene Bedingungen erfüllt:

- es fehlt ein raum-zeitlicher Bezug,
- den Elementen einer unendlichen Menge wird wenigstens ein Merkmal zugeschrieben,
- der Inhalt lässt sich als Wenn-dann-Aussage oder Je-desto-Aussage formulieren und
- diese Aussage hat sich empirisch gut bewährt.

Der zuletzt genannte Punkt ist besonders bemerkenswert, da er offensichtlich eine Ermessensfrage betrifft. Wann hat sich eine Gesetzesaussage gut bewährt? Wenn sechs Studien dafür sprechen und eine dagegen oder wenn zehn dafür sprechen und drei Studien dagegen? Spielt die Qualität der Studien bei dieser Beurteilung eine Rolle? Ist es relevant, ob alle bestätigenden Ergebnisse aus einem Forschungslabor kommen oder ob sie aus verschiedenen Labors stammen? Spricht man von Bewährung, wenn ein im Sinne des Gesetzes signifikantes Ergebnis auftritt oder spricht man dann von Bewährung, wenn eine Korrelation mehr als 5 % der Varianz erklärt?

Die Feststellung darüber, welche Gesetze empirisch belegt werden, ist zu einem gewissen Grad stets subjektiv

Die Feststellung darüber, welche Gesetze in der Psychologie empirisch belegt werden, ist also zu einem gewissen Grad immer subjektiv. Eine Möglichkeit besteht darin, dass man sich darauf stützt, welche Gesetze in den führenden Lehrbüchern des Faches genannt werden, wenn man davon ausgeht, dass die Lehrbuchautoren sorgfältig abgewogen haben, welche Wenn-dann-Aussagen oder Je-desto-Aussagen sie als empirisch gut bewährt betrachten. Bei diesem Urteil können auch Metaanalysen eine Entscheidungshilfe liefern (vgl. Kapitel 2.7). Ihr eigentlicher Stellenwert liegt darin, dass sie eine Information darüber liefern, ob die betrachteten Gesetze gut bewährt sind oder nicht bzw. unter welchen Bedingungen sie als gut bewährt angesehen werden können.

Gelegentlich wird anstelle von *Gesetzen* von *Hypothesen* gesprochen. Hypothesen sind Aussagen, die auf Vermutungen beruhen, die noch weiter zu überprüfen sind. Damit sind Hypothesen unverbindlicher als Gesetze bzw. eine Vorstufe von Gesetzen. Allerdings lässt sich feststellen, dass sichere wissenschaftliche Schlussfolgerungen und Gewissheit im Hinblick auf wahre Gesetze und Theorien nicht möglich sind. Vielmehr vollzieht sich in der wissenschaftlichen Forschung immer nur eine Annäherung an die Wahrheit. Daher wird vielfach anstelle von Gesetzen nur von Hypothesen gesprochen, um die Vorläufigkeit der Aussage zu betonen. Es besteht aber die begründete Hoffnung, dass sich die Wissenschaft den wahren Zusammenhängen, die sie untersucht, schrittweise annähert, wobei auch Rückschläge vorkommen können.

Das bayesianische Denken bietet einen erfolgversprechenden Denkansatz, um den wissenschaftlichen Fortschritt zu begleiten. Es beruht auf den statistischen Gesetzen von Thomas Bayes, einem englischen Geistlichen und Mathematiker, der vermutlich um 1700 geboren wurde und über dessen Leben wenig bekannt ist. Sein berühmter Aufsatz „An essay toward solving a problem in the doctrine of chances", in dem die Grundlagen des Bayes-Theorem enthalten sind, erschien erst nach seinem Tod (Silver, 2012). Das Bayes-Theorem beinhaltet die Umkehrung der bedingten Wahrscheinlichkeit. Auf dieser Grundlage kann eine Abfolge von persönlichen Wahrscheinlichkeiten berechnet werden, die die Frage betrifft, wie sich neue Daten auf die Wahrscheinlichkeit von Hypothesen auswirken: frühere Wahrscheinlichkeit → Daten → A-posteriori-Wahrscheinlichkeit (Salsburg, 2001).

Bayesianisches Denken und wissenschaftlicher Fortschritt

Denkmodell nach Bayes

Das bayesianische Denken befasst sich mit der Revision einer Meinung unter Berücksichtigung neuer Evidenz (Holling & Gediga, 2013, Kapitel 6). Für wissenschaftliche Hypothesen geht es um eine Neubewertung der Hypothesen aufgrund neuer Untersuchungsergebnisse (Phillips, 1973). Dabei ist zu bedenken, dass es absolute Sicherheit nicht gibt, so dass Unsicherheiten bestehen, die als Wahrscheinlichkeiten ausgedrückt werden können (L. J. Savage, zitiert nach Salsburg, 2001).

Das Standard-Denkmodell dafür, wie dieser Prozess der Hypothesenentwicklung durch neue Daten verläuft, wird durch das Bayes-Theorem geliefert (für eine ausführlichere Darstellung vgl. Kapitel 2 in Holling & Gediga, 2013). Es beinhaltet drei Elemente:
* Priori-Wahrscheinlichkeiten („priors"), die die Einschätzung der Hypothese vor der Gewinnung neuer Daten erfasst,

Priori- und Posteriori-Wahrscheinlichkeit einer Hypothese im Bayes-Theorem

- neue Daten, die in der Priori-Wahrscheinlichkeit nicht enthalten sind, werden als sogenannte Likelihood repräsentiert und
- eine Posteriori-Wahrscheinlichkeit der Hypothese, die die Revision der Hypothese im Lichte der neuen Daten beinhaltet.

Die Priori-Wahrscheinlichkeit wird also durch die Information über neue Daten in der Posteriori-Wahrscheinlichkeit modifiziert. Das Bayes-Theorem kann für die fortlaufende Hypothesenaktualisierung bei einer Sequenz von empirischen Tests verwendet werden. Solche aufeinanderfolgenden Tests sind in der Psychologie der Normalfall. Häufig wird in Einzelveröffentlichungen eine Serie von mehreren Untersuchungen dargestellt. Außerdem werden nach und nach immer mehr Studien durchgeführt, die eine bestimmte Hypothese prüfen. Beispiele sind die Theorie der gelernten Hilflosigkeit, die Dissonanztheorie oder die Hypothesen über Heuristiken wie Verfügbarkeit und Anker. Das Bayes-Theorem ist auch für die Interpretation des *Nullhypothesen-Signifikanz-Tests* (NHST) anwendbar (Cohen, 1994; vgl. Kapitel 3.4.2).

In Abhängigkeit davon, wie diese Tests ausgehen, kann man die Wahrscheinlichkeit der Hypothese anpassen. Wenn Tests eine bestimmte Hypothese bestätigen, steigt ihre Wahrscheinlichkeit wahr zu sein. Wenn Tests die Hypothese nicht bestätigen, sinkt ihre Wahrscheinlichkeit zuzutreffen.

Beispiel globale Erwärmung

Zu jedem Zeitpunkt kann analysiert werden, wie groß die Wahrscheinlichkeit ist, dass die Hypothese bei der gegebenen Evidenz unter Zugrundelegung der „priors" der Hypothese wahr ist. Dass es in der wissenschaftlichen Praxis tatsächlich sinnvoll ist, solche Priori-Wahrscheinlichkeiten zu berücksichtigen, zeigt das Beispiel der Hypothese der globalen Erwärmung. Empirische Daten, die weltweit erhoben wurden, zeigen, dass die globale Erwärmung zwischen 2001 und 2011 nicht stattgefunden hat, da es keinen Temperaturanstieg über dieses Jahrzehnt gab (Silver, 2012). Würde man nicht das Vorwissen, das sich auf den Temperaturverlauf in den Jahrzehnten vorher stützt, berücksichtigen, könnte man einfach nur sagen, dass die Hypothese der globalen Erwärmung aufgrund neuester (!) Daten widerlegt wurde. Hingegen ist es plausibel und in Übereinstimmung mit dem bayesianischen Denken, die Hypothese beizubehalten, wenn auch mit einer geringeren Wahrscheinlichkeit des Zutreffens.

Das Falsifikationsprinzip, das wir in diesem Kapitel als Grundregel der wissenschaftlichen Forschung kennenlernen werden, ist mit dem Bayes-Theorem und dem daraus abgeleiteten wissenschaftlichen Denkmodell kompatibel, obwohl Popper (2002a) dem nicht folgen wollte[1]. Beide Ansätze gehen davon aus, dass man eine Hypothese nicht bestätigen sondern nur falsifizieren kann. Das bayesianische Denken impliziert, dass ein Datum, das von der Hypothese vorhergesagt wurde und das tatsächlich eingetroffen ist, die Hypothese unterstützt, ohne sie beweisen zu können: „Theorien können nur mit Sicherheit widerlegt werden, sie können niemals mit Sicherheit bewiesen werden" (Phillips, 1973, S. 87).

1.3.4 Von Hypothesen zu Theorien

Um begriffliche Verwirrung zu vermeiden, ist es sinnvoll, zwischen Gesetz und Theorie zu unterscheiden. In Übereinstimmung mit Opp (2005, S. 39) sprechen wir dann von einer Theorie in Abgrenzung von einem Gesetz, wenn mehrere Gesetzesaussagen zusammengefasst werden, die es erlauben, mit logischen Mitteln wenigstens ein weiteres Gesetz abzuleiten. Dieses Verständnis von Theorien wird als *Aussagenkonzeption von Theorie* bzw. *statement view* bezeichnet (Brinkmann, 1997)[2].

Theorie vs. Gesetz

---

1 Popper schrieb auf S. 263: „I freely admit that I am incapable of following these methods of reasoning". Er war skeptisch, was die Wahrscheinlichkeit von Hypothesen anging und verwies stattdessen auf die Asymmetrie zwischen Verifikation und Falsifikation (s. unten) als zentralen Gesichtspunkt.

2 Ein alternativer Ansatz zum *statement view* ist der *non-statement view* (Brinkmann, 1997). Danach beinhaltet eine Theorie einen Strukturkern und die Klasse der intendierten Anwendungen. Letztere bezieht sich auf die Phänomene, die durch die Theorie erklärt werden sollen. Es wird angenommen, dass der Strukturkern einer Theorie relativ beständig ist, während sich die intendierten Anwendungen ändern können, ohne dass der Strukturkern revidiert werden muss. Die strukturalistische Wissenschaftstheorie wird u. a. von Wolfgang Stegmüller vertreten. Die folgende Darstellung unterstellt den *statement view*, mit dem das Falsifikationsprinzip übereinstimmt, das in diesem Kapitel auf der Grundlage des kritischen Rationalismus verwendet wird. Für eine Darstellung des *non-statement view* wird auf Westermann (1987) verwiesen.

Theorie und Gesetz

Für eine solche Ableitung kann z. B. folgende logische Regel zugrunde gelegt werden: $[(A \to B) + (B \to C)] \to (A \to C)$. In diesem Fall werden zwei Gesetze kombiniert, um aus ihnen ein neues Gesetz $(A \to C)$ abzuleiten. Ein Beispiel ist in folgender Theorie über den Zusammenhang zwischen Bindung, Vertrauen und Kooperation gegeben:

$(A \to B)$: *Wenn eine Person eine sichere Bindung gegenüber ihrem romantischen Partner aufweist, dann zeigt sie ihm oder ihr gegenüber Vertrauen.*

$(B \to C)$: *Wenn eine Person ihrem romantischen Partner gegenüber Vertrauen zeigt, kooperiert sie mit ihm.*

Aus den beiden Aussagen der Theorie lässt sich eine neue Aussage ableiten:

$(A \to C)$: *Wenn eine Person eine sichere Bindung gegenüber ihrem romantischen Partner aufweist, kooperiert sie mit ihm.*

Aussagen innerhalb einer Theorie, die nicht weiter abgeleitet werden können, werden als *Axiome* bezeichnet. So könnte die Aussage $(A \to B)$ als Axiom verstanden werden, aus dem das Gesetz $(A \to C)$ abgeleitet wird.

Eine Theorie beinhaltet Konstrukte, Definitionen und Variablen

Bei genauerer Betrachtung kann man feststellen, dass in einer Theorie zusätzlich auch Konstrukte, Definitionen und Variablen enthalten sind, die bei der Formulierung der Gesetze impliziert sind (vgl. Kapitel 1.3.2). Nehmen wir das Beispiel aus obigem Kasten: $(A \to C)$ = *Wenn eine Person eine sichere Bindung gegenüber ihrem romantischen Partner aufweist, kooperiert sie mit ihm.* Dieses Gesetz enthält die Konstrukte *sichere Bindung* und *Kooperation*, die im Vorhinein zu definieren sind. Außerdem setzt eine empirische Überprüfung des Gesetzes voraus, dass seine Konstrukte in messbare Variablen übersetzt werden (siehe oben und Kapitel 2.4). Daher verwendet Kerlinger (1986, S. 9) die folgende Begriffsbestimmung:

> Eine Theorie ist eine Menge von aufeinander bezogenen Konstrukten, Definitionen und Aussagen, die eine systematische Perspektive auf Phänomene darstellen, indem sie Beziehungen unter Variablen spezifizieren mit dem Ziel der Erklärung und Vorhersage der Phänomene.

In dieser Definition der Theorie wird das Ziel der Erklärung und Vorhersage betont. Gesetze (und damit auch Theorien) stellen eine

Erklärung für ein Phänomen bereit. Das Wesen der Theorie besteht darin, dass Phänomene erklärt werden. Vorhersagen ermöglichen eine Prognose auf das Auftreten des Phänomens. Erklärung und Prognose beruhen gleichermaßen auf dem Hempel-Oppenheim-Erklärungsschema, das im nächsten Abschnitt dargestellt wird. Die Strukturähnlichkeit von Erklärung und Prognose wird in Kapitel 1.4 ausführlich erläutert. Erfolgreiche Erklärung ermöglicht auch eine treffsichere Prognose. Das Gesetz (A → C) impliziert, dass von der Ausprägung von A auf das Auftreten des Phänomens C vorhergesagt werden kann. Auf der Basis einer sicheren Bindung wird das Auftreten von Kooperation vorhergesagt.

Gesetze und Theorien zielen auf die Erklärung und Vorhersage von Phänomenen ab

Wenn Kerlinger (1986) von Phänomen spricht, dann handelt es sich um die zu erklärenden Sachverhalte, die in der experimentellen Planung als abhängige Variable bezeichnet werden (vgl. Kapitel 8) und im Hempel-Oppenheim-Erklärungsschema als Explanandum (siehe unten). Die Prognose bezieht sich auf das gesuchte Explanandum, während die Erklärung auf dem Gesetz und seinen Randbedingungen beruht (vgl. Kapitel 1.4).

In der Regel ist es nicht möglich, Theorien als Ganzes zu überprüfen. Vielmehr konzentriert sich die Forschung darauf, einzelne Gesetze, die in der Theorie enthalten sind, auf ihre Gültigkeit zu testen.

Anstelle ganzer Theorien werden einzelne Gesetze getestet

1.3.5 Hempel-Oppenheim-Erklärungsschema

Nachdem wir nun geklärt haben, was ein Gesetz ist und wann wir von einer Theorie sprechen wollen, befassen wir uns im Weiteren mit dem zugrunde liegenden Erklärungsmodell, das singuläre Aussagen mit Gesetzen verbindet. Der Sinn dieser Verbindung besteht darin, dass eine Anwendung von Gesetzen auf konkrete Sachverhalte erfolgen kann. Wir suchen also nach der Klammer zwischen Gesetz und empirischen Daten.

Ein wichtiger Anwendungsfall besteht darin, dass ein unbefriedigender Zustand verbessert werden soll. Der unbefriedigende Zustand ist dann das zu erklärende Ereignis, das als Explanandum bezeichnet wird. Nehmen wir an, dass in der Firma *Delta* ein niedriges freiwilliges Arbeitsengagement der Mitarbeiter festgestellt wird. Die Mitarbeiter machen nur das notwendigste und kümmern sich nicht um die allgemeinen Belange des Unternehmens.

Problemzustand als das zu erklärende Ereignis

Das ist das zu erklärende Ereignis. Eine Beratungsfirma, die damit beauftragt wird, diesen Missstand zu beseitigen, stellt sich die Frage, welche Faktoren dazu beitragen, dass in der Firma Delta das freiwillige Arbeitsengagement niedrig ist, während es in anderen Firmen hoch ist. Die Berater stoßen auf ein Gesetz, das in der Organisationspsychologie gewonnen wurde, das sich auf freiwilliges Arbeitsengagement bezieht. Darin wird ein Zusammenhang zwischen strikter Kontrolle durch Vorgesetzte und freiwilligem Arbeitsengagement postuliert:

Wenn die strikte Kontrolle durch Vorgesetzte hoch ist, dann zeigen die Mitarbeiter kein freiwilliges Arbeitsengagement.

Eine weitere Prüfung der Gegebenheiten in der Firma *Delta* zeigt, dass die Betriebsabläufe sehr bürokratisch sind und dass mehrere Hierarchieebenen bestehen, die in rigider Weise durch Weisungsbefugnisse miteinander verbunden sind. Dadurch ist eine strikte Kontrolle der Mitarbeiter auf der unteren Ebene gegeben. Nennen wir diesen Tatbestand die Randbedingung, unter der das Explanandum auftritt.

Kombination von Aussagenlogik mit Prädikatenlogik

Explanandum

Stegmüller (1973) spricht von der deduktiv-nomologischen Erklärung, die dem Hempel-Oppenheim-Schema (HO-Schema) folgt (benannt nach Carl Gustav Hempel und Paul Oppenheim, die diese Vorgehensweise vorgeschlagen haben, 1948). Im HO-Schema wird die Aussagenlogik mit der Prädikatenlogik kombiniert. Das, was erklärt werden soll (also das Explanandum), ist ein empirischer Sachverhalt, der in einem singulären Satz beschrieben wird, der eine raum-zeitliche Spezifizierung enthält. Aufgrund des empirischen Sachverhalts wird die Frage gestellt: Warum ist es der Fall, dass das Explanandum auftritt? Die Antwort lässt sich formulieren, wenn ein passendes Gesetz gefunden wird, das dadurch gekennzeichnet ist, dass sich die Dann-Komponente auf den Sachverhalt bezieht, der durch das Explanandum gekennzeichnet wird. Außerdem müssen die Bedingungen angegeben werden, unter denen das Explanandum auftritt. Diese Randbedingungen werden ebenfalls in singulären Sätzen dargestellt, die sich auf raum-zeitlich eingegrenzte Sachverhalte beziehen.

Die oben gestellte Frage nach dem Warum lässt sich dann genauer fassen als: „Auf Grund von welchen Antezedenzdaten und gemäß welchen Gesetzen kommt dieses Phänomen zustande?" (Stegmüller, 1973, S. 83). Im untenstehenden Kasten wird das HO-Schema weiter präzisiert.

Veranschaulichung des HO-Schemas

Die Antezedenzbedingungen und die Gesetze werden zum Explanans zusammengefasst. Während die Antezedenzbedingungen durch singuläre Aussagen beschrieben werden, ist das Gesetz eine nicht singuläre Aussage. Das Explanandum stellt in der deduktiv-nomologischen Erklärung die logische Folgebeziehung aus dem Explanans dar. Das HO-Schema sieht nun wie folgt aus:

Wie Gesetzesaussage, Randbedingungen und Explanandum ineinandergreifen

G: Allgemeine Gesetzesaussage: Wenn-dann

A: Randbedingungen: Teilklasse der Wenn-Komponente

E: Explanandum: Teilklasse der Dann-Komponente

Die durchgezogene Linie symbolisiert die logische Folgebeziehung. Damit das Gesetz auf das Explanandum anwendbar ist, muss sich seine Dann-Komponente auf einen Sachverhalt beziehen, in den das Explanandum als Teilklasse hineinfällt. Hingegen sind die Anfangsbedingungen eine Teilklasse der Wenn-Komponente. Damit ergibt sich folgende Darstellung des HO-Schemas (nach Opp, 2005, S. 48):

G (Für alle Gegenstände x gilt) Wenn Ex, dann Fx

A   Ed

E   Fa

Stegmüller (1973) und Opp (2005) diskutieren ausführlich die Adäquatheitsbedingungen für das HO-Schema:

Adäquatheitsbedingungen für das HO-Schema

- Dazu zählt, dass das Explanandum eine logische Folgerung aus dem Explanans darstellt und dass das Explanans ein Gesetz beinhaltet, das einen empirischen Gehalt hat.
- Außerdem sollten das Gesetz und die Antezedenzbedingungen gut bestätigt sein.
- Genauso sollte es plausibel sein, dass das Explanandum aufgetreten ist.

Die zuletzt genannte Adäquatheitsbedingung verweist auf die Möglichkeit, dass die Beobachtungsaussagen über den Tatbestand, der im Explanandum beschrieben wird, fragwürdig sind. Ob das Explanandum aufgetreten ist, kann also nicht mit absoluter Sicherheit konstatiert werden. Theoriegeleitete Beobachtungen werden in Basissätzen festgehalten, die intersubjektiv überprüfbar sein müssen.

Für die Akzeptanz von Beobachtungsaussagen fehlt ein Wahrheitskriterium

Trotzdem bleibt ein Ermessensspielraum darüber, ob ein Basissatz als wahr anerkannt wird oder nicht. Es fehlt also ein Wahrheitskriterium für die Akzeptanz von Beobachtungsaussagen. Popper (2002a, S. 86 f.) macht den Vorschlag, die Beurteilung von Basissätzen durch Beschluss (also durch Konvention) der Experten über Akzeptanz oder Zurückweisung zu regeln. Um zu vermeiden, dass solche Beschlüsse willkürlich erfolgen, müssen die Beobachtungsaussagen auf den anerkannten Methoden des jeweiligen Forschungsgebiets beruhen (Brinkmann, 1997, S. 72). Solche Beschlüsse gelten für den gegebenen Stand der Forschung (State of the Art). Sie beziehen sich auf Sachverhalte, die möglichst leicht getestet werden können. Somit sind Entscheidungen über die Akzeptanz von Beobachtungsaussagen erforderlich.

Wenn sich das Explanandum auf einen Missstand bezieht, den man verändern möchte, wird man solche Hypothesen bevorzugen, die sich auf Randbedingungen beziehen, die sich leicht verändern lassen. Das Vorhandensein der Randbedingungen und des Explanandums muss empirisch prüfbar sein, indem Messungen durchgeführt werden. Dadurch wird die Richtigkeit der Anwendung des Gesetzes kontrolliert.

In dem genannten Beispiel wird man sich vergewissern, dass in der Firma *Delta* die strikte Kontrolle durch Vorgesetzte hoch und das freiwillige Arbeitsengagement gering ist. Unter Zugrundelegung des verwendeten Gesetzes kann man voraussagen, dass sich ein hohes freiwilliges Arbeitsengagement herstellen lässt, indem die strikte Kontrolle durch Vorgesetzte abgebaut wird. Dazu könnte man z. B. die Hierarchien abbauen und die Weisungsbefugnis der Vorgesetzten verringern bzw. die Eigenverantwortung der Mitarbeiter fördern.

Prüfung komplexer Hypothesen als Herausforderung

Was sind die Grenzen der empirischen Prüfung von Hypothesen? Es ist naheliegend, dass sich komplexe Hypothesen nicht so übersichtlich testen lassen wie einfache Hypothesen. Um diesen Punkt zu veranschaulichen, werfen wir einen Blick über den Zaun der Psychologie hinaus auf die benachbarten Sozialwissenschaften. Große Beachtung hat die Individualisierungsthese von Ulrich Beck (1986) in der wissenschaftlichen Diskussion erhalten. Darunter wird der gesellschaftliche Individualisierungsschub verstanden, der eine Ich-Orientierung in allen Lebensbereichen fördert, während traditionelle Bindungen schwächer werden.

Nicole Burzan von der Technischen Universität Dortmund beantwortet die Frage, ob sich die Individualisierungsthese von Ulrich Beck empirisch prüfen lässt oder ob sie zu komplex ist. Im ersten Teil des Interviews wird erklärt, was die Individualisierungshypothese, die zu den wichtigsten soziologischen Hypothesen zählt, im Einzelnen aussagt. Im zweiten Teil des Interviews geht es um die Frage, wie sich die Individualisierungshypothese empirisch prüfen lässt.

Experteninterview

**Prof. Dr. Nicole Burzan,
Professorin für Soziologie**
Technische Universität Dortmund

Frage: Würden Sie sagen, dass die Individualisierungsthese von Ulrich Beck neben soziologischen auch psychologische Inhalte hat? Welche Rolle spielt die „Personalität" und welche die „Sozialität"?

Prof. Burzan: Eigentlich liegen die Bezüge der Individualisierungsthese auf der Person und ihrer Identität, ihrem Gefühl, als (einzigartiges, bis zu einem gewissen Grad selbstbestimmtes) Individuum zu handeln, sehr nahe. Daher muss eher besonders darauf hingewiesen werden, dass es sich bei der Individualisierung (auch) um einen *sozialen* Prozess handelt, in dem Menschen aus traditionellen Bindungen freigesetzt werden, womit zudem institutionelle Veränderungen einhergehen (z. B. die Anerkennung unterschiedlicher Formen des Zusammenlebens im Familien- oder Erbrecht). Die Soziologie hat die Aufgabe, die Wechselwirkungen zwischen Individuum und Gesellschaft zu untersuchen, so dass Personalität und Sozialität stets eng verknüpft sind. Individualisierung bedeutet in diesem Sinne auch, dass diese Wechselwirkung direkter wird, weniger vermittelt z. B. durch die soziale Klassenzugehörigkeit.

Frage: Auf welchen Dimensionen lässt sich die Individualisierungsthese konkretisieren?

Prof. Burzan: Ulrich Beck spricht von drei Dimensionen der Individualisierung: (1) *Freisetzung*: Menschen werden aus traditionalen Bindungen freigesetzt, z. B. der sozialen Klasse oder der traditionalen Geschlechtsrolle. Dies bringt Optionen mit sich, z. B.

in Bezug auf Partnerschaften oder die Berufswahl, die sich weniger an den Eltern orientiert. Räumliche und soziale Mobilität werden typischer. Diese Freisetzung geht zugleich einher mit (2) *Entzauberung*: Die Wahlmöglichkeit bedeutet auch den Zwang, sich ohne die klare Orientierung durch die Werte z. B. der Herkunftsklasse entscheiden und seine Bastelbiografie gestalten zu müssen; gleichzeitig wird den Einzelnen die Verantwortung für ihr Tun stärker selbst zugeschrieben – wenn sie sich etwa nicht „rechtzeitig" weitergebildet haben. Individualisierung meint nicht unendliche Wahlfreiheit, sondern es gibt eine (3) *Wiedereinbindung*: Menschen haben weiterhin enge Bindungen (z. B. zu ihrer Herkunftsfamilie), diese gelten aber nicht mehr weitgehend lebenslang unhinterfragt, wie etwa die Scheidungsraten zeigen. Zudem erfolgen Wiedereinbindungen durch institutionelle Regelungen wie solche des Arbeitsmarkts oder des Wohlfahrtsstaats.

Individualisierungsschübe sind historisch an verschiedenen Stellen verortbar. Häufig – wie auch in den obigen Beispielen – wird der Schub hervorgehoben, der sich in Deutschland in den 1960er/1970er Jahren im Zuge der wirtschaftlichen/wohlfahrtsstaatlichen Entwicklung und der Bildungsexpansion sowie damit einhergehendem Wertewandel vollzogen hat.

Frage: Lässt sich die Individualisierungsthese empirisch prüfen?

Prof. Burzan: Günter Burkart hat es einmal so ausgedrückt: Die Individualisierungsthese empirisch zu überprüfen sei der Versuch, einen Pudding an die Wand zu nageln. Er spricht damit das Problem an, dass eine solche Überprüfung an konkreten Stellen des sehr komplexen Phänomens „Individualisierung" ansetzen muss. Man kann sich dann nie sicher sein, ob man diese Komplexität nun ganz erfasst hat, und im Falle von Widerlegungen könnten die Vertreter und Vertreterinnen der Individualisierungsthese dann immer behaupten, man habe eben nur einen Teil des Prozesses empirisch erfasst (der zudem gerade durch Widersprüchlichkeiten gekennzeichnet ist). Umgekehrt können – ggf. zu punktuelle – Bestätigungen Skeptiker und Skeptikerinnen nicht völlig überzeugen. Ein Beispiel: Nach wie vor ist die Schichtabhängigkeit der Bildungschancen in Deutschland sehr ausgeprägt. Dennoch wäre dies keine empirische Widerlegung, da Individualisierung – trotz Freisetzung – eben nicht einseitig „Autonomie" bedeutet. Daraus folgt keine Resignation gegenüber der empirischen Prüfung, aber sie bleibt eine Herausforderung.

Frage: Was ist bei der Erforschung der Individualisierungsthese im Besonderen zu beachten, um Fehlschlüsse zu vermeiden?

Prof. Burzan: Um Fehlschlüsse zu vermeiden, sind die drei Dimensionen Freisetzung, Entzauberung und Wiedereinbindung zu beachten, man darf sich nicht mit einseitigen/punktuellen Befunden zufriedengeben. So ist Individualisierung eben nicht einseitig verbunden mit Autonomie, nicht einmal zwingend mit Pluralisierung, ebenso wenig mit einer Ellbogengesellschaft ohne feste Bindungen. Dass die Erforschung von Individualisierung unter die Oberfläche schauen muss, zeigen hier zwei Beispiele: (1) Zifonun (2010) stellt heraus, dass es sich nicht um das unreflektierte Befolgen von Traditionen handelt, wenn junge Musliminnen in Deutschland ein Kopftuch tragen, sondern um ein Element der Lebensgestaltung, das sich im „Modus der Dauerreflexion" bewegt und so nur unter Bedingungen der Individualisierung denkbar ist. (2) Ulrich Beck betont, dass plurale Familienformen nicht etwas gänzlich Neues sind (man darf also kein zu große Homogenität „früherer Zeiten" unterstellen), sondern sich im Rahmen von Individualisierung dadurch auszeichnen, dass die Pluralität auch durch Institutionen (das Recht, den Arbeitsmarkt etc.) anerkannt werden.

Frage: Welche Prüfkriterien sind besonders geeignet und warum?

Prof. Burzan: Die Prüfung der Individualisierungsthese muss angesichts ihrer Komplexität an mehreren Stellen zugleich ansetzen, dies möglichst im Längsschnitt. Das heißt: Auf der Ebene von komplexen Handlungsmustern ist entweder Pluralisierung vorzufinden oder eine Restrukturierung, die nicht auf der traditionellen Prägekraft sozialer Klassen oder Milieus beruht. Dies ist flankiert durch einen institutionellen Wandel, der u. a. individuelle Entscheidungen zunehmend anerkennt. Schließlich zeigen biografische Entscheidungsprozesse und externe Zuschreibungen durch andere an, dass den Einzelnen die Folgen ihres Handelns typischerweise selbst zugerechnet werden (eine ausführlichere Fassung meines Vorschlags finden Sie in der Zeitschrift für Soziologie, Heft 6/2011). Der Vorschlag zeigt, dass die empirische Überprüfung eng mit konzeptionellen Entscheidungen einhergeht und auch bei sorgfältiger Operationalisierung kaum eine eindeutige (z. B. statistische) Antwort im Sinne eines klaren Ja oder Nein zu der These erwartbar ist, ohne dass die These dadurch ihren Erkenntnisgewinn vollständig einbüßen würde.

1.4 Erklärung versus Prognose

Wie lassen sich zukünftige Ereignisse prognostizieren?

Wissenschaft wird nicht nur betrieben, um Theorien bzw. Hypothesen zu prüfen. Vielmehr geht es auch darum, Wissen zu erarbeiten, dass für die praktische Anwendung bei der Lösung von Problemen geeignet ist. In diesem Zusammenhang geht es um die Frage, wie sich zukünftige Ereignisse prognostizieren lassen (vgl. Silver, 2012).

Opp (1970, 2005) verdeutlicht, dass Erklärung und Prognose in ihrer formalen Struktur übereinstimmen, wie sich anhand des HO-Schemas zeigen lässt (vgl. Tab. 2).

Tabelle 2: Gegenüberstellung von Erklärung und Prognose (modifiziert nach Opp, 1970, S. 69)

	Erklärung	Prognose
Gesetz	???	gegeben
Randbedingung	???	gegeben
Explanandum	gegeben	???

Bei einer Erklärungssuche ist das Explanandum gegeben und das Explanans gesucht; bei einer Prognose ist das Explanans gegeben und das Explanandum gesucht

Die große Gemeinsamkeit von Erklärung und Prognose besteht darin, dass jeweils Explanans und Explanandum miteinander in Verbindung gesetzt werden. Es sei noch einmal daran erinnert, dass das Explanans die Gesetzesaussage und die Randbedingungen beinhaltet. Wenn man eine Erklärung sucht, ist das Explanandum, der zu erklärende Tatbestand, gegeben, während das Explanans gesucht wird. Hingegen besteht eine Prognose darin, dass man aufgrund eines schon ausformulierten Explanans das Explanandum sucht. Es geht darum, ein bestimmtes singuläres Ereignis vorauszusagen.

Ein weiterer wichtiger Unterschied zwischen Erklärung und Prognose besteht darin, dass die Erklärung von einem Tatbestand ausgeht, der sich schon ereignet hat. Hingegen befasst sich die Prognose mit einem in der Zukunft möglichen Tatbestand, der gegenwärtig noch nicht eingetreten ist, wie das Beispiel der Wahlprognose veranschaulicht (Opp, 2005).

Wenn wir die Gesetzesaussage zugrunde legen, dass sichere Bindung zu Vertrauen in den romantischen Partner führt, können wir bei der bevorstehenden Hochzeit von Frederick folgende Prognose wagen:

Frederick ist sicher gebunden. Daher prognostizieren wir, dass er sechs Monate nach seiner Heirat seiner Ehefrau Vertrauen schenken wird. Die Gültigkeit dieser Prognose hängt entscheidend davon ab, dass die Randbedingung richtig diagnostiziert wurde. Wenn Frederick tatsächlich unsicher gebunden ist, ergibt sich eine falsche Prognose, weil sein Bindungsstatus falsch diagnostiziert wurde.

Bei Prognosen wird immer in die Zukunft geblickt. Um sie einzuschränken und dadurch überprüfbar zu machen, ist es sinnvoll, den Zeitpunkt anzugeben, wann die Prognose eintreten wird (bei der bevorstehenden Wahl, sechs Monate nach der Hochzeit etc.). Dabei ist zu berücksichtigen, wie stabil die Merkmale sind, die in der Gesetzesaussage verwendet werden. Wenn z. B. bekannt ist, dass die Bindung bei Erwachsenen über einen Zeitraum von sechs Monaten relativ stabil bleibt, ist eine Prognose über diesen Zeitraum auf der Basis des Bindungsmusters gerechtfertigt. Das zeigt, dass auch für Prognosen Hilfshypothesen erforderlich sind, wie das auch für die Operationalisierung von Merkmalen gilt (siehe oben).

Es sollte ein Zeitpunkt angegeben werden, wann die Prognose eintreten wird

Ein Problem von Prognosen besteht darin, dass in der Zwischenzeit viele andere Ereignisse eintreten können, die mit der Prognose interferieren. So kann es z. B. sein, dass Frederick nach drei Monaten darüber informiert wird, dass seine Frau in sexuelle Untreue verwickelt ist. Diese Information kann verständlicherweise sein Vertrauen erschüttern. Das Endergebnis besteht darin, dass die Prognose falsch ist.

Zwischenzeitlich stattfindende Ereignisse können mit der Prognose interferieren

Dieses Beispiel veranschaulicht schon, dass nicht jede falsche Prognose das Explanans und speziell das darin enthaltene Gesetz widerlegt. Vielmehr besteht immer die Möglichkeit, dass in dem Zeitintervall, das durch die Prognose überbrückt wird, Ereignisse auftreten, die die Prognose invalidieren. Dasselbe gilt auch für Wahlprognosen. Wenn vor dem Wahltag noch eine neue unerwartete Information verbreitet wird, die die Glaubwürdigkeit des Spitzenpolitikers einer Partei in Frage stellt, verändert sich daraufhin die Wahlpräferenz der Wählerinnen und Wähler, ohne dass die ursprüngliche Prognose des Wahlergebnisses fehlerhaft gewesen sein muss.

Nur wenn sich weitere relevante Randbedingungen nicht ändern, kann erwartet werden, dass die Prognose zutreffend ausfällt. Daraus kann man generell ableiten, dass sich Ereignisse, die von zahlreichen Randbedingungen abhängen, deren Zustand sich häufig ändert, in der Regel nur unzureichend vorhersagen lassen.

Ereignisse, die von zahlreichen Randbedingungen abhängen, deren Status sich häufig ändert, lassen sich nur unzureichend vorhersagen

Umso überraschender ist es, wie gut Prognosen zutreffen, wie das Beispiel der Prognose des Wahlausgangs häufig zeigt (Silver, 2012). Allerdings kann es auch sein, dass die Prognose fehlerhaft abgeleitet wurde, während aufgrund des Einflusses von Drittvariablen das erwartete Ergebnis zustande kommt (Opp, 2005, S. 83). Man kann also aus den falschen Gründen richtig liegen.

Ein allgemeines Problem von Prognosen besteht darin, dass man annehmen muss, dass relevante Randbedingungen zum Zeitpunkt des prognostizierten Ereignisses eine bestimmte Ausprägung aufweisen. So nimmt man bei der Prognose des Vertrauens von Frederick an, dass seine Frau ihn in der Zwischenzeit nicht mit einem anderen Mann betrogen hat. Außerdem gibt es das Problem, dass Prognosen selten exakt zutreffen. Bei Wahlprognosen wird man in der Regel damit zufrieden sein, wenn man den Prozentwert der Wähler, die eine Partei gewählt haben, vor dem Komma korrekt vorhersagt, aber nicht hinter dem Komma. Oder bei den US-Senatswahlen wird man von einer sehr guten Prognose sprechen, wenn das Ergebnis in 48 von 50 Bundesstaaten zutreffend vorhergesagt wurde.

Eigendynamik von Prognosen Eine Besonderheit von Prognosen besteht darin, dass sie eine Eigendynamik entfalten können, die darin besteht, dass sie das Phänomen, auf das sie sich beziehen, verändern.

Sich-selbst-erfüllende und sich-selbst-widerlegende Prophezeiungen

Prognosen können ein Eigenleben führen. Das gilt in zweierlei Hinsicht (Opp, 2005, S. 84). Es können *sich-selbst-erfüllende Prophezeiungen* auftreten und es können *sich-selbst-widerlegende Prophezeiungen* erstellt werden. Letztere scheinen vielfach bei Prognosen des Bedarfs von bestimmten Berufsgruppen in zehn Jahren aufzutreten. Typischerweise wird dabei ein Mangel an Ingenieuren oder an Lehrern vorausgesagt. Die Folge solcher Prognosen ist, dass zahlreiche Abiturienten, die versuchen, ihre Berufschancen zu optimieren, die Fächergruppe studieren, die angeblich unterbesetzt ist. Die Folge davon ist, dass sie dann, wenn sie ihr Studium abgeschlossen haben, feststellen, dass eine harte Konkurrenz um die angebotenen Arbeitsplätze in dem ausgesuchten Bereich besteht. Daher wäre es vermutlich besser gewesen, wenn die Abiturienten einfach das Fach studiert hätten, das mit ihren Interessen gut übereinstimmt.

Sich-selbst-widerlegende Prophezeiungen

Das Phänomen der sich-selbst-erfüllenden Prophezeiungen wurde ursprünglich von Merton (1957) beschrieben. In der sozialen Interaktion treten viele Beispiele für dieses Phänomen auf, z. B. bei Aggression und bei Verhandlungen (Bierhoff, 1986). Wenn z. B. eine Person erwartet, dass ihr Interaktionspartner aggressive Tendenzen aufweist, verhält sich die Person provokativer, sodass der Interaktionspartner aggressiv reagiert. In der Schule wurden bezogen auf den Leistungsbereich Lehrer-Erwartungseffekte beobachtet (Bierhoff, 1990; Rosenthal & Jacobson, 1971).

Sich-selbst-erfüllende Prophezeiungen

Bei sich-selbst-erfüllenden Prophezeiungen geht es darum, dass eine falsche Prognose dazu führt, dass das prognostizierte Ereignis tatsächlich eintritt. Dieses Phänomen kann immer wieder an den Aktienmärkten beobachtet werden. Wenn das Gerücht verbreitet wird, dass ein Aktiensturz bevorsteht, steigt die Wahrscheinlichkeit, dass die Aktienkurse einbrechen. Es gibt Hinweise darauf, dass solche Effekte gelegentlich gezielt ausgenutzt werden, um den Aktienmarkt zu manipulieren. In bestimmten Fällen reicht es aus, wenn eine Zeitung ein entsprechendes Szenario prognostiziert, um Kursverluste zu initiieren. Ein anderes Beispiel sind Prognosen auf die Insolvenz einer Bank oder eines Staates. Sie führen dazu, dass immer mehr Menschen ihre Konten auflösen bzw. ihre Staatsanleihen verkaufen, so dass der Bank- oder Staatszusammenbruch wahrscheinlicher wird.

Die Beispiele von sich-selbst-widerlegenden Prophezeiungen und sich-selbst-erfüllenden Prophezeiungen verweisen darauf, dass mit Prognosen sehr sorgfältig umgegangen werden muss. Das gilt an erster Stelle für negative Prognosen. Diese können sich schicksalhaft auswirken, wenn sie als sich-selbst-erfüllende Prophezeiungen fungieren. Daher ist es wichtig, gerade auch bei der Individualprognose, wie sie etwa in psychologischen Gutachten der klinischen Diagnostik enthalten ist, sehr vorsichtig zu sein, da ein negativer Prozess der Erwartungsbestätigung in Gang gesetzt werden kann, der dem positiven Ziel der Psychotherapie widerspricht.

Sorgfältiger Umgang mit negativen Prognosen

Wir hatten schon darauf hingewiesen, dass empirische Daten immer Fehlereinflüssen unterliegen. Wenn die erhobenen Daten von den theoretischen Erwartungen abweichen, kann das z. B. an Fehlern in der Datenerhebung liegen. Daher kann man nicht sagen, dass Daten, die einer Theorie widersprechen, zur Widerlegung dieser Theorie führen müssen. Das würde eine fehlerfreie Messung voraussetzen, die es nicht gibt. Im Gegenteil: In vielen Forschungsfeldern besteht ein Problem darin, dass die Daten eine hohe Zufallsfluktuation (großer Zufallsfehler) beinhalten. Dann ist der „noise" hoch, so dass schwache Signale kaum zu hören sind. Umso schwächer das Signal ausfällt, desto größer ist die Gefahr, dass Ergebnisse auf Zufallskonstellationen beruhen (Silver, 2012).

Wettbewerb unter Theorien

Daher kann eine bestehende Theorie nur durch die Entwicklung einer besseren Alternativtheorie verdrängt werden (z. B. Crano & Brewer, 1975; Phillips, 1973). Diese Überlegung stimmt mit der Darstellung der Entwicklung der Wissenschaft durch den amerikanischen Wissenschaftstheoretiker Thomas Kuhn (1996) überein. Danach wird ein Forschungsparadigma nur dann aufgegeben, wenn ein neues leistungsfähigeres Forschungsparadigma gefunden wurde.

1.5 Sind psychologische Hypothesen und Theorien trivial?

Wir hatten weiter oben schon das Beispiel der Hypothese gegeben, die Narzissmus einmal positiv und einmal negativ mit sozialer Akzeptanz verbindet. Diese Hypothese ist offensichtlich überraschend. Wenn man sie hört, fragt man sich automatisch, wie eine solche komplexe Hypothese wohl zu begründen ist. Damit wird Interesse geweckt, weil die Hypothese über das Alltagswissen hinausgeht.

Nur durch empirische Untersuchungen kann festgestellt werden, inwieweit psychologisches Alltagswissen zutreffend ist

Die meisten Menschen sind Hobbypsychologen, weil sie sich Gedanken darüber machen, warum andere Menschen und sie selbst sich so verhalten, wie sie es tun. Daher besteht die Tendenz, dass Menschen häufig denken, viel psychologisches Wissen zu besitzen. Die Auswertung der Alltagserfahrung kann in ganz unterschiedlicher Weise erfolgen, und letztlich kann nur durch empirische Untersuchungen festgestellt werden, inwieweit die Einsichten der Hobbypsychologen zutreffend oder das Ergebnis zufälliger Ereignisse oder fehlerhafter Beobachtung sind (vgl. die Einleitung zu Kapitel 2 und das Experteninterwiew mit Gerd Gigerenzer).

Da Menschen als Hobbypsychologen viele Sachverhalte analysieren, haben sie oft den Eindruck, dass die psychologische Forschung auf trivialen Hypothesen und Ergebnissen aufbaut. In der Psychologie findet sich aber eine Vielzahl von Annahmen, die auf den ersten Blick als überraschend erscheinen und die über triviale Erkenntnisse hinausgehen. Das wohl bekannteste Beispiel für eine überraschende Hypothese ist in der Forschung von Milgram (1974) enthalten. Es geht um Autoritätsgehorsam, der in einem angeblichen Lernexperiment beim Lehrer beobachtet wird. Der Lehrer testet einen Schüler, um angeblich die Effektivität des Bestrafungslernens zu prüfen. Die Versuchsperson soll als Lehrer jeweils dann, wenn der Schüler einen Fehler macht, eine höhere Schockstärke einstellen. Schüler und Lehrer sind Erwachsene, die sich vorher nicht kennengelernt haben. Wenn der Lehrer zögert, drängt ihn der Versuchsleiter, mit dem Versuch weiter zu machen. Die niedrigste Schockstärke beträgt 15 Volt. Der Schüler macht insgesamt 30 Fehler. Bei jedem Fehler wird die Schockstärke durch den Lehrer um 15 Volt gesteigert, weil das der Instruktion entspricht. Somit wird die Intensität der Bestrafung für Fehler schrittweise von 15 Volt bis 450 Volt erhöht.

Milgrams Studie zum Autoritätsgehorsam veranschaulicht, dass psychologische Forschung nicht trivial ist

Das Basisexperiment zum Bestrafungslernen hat gezeigt, dass 65 % der Versuchspersonen maximalen Autoritätsgehorsam zeigen. Das bedeutet, dass sie den Höchstwert des 450-Volt-Schocks applizierten, der als „Gefahr! Bedrohlicher Schock" und darüber hinaus mit einem vielsagenden „XXX" gekennzeichnet war. Natürlich beruhte das Experiment auf Täuschung, da die Schocks nur vorgespielt wurden. Nur der anfängliche Probeschock, den die Versuchsperson erhielt, war echt.

Die Täuschung der Teilnehmer ist natürlich vom ethischen Standpunkt aus sehr problematisch. Sie ist am ehesten dann vertretbar, wenn ohne Täuschung die Gefahr besteht, dass vorinformierte Personen ihr Verhalten im Experiment aufgrund von Selbstdarstellung und sozialer Erwünschtheit verändern, und wenn die Relevanz der Fragestellung hoch ist (vgl. Kapitel 2.5). Wenn Autoritätsgehorsam untersucht wird, kann damit gerechnet werden, dass Personen, die über den Zweck des Versuchs vorinformiert sind, relativ niedrige Werte des Autoritätsgehorsams erreichen. Auf die Problematik von Täuschungsexperimenten gehen wir in Kapitel 2.5 noch ausführlicher ein. An dieser Stelle kann schon festgestellt werden, dass das Milgram-Experiment nach heutigen Maßstäben nur noch in abgemilderter Form ethisch vertretbar ist (Burger, 2009).

Milgram schilderte den Versuchsablauf in einem Szenario detailliert, um Psychologen, Studierende und Erwachsene aus der Mittelschicht nach ihren vermuteten Reaktionen zu befragen, also danach, wie sie selbst als Lehrer in dem Experiment reagieren würden. Die Ergebnisse zeigten, dass sich viele Befragte vorstellen konnten, bis zu einer Voltstärke von 150 Volt zu gehen. Höhere Schockwerte wurden nur selten erschlossen. In den Gruppen der Psychologen und der Erwachsenen lag der Höchstwert bei 300 Volt, während der Höchstwert bei den Studierenden bei 210 Volt lag. Somit wurde das tatsächliche Ergebnis des Basisexperiments – 65 % der Personen in der Lehrerrolle zeigen maximalen Autoritätsgehorsam – nicht einmal annähernd erwartet. Die Ergebnisse sind offensichtlich sehr überraschend und überhaupt nicht trivial.

Exemplarische Beispiele für Forschungsfortschritt

Viele andere Forschungsergebnisse sind genauso beeindruckend wie das Milgram-Experiment, z. B. das Zimbardo-Gefängnisexperiment oder das Asch-Konformitätsexperiment. Darauf bezieht sich auch der Münchner Sozialpsychologe Dieter Frey von der Ludwig-Maximilians-Universität in dem nachfolgenden Expertengespräch, das auf die besondere Bedeutung des kritischen Rationalismus für die wissenschaftliche Forschung verweist.

Experteninterview

**Prof. Dr. Dieter Frey,
Lehrstuhl Sozialpsychologie**
Ludwig-Maximilians-Universität,
München

Frage: Warum ist Wissenschaftstheorie für Psychologen überhaupt wichtig? Reicht es nicht schon für einen guten Forscher, wenn er eine gute Statistikausbildung hat und sich in Skalierung auskennt?

Prof. Frey: Wissenschaftstheorie ist für Psychologen deshalb wichtig, weil wir uns an Kurt Lewin orientieren können („Nichts ist praktischer als eine gute Theorie."). Man kann akute Phänomene wie Aggression, Depression, innere Kündigung aus dem Bauch heraus erklären, auch mit dem gesunden Menschenverstand, aber wenn man gute Theorien darüber hat, unter welchen Bedingungen Aggression, Depression, innere Kündigung erfolgen, was verstärkende und schwächende Bedingungen sind, und man dies dann auch empirisch überprüfen kann, dann ist der Wissenschaftler gegenüber jedem Laien und gegenüber jedem Journalisten im Vorteil. Natürlich braucht man eine gute Statistik- und Methodenausbildung, aber das ist letztlich ja nur Mittel zum Zweck, nämlich dass man Theorien überprüft, egal, ob über Laborexperimente, Feldexperimente oder Felduntersuchungen. Überspitzt kann man sagen: Empirische Forschung ist immer hypothesen- und theoriegeleitet, d. h., die Theorie kommt zuerst, und erst dann kann man klar die Fragestellung oder das Problem definieren, diese Fragestellung empirisch umsetzen und methodisch sauber überprüfen. Vor allem und hinter allem steht aber immer eine Theorie. Theorieloses Forschen ist eigentlich unsinnig, auch wenn es häufig so gemacht wird. – Theorieloses Forschen bewirkt oft, dass wir viele (empirische) Informationen, aber wenig Wissen haben.

Die meisten Psychologiestudierenden haben heute kaum einen Bezug mehr zu Philosophie und Wissenschaftstheorie. Noch schlimmer: Sie sind oft nicht darin ausgebildet, was eine gute Theorie ist. Sie können deshalb auch oft nicht theoretisch denken und noch weniger eigenständig Theorien entwickeln. Ich wäre vermutlich nicht da, wo ich heute bin, ohne das Glück gehabt zu haben, von Leuten wie Hans Albert (ein Popper-Schüler) unterrichtet worden zu sein. Ich selber habe Popper auch in mehreren Meetings als absolut brillanten Denker und Redner kennengelernt. Letztlich kann man sich bei jedem Phänomen fragen: Gibt es dafür eine gute Theorie, die dieses Phänomen erklärt oder das Phänomen vorhersagt? Wie universell ist das Phänomen, wie kulturspezifisch? Unter welchen Randbedingungen taucht das Phänomen auf? Für all dieses braucht man Theorien.

Frage: Ist der kritische Rationalismus nur eine Anleitung zur Theorieentwicklung und empirischen Überprüfung oder steckt mehr dahinter. Was ist also die Reichweite des kritischen Rationalismus?

Prof. Frey: Ich bin nicht nur ein Anhänger des kritischen Rationalismus, ich bin ein begeisterter Verfechter. Einerseits ist der kritische Rationalismus in der Tat eine Anleitung zur Theorieentwicklung, d. h., wie eine gute Theorie aussieht. Sie muss allgemein, frei von Widersprüchen, erklärungskräftig und falsifizierbar (also widerlegbar) sein. Eine gute Theorie hat fünf Funktionen:
1. Sie soll Phänomene beschreiben und analysieren,
2. erklären,

3. vorhersagen,
4. eine gute Theorie dient aber auch zur Intervention und zur
5. Aufklärung kritischer Bedingungen.

Insofern ist der kritische Rationalismus keineswegs nur eine Anleitung zur Theorienentwicklung, sondern eine gute Theorie kann
Realitäten sprengen, wenn man sie damit konfrontiert. Popper hat
es ja in seinem Buch *Die offene Gesellschaft und ihre Feinde* vor-
gemacht, wie die Ideen der Wissenschaft, nämlich Theorien zu
entwerfen und immer weiter zu entwickeln, auf die Gesellschaft
übertragen werden kann. Nach Popper brauchen wir auch in Gesellschaften eine offene Diskussion über Stärken und Schwächen
der Gesellschaft und über Verbesserungsmöglichkeiten und der
Feind dieser offenen Gesellschaft ist der Dogmatismus.

Ähnlich auch in der Wissenschaft. Wir müssen permanent unsere
Theorien in Frage stellen, verbessern und nochmal verbessern.
Und das beginnt immer zunächst mit einer gedanklichen Ausein-
andersetzung im Kopf. Ich sage deshalb auch immer meinen Studenten: Immer erst selbst denken und kritisch reflektieren, was das
Problem ist, was die Fragestellung ist, und dann lesen und dann
das Gelesene wieder kritisch reflektieren.

Frage: Wissenschaftstheorie klingt nach grauer Theorie. Kann sie
auch begeistern?

Prof. Frey: Ich wende ja die Psychologie nicht nur in der Universität an, sondern bin draußen in sozialen und kommerziellen Organisationen und transportiere dort mit Begeisterung unsere
Theorien. Mein Motto ist auch dort: Nichts ist praktischer als eine
gute Theorie. Und man kann jede psychologische Theorie übertragen auf die Praxis. Das Wichtigste ist, dieses Graue der Theorie lebendig zu machen, nämlich dass man damit die Grundlage
hat, Phänomene zu erklären, vorherzusagen und die Bausteine der
Theorie auch zur Intervention zu verwenden. Hat man z. B. eine
Vielzahl von Theorien der Sozialpsychologie zusammen, dann
lassen sich daraus wunderbare Bausteine für Motivation, Begeisterung und Identifikation in Organisationen zusammenfassen. Um
Menschen zu motivieren, muss man z. B. Sinn vermitteln (Erklär-
barkeit), Menschen beteiligen (Autonomie), man muss an der
Transparenz arbeiten (Vorhersehbarkeit; kognitive Kontrolltheo-
rie), man muss viel Klarheit schaffen, man muss Wertschätzung
transportieren (Selbstwerttheorie), Ziele vereinbaren (Goal-Set-
ting-Theorie), man muss ihnen ein gutes Betriebsklima geben

(Theorie der sozialen Identität) usw. Das waren jetzt nur einige Beispiele, wie man aus etablierten Theorien auch konkrete Handlungsanweisungen ableiten kann. Die Alternative wäre, dass man alles nur aus Intuition, alles nur vom gesunden Menschenverstand macht. Das geht manchmal synchron zu den Theorien, aber die Theorien sind differenzierter, weil sie auch die Randbedingungen benennen und die Bedingungen, unter denen es nicht mehr funktioniert.

Frage: In jüngster Zeit wurde die Sozialpsychologie durch einen großen Forschungsskandal erschüttert, der auf der Fälschung von Daten beruht, die in dutzenden wissenschaftlichen Beiträgen verwendet wurden (darunter in einem Artikel in *Science*). Was kann die wissenschaftliche Psychologie aus diesem Vorfall lernen?

Prof. Frey: In jeder Wissenschaft gibt es schwarze Schafe, in den Naturwissenschaften genauso wie in den Sozialwissenschaften und niemand ist gegen Fälschung gefeit. Überall, wo Menschen sich durch Fälschungen Vorteile verschaffen können, ist die Versuchung groß. Das ist in der Wirtschaft, bei Banken, aber auch im Privatleben genauso wie in der Wissenschaft der Fall. Wir brauchen interne Kontrollinstanzen, d.h., dass wir die Forscher und Wissenschaftler zu ethischem Verhalten verpflichten, sodass es eine „Sünde" ist, so etwas zu machen, weil man sich an nachfolgenden Generationen und deren Zeit versündigt. Wir brauchen auch immer das kritische Infragestellen, den gesunden Menschenverstand, wir brauchen Kontrollinstanzen in der Umgebung der Forscher, die nicht wegschauen. Wir brauchen aber auch viel mehr Chancen von Veröffentlichungen von nicht replizierbaren Experimenten. Ein mindestens genauso großes Problem wie die faktische Fälschung ist, wenn, wie meine Vermutung ist, man viel experimentiert und forscht, aber dann nur das Unterstützende einreicht und wenn nur dies dann auch veröffentlicht wird, während all die fehlgeschlagenen Versuche nicht berichtet werden. Aus solchen Forschungsfällen kann man nur lernen, noch kritischer zu sein und glatte Befunde auch infrage zu stellen und auch Replikationen, die sich nicht bestätigt haben, zu veröffentlichen.

Frage: Was fasziniert an Psychologie?

Prof. Frey: Genauso wie die menschliche Natur ein Wunder ist – und damit immer in vielerlei Hinsicht ein Rätsel – ist menschliches Erleben und Verhalten oft ein Rätsel, manchmal auch ein

Wunder. Und im Sinne von Max Weber ist es schon eine Herausforderung und auch oft fast wie ein Detektivspiel, bestimmte Ursachen von Erleben und Verhalten zu ergründen, ebenso bestimmtes Erleben und Verhalten vorherzusehen und aber immer auch wieder zu sehen, dass man sich getäuscht hat. Viele klassische Experimente der Psychologie bezeugen dies: das Milgram-Experiment, die Zimbardo-Gefängnisexperimente, die Asch-Konformitätsexperimente sind nur einige Beispiele. Der Mensch als soziales Wesen auf der einen Seite, der Mensch als Bestie in gewissen Situationen, genauso aber auch als Wohltäter. Damit wird die Faszination Mensch immer auch zur Faszination Erklärung Mensch und damit auch zur Faszination Psychologie.

Frage: Was sind die Herausforderungen für die Zukunft?

Prof. Frey: Die globalen Probleme, mit denen die Menschen in den nächsten Jahrzehnten konfrontiert werden, sind letztlich immer auch die Probleme der Psychologie. Die Unterschiede zwischen Arm und Reich, die Klimaproblematik und damit verbundene Notwendigkeit der Energiewende, die Problematik des knapper werdenden Wassers, die Problematik des Waffenarsenals, die Problematik der Globalisierung insgesamt und der damit verbundenen Gefahr der Heimatlosigkeit, die Notwendigkeit, den Menschen eine Heimat zu geben, die Verschuldungsproblematik usw. Dies sind nur einige der Herausforderungen der Menschheit, aber damit sind auch die psychologischen Probleme und Herausforderungen vorprogrammiert: Umgang mit Konflikten, Umgang mit unterschiedlichen Kulturen, Umgang mit knapper werdenden Ressourcen, Verlusterlebnisse, Verhalten mit einer vergreisenden Gesellschaft auf der einen Seite und jünger werdenden Bevölkerungen in Entwicklungsländern auf der anderen Seite. Das psychologische Wissen reicht bisher noch nicht aus, um zu solchen Problemen fundierte Lösungsansätze zu geben. Die Psychologie steht vor großen Herausforderungen.

Frage: Was sollte die Psychologie vermeiden?

Prof. Frey: Wir haben oft zu viel Mainstream-Denken und beschäftigen uns zu wenig mit der Komplexität; stattdessen hat man die Vorstellung, dass man sich mit „Pipifax-Phänomenen" beschäftigt und alle auf denselben Berg rennen, obwohl es viele nicht besetzte Hügel gibt. Notwendig wäre vor allem, sich mit den eben genannten bestehenden Problemen wissenschaftlich auseinanderzusetzen, um im Konzert mit anderen Wissenschaftlern Lösungsideen zu entwickeln. Psychologen engagieren sich viel zu wenig in der Politik, sie sind oft apolitisch, sind auch zu sehr individuumsorientiert und zu wenig kultur-, sozial- und historisch orientiert. Ich denke auch, dass die Psychologie nicht über den Tellerrand hinausschaut, was in anderen Fächern an interessanten Entwicklungen geschieht. Man hat oft den Eindruck, dass andere Fächer mehr von unserem Know-how übernehmen, als wir bereit sind, das Know-how anderer Wissenschaften in unser Know-how zu integrieren. Ich erwarte von den Psychologen, dass sie im Sinne Poppers kritische Rationalisten und aufgeklärte Humanisten sind, die genügend Wissen und Theorien haben, wie man Menschen, Gruppen und Systeme verbessern kann, und die einen Beitrag leisten, Gesellschaften humaner zu machen.

1.6 Beschreibung versus Erklärung

Wissenschaftliche Aktivitäten lassen sich grundsätzlich entweder der Beschreibung oder der Erklärung zuordnen (Stegmüller, 1973, S. 76). Beschreibungen stellen die Antwort auf die Frage „Was ist der Fall?" dar. Ein Beispiel für Beschreibung ist die Antwort auf die Frage, wie hoch die Intelligenz eines Schülers ist. Die Aufgaben der Diagnostik liegen in diesem Bereich der beschreibenden Studie. Hingegen stellen Erklärungen Antworten auf die Frage „Warum ist das so?" bzw. „Warum ist das nicht so?" dar. Warum misstrauen sich Menschen? Warum benachteiligen Mitglieder einer Gruppe Mitglieder einer anderen Gruppe? Warum zeigen Menschen keine Zivilcourage?

Beschreibungen beantworten die Frage „Was ist der Fall?", Erklärungen beantworten die Frage „Warum ist das (nicht) so?"

Da die Beschreibung, auch wenn sie noch so detailgenau ist, keinen Ersatz für Erklärung liefert, ergeben sich zwei unterschiedliche Aufgabenstellungen der Wissenschaft:
* Beschreibung von Merkmalsausprägungen auf interessierenden Merkmalsdimensionen (= beschreibende Studie),

Beschreibende Studie

* Auffinden und Erklären der gesetzmäßigen Zusammenhänge zwischen Merkmalsdimensionen (= erklärende Studie).

Erklärende Studie

Zetterberg (1973) hat beschreibende und erklärende Studien gegenübergestellt (vgl. Tab. 3).

Der Vergleich von beschreibender und erklärender Studie in Tabelle 3 zeigt, dass die Unterschiede zwischen beiden wissenschaftlichen Aktivitäten keinesfalls trivial sind. Vielmehr geht es um grundlegend unterschiedliche Anliegen. So befasst sich die beschreibende Studie mit der Frage, auf welchen Merkmalsdimensionen ein Sachverhalt abgebildet werden soll. Damit hängt die Frage zusammen, wie viele unabhängige Merkmalsdimensionen für eine umfassende Beschreibung des Sachverhalts gebraucht werden. Ein Beispiel ist der Persönlichkeitsfragebogen 16 PF von R. B. Cattell, der untereinander korrelierte Persönlichkeitsdimensionen misst, da es keine 16 unabhängigen Persönlichkeitsdimensionen gibt (Schneewind, Schröder & Cattell, 1994). In der Regel reichen fünf bis sechs Dimensionen aus, um einen psychologischen Sachverhalt umfassend zu beschreiben. In diesem Sinne unterscheiden die Forscher die Big Five der Persönlichkeit und sechs Liebesstile in romantischen Beziehungen. Hingegen ist die Zahl der Naturgesetze in der Psychologie vermutlich wesentlich größer.

Tabelle 3: Vergleich von beschreibenden und erklärenden Studien (modifiziert nach Zetterberg, 1973, S. 107)

	Beschreibende Studie	Erklärende Studie
Gegenstand	Merkmals-dimensionen	Gesetze
Bezeichnung der Sätze	Definitionen	Hypothesen
Typische Satzform	$X = df\ (a, b, \dots)$	Wenn X, dann Y
Anwendungen der Sätze auf neue Gegenstände	Diagnose	Erklärung
Ergebnis	Taxonomie	Theorie

Beschreibungen fokussieren auf die Definition von Merkmalsdimensionen, Erklärungen fokussieren auf die Überprüfung der empirischen Gültigkeit von Hypothesen

Weitere Unterschiede zwischen Beschreibung und Erklärung liegen darin, dass Beschreibung den Schwerpunkt auf die Definition der Merkmalsdimensionen legt, die zur Beschreibung eines Sachverhalts benutzt werden. Beschreibung fokussiert auf Tests zur Messung von Merkmalsdimensionen und die Diagnose der Merkmalsausprägung bei einzelnen Untersuchungseinheiten. Hingegen geht es bei der Erklärung um die Überprüfung der empirischen Gültigkeit von Hypothesen, wie sie in den Phasen des Forschungsprozesses (siehe unten) zusammenfassend dargestellt wird.

Die Unterscheidung zwischen Beschreibung und Erklärung hat auch noch eine weitere Implikation, die das Thema der Populationsvalidität betrifft. Diese ist gegeben, wenn die Untersuchungseinheiten aus der Population rekrutiert werden, für die die Hypothese Geltung beansprucht (Bröder, 2011). Wenn eine Hypothese für alle Menschen im Erwachsenenalter gelten soll, dann ist jeder Erwachsene eine geeignete Versuchsperson, an der die Hypothese getestet werden kann. In diesem Zusammenhang ergibt sich eine interessante Differenzierung, auf die ursprünglich Festinger (1959; vgl. Hendrick & Jones, 1972) in der Psychologie aufmerksam gemacht hat. Beschreibende Studien sind nur dann gültig, wenn ihnen eine *repräsentative Stichprobe* zugrunde liegt. Denn sie befassen sich damit, wie bestimmte Parameter in der Population als Ganze ausgeprägt sind. Wenn man z. B. die Wahlpräferenzen bei der nächsten Bundestagswahl erfassen will, ist es notwendig, eine Stichprobe zu ziehen, die ein repräsentatives Abbild der Population, auf die generalisiert werden soll, darstellt.

Beschreibende Studien sind nur dann gültig, wenn sie mit einer repräsentativen Stichprobe durchgeführt werden

Bei erklärenden Studien liegt der Fall anders. Hypothesen sind Aussagen, die sich auf die Beziehung zwischen unabhängiger und abhängiger Variable beziehen. An welchen Personen der Zusammenhang unter der Variablen empirisch getestet wird, ist von zweitrangiger Bedeutung. An erster Stelle steht die Frage, ob der angenommene Zusammenhang unter den Merkmalen empirisch widerlegt werden kann. Entspricht das empirische Ergebnis des Hypothesentests der Hypothese oder steht es mit ihr im Widerspruch?

Erklärende Studien erfordern keine repräsentative Stichprobe

Das heißt aber nicht, dass die Stichprobengewinnung in erklärenden Studien völlig irrelevant ist. Denn die Besonderheit der Stichprobe ist auch für einen Hypothesentest bedeutsam, allerdings nicht in demselben Sinn wie bei einer beschreibenden Studie. Denn wenn die Ergebnisse der Hypothesenprüfung bei zwei unterschiedlichen Stichproben (z. B. Psychologie- und Theologiestudierende) nicht übereinstimmen, wird dieses Resultat auf die Auswirkungen einer dritten Variable (z. B. Unterschiede in der religiösen Orientierung) zurückgeführt.

Für eine erklärende Studie ist die Überprüfung der Beziehung der Merkmale, die in einer Hypothese genannt werden, von zentraler Bedeutung. Ergebnisunterschiede je nach Stichprobe werden dann in Hypothesen über den Einfluss zusätzlicher Faktoren abgebildet, die mit den jeweiligen Stichproben variieren. Im Sinne der externen Validität lässt sich außerdem feststellen, dass die Generalisierbarkeit der Ergebnisse des Hypothesentests zunimmt, wenn mehrere Stichproben, die bestimmte Teilgruppen der Gesamtpopulation, für die die Hypothese formuliert wurde, darstellen, in die Hypothesenüberprüfung einbezogen wurden (vgl. Punkt 1 in Tab. 6 auf S. 132). In diesem

Die Generalisierbarkeit von Ergebnissen nimmt zu, wenn die Hypothesen an mehreren Stichproben getestet werden

Zusammenhang ist auch die Frage zu nennen, ob sich eine Hypothese in unterschiedlichen Kulturen bewährt.

Kulturelle Einflüsse können die Generalisierbarkeit von Ergebnissen einschränken

Ein Beispiel für die zuletzt genannte Frage ist der Vergleich von Denkstrukturen in unterschiedlichen Kulturen. Nisbett, Peng, Choi und Norenzayan (2001) befassten sich mit der Annahme, dass kognitive Prozesse Universalität in Anspruch nehmen können, wie es in der Psychologie im Allgemeinen angenommen wird. Grundlegende Prozesse wie Kategorisierung, Lernen, induktive und deduktive Logik, kausale Schlussfolgerungen werden häufig als kulturübergreifend übereinstimmend interpretiert, erweisen sich aber tatsächlich als kulturabhängig.

Dieser Kulturvergleich geht von einer historischen Betrachtung der Tradition des alten China und des alten Griechenlands aus. China und Griechenland werden von den Autoren als gegenläufig in ihren historischen Traditionen und sozialen Gewohnheiten interpretiert. Weiterhin wird vermutet, dass diese kulturellen Systeme des Denkens in einer soziokognitiven Homöostase verankert sind, die über Jahrtausende erhalten geblieben ist.

Analytische vs. holistische Denkweise

Wir können dieses Thema an dieser Stelle nicht weiter vertiefen. Nur so viel sei gesagt: Die genannten Kulturunterschiede lassen sich dahingehend zusammenfassen, dass holistische mit analytischen Denkweisen kontrastiert werden. Holistische Denkweisen sind definiert als eine Orientierung an dem Kontext oder dem Feld als Ganzem, was eine Aufmerksamkeit für die Beziehungen zwischen den zentralen Objekten und dem Feld einschließt sowie eine Präferenz für Erklärungen und Vorhersagen auf der Basis dieser Beziehungen. Holistische Ansätze betonen die Erfahrung statt abstrakter Logik und sind stattdessen dialektisch, was eine Betonung von Veränderungen, ein Anerkennen von Widersprüchen und eine Bevorzugung von mehreren Perspektiven, aus der eine Sache gesehen werden kann, beinhaltet. Außerdem wird die Suche nach dem mittleren Weg zwischen Gegensätzen, die sich scheinbar ausschließen, für sinnvoll gehalten. Analytische Denkweisen weichen in allen diesen Punkten von holistischen Denkweisen ab.

Empirische Studien bestätigen diese kulturellen Besonderheiten und schränken somit die Generalisierbarkeit eines Teils der psychologischen Forschungsbefunde, die in westlichen Kulturen gefunden wurden, auf diese Kulturen ein. Dieses Wissen ist z. B. wichtig, um Firmenmitarbeiter auf Auslandsaufenthalte vorzubereiten und einen „Kulturschock" zu vermeiden.

Hier werden Hinweise auf die externe Validität deutlich, die für die Bewertung von empirischen Studien wichtig ist (vgl. Kapitel 3.3.3). Die Grenzen der externen Validität, die durch kulturelle Einflüsse aufgebaut werden, können in einem weiteren Schritt als Evidenz benutzt werden, um verwandte Hypothesen zu bewerten. Ein Beispiel ist ein Erklärungsmodell für die Entstehungsbedingungen von Globalisierungsprozessen, mit dem globale Angleichungsprozesse in Naturwissenschaft und Sport erklärt werden sollen (Heintz & Werron, 2011). Außerdem lässt sich konstatieren, dass Unterschiede zwischen Kulturen, wie sie in dem Beispiel des analytischen und holistischen Denkens beschrieben werden, durch neue Hypothesen wie die über die soziokognitive Homöostase erklärt werden können. Jedenfalls lässt sich feststellen: Auf der Basis von Stichprobenunterschieden werden neue Annahmen generiert, die sich wiederum als Forschungshypothesen prüfen lassen.

Auf der Grundlage von Stichprobenunterschieden können neue Hypothesen generiert und geprüft werden

1.7 Szientometrie

Bisher hat sich die Darstellung in diesem Kapitel daran orientiert, wie empirische Forschung strukturiert sein sollte. Das ist die normative Betrachtung, die durch die Wissenschaftstheorie nahegelegt wird. Genauso wichtig ist die Frage, wie wissenschaftliche Forschung tatsächlich verläuft. Wir werden dieses Thema in Kapitel 8.4 im Hinblick auf die sogenannte Krise der Replikation wieder aufgreifen. An dieser Stelle geht es um die Dokumentation wissenschaftlicher Forschung, wie sie sich in wissenschaftlichen Veröffentlichungen manifestiert.

Die wissenschaftliche Arbeit wird durch die szientometrische Forschung begleitet, die eine „quantitative Vermessung" der wissenschaftlichen Leistung auf der Basis von Veröffentlichungen betreibt. Was ist unter Szientometrie zu verstehen? Dazu wurde ein Experteninterview mit Günter Krampen durchgeführt.

Quantitative Analyse der wissenschaftlichen Leistung

**Prof. Dr. Günter Krampen,
Leiter des Leibniz-Zentrums
für Psychologische Information
und Dokumentation (ZPID)**
Universität Trier

Frage: Wie unterscheidet sich die Szientometrie von der Bibliometrie?

Prof. Krampen: Bibliometrie ist der ältere, methodisch und inhaltlich engere Begriff, der allerdings heute teilweise nahezu als Synonym zum modernen Begriff der Szientometrie verwendet wird.

Ursprünglich und der Wortherkunft gemäß bezieht sich die bibliometrische Methode (von griech. biblion = Buch, Bücher, Schriften; und griech. metria = messen) ausschließlich auf die Auszählung von Publikationen in bestimmten wissenschaftlichen (Sub-)Disziplinen, ggf. auch zu bestimmten Forschungsthemen in fachhistoriografischen Trendanalysen oder aber zum Output von Wissenschaftlern und Wissenschaftlerinnen, Forschungsgruppen, Forschungsinstituten, Hochschulen oder ganzen Nationen in der Evaluation wissenschaftlicher Leistungen. Es geht dabei um die Anzahl und manchmal auch den Umfang der Veröffentlichungen, ggf. aufgebrochen nach verschiedenen Publikationsarten (Bücher, Editionen, Journalbeiträge, Tagungs- und Kongressbeiträge, Testverfahren etc.), Publikationstypen (experimentelle, empirische, theoretische, methodische Beiträge, Metaanalysen, Literaturüberblicke etc.), Publikationssprachen, Publikationsjahren, Autorenschaften (Allein- oder Co-Autor), Inhaltsgebieten oder Teildisziplinen einer Wissenschaft etc. Praktisch wurde dies bis in die 1980er Jahre „per Hand und Kopf" nach dem sogenannten Autopsie-Prinzip umgesetzt, bei dem vorausgesetzt wird, dass der Bibliometriker die jeweiligen Publikationen vollständig im Original zu Hand hat.

Szientometrische Analysen setzten dagegen seltener an den Originalpublikationen, sondern häufiger an mehr oder weniger vollständigen Fachliteratur-Datenbanken und ggf. auch an anderen Internetressourcen an. Sie beziehen sich zudem nicht alleine auf den Publikationsoutput, sondern vor allem auch auf die Rezeption einzelner wissenschaftlicher Veröffentlichungen oder des gesamten Publikationsaufkommens von Wissenschaftlern und Wissenschaftlerinnen, Forschungsgruppen, Forschungsinstituten, Hochschulen oder Nationen. Die Rezeption wird dabei zumeist über die Zitationshäufigkeiten der Veröffentlichungen in den Zeitschriftbeiträgen anderer Wissenschaftlern und Wissenschaftlerinnen mithilfe von Zitations- oder Referenz-Datenbanken operationalisiert. Die Szientometrie (von lat. scientia = Wissenschaft und griech. metria = messen) betrifft also eine umfangreichere Gruppe von Methoden zur quantitativen „Vermessung" von Wissenschaft und von wissenschaftlichen Leistungen, wobei sich deren Indikatoren nicht auf die Fachpublikationen und deren Rezeption (erfasst etwa über die Fremdzitationen), sondern z. B. auch auf die Anzahl und Höhe von Drittmitteleinwerbungen für die Forschung sowie die Anzahl betreuter akademischer Qualifikationsarbeiten, von Berufungen auf eine Professur, von wissenschaftlichen Preisen und Ehrungen, von (eingeladenen) Kongressvorträgen, von Forschungskooperationen und Co-Autorenschaften etc. beziehen können.

Frage: Worin liegt das Erkenntnispotenzial der szientometrischen Forschung?

Prof. Krampen: Die szientometrischen Methoden bilden einen Schwerpunkt der modernen Wissenschaftsforschung, die als „Wissenschaft von den Wissenschaften" horizontal zu allen wissenschaftlichen Disziplinen liegt, damit *transdisziplinär* ist, da sie integrativ ist und zugleich integrierend wirkt. Sie ist zugleich *interdisziplinär*, da in ihr sozial-, geistes- und naturwissenschaftlichen Methoden Verwendung finden. Im Spannungsfeld quantitativer (etwa szientometrischer) und qualitativer (etwa theoretischer und hermeneutischer) Analysen bietet die Wissenschaftsforschung durch ihre klassischen Bereiche der für alle wissenschaftlichen Disziplinen relevanten Epistemologie, Methodologie und Wissenschaftsgeschichte sowie ihre wissenschaftshistorisch jüngeren Bereiche der Wissenschaftssoziologie und -psychologie, Analysen von Wissenschaftspolitik und -administration sowie Analysen der Interaktion von Wissenschaft und Gesellschaft reichhaltige inhaltliche Bezugs- und Reflexionspunkte für alle wissenschaftlichen Disziplinen. Dies schützt vor den in Einzelwissenschaften oftmals gegebenen thematischen Verengungs- und Verkürzungsgefahren der jeweiligen ausgewählten, damit u. U. eingeschränkten, Perspektive auf die Welt und die Menschen.

Frage: Was sind wichtige oder beispielhafte Ergebnisse der Szientometrie?

Prof. Krampen: Eines der bedeutsamsten Ergebnisse szientometrischer Analysen in der Evaluationsforschung, das für unterschiedliche wissenschaftliche Disziplinen vergleichsweise stabil
nachgewiesen ist, bezieht sich auf die statistisch bedeutsamen
Interkorrelationen verschiedener szientometrischer Indikatorvari-
ablen für wissenschaftliche Leistungen. So interkorrelieren Variablen wie etwa die Anzahl wissenschaftlicher Publikationen, die
Anzahl der dafür erlangten Fremdzitationen und daraus abgeleitete Maße des wissenschaftlichen Impacts, die Anzahl und Höhe
von Drittmitteleinwerbungen, die Anzahl von Kongress- und Ta-
gungsbeiträgen, die der betreuten Qualifikationsarbeiten etc. signifikant mit gemeinsamen Varianzen von 25 bis 35 %.

Ein wichtiges Ergebnis ist auch, dass szientometrische Indikator-
variablen für wissenschaftliche Leistungen in aller Regel extrem
schief verteilt sind, also im Unterschied zu den meisten anderen
psychologischen Leistungsmerkmalen keine Normalverteilung,
sondern eine Paretoverteilung aufweisen und damit parameter-
freie statistische Auswertungsstrategien erfordern. Inhaltlich
bedeutet dies, dass wenige Wissenschaftler und Wissenschaftlerinnen bzw. wenige Forschungsgruppen, Forschungsinstitute,
Hochschulen oder Nationen sehr hohe szientometrische Indika-
torwerte, die große Mehrheit dagegen niedrige, aufweisen. Dies
spiegelt sich sowohl in den absoluten Zahlen des Publikations-
outputs, der Drittmitteleinwerbungen, der betreuten Qualifikationsarbeiten als auch in den Anzahlen von Fremdzitationen
wider.

Durch die aktuelle Dominanz von Anwendungen szientometrischer Methoden in Evaluationen wissenschaftlicher Leistungen
sind ihre Erträge aus historiografischen Analysen deutlich in den
Hintergrund gerückt. Szientometrisch lässt sich aber etwa sehr
gut die Entwicklung neuer Forschungsschwerpunkte (etwa der
Gesundheitspsychologie oder der auf die gesamte Lebensspanne
bezogenen Entwicklungspsychologie), die relative und absolute
Zunahme anwendungsbezogener Publikationen in der Psychologie zu Lasten von Arbeiten zur Grundlagenforschung seit den
1970er Jahren, der exponentielle Zuwachs des psychologischen
Fachliteraturaufkommens allgemein, aber auch die Reduktion
des Publikationsaufkommens in bestimmten Bereichen (etwa zur
Allgemeinen Psychologie, zu Feldstudien und -experimenten in
der Sozialpsychologie, zur Kreativitätsforschung, zum Einsatz des
EEG etc.) quantitativ beschreiben. Das Gleiche gilt für die seit den

1990er Jahren verstärkte Anglifizierung der psychologischen Publikationstätigkeit im deutschsprachigen Bereich.

Szientometrische Analysen von Co-Autorenschaften belegen überdies empirisch die deutliche Zunahme internationaler, z. T. auch interdisziplinärer Forschungskooperationen in der Psychologie sowie die Stimmigkeit der „Small-world"-These, nach der Menschen über nicht mehr als sechs Personen (hier: publikationsaktive Psychologen oder Psychologinnen) miteinander bekannt sind.

Frage: Was sind die Anwendungsfelder der bibliometrischen/szientometrischen Forschung?

Prof. Krampen: Nicht zuletzt wegen der ökonomischen Zugriffsmöglichkeiten auf wissenschaftliche Fach- und Zitationsdatenbanken sowie populäre Suchmaschinen im Internet und der vermeintlich einfachen Informationsrecherche in ihnen werden szientometrische Methoden seit zwei bis drei Jahrzehnten intensiv (1) für die Evaluation der wissenschaftlichen Leistungen einzelner Wissenschaftler, (2) in der teilweise bereits hoch formalisierten Evaluation der wissenschaftlichen Leistungen von Arbeitsgruppen/Abteilungen sowie von ganzen Hochschul- oder Forschungsinstituten und Hochschulen im inter- und intrainstitutionellen sowie (3) in der Evaluation der wissenschaftlichen Leistungen von Ländern im nationalen und internationalen Vergleich eingesetzt. Im Vordergrund steht dabei (neben dem ggf. resultierenden Renommee) die Steuerungsfunktion der Leistungsbeurteilung bei der Vergabe von (öffentlichen) Ressourcen im Rahmen von Stellenbesetzungen und Berufungsverfahren, bei der leistungsabhängigen Vergütung sowie bei der Vergabe öffentlicher Mittel und Drittmittel für Forschungsinstitute, Hochschulen, ihre Fakultäten und Arbeitseinheiten. Hinzu treten ihre Verwendungen im Rahmen nationaler und internationaler forschungspolitischer Schwerpunktsetzungen (wie etwa der „Exzellenzinitiative" des Bundes und ähnlicher Initiativen der Länder in Deutschland) und in den öffentlichkeitswirksamen Rankings von Hochschulen bzw. Studiengängen in den Massenmedien.

Bei diesen aktuellen Fokussierungen der Anwendungen von Szientometrie in der Evaluation wird häufig ihr bedeutsamer Stellenwert in der modernen Wissenschaftsforschung und auch der in Bibliotheken für die interne Unterstützung der Planung und Steuerung des Bestandes sowie die externe Unterstützung beim Umgang mit Anforderungen der übergeordneten Institution vernachlässigt. Umfassender können die Anwendungsbereiche der szientometrischen Methoden nach den Dimensionen ihrer (1) wissenschaftsinternen vs. wissenschaftsexternen Facetten und (2) ihrer individuellen, auf einzelne Wissenschaftler und Wissenschaftlerinnen vs. ihrer sozialen, auf die Gesellschaft und ihre Entwicklung bezogenen Ausrichtung klassifiziert werden. Zu den Anwendungen in Evaluationen der Produktivität von Wissenschaftlern und Wissenschaftlerinnen in Lehre und Forschung treten solche in Analysen von wissenschaftlichen Kooperationen und Rezeptionen (Wissenschaftssoziologie), zur Mittelvergabe (Wissenschaftspolitik und -administration), zur Interaktion von Wissenschaft und Gesellschaft sowie zur Wissenschaftstheorie (Methodologie der Evaluation) hinzu.

Zusammenfassung

Psychologische Methodologie bezeichnet die Erkenntnisgewinnung durch die Anwendung wissenschaftlicher Methoden, die aus einer Sammlung von Regeln und Kriterien bestehen. Ziel psychologischer Forschung ist die Gewinnung objektiven Wissens über das Verhalten und Erleben von Menschen. Objektives Wissen ist dadurch gekennzeichnet, dass es auf Daten beruht, die intersubjektiv überprüfbar sind, und dass es diese Daten adäquat repräsentiert. Ein gravierendes Problem in der Wissenschaft stellen Fehlschlüsse dar, wobei z. B. die Gefahr besteht, falsche Hypothesen für zutreffend zu halten. Die Methodologie der empirischen Wissenschaft versucht, diese Gefahren zu vermeiden. Das Falsifikationsprinzip beruht auf der Erkenntnis, dass Einzeltatsachen Behauptungen widerlegen, aber nicht zweifelsfrei bestätigen können. Eine Hypothese lässt sich nicht endgültig bestätigen, vielmehr ist sie solange als gültig zu betrachten, wie keine überzeugendere Alternativhypothese zur Verfügung steht.

Erklärungen und Prognosen stimmen darin überein, dass Explanans und Explanandum miteinander in Verbindung gesetzt werden. Jedoch ist bei der Erklärungssuche das Explanandum gegeben, wohingegen das Explanans gesucht wird, während bei einer Prognose das Explanans gegeben ist und das Explanandum gesucht wird. Im Zusammenhang mit Prognosen finden sich die beiden Phänomene „sich-selbst-erfüllende Prophezeiungen" und „sich-selbst-widerlegende Prophezeiungen".

Beschreibende Studien legen den Schwerpunkt auf die Beschreibung von Merkmalsausprägungen auf interessierenden Merkmalsdimensionen, während erklärende Studien auf das Auffinden und Erklären der gesetzmäßigen Zusammenhänge zwischen Merkmalsdimensionen ausgerichtet sind. Nur durch empirische Untersuchungen kann festgestellt werden, inwieweit psychologisches Alltagswissen zutreffend ist. Psychologische Forschung ist alles andere als trivial, wie die Milgram-Studie zum Autoritätsgehorsam verdeutlicht. Beschreibende Studien erfordern repräsentative Stichproben, während erklärende Studien eingeschränkte Stichproben einbeziehen können.

Weiterführende Literatur

Opp, K. D. (2005). *Methodologie der Sozialwissenschaften. Einführung in Probleme ihrer Theorienbildung und praktischen Anwendung* (6. Aufl.). Wiesbaden: VS Verlag.

Popper, K. (2002). *The logic of scientific discovery.* London: Routledge. (urspr.: Logik der Forschung, 1935)

Silver, N. (2012). *The signal and the noise: Why so many predictions fail – but some don't.* New York: Penguin.

Fragen

1. Welches Prinzip ist innerhalb des kritischen Rationalismus grundlegend? Was besagt dieses Prinzip?
2. Was bedeutet „intersubjektive Überprüfbarkeit"?
3. Welche Komponenten beinhaltet das Hempel-Oppenheim-Erklärungsschema und wodurch sind diese gekennzeichnet?
4. Worin unterscheiden sich beschreibende und erklärende Studien?

Lösungshinweise finden Sie unter
www.hogrefe.de/buecher/lehrbuecher/psychlehrbuchplus.

Kapitel 2

Forschungsprozess und Forschungs-design

Inhaltsübersicht

**Aufbau
dieses Kapitels** Der erste Teil des vorliegenden Kapitels behandelt die grundlegenden Phasen des Forschungsprozesses, die aufeinander aufbauen und ineinander greifen. Im zweiten Teil werden verschiedene in der psychologischen Forschung bedeutsame Untersuchungsdesigns vorgestellt: Fallstudien, experimentelle Studien und Korrelationsstudien. Hierbei erörtern wir auch die jeweiligen Vor- und Nachteile der unterschiedlichen Designs. Des Weiteren werden in diesem Kapitel die für den Forschungsprozess zentralen Begriffe Operationalisierung und multipler Operationalismus anhand von ausgewählten Beispielen ausgeführt. Einen weiteren Schwerpunkt dieses Kapitels stellen ethische Richtlinien der Forschung dar, auf die unter anderem auch im Zusammenhang mit der postexperimentellen Aufklärung von Versuchspersonen Bezug genommen wird. Abschließend gehen wir auf die Metaanalyse ein, in der die Ergebnisse verschiedener Einzelstudien integriert werden, sowie auf das wechselseitige Spannungsverhältnis zwischen Grundlagenforschung und Anwendung.

2.1 Einleitung

Warum wird in der Psychologie überhaupt geforscht? Wäre es nicht eine naheliegende Möglichkeit, sich auf die Intuition zu verlassen und seinem Bauchgefühl zu folgen? Schließlich kann die Intuition im Alltag zu vielen zutreffenden Einsichten führen und ihre angemessene Verwendung stellt eine Grundlage der Intelligenz dar. Mit diesem Thema hat sich Gerd Gigerenzer vom Max-Planck-Institut für Bildungsforschung in Berlin befasst, der ausgehend von der Forschung zu Heuristiken als Bestandteil des alltäglichen Denkens gezeigt hat, dass intuitive Entscheidungen vielfach eine hohe Qualität der Problemlösung erreichen.

Experteninterview

Foto: Dietmar Gust

Prof. Dr. Gerd Gigerenzer
Center for Adaptive Behavior and Cognition am Max-Planck-Institut für Bildungsforschung in Berlin

Frage: Den meisten Entscheidungstheorien der Psychologie liegt das Menschenbild des Homo oeconomicus zugrunde, der bewusst und rational entscheidet. Welche Rolle spielt hier Intuition?

Prof. Gigerenzer: Eine größere Rolle als wir denken – oder zugeben wollen. Beginnen wir mit einer Definition: Intuition ist gefühltes Wissen, das (1) rasch im Bewusstsein auftaucht, (2) dessen tiefere Gründe uns nicht bewusst sind und (3) das unser Verhalten steuert. Intuition ist nicht göttliche Eingebung, Willkür oder sechster Sinn, sondern unbewusste Intelligenz. Wir wissen mehr, als wir sagen können – die größten Teile unseres Gehirns können sich nicht in Sprache ausdrücken. Etwa 50 % aller Entscheidungen in Unternehmen sind intuitive Bauchentscheidungen (Gigerenzer, 2013). Einstein nannte Intuition ein Geschenk und den rationalen Geist ihren getreuen Diener. Dennoch haben viele Psychologen ein gestörtes Verhältnis zur Intuition. Zu Beginn des 20. Jahrhunderts hat Stanley Hall, der erste Präsident der American Psychological Association (APA), Intuition mit der „naturgegebenen Naivität" von Frauen gleichgestellt und gefolgert: „Die Frau, die nachdenkt, ist verloren." Heute gestehen Psychologen Frauen zwar die Fähigkeit zum Denken zu, aber Intuition wird immer noch als verdächtig belächelt. Ganze Forschungszweige versuchen experimentell zu zeigen, dass intuitives Urteilen von Logik abweicht, und schließen daraus, dass Intuition die Ursache von kognitiven Illusionen sei.

Frage: Wenn die Gründe von Intuition nicht in Sprache repräsentiert sind, wie soll man sie dann messen?

Prof. Gigerenzer: Man kann die Qualität intuitiver Entscheidungen messen und auch die zugrunde liegenden unbewussten Prozesse. Wir haben einige dieser Prozesse entschlüsselt; es sind meist erstaunlich einfache und schnelle Regeln, die man als Heuristiken bezeichnet. Stellen Sie sich vor, Sie nehmen an einer Gameshow teil. Hier ist die 1-Million-Euro-Frage: Welche Stadt hat mehr Einwohner, Detroit oder Milwaukee? Jede kognitive Theorie würde vorhersagen: Amerikaner haben eine bessere Chance als Deutsche, diese Frage richtig zu beantworten – mehr Wissen, bessere Urteile. Aber Intuition kann effektiver sein als bewusstes Wissen. In unseren Untersuchungen fanden nur 60 % der amerikanischen, aber 90 % der deutschen Studierenden die richtige Antwort: Detroit. Wie kann das sein? Die meisten Deutschen urteilten intuitiv, der zugrunde liegende unbewusste Prozess heißt Rekognitionsheuristik: Wenn du den Namen der einen Stadt, aber nicht den der anderen erkennst, dann schließe daraus, dass die wiedererkannte Stadt mehr Einwohner hat. Die amerikanischen Studenten konnten diese Heuristik nicht benutzen, weil sie von beiden Städten gehört hatten – sie wussten zu viel.

Man kann messen, wie gut eine Heuristik ist. Beispielsweise ist die Güte der Rekognitionsheuristik durch die Korrelation zwischen Rekognition und dem Kriterium (hier: Population) bestimmt. Wenn diese Korrelation hoch ist, wie im Sport, und das Ergebnis schwer vorherzusagen ist, dann können Laien mittels dieser Heuristik genauso gute oder bessere Vorhersagen treffen wie Experten. Dies wurde beispielsweise wiederholt für die Wimbledon-Tennisturniere gezeigt (vgl. Gigerenzer, Hertwig & Pachur, 2011).

Frage: Wäre es nicht besser, alle Faktoren gründlich zu gewichten, statt sich auf eine Intuition zu verlassen, die auf einer schnellen Heuristik beruht?

Prof. Gigerenzer: Die Antwort ist „ja", wenn man alle Faktoren und Wahrscheinlichkeiten genau kennt, wie im Lotto oder beim Roulette; der Ökonom Frank Knight hat dafür den Begriff „risk" verwendet. Die Antwort ist jedoch „nein", wenn nicht alle Faktoren bekannt sind, wie bei fast allen wichtigen Entscheidungen: Welchen Beruf soll ich ergreifen? Wen heiraten? Was mache ich mit dem Rest meines Lebens? Knight nennt dies „uncertainty". In den meisten Fällen können wir ein paar Faktoren bewusst einschätzen, aber nicht alle. Wir brauchen beides, Kopf und Bauch, gutes Denken und gute Intuitionen. Psychologische Theorien sehen dies dagegen oft einseitig: Logik gilt als rational, Intuition und Heuristiken als irrational. Wie das Beispiel der Rekognitionsheuristik zeigt, können intuitive Heuristiken zu besseren Ergebnissen führen als das gründliche Abwägen aller Pros und Contras. Die wirkliche Frage ist: Können wir messen, in welcher Situation eine Heuristik besser oder schlechter ist als das Abwägen aller Faktoren? Die Antwort ist „ja", und es gibt ein ganzes Forschungsfeld dazu: die Analyse der ökologischen Rationalität (ecological rationality) von Heuristiken. Beispiel: Je redundanter die Prädiktoren sind und je kleiner die Stichprobe, desto besser ist es, wenn man sich intuitiv nur auf einen guten Grund verlässt (Take-the-best-Heuristik) anstatt etwa eine multiple Regression mit allen Gründen zu berechnen.

Frage: Ein Motiv des Messens ist das Differenzieren von Personen. Wie kann man dies auf Intuition anwenden?

Prof. Gigerenzer: Menschen unterscheiden sich in der Art und Anzahl von Heuristiken, welche ihre Intuitionen steuern. Manche verlassen sich auf soziale Heuristiken wie „mach, was deine Freunde machen" (imitate your peers), andere mehr auf individuelle Heuristiken wie „entscheide nach dem besten Grund und ignoriere den Rest" (take the best). Welche und wie viele Heuristiken eine Person in ihrem Repertoire hat, ist eine erste Quelle individueller Unterschiede. Eine zweite ist der Grad der adaptiven Verwendung einer Heuristik: Erkennt eine Person intuitiv, wann welche Heuristik erfolgreich ist? Studien zeigen, dass ältere Menschen einfachere Heuristiken verwenden als jüngere, aber in genauso adaptiver Weise. Ich halte die Analyse des Repertoires von Heuristiken, der „adaptiven Toolbox" eines Menschen, für eine wesentliche zukünftige Alternative zur psychometrischen Persönlichkeitsmessung. Die Kunst, intuitiv die richtige Heuristik zu verwenden, ist eine alternative und höchst praktische Definition von Intelligenz.

Wie das Experteninterview mit Gerd Gigerenzer verdeutlicht, können wichtige Lebensentscheidungen durch die Anwendung der Intuition verbessert werden. So erfolgreich die Intuition für die Problemlösung im Alltag auch ist, die Gewinnung fundierter wissenschaftlicher Erkenntnis kann sich nicht entscheidend auf die Intuition der Wissenschaftler stützen. Denn die Intuition des einen Wissenschaftlers kann der des anderen widersprechen. Dafür gibt es verschiedene Beispiele aus der Geschichte der psychologischen Forschung. Ein Beispiel ist die Diskussion der Frage, ob Psychotherapie bei Krebspatienten zu einer Verlängerung der Lebenserwartung beiträgt (vgl. Coyne, Stefanek & Palmer, 2007). Einerseits kann jemand, der psychologische Interventionen in einem biopsychosozialen Modell der Gesundheit interpretiert, intuitiv denken, dass erfolgreiche Psychotherapie das Leben von Krebspatienten verlängert. Andererseits ist es naheliegend zu vermuten, dass jemand, der sich an dem medizinischen Modell der Gesundheit orientiert, der Meinung ist, dass eine Krebserkrankung in ihrem medizinischen Verlauf durch Psychotherapie nicht beeinflussbar ist.

Manche Hypothesen, die auf Intuition beruhen, bewähren sich, andere jedoch nicht. Plausibilität der Annahmen und intuitive Einsicht garantieren keine Annäherung an objektives Wissen. Wie will man zwischen zutreffender und irreführender Intuition in der Wissenschaft unterscheiden? Die Antwort liegt in dem Beitrag der empirischen Forschung zur Sammlung von objektivem Wissen und seiner Bewertung.

Worin liegen dann die Gemeinsamkeiten und die Unterschiede zwischen dem „gesunden Menschenverstand" und der wissenschaftlichen Theorie? Das Experteninterview mit Dieter Frey in Kapitel 1 gibt eine Antwort auf diese Frage: Intuition stimmt teilweise mit wissenschaftlichen Theorien überein, „aber die Theorien sind differenzierter, weil sie auch die Randbedingungen benennen und die Bedingungen, unter denen es nicht mehr funktioniert." Daher wird es vielfach so sein, dass eine Hypothese auf der Basis der Intuition hergeleitet wird, die sich dann unter bestimmten Randbedingungen bestätigt.

Werkzeugkoffer der empirischen Forschung enthält Prozeduren und Designs

Ähnlich wie die Heuristiken die „adaptive Toolbox" des Menschen in seiner Lebenswirklichkeit bereitstellen (vgl. das Experteninterview mit Gerd Gigerenzer), verwendet die empirische Forschung einen Werkzeugkoffer, der mit unterschiedlichen Prozeduren und Designs gefüllt ist. Daher gehen wir in diesem Kapitel darauf ein, wie der Forschungsprozess als Ablaufschema dargestellt werden kann (also auf die Forschungsprozeduren) und welche grundlegenden Forschungsdesigns (Einzelfallstudie, Experiment, Korrelationsstudie) zur Verfügung stehen. Während das Ablaufschema eine konkrete Orientierung für die Praxis der Forschung beinhaltet, stellen Forschungsdesigns Ansätze zur Verfügung, auf denen der Forschungsprozess aufbaut.

Der Begriff des Forschungsprozesses wird in zwei Bedeutungen verwendet:
- einmal auf der übergeordneten Ebene zur Charakterisierung bestimmter Forschungsperspektiven wie Aktionsforschung und Intervention (siehe unten),
- zum anderen bezogen auf die konkrete Forschung im Sinne einer empirischen Untersuchung.

Die zuletzt genannte Bedeutung des Forschungsprozesses kommt in den Phasen des Forschungsprozesses zum Ausdruck, die in Abbildung 1 im nächsten Abschnitt dargestellt sind. Es sei noch erwähnt, dass der Begriff Forschungsprogramm, der in den Kapiteln 2.4.2 und 2.7 verwendet wird, ebenfalls zwei Bedeutungen aufweist. Häufig wird darunter die Planung mehrerer Untersuchungen zu einer übergeordneten Fragestellung verstanden, wie sie in einem Forschungsteam durchgeführt wird. Eine andere Bedeutung, die hier gemeint ist, bezieht sich auf eine Abfolge von Studien zu einer konkreten Fragestellung, die z. T. auch von unterschiedlichen Forschungsteams durchgeführt werden (vgl. das Beispiel zur Bindung des Kleinkinds an die Mutter in Kapitel 2.7).

2.2 Phasen des Forschungsprozesses

Wie lässt sich der Forschungsprozess im Überblick zusammenfassen? Um diese Frage zu beantworten, unterscheiden wir mehrere Phasen des Forschungsprozesses, die aufeinander aufbauen und ineinander greifen.

Forschungsprozess als Ablaufschema

Der Forschungsprozess verbindet im Idealfall Grundlagenforschung mit der Ausarbeitung von Interventionen zur Lösung von Praxisproblemen. In diesem Sinne wird in der Aktionsforschung (Beckmann & Elbe, 2003) Grundlagenforschung und Anwendung miteinander verbunden. Die Grundidee ist (Lewin, 1946): „Forschung, die nur Bücher erzeugt, reicht nicht aus."

Aktionsforschung

Die Aktionsforschung nach Lewin beginnt mit der Identifikation des Problems. (Ein Beispiel: In der Arbeitsgruppe *Taskforce* ist die Leistung eingeschränkt und unzureichend. Woran liegt das? Es könnte an Diffusion der Verantwortung liegen!) Dann folgt die Diagnose des Ist-Zustands (z. B. fühlt sich niemand in der Gruppe *Taskforce* verantwortlich). Im Weiteren wird überprüft, wie die betroffenen Gruppenmitglieder die Situation einschätzen und ob in anderen Arbeitsgruppen ähnliche Probleme auftreten, die sich auf Diffusion der Verantwortung zurückführen lassen. Daran anschließend wird über durchzuführende Interventionen entschieden, die auf der Basis der vorliegenden Erkenntnisse vorgeschlagen werden. Wenn die Diffusion der Verantwortung als Ursache der geringen Gruppenleistung identifiziert wird, werden Interventionen angedacht, die geeignet sind, der Diffusion der Verantwortung unter den Gruppenmitgliedern der *Taskforce* entgegenzuwirken.

Die Aktionsforschung liefert die Blaupause für die Beschreibung des Forschungsprozesses, wie sie von Alemann (1977) gegeben hat (vgl. Abb. 1). Die Phasen des Forschungsprozesses beziehen sich auf vier zentrale wissenschaftliche Aktivitäten:

Vier zentrale wissenschaftliche Aktivitäten

1. Problembezug herstellen,
2. Logik anwenden,
3. Methodik des Faches einbeziehen und
4. die Forschungsarbeiten organisieren.

Außerdem werden in Erweiterung früherer Ansätze, die auf den Entdeckungs- und Begründungszusammenhang fokussierten, drei Zusammenhänge unterschieden, indem der Anwendungszusammenhang hinzugefügt wird.

Abbildung 1 veranschaulicht vier wissenschaftliche Aktivitäten, die ineinandergreifen und die in Spalten dargestellt sind:

1. Die Herstellung des Problembezugs steht am Anfang des Forschungsprozesses. Die Forschung stößt auf eine Fragestellung, die ungelöst ist oder so erscheint.
2. Die Forschungslogik ist auf die Aufstellung und Prüfung von Hypothesen fokussiert. Eine Hypothese sollte z. B. widerspruchsfrei formuliert sein und die Dann-Komponente sollte keine Wiederholung der Wenn-Komponente mit anderen Worten darstellen.
3. Die Methodik des Faches umfasst die verschiedenen Untersuchungsansätze, die für die Forschung zur Verfügung stehen, sowie statistische Auswertungsverfahren, die sich auf sie anwenden lassen.
4. Schließlich verweist die Organisation der Forschung darauf, dass es sich um ein praktisches Tun handelt, dessen Ablauf geplant und koordiniert werden muss.

Drei Phasen des Forschungsprozesses

Außerdem veranschaulicht Abbildung 1, dass der Forschungsprozess in drei Phasen gegliedert ist, die als Zusammenhänge bezeichnet werden und die aufeinander aufbauen. Jeder dieser Zusammenhänge, die in der Abbildung untereinander angeordnet sind, verweist für sich genommen auf ein wichtiges methodisches Thema bzw. eine grundlegende Phase des Forschungsprozesses.

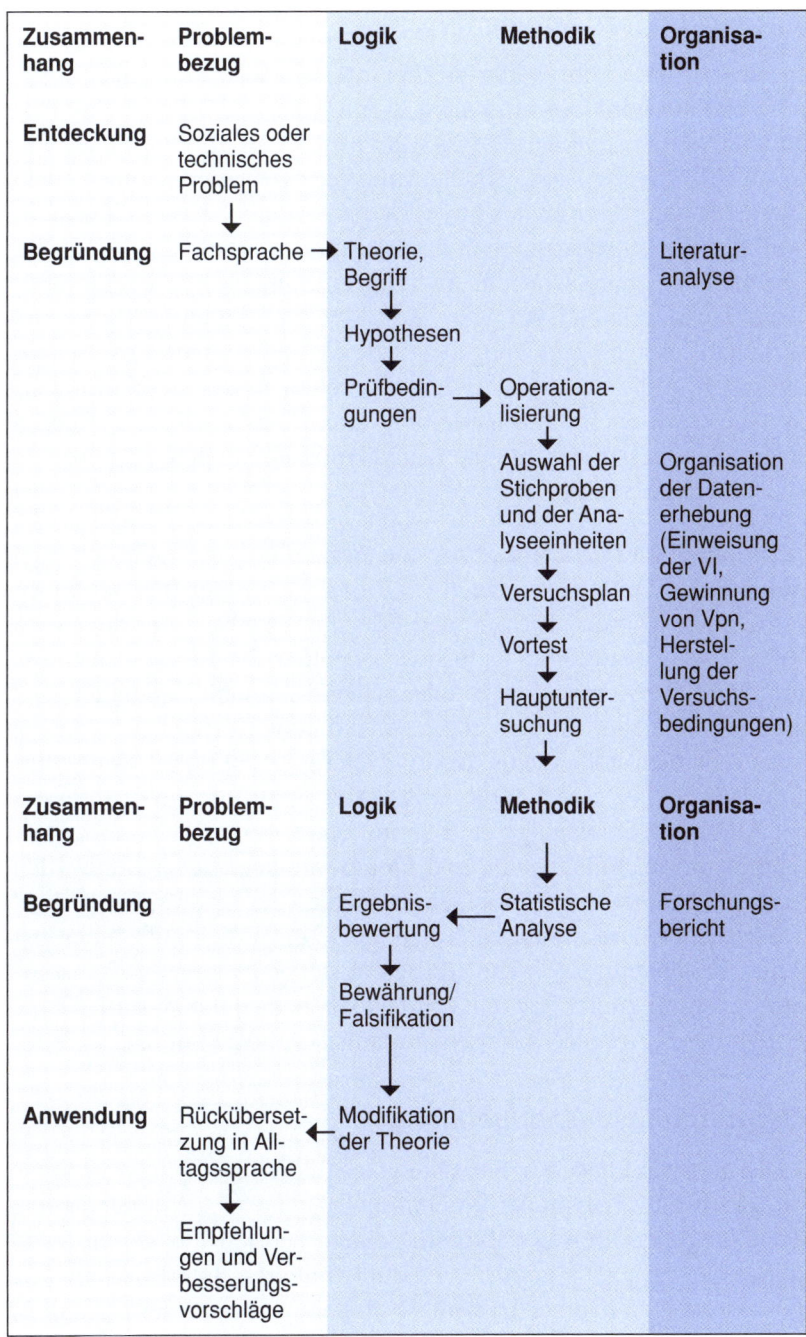

Abbildung 1: Phasen des Forschungsprozesses (modifiziert nach von Alemann, 1977)

Entdeckungszusammenhang

In dieser Phase geht es darum, dass der Forscher auf ein Problem aufmerksam wird, das er in seiner Fachsprache abbilden kann. Eine Möglichkeit besteht darin, dass das Problem gesellschaftlicher oder technischer Art ist. Ein Beispiel ist die niedrige Geburtenrate in einem Land. Es kann aber auch sein, dass das Problem sich einfach stellt, weil der Wissenschaftler sich ein bestimmtes Phänomen, das er beobachtet, aufgrund seines Fachwissens nur unzureichend oder überhaupt nicht erklären kann. Dann lässt sich die Formulierung der wissenschaftlichen Fragestellung als Ausdruck wissenschaftlicher Neugier auffassen. Außerdem spielt, wie wir gesehen haben, die Intuition des Wissenschaftlers bei der Herleitung einer Hypothese eine wichtige Rolle. Schließlich beruht eine neue Hypothese auch häufig auf wissenschaftlicher Kreativität.

Serendipität Schließlich ist der Entdeckungszusammenhang gelegentlich auch durch Serendipität gekennzeichnet. Mit diesem Begriff (serendipity) bezeichnet Merton (1957) einen Forschungsansatz, der auf einem Zufallsfund beruht. Man kann sich vorstellen, dass ein Forscher eine umfangreiche Korrelationstabelle, in der 20 Variablen enthalten sind, studiert und dabei auf eine überraschend hohe Korrelation zwischen zwei Variablen stößt, die ihn auf eine interessante Fragestellung führt. In jedem Fall ist eine Literaturanalyse erforderlich, um den State of the Art in dem Forschungsfeld zu ermitteln. Serendipität unterliegt der Gefahr, dass Zufallsbefunde zu echten Befunden umgedeutet werden, bis irgendwann einmal – Jahrzehnte später – der Irrtum erkannt wird. Da den Forschern immer zahlreichere Datenquellen mit immer größeren Variablenmengen zur Verfügung stehen (Silver, 2012), ist Serendipität mit großer Vorsicht zu handhaben, da mit dem statistischen Fehler der 1. Art gerechnet werden muss (vgl. Kapitel 8.4).

Begründungszusammenhang

In der zweiten Phase des Forschungsprozesses, die vom Umfang her die größte ist, versucht der Wissenschaftler zunächst einmal, die Fragestellung unter Berücksichtigung seiner Theorien und wissenschaftlichen Begriffe als Hypothese umzuformulieren. Das Problem wird gewissermaßen in einer Hypothese eingefangen. Aus der Hypothese lassen sich Prüfbedingungen ableiten. Die unabhängige und die abhängige Variable werden operationalisiert. Danach wird die Stichprobe ausgesucht und die Analyseeinheit festgelegt. Dem liegt die Frage zugrunde, auf welche Untersuchungseinheiten sich die Hypothese bezieht. Sind es z. B. Einzelpersonen, Gruppen oder Organisationen? Außerdem wird ein konkreter Versuchsplan ausgearbeitet. Schließlich wird getestet, ob der Versuchsplan auch umsetzbar ist. Wenn sich die Hypothese z. B. auf Stress bezieht, stellt sich die Frage, ob es gelingt, in der Experimentalgruppe Stress zu erzeugen. Wenn die Probedurchgänge erfolgversprechend verlaufen, wird schließlich die Hauptuntersuchung durchgeführt.

Beginnend mit der Operationalisierung gewinnt die Organisation des Forschungsablaufs größere Bedeutung. Das Forschungslabor muss in die Lage versetzt werden, die Manipulation der Experimentalgruppe bereit zu stellen bzw. die Bedingung der Kontrollgruppe herzustellen, die Versuchsleiter werden in ihre Aufgabe eingewiesen und die Gewinnung von Teilnehmern wird in Angriff genommen.

Nachdem die geplante Zahl von Teilnehmern den Versuch absolviert hat, folgt die statistische Analyse der Daten. Die Daten werden in der Regel in ein Auswertungsprogramm eingegeben, um zu überprüfen, ob sich Experimental- und Kontrollgruppe in der in der Hypothese erwarteten Weise statistisch signifikant voneinander unterscheiden. Meist werden Signifikanztests durchgeführt, um die Nullhypothese zu prüfen, dass Experimental- und Kontrollgruppe aus zwei Populationen stammen, deren Testparameter identisch sind. Nehmen wir an, der relevante Parameter sei der Mittelwert einer Merkmalsdimension, die die abhängige Variable darstellt. Experimental- und Kontrollgruppe stammen aus zwei unterschiedlichen Populationen. Nach der Nullhypothese ergibt sich die Erwartung, dass die Differenz der Mittelwerte den Wert 0 aufweist, so dass die beiden Populationen den gleichen Parameter (Mittelwert) aufweisen (Bortz, 1999). Der Vergleich von zwei Mittelwerten aus unabhängigen Stichproben wird mit einem t-Test für unabhängige Stichproben durchgeführt, der einen *Nullhypothesen-Signifikanz-Test* (NHST) darstellt (vgl. Kapitel 3.4.2). Ein Unterschied wird dann konstatiert, wenn die Nullhypothese zurückgewiesen wird. Das ist dann der Fall, wenn der Signifikanztest ergibt, dass eine geringe Wahrscheinlichkeit dafür besteht, dass die Testparameter in der Experimental- und Kontrollgruppe identisch sind. Üblicherweise wird dafür ein Signifikanzniveau Alpha (α) von 5 %, 1 % oder 0.1 % zugrunde gelegt. Je niedriger die Alpha-Fehlerwahrscheinlichkeit festgelegt wird, desto größer ist die Wahrscheinlichkeit, dass die Nullhypothese beibehalten wird, obwohl die Alternativhypothese zutrifft, die beinhaltet, dass die Testparameter in der Experimentalgruppe und der Kontrollgruppe

aus unterschiedlichen Populationen stammen. Weil der Signifikanztest durch die Stichprobengröße (N) beeinflusst wird, da ein gegebener Mittelwertunterschied bei einer größeren Stichprobengröße eher
signifikant wird als bei einer kleineren, wird man darüber hinaus
ermitteln, ob der gefundene Unterschied praktisch bedeutsam ist (vgl.
Kapitel 3.3.4). Das ist die Frage nach der Effektstärke. Wenn z. B. ein
neues Therapieprogramm für Phobien getestet wird, stellt sich die
Frage, in welchem Umfang das neue Therapieprogramm die Erfolge
durch spontane Remission in der Kontrollgruppe übertreffen muss,
damit es sich lohnt, das Therapieprogramm einzuführen.

Nachdem die statistischen Ergebnisse vorliegen, kann eine kritische
Ergebnisbewertung durchgeführt werden. Damit kehrt der Forscher
in den Bereich der Logik der Forschung zurück, weil er die Frage
beantworten muss, ob die Hypothese durch die Ergebnisse widerlegt
wurde. Entweder wurde die Hypothese falsifiziert oder sie hat sich
bewährt. Im letzteren Fall spricht Popper (2002a) von „corroboration",
also Bestätigung oder Untermauerung der Hypothese. Aus der Ergebnisbewertung wird eine evtl. notwendige Modifikation der zugrunde
liegenden Theorie bzw. Hypothese abgeleitet. Im Weiteren geht es
darum, einen Forschungsbericht zu verfassen, in dem die Untersuchung umfassend dargestellt wird, um die Ergebnisse für andere
Wissenschaftler nachvollziehbar zu machen und um sie in einer
Fachzeitschrift zu veröffentlichen.

Anwendungszusammenhang

In der abschließenden Phase des Forschungsprozesses steht die
Frage im Mittelpunkt, welche Anwendungsmöglichkeiten für die
Forschungsergebnisse zur Verfügung stehen. Damit wird der Problembezug wieder hergestellt. Dieser wird im Fall der Grundlagenforschung im Allgemeinen von geringerer Bedeutung sein als im Fall
der anwendungsbezogenen Forschung. Die Aussagen der (modifi-
zierten) Theorie werden in die Alltagssprache zurückübersetzt, um
Empfehlungen und Verbesserungsvorschläge für die Praxis abzuleiten.

2.3 Untersuchungsdesigns

Fallstudien, experimentelle Studien und Korrelationsstudien stellen
die drei zentralen Untersuchungsdesigns in der Psychologie dar (vgl.
Forsyth, 2009). Inwieweit eine dieser Methoden gegenüber anderen

bevorzugt wird, hängt von der Fragestellung und dem Inhalt der Forschung ab. Untersuchungsdesigns werden für die Prüfung von Hypothesen eingesetzt. Die Entscheidung für eine bestimmte Methode hängt auch von Erwägungen zur internen und externen Validität ab (vgl. Kapitel 3). Die drei Vorgehensweisen lassen sich wie folgt gegenüberstellen:

- *Fallstudien*, die dazu dienen, die Besonderheiten eines Einzelfalls zu erfassen und zu würdigen,
- *experimentelle Studien*, in denen ein Aspekt der Situation systematisch manipuliert wird, um Auswirkungen dieser Manipulation auf interessierende Phänomene zu erfassen,
- *Korrelationsstudien* zur Prüfung von Zusammenhängen unter verschiedenen Merkmalen, die theoretisch von Interesse sind.

Jede Forschungsmethode hat ihre Vor- und Nachteile, die beachtet werden müssen. Wir haben also nicht die Absicht, ein bestimmtes Untersuchungsdesign abzuwerten oder besonders hervorzuheben. Vielmehr geht es darum, möglichst umfassend auf empirische Evidenz Bezug zu nehmen, wie es den Prinzipien des multiplen Operationalismus entspricht (vgl. Kapitel 2.4).

Jedes Untersuchungsdesign hat Vor- und Nachteile

2.3.1 Fallstudie

Eine Fallstudie (N = 1-Studie) stellt die detaillierte Untersuchung eines einzelnen Individuums, eines Einzelereignisses oder einer einzelnen Gruppe dar. Sie folgt der Idee: Einer der besten Wege, ein Phänomen im Allgemeinen zu verstehen, besteht darin, es im Besonderen zu verstehen.

In einer Fallstudie wird ein Individuum, ein Einzelereignis oder eine einzelne Gruppe detailliert untersucht

Der Schwerpunkt der Fallstudie liegt auf der möglichst detailgenauen Darstellung des Einzelfalls unter Berücksichtigung seiner Besonderheiten und seiner Komplexität. Fallstudien lassen sich in allen Forschungsfeldern der Psychologie durchführen, wie die folgende Zusammenstellung realer Fallstudien zeigt. So gibt es beispielsweise Fallstudien über

- berühmte Maler, wie van Gogh, in der Persönlichkeitspsychologie,
- religiöse Gruppen, wie solche, die den Untergang der Menschheit erwarten, in der Religions- und Sozialpsychologie,
- umwälzende Ereignisse, wie die große Wirtschaftsdepression in den 1920er und 1930er Jahren, in der Wirtschaftspsychologie,
- Rock-and-Roll-Bands in der Kunstpsychologie,

- Krisenbewältigung durch Führungszirkel in der Organisationspsychologie,
- Gewaltkarrieren von Hooligans in der Motivationspsychologie,
- Selbstmörder, die sich von der Golden-Gate Brücke in San Francisco gestürzt haben, in der Klinischen Psychologie,
- den Zusammenhang zwischen einer Hirnverletzung und dem Auftreten von kognitiven Defiziten in der Biologischen Psychologie.

Quellen für Fallstudien

Auf welchen Quellen beruhen Fallstudien? Eine Möglichkeit ist die sorgfältige Beobachtung, bei der zahlreiche Details erfasst werden. Eine andere Möglichkeit ist eine Biografie, die das Handeln einer Person aufgrund ihrer Intentionen und Ängste verständlich macht. Man kann sich auch auf Berichte von Journalisten oder allgemein auf Archivmaterial stützen, wenn es sich um ein in der Öffentlichkeit diskutiertes Problem handelt. Beispiele sind die Rütli-Hauptschule in Berlin-Neukölln oder die Geschwister-Scholl-Realschule in Emsdetten, die im Mittelpunkt des öffentlichen Interesses gestanden haben. Weiterhin können Briefe, Tagebucheintragungen oder Sitzungsprotokolle ausgewertet werden. Insofern lassen sich Fallstudien häufig der Kategorie der nonreaktiven Verfahren zuordnen (vgl. Kapitel 3).

Jedes Untersuchungsdesign hat seine Vor- und Nachteile. Dementsprechend listen wir diese im Überblick auf. Im folgenden Kasten finden sich die Vor- und Nachteile der Fallstudie.

Vor- und Nachteile der Fallstudie

Vorteile der Fallstudie

Worin liegen die Vorteile der Fallstudie?

- Sie liefert eine detaillierte qualitative Beschreibung der Vorgänge in natürlichen Situationen.
- Sie ermöglicht es, extreme Situationen und extreme Leistungen sinnvoll zu interpretieren und daraus z. B. Schlüsse zu ziehen, wie man extreme Fehlentwicklungen vermeiden kann.
- Sie lässt sich als Teil einer historischen Analyse einordnen. So kann z. B. die Studie von Einzelfällen, in denen es zu Finanzkrisen und wirtschaftlichen Rezessionen gekommen ist (z. B. 1847 in England nach dem Eisenbahnboom, 1873 in Europa und in den USA, 1907 in den USA), dazu führen, dass man Erkenntnisse darüber gewinnt, welche Ereignisse einer Rezession im Allgemeinen vorausgehen.
- Bei der Analyse von Archivmaterial treten keine Störungen der zu untersuchenden Prozesse auf, die zu einer Verfälschung der Daten führen könnten.

Den Vorteilen stehen verschiedene Nachteile gegenüber:

- Aufgrund einer Fallstudie ist nur eine begrenzte Generalisierung auf allgemeine Gesetzmäßigkeiten möglich. Man kann nicht entscheiden, ob die Ereignisse, die aufgetreten sind, auf den Besonderheiten des Falles in der speziellen Umgebung beruhen oder auf Prozessen, die allgemeingültig sind. Warum hat sich z. B. van Gogh ein Ohr abgeschnitten? Dafür lassen sich vielfältige Gründe nennen, die in die Biografie des Malers passen. Wir wissen aber nicht, ob andere Menschen ähnlich motiviert sind oder ob es sich um einen ganz besonderen Einzelfall handelt, von dem sich überhaupt nicht auf andere Menschen generalisieren lässt.
- Wenn man zufällig einen untypischen Einzelfall ausgewählt hat, besteht die Gefahr, dass falsche Schlussfolgerungen gezogen werden. Untypische Fälle werden in der Urteilsbildung in ihrer Gültigkeit weit überbewertet (Hamill, Wilson & Nisbett, 1980). Schlimmer noch: Untypische Fälle, die im Detail lebhaft und anschaulich geschildert werden, sind so überzeugend, dass sie leicht für repräsentativ gehalten werden, obwohl sie untypisch sind.
- Es fehlt oft objektive Information über die involvierten Personen oder Ereignisse, da häufig auf subjektive Eindrücke Bezug genommen wird.
- Die Möglichkeit, direkte kausale Beziehungen zwischen wichtigen Variablen herzustellen, ist eingeschränkt oder entfällt ganz.

Nachteile der Fallstudie

Einzelfälle werden wegen der genannten Nachteile oft als problematische Evidenz angesehen und als Anekdoten abgewertet; sie sind aber eine wichtige Evidenzquelle, die z. B. in der Folge der Finanzkrise in den Wirtschaftswissenschaften neu bewertet wurde (vgl. eine Äußerung des Nobelpreisträgers der Wirtschaftswissenschaft Paul Samuelson über den Wert historischer Analysen, die er kurz vor seinem Tod 2009 machte, zitiert nach Roubini & Mihm, 2011, S. 59). Die Analyse historischer Einzelfälle kann ein wichtiges Korrektiv für den „nahezu religiösen Glauben" an mathematische Modelle darstellen (Roubini & Mihm, 2011, S. 59). Ein Beispiel, das der Psychologie näher steht, ist die historische Analyse von politischen Ereignissen wie der Kuba-Krise im Jahre 1962, die wichtige neue Erkenntnisse über Entscheidungen in Gruppen liefert (Janis, 1982). Denn der Einzelfall in seinem historischen Kontext repräsentiert die Komplexität des Sachverhalts und kann dann, wenn er detailgetreu dargestellt wird,

Einzelfälle sind eine wichtige Evidenzquelle

wichtige Informationen über realitätsgesteuerte Prozesse liefern, die ansonsten leicht vernachlässigt werden.

Kritik am Historizismus

Popper (2002b) kritisiert die historische Interpretation als eine Möglichkeit, die Zukunft vorherzusagen, unter dem Begriff des Historizismus heftig. Er bezweifelt, dass es Gesetze des geschichtlichen Ablaufs gibt und weist darauf hin, dass Einzelfälle nie vollständig mit allen ihren Facetten beschrieben und dass aus ihnen keine Gesetzmäßigkeiten abgeleitet werden können, obwohl Historiker dazu neigen, genau das zu tun. Er betont auch, dass unser Wissen weiter wächst, ohne dass dieser Wissenszuwachs im Einzelnen vorhersagbar ist. Daher ist die Zukunft einer einzelnen Person oder der Gesellschaft als Ganze prinzipiell nicht vorhersagbar. Dieses Argument ist solange zutreffend, wie das zukünftige Ereignis durch Wissen beeinflusst wird (Beispiel: sich-selbst-erfüllende Prophezeiung, vgl. Kapitel 1). Wenn das Ereignis nicht durch Wissen beeinflusst wird oder wenn keine Bereitschaft zur Übernahme des neuen Wissens besteht oder wenn kein neues Wissen auftritt, wird die Skepsis im Hinblick auf die Möglichkeit, Zukunftsprognosen zu entwickeln, verringert (Opp, 1967).

Die Forschung zu Heuristiken zeigt, dass die Bedenken von Popper nicht ganz unberechtigt sind. Denn der vielfach bestätigte Rückschaufehler (Hindsight-Bias) beinhaltet, dass Ereignisse im Nachhinein als logische Konsequenz der vorangehenden Geschehnisse interpretiert werden. Wenn man das Ergebnis einer historischen Episode kennt, ist die typische Reaktion: „Ganz klar: So musste es kommen." Wenn man das Ergebnis noch nicht kennt, ist man sich wesentlich unsicherer, ob es so oder anders kommen muss (Hoffrage, Hertwig & Gigerenzer, 2000). Der Rückschaufehler wird z. B. bei Ärzten sichtbar, die im Rückblick den Verlauf der Behandlung als voraussehbarer wahrnehmen als bei der ursprünglichen Diagnose (Arkes, Wortmann, Saville & Harkness, 1981).

Hindsight-Bias

Ungeachtet dieser Einwände spricht doch viel dafür, dass Fallstudien einen bedeutsamen Beitrag zur empirischen Forschung leisten können. Außerdem besteht die Möglichkeit, Gemeinsamkeiten aus unterschiedlichen Fällen herauszulesen, die sich auf ähnliche Sachverhalte beziehen. Was haben z. B. Fälle, in denen Führungsgruppen in der Politik oder der Wirtschaft Fehlentscheidungen treffen, gemeinsam? Das Phänomen des Gruppendenkens wurde durch Irving Janis (1982) aus Fallstudien abgeleitet und veranschaulicht das Auftreten eines *confirmation bias* im Alltag der Politik (vgl. Bierhoff & Frey, 2011).

Beispiel Gruppendenken

2.3.2 Experimentelle Studie

Das Experiment beruht auf willkürlicher Einwirkung und systematischer Variation der unabhängigen Bedingungen und schafft die Voraussetzungen für ein Höchstmaß an Kontrollierbarkeit von Störvariablen (Bredenkamp, 1996; vgl. Kapitel 8). Im einfachsten Fall eines Experiments wird eine Experimentalgruppe mit einer Kontrollgruppe verglichen. In der Experimentalgruppe wird eine Manipulation realisiert, die die experimentelle Bedingung darstellt, während die Manipulation in der Kontrollgruppe entfällt. Viele Experimente werden in Forschungslabors durchgeführt. Im Folgenden sind die sieben Schritte der Durchführung eines Laborexperiments im Detail nach Jones und Gerard (1967) dargestellt:

Grundzüge experimenteller Studien

Sieben Schritte des Experiments

1. Stichprobe ziehen (unter Beachtung von Alter, Geschlecht sowie häufig auch Status, Intelligenz oder Persönlichkeitsmerkmalen),
2. Instruktionen geben (zur Herstellung einer bestimmten Voreinstellung oder Motivation),
3. andere Personen vorstellen (Verbündete des Versuchsleiters, die bestimmte vorgegebene Rollen übernehmen, oder andere Versuchspersonen, mit denen interagiert wird),
4. Aufgabe stellen (z. B. Beurteilen von Personen im Hinblick auf ihre Leistung, Wahrnehmungsaufgabe bewältigen, Problem lösen, Befehle ausführen),
5. Erhebung abhängiger Merkmale: Prozessmerkmale (z. B. Veränderung des Hautwiderstands, Reaktionsgeschwindigkeit, Häufigkeit der Kommunikation) und Ergebnismerkmale (z. B. Leistung bei einer motorischen Aufgabe, Präferenz für eine bestimmte Aktivität, Bewertungsurteile, Kreativität bei einer Konstruktionsaufgabe),
6. postexperimenteller Fragebogen (zur Überprüfung des Erfolgs der experimentellen Manipulation, zur Erfassung der Motivation der Versuchspersonen und zur Berücksichtigung von möglichen Verfälschungstendenzen, die während des Versuches aufgetreten sein könnten) und
7. Aufklärung (Erklärung des Versuchszwecks, Bitte um Stillschweigen über den Versuchsablauf, damit die Unvoreingenommenheit zukünftiger Versuchsteilnehmer gewährleistet wird, positives Feedback, das es der Versuchsperson ermöglicht, das Labor in einer guten Stimmung zu verlassen).

Nicht immer werden alle sieben Phasen des Experiments durchlaufen. Es kann z. B. sein, dass die dritte Phase entfällt, was häufig der Fall

ist. Wir gehen ausführlicher auf das Experiment als Untersuchungs-
ansatz in Kapitel 8 ein, in dem wir auch eine Unterscheidung zwischen
Experiment und Quasi-Experiment durchführen. An dieser Stelle
wollen wir einen wissenschaftstheoretischen Beitrag zum Verständnis
des Experiments leisten, der sich auf die Frage der Kausalanalyse
bezieht.

Experiment und Kausalanalyse

Mill'sche Methode des Unterschieds

John Stewart Mill, der englische Philosoph und Wirtschaftswissenschaftler des 19. Jahrhunderts, befasste sich mit den logischen Voraussetzungen der Kausalanalyse. Der experimentelle Ansatz beruht
auf der Mill'schen Methode des Unterschieds, die sich bei zwei Abstufungen der unabhängigen und abhängigen Variablen symbolisch
wie folgt darstellen lässt (Mayntz, Holm & Hübner, 1978). X und −X
bezeichnen die zwei Ausprägungen der unabhängigen Variable; A, B
und C sind weitere Kontextmerkmale, die konstant gehalten werden,
und Y und −Y bezeichnen die zwei Ausprägungen der abhängigen
Variable.

$$\text{Experimentalgruppe: X, A, B, C} \rightarrow \text{Y}$$

$$\text{Kontrollgruppe: } -\text{X, A, B, C} \rightarrow -\text{Y}$$

Die Kovariation zwischen X und Y über die Versuchsbedingungen
(Experimental- und Kontrollgruppe) bei Konstanthaltung der Kon-
textmerkmale erlaubt die Schlussfolgerung, dass X eine Ursache von
Y ist bzw. Y ist ein Effekt von X.

Wenn die abhängige Variable quantitativ ist, ergibt sich stattdessen
(Y1 und Y2 sind die Mittelwerte der abhängigen Variable in der Ex-
perimental- und Kontrollgruppe):

$$\text{Experimentalgruppe: X, A, B, C} \rightarrow \text{Y1}$$

$$\text{Kontrollgruppe: } -\text{X, A, B, C} \rightarrow \text{Y2}$$

Es geht nun darum zu prüfen, ob ein signifikanter Unterschied zwischen Y1 und Y2 besteht. Wenn ein signifikanter Unterschied gefunden wird, kann daraus geschlossen werden, dass X die Ausprägung
von Y mit einer bestimmten Wahrscheinlichkeit beeinflusst.

Die Ergebnisse eines Experiments gelten nur unter „Ceteris-paribus"-
Bedingungen (unter sonst gleichen Bedingungen). Zwischen Experi-

mental- und Kontrollgruppe darf es also keine anderen Unterschiede geben als die, die auf der Variable X liegen. Die Bedingungen A, B und C müssen hingegen in Experimental- und Kontrollgruppe konstant bleiben, damit die Kausalanalyse durchgeführt werden kann.

Experimentelle Ergebnisse gelten nur unter „Ceteris-paribus"-Bedingungen

Die Kausalanalyse auf der Basis einer experimentellen Studie lässt sich erweitern, indem höherwertige unabhängige Variablen betrachtet werden (z. B. drei Bedingungen werden miteinander verglichen) und indem zwei oder mehr Kausalfaktoren variiert werden (z. B. zwei unabhängige Variable werden in einem 2×2-Versuchsplan abgestuft; vgl. das 2×2-faktorielle Design auf S. 304 in Kapitel 8).

Im folgenden Kasten geben wir durch eine listenweise Gegenüberstellung einen Überblick über die Vor- und Nachteile des Experiments.

Vor- und Nachteile des Experiments

Worin liegen die Vorteile des Experiments?

Vorteile des Experiments

- Es erlaubt kausale Schlussfolgerungen durch Hypothesentests.
- Es kann theoretische Kontroversen schlichten, indem Alternativhypothesen gegeneinander getestet werden.
- Widersprüche können durch weitere Experimente aufgeklärt werden, in denen das widersprüchliche Resultat in eine experimentelle Manipulation einbezogen wird, sodass eine Bedingung hergestellt wird, in der der Widerspruch aufgetreten ist, und eine, in der er nicht aufgetreten ist.
- Versuchspläne sind flexibel, da sie sowohl Within-subject- als auch Between-subjects-Designs ermöglichen sowie deren Kombination.

Welche Nachteile treten auf?

Nachteile des Experiments

- Die experimentelle Situation ist artifiziell. Die Teilnehmer wissen in der Regel, dass sie sich in einer artifiziellen Situation befinden.
- Wenn die Teilnehmer durch den Versuchsleiter im Hinblick auf die Ziele und den Verlauf des Experiments getäuscht werden, um den „Impact" der experimentellen Manipulation zu vergrößern oder um den Argwohn der Teilnehmer zu vermindern, entsteht ein ethisches Problem.
- Die Dokumentation der experimentellen Abläufe und Daten ist oft unzureichend.

- Aufgrund eines Experiments ist nur eine begrenzte Generalisierung auf die reale Welt möglich.
- Die Durchführung von Experimenten setzt eine Operationalisierung der Variablen der Wenn- und der Dann-Komponente der Hypothese voraus. Um die Operationalisierung durchzuführen, sind Hilfsannahmen erforderlich, die falsch sein können. Deshalb kann eine scheinbare Falsifizierung einer Hypothese durch fehlerhafte Hilfsannahmen zustande gekommen sein. Dadurch entsteht eine Unsicherheit darüber, worauf eine Falsifikation zurückgeführt werden muss: auf eine unglückliche Operationalisierung der Variablen oder auf die Ungültigkeit der Hypothese?

2.3.3 Korrelationsstudie

Korrelationsstudien untersuchen die Beziehung zwischen Variablen, ohne dass eine Manipulation vorgenommen wird

Korrelationsstudien dienen dazu, die Beziehungen zwischen Variablen zu erforschen, ohne dass eine Manipulation dieser Variablen vorgenommen wird. Dazu wird die Ausprägung von mindestens zwei Variablen erfasst. Die statistische Auswertung beinhaltet die Ermittlung der Richtung und der Höhe des Zusammenhangs. Dazu dient die Berechnung der Korrelation, die einen Wert zwischen −1 und +1 erreichen kann.

Wenn der Zusammenhang ein positives Vorzeichen aufweist, kommt darin zum Ausdruck, dass die Rangreihen der Messwerte der Untersuchungseinheiten auf den beiden Variablen ähnlich sind. Nehmen wir als Beispiel die Variablen Narzissmus und Extraversion, für die sich die Hypothese aufstellen lässt, dass sie positiv korrelieren. Wenn ein Teilnehmer einen hohen Rangplatz auf der Variable Narzissmus aufweist, besteht die Tendenz, dass er auch einen hohen Rangplatz auf der Variable Extraversion erreicht. Hingegen bedeutet eine negative Korrelation, dass die Tendenz besteht, dass ein hoher Rangplatz auf der einen Variable mit einem niedrigen Rangplatz auf der anderen zusammenhängt. Ein Beispiel ist die Hypothese, dass ein negativer Zusammenhang zwischen Narzissmus und Verträglichkeit besteht. Danach besteht die Tendenz, dass hohe Narzissmuswerte mit niedrigen Werten der Verträglichkeit zusammenfallen oder, anders gesagt, dass Narzissten unverträglich sind.

Durch die Entwicklung von Strukturgleichungsmodellen im Allgemeinen und Mediationsanalysen im Besonderen werden häufig Auswertungen von Korrelationsdaten durchgeführt, in denen eine Hypothese über die komplexe Struktur der Variablen geprüft wird. Dabei wird versucht, aus korrelativen Daten Strukturen abzuleiten, die mit einer angenommenen Kausalstruktur unter den Variablen in Übereinstimmung stehen.

Mittels Struktur-gleichungsmodellen wird versucht, anhand korrelativer Daten kausale Zusammen-hänge zu ermitteln

Eine bekannte Software, die zu diesem Zweck eingesetzt werden kann, ist LISREL[3] (Jöreskog & Sörbom, 1996). Es besteht aus einem Messmodell und einem Strukturgleichungsmodell. Das Messmodell spezifiziert, wie die Konstrukte (latenten Variablen) durch beobachtete Variable repräsentiert werden. Das Strukturgleichungsmodell spezifiziert die kausalen Beziehungen zwischen den Konstrukten. Wir können diese statistischen Techniken an dieser Stelle nicht weiter erläutern. Stattdessen geben wir ein Beispiel für ein solches Modell, das sich auf proaktives Arbeitsverhalten bezieht (vgl. Abb. 2).

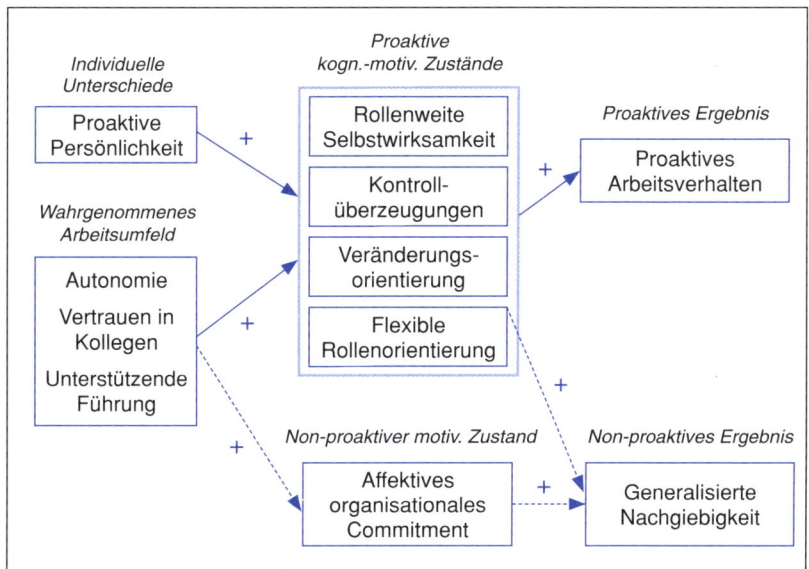

Erklärungsmodell für proaktives Arbeits-verhalten

Abbildung 2: Darstellung der Determinanten des proaktiven Arbeitsverhaltens in einem Strukturgleichungsmodell (nach Parker, Williams & Turner, 2006)

Das Strukturmodell in Abbildung 2 stellt ein Erklärungsmodell für proaktives Arbeitsverhalten dar, wie es in der Organisationspsychologie entwickelt wurde. Mit proaktivem Arbeitsverhalten ist gemeint,

3 Linear Structural Relations

dass eine Person am Arbeitsplatz freiwilliges Arbeitsengagement zeigt. Das Modell des proaktiven Arbeitsverhaltens von Parker, Williams und Turner (2006) beruht auf der Annahme, dass distale Voraussetzungen vermittelt über proaktive kognitiv-motivationale Zustände das Auftreten proaktiven Arbeitsverhaltens beeinflussen. Unter den distalen Einflüssen werden das wahrgenommene Arbeitsumfeld und die Persönlichkeit der Angestellten berücksichtigt. Die Persönlichkeit schlägt sich in individuellen Unterschieden nieder, wobei das Modell besonders auf individuelle Unterschiede in der proaktiven Persönlichkeit Bezug nimmt. Die proaktive Persönlichkeit wird durch Eigenverantwortung veranschaulicht.

Außerdem werden vier kognitiv-motivationalen Zustände als Vermittler des erwarteten positiven Zusammenhangs zwischen den distalen Variablen und dem proaktivem Verhalten in das Modell einbezogen: Auf die eigene Rolle bezogene Selbstwirksamkeit, Kontrollüberzeugungen, Veränderungsorientierung und flexible Rollenorientierung. Damit werden Prozesse der Bewertung der möglichen Ergebnisse bestimmter (proaktiver) Verhaltensweisen thematisiert sowie die Interpretation des Verantwortungsbereichs eines Angestellten. Wir können auf die Operationalisierung dieser kognitiv-motivationalen Zustände an dieser Stelle nicht weiter eingehen. Es sei noch darauf hingewiesen, dass zusätzlich in dem Modell die generalisierte Nachgiebigkeit berücksichtigt wird, die auf eine eigene Mediatorvariable (affektives organisationales Commitment) zurückgeführt wird. Diese Zusatzvariable wird in die Modelldarstellung einbezogen, um zeigen zu können, dass die Variablen, die das proaktive Ergebnis beeinflussen, andere sind als die, die das nicht proaktive Verhalten betreffen. Es geht also um die diskriminante Validität des Modells (vgl. den Multitrait-Multimethod-Ansatz in Kapitel 3).

Diskrimante Validität

Das Modell in Abbildung 2 weist in einer empirischen Untersuchung erste ermutigende Ergebnisse auf, die es zumindest teilweise untermauern. Dazu wurde eine Untersuchung bei männlichen Mitarbeitern einer Draht- und Kabelmanufaktur in Großbritannien durchgeführt (Parker, Williams & Turner, 2006). Diese Untersuchung ist eine Korrelationsstudie, da alle Merkmale gleichzeitig erhoben wurden und keine experimentelle Manipulation stattfand. Insofern sind kausale Schlussfolgerungen aus dieser Studie mit Vorsicht zu bewerten, da eine „uneindeutige zeitliche Aufeinanderfolge" der Variablen vorliegt, die die interne Validität der Kausalanalyse bedroht (vgl. Punkt 1 in Tab. 4 auf S. 123).

Problem der uneindeutigen zeitlichen Aufeinanderfolge der Messung der Variablen

Abschließend geben wir einen kurzen Überblick über Vor- und Nachteile der Korrelationsstudie.

Vor- und Nachteile der Korrelationsstudie

Worin liegen die Vorteile der Korrelationsstudie?

Vorteile der
Korrelationsstudie

- Die Beziehung zwischen bestimmten Variablen kann untersucht werden, ohne dass eine fehlerhafte Manipulation von Bedingungen die Ergebnisse verzerren kann.
- Man kann Antworten auf Fragen, die sich experimentell nicht untersuchen lassen, finden, wie z. B.: „Erreichen Frauen bessere Schulleistungen als Männer?"
- Man kann sowohl Querschnitt- als auch Längsschnittdaten mit dieser Methode analysieren.
- Man kann auch Hinweise auf die Angemessenheit von Ursache-Wirkungs-Modellen und Mediationsmodellen gewinnen, indem entsprechende Verfahren der Datenauswertung eingesetzt werden (LISREL nach Jöreskog & Sörbom, 1996; multiple Mediationsanalyse nach Preacher & Hayes, 2004; HLM[4] nach Raudenbush, Bryk, Cheong, Congdon & du Toit, 2004).

Welche Nachteile gibt es?

Nachteile der
Korrelationsstudie

- Es kann nur eine begrenzte Einsicht in die Kausalität der Beziehung zwischen den Variablen gewonnen werden, da keine Manipulation der unabhängigen Variablen und auch keine Kontrolle aller denkbaren Störvariablen stattfindet.
- Die Richtung der Ursache zwischen den Variablen kann nicht eindeutig geklärt werden. Zwar ist es oft plausibel, eine bestimmte Abfolge von Ursache und Wirkung anzunehmen (wie in dem oben dargestellten Modell zum proaktiven Verhalten). Aber es besteht immer die Möglichkeit, dass alternative Modelle die Daten genauso gut oder besser repräsentieren können. Dieser Nachteil gilt allerdings nicht für Längsschnittstudien, in denen das Merkmal, das zu einem früheren Zeitpunkt gemessen wurde, als Ursache für die Ausprägung des Merkmals, das zu einem späteren Zeitpunkt gemessen wird, angesehen werden kann. Denn eine wichtige Voraussetzung für Kausalität ist die zeitliche Sequenz von Ursache und Wirkung.

---

4 Hierarchical Linear and Nonlinear Modeling

- Häufig wird „alles mit allem" korreliert, also alle zur Verfügung stehenden Variablen werden in eine Korrelationsanalyse einbezogen. Dadurch entsteht das Problem, dass Zufallszusammenhänge als systematische Zusammenhänge fehlinterpretiert werden (Silver, 2012). Dieses Problem der Fehlerrate wird auch als „Fishing" bezeichnet (vgl. Punkt 3 in Tab. 7 auf S. 137): Der Forscher „fischt" in den Daten so lange herum, bis er ein signifikantes Ergebnis gefunden hat.

2.4 Operationalisierung und multipler Operationalismus

2.4.1 Operationalisierung

Was versteht man unter Operationalisierung?

Hypothesen wie die über den Zusammenhang zwischen sicherer Bindung und Vertrauen (vgl. Kapitel 1) beinhalten Begriffe, die bei der empirischen Prüfung konkretisiert werden. In diesem Zusammenhang spricht man von *Operationalisierung*. Es geht im Wesentlichen darum, Konstrukte messbar zu machen. Genauer gesagt geht es um „präzise Anweisungen für Forschungsoperationen …, mit deren Hilfe entscheidbar ist, ob ein mit dem betreffenden Begriff bezeichnetes Phänomen vorliegt oder nicht" (Mayntz, Holm & Hübner, 1969, S. 18).

Einsatz von Hilfshypothesen

In die Operationalisierung eines Konstrukts fließen Hilfshypothesen ein, die es plausibel machen, dass die Operationalisierung angemessen erfolgt (Bröder, 2011). Wenn ein Konstrukt operationalisert wird, werden in der Regel Hilfshypothesen aufgestellt.

Zwei Arten von Operationalisierungen lassen sich unterscheiden (Kerlinger, 1986):
- *Operationalisierung von Variablen.* Ein Beispiel ist die operationale Definition der Variable sozialer Status. Um ihn zu messen, wird die Hilfshypothese aufgestellt, dass er sich in der beruflichen Position zeigt. Dann wird die Höhe der beruflichen Position verwendet, um den sozialen Status zu bestimmen. Eine andere Möglichkeit besteht darin, sich nach dem Prestige einer Person zu richten. Von diesem wird angenommen, dass es sich aus ihren Konsumgewohnheiten ableiten lässt (Worsley et al., 1970).
- *Operationalisierung von experimentellen Manipulationen.* Diese beruht ebenfalls auf Hilfshypothesen, wie das Beispiel in folgenden Kasten verdeutlicht.

Ein Beispiel aus der Forschung: Sich-Stützen auf Hilfshypothesen, um Konstrukte zu operationaliseren

Nehmen wir eine Hypothese aus der aktuellen Reaktanzforschung, die die Idee der gesteigerten Attraktivität der verbotenen Frucht, wie sie aus dem Paradies überliefert wird, auf Beziehungsprobleme überträgt (DeWall, Maner, Deckman & Rouby, 2011):

Wenn die Aufmerksamkeit auf attraktive Alternativen durch bestimmte Aufgabenstellungen unterdrückt wird, dann werden diese Alternativen interessanter und verlockender erscheinen im Vergleich zu einer Bedingung, in der die Aufmerksamkeit nicht unterdrückt wird.

Die Teilnehmer, die alle in einer romantischen Beziehung waren, sahen im Einzelversuch im Labor auf ihrem Bildschirm Fotos von attraktiven und von durchschnittlich attraktiven Personen des anderen Geschlechts. Um die Hypothese zu prüfen, war es in der Experimentalgruppe erforderlich, die Aufmerksamkeit für attraktive Alternativen zum eigenen Partner in subtiler Weise einzuschränken. Die Unterdrückung der Aufmerksamkeit gegenüber den Fotos attraktiver Personen wurde dadurch erreicht, dass die Teilnehmer speziell die Fotos von attraktiven Personen häufig ausblenden mussten, um ihre Aufgabenstellung zu erfüllen (die nichts mit dem wirklichen Anliegen des Experiments zu tun hatte, also auf Täuschung beruht). In einer Kontrollgruppe wurden auch die Fotos der attraktiven Personen gezeigt; die Aufmerksamkeit der Teilnehmer wurde aber nicht manipuliert.

Dann ist der Erfolg dieser Operationalisierung der Unterdrückung der Aufmerksamkeit auf Fotos attraktiver Personen davon abhängig, dass die Aufmerksamkeitszuwendung tatsächlich reduziert wird. Die Experimentatoren stützen sich also auf die Hilfshypothese, dass das häufige Ausblenden der Fotos attraktiver Personen dazu führt, dass die Aufmerksamkeitszuwendung gegenüber attraktiven Personen eingeschränkt wird.

Diese Hilfsannahme ist plausibel, nicht zuletzt auch deshalb, weil das Verfahren auch in anderen Studien verwendet wurde, um eine unbewusste Ablenkung der Aufmerksamkeit von bestimmten Stimuli zu erzeugen. Trotzdem bleiben gewisse Zweifel daran, dass die Aufmerksamkeit der Teilnehmer in der Experimentalgruppe tatsächlich wie gewünscht weg von den Fotos attraktiver Personen

Beispiel aus der Reaktanzforschung: Das Phänomen der verbotenen Frucht

Unplausible Hilfshypothesen können die Konstruktvalidität gefährden

Beispiel aus der
Reaktanzforschung:
Das Phänomen der
verbotenen Frucht

gelenkt wurde. Da die Manipulation der Aufmerksamkeitslenkung
subtil und das Ergebnis eines komplexen Versuchsablaufs ist,
bleibt im Hinblick auf den Erfolg der Manipulation ein Fragezei-
chen bestehen. In anderen Experimenten kann es aber auch sein,
dass die Hilfshypothesen bei weitem weniger einleuchtend und
kontroverser sind. Dann wird durch die unzureichende Ausformulierung des Konstrukts die Konstruktvalidität in Frage gestellt (vgl.
Punkt 1 in Tab. 5 auf S. 124).

Tatsächlich wurde in mehreren Experimenten bestätigt, dass die
subtile Unterdrückung der Aufmerksamkeit gegenüber attraktiven
Alternativen die positive Einstellung gegen Untreue im Vergleich
zu einer Kontrollgruppe erhöhte und die nachfolgende Aufmerksamkeit für attraktive Alternativen zum eigenen Partner steigerte
(DeWall et al., 2011). Diese Ergebnisse unterstützen die spezielle
Untersuchungshypothese und die Reaktanztheorie im Allgemeinen.

Quantitative Mess-
verfahren erlauben
eine abgestufte
Erfassung der Merk-
malsausprägung

In der Psychologie werden häufig quantitative Messverfahren eingesetzt, die es erlauben, eine abgestufte Erfassung der Ausprägung eines
interessierenden Merkmals durchzuführen. Dabei sind auch wieder
verschiedene Optionen vorhanden, was die Operationalisierung angeht:
- So werden vielfach Ratingskalen verwendet, die z. B. sieben oder
  neun Abstufungen beinhalten (vgl. Kapitel 7).
- Darüber hinaus werden Merkmale mit Fragebögen erfasst, die z. B.
  zwischen 0 (niedriger Wert) und 40 (hoher Wert) variieren. Fragebögen sind meist so konstruiert, dass Feststellungen vorgegeben
  werden, die auf ihr Zutreffen oder Nichtzutreffen eingeschätzt
  werden sollen. Viele bekannte Fragebögen, wie solche, die die Big
  Five der Persönlichkeit erfassen (Rammsayer & Weber, 2010),
  geben Aussagen vor, auf denen sich die Personen selbst einschätzen (vgl. Ostendorf & Angleitner, 2004).
- Ein anderes Format besteht darin, dass jeweils zwei widersprüchliche Feststellungen vorgegeben werden, wobei die Versuchsperson instruiert wird, die Feststellung anzukreuzen, die ihre eigene
  Position oder Meinung besser widerspiegelt. Dann spricht man
  von einem Forced-Choice-Format (Beispiele: Narzissmusmessung
  mit dem Narcissistic Personality Inventory, NPI, nach Schütz, Mar-
  kus & Sellin, 2004, oder Messung von Sensation Seeking durch

die Sensation-Seeking-Skalen, SSS-V, nach Beauducel & Brocke, 2002).

Es ist klar, dass jeder Begriff, der in einer Hypothese auftaucht, in unterschiedlicher Weise operational definiert werden kann. Allerdings lässt sich sagen, dass die empirische Prüfung einer Hypothese immer die Operationalisierung der Begriffe, die in der Hypothese enthalten sind, voraussetzt.

Die Prüfung einer Hypothese setzt die Operationalisierung der in ihr enthaltenen Begriffe voraus

Ein Begriff wie „Vertrauen" lässt sich unterschiedlich operationalisieren. Einige Messverfahren erscheinen von vorne herein als geeigneter als andere (vgl. Petermann, 2013). So wird man große Zweifel an der Sinnhaftigkeit des Verfahrens haben, wenn versucht wird, Vertrauen über physiologische Messungen zu erfassen. Allerdings erscheint es vielversprechend, Vertrauen mit Hilfe von Zuschreibungen von Verlässlichkeit oder Vertrauenswürdigkeit auf die Zielperson zu ermitteln, wie Validitätsstudien zeigen (vgl. Buck & Bierhoff, 1986). Die Forscher werden in der Regel solche Operationaliserungen der Begriffe bevorzugen, die dem Begriff angemessen sind. Daher werden physiologische Begriffe mit physiologischen Verfahren operationalisiert, während mentale Begriffe überwiegend mit sprachlich gestützten Verfahren gemessen werden.

Es wäre aber wenig sinnvoll, wenn die Begriffe, die in einer Hypothese auftauchen, immer nur mit einer speziellen Technik operationalisiert würden. Wenn eine bestimmte Untersuchung immer nur exakt mit der gleichen Untersuchungstechnik repliziert wird, ist der Erkenntnisgewinn begrenzt; denn in eine exakte Replikation gehen viele der Fehlerquellen ein, die schon in der Originaluntersuchung enthalten waren. Das bedeutet, dass der Wert exakter Replikationen begrenzt ist (Crano & Brewer, 1973, S. 46).

Allerdings sind solche Replikationen, vor allem auch, wenn sie nicht aus dem Labor stammen, in dem die Originaluntersuchung durchgeführt wurde, wichtig, weil sie erhärten, dass die getestete Hypothese tatsächlich empirische Bestätigung findet. Beispielsweise wurde ein Fall der massiven Datenmanipulation aus der niederländischen Sozialpsychologie bekannt, bei dem ein hochgradig erfolgreicher „Forscher" der Datenfälschung überführt wurde. Er hatte die Daten von Dutzenden von Experimenten, die in hochrangigen internationalen Zeitschriften erschienen waren, frei erfunden. Durch exakte Replikationen und weitere Vorsichtsmaßnahmen (vgl. das Experteninterview mit Dieter Frey in Kapitel 1) können solche krasse Fälle von Datenfälschung aufgedeckt werden.[5]

2.4.2 Multipler Operationalismus

Wie kommt der Zufalls-
fehler zustande?

Es gibt keine fehlerfreie Messung. Der Zufallsfehler beruht auf unsystematischer Fluktuation und stellt die Abweichung vom wahren Testwert dar, die auf Schwankungen im individuellen Befinden der Teilnehmer, auf situative Besonderheiten und auf Probleme mit dem Messinstrument zurückgeht.

So kann die Messung des Vertrauens in eine Zielperson durch einen Fragebogen z. B. dadurch beeinflusst werden, dass die Beurteiler in guter Stimmung sind und deshalb zu einer Verklärung von persönlichen Beziehungen in ihren Urteilen neigen. Oder es kommt zu Unsicherheiten, weil die Beurteiler keine einheitliche Vorstellung davon haben, was eine bestimmte numerische Vorgabe auf einer Ratingskala genau bedeutet (vgl. Kapitel 7). Jedes Messverfahren – in der Astronomie, der Medizin, der Soziologie und der Psychologie gleichermaßen – weist eine Fehlerkomponente auf. In der Medizin wird z. B. häufig der Blutdruck gemessen. Tatsächlich ist die Blutdruckmessung mit einem größeren Fehler behaftet, da die Messung z. B. in der Praxis des Facharztes in der Regel höher ausfällt als zu Hause. Trotz des Zufallsfehlers der Blutdruckmessung erweist sie sich als nützliches Verfahren in der medizinischen Diagnostik. Allerdings ist es aufgrund

Beispiel Blutdruck-
messung

---

5 Den Reviewern der renommierten Zeitschriften waren die Manipulationen nicht aufgefallen, obwohl sie für methodisch geschulte Leserinnen und Leser erkennbar waren (Levelt Committee, Noort Committee & Drenth Committee, 2012). Nach dem Bericht der drei Untersuchungskommissionen, die von niederländischen Universitäten eingesetzt wurden, sind einzelne Veröffentlichungen in Zeitschriften wie *Science, Psychological Science, British Journal of Social Psychology, European Journal of Social Psychology, Journal of Experimental Social Psychology, Journal of Personality and Social Psychology, Personality and Social Psychology Bulletin, Social Cognition, Self and Identity* betroffen. Diese Auswahl zeigt, dass führende Zeitschriften und ihre Reviewer in den Skandal verwickelt sind. Darüber hinaus sind auch theoretische Abhandlungen betroffen, die sich auf diese gefälschten Veröffentlichungen (teilweise) stützen sowie Lehrbücher, die einzelne dieser gefälschten Studien als Literaturbasis verwenden.

der Fehleranfälligkeit der Messung sinnvoll, sie mehrfach zu wiederholen und den Mittelwert zu bilden. Denn der Fehler des Mittelwerts ist geringer als der Fehler der Einzelmessung.

Da Begriffe unterschiedlich operationalisiert werden können, ist es sinnvoll zu untersuchen, ob die Ergebnisse von einer bestimmten Operationalisierung abhängig sind. Jedes Messverfahren unterliegt eigenen spezifischen Fehlerquellen. Durch die unterschiedliche Operationalisierung eines Konstrukts durch mehrere parallele Verfahrensweisen kann erreicht werden, dass sich die Fehler der einzelnen Operationalisierungen ausgleichen.

Was ist multipler Operationalismus?

Diese Vorgehensweise wird *multipler Operationalismus* genannt, weil das Konstrukt auf multiple Weise operationalisiert wird. Multipler Operationalismus ist das Sich-Stützen auf mehrere Verfahren zur Messung eines Begriffs, um die spezifischen Fehlerquellen jedes einzelnen Verfahrens zu kontrollieren (Shadish, Cook & Campbell, 2002).

Der multiple Operationalismus betrifft nicht nur die Messung der abhängigen Variable (AV). Er lässt sich auch auf die Manipulation der unabhängigen Variablen (UV) anwenden. Wenn z. B. Reaktanz ausgelöst werden soll, stehen dafür unterschiedliche Techniken zur Verfügung. Wenn in der Forschung nur eine Technik der Manipulation der Reaktanz verwendet wird, stellt das einen *Mono-Operation-Bias* dar (vgl. Punkt 2 in Tab. 5 auf S. 124). Der multiple Operationalismus hängt mit der Herstellung konvergenter Validität zusammen. Denn unterschiedliche Operationalisierungen desselben Konstrukts sollten inhaltlich konvergieren, so dass sich ihre Varianz überschneidet (vgl. den Multitrait-Multimethod-Ansatz in Kapitel 3.2).

Multipler Operationalismus ist auch auf die Manipulation der UV anwendbar

Es ist also für ein umfassendes Forschungsprogramm günstig, ein Repertoire von unterschiedlichen Messmethoden für die relevanten Konstrukte zu entwickeln. In diesem Zusammenhang spielt die qualitative Forschung eine wichtige Rolle. Darunter fallen mehrere Techniken der Auswertung, von denen hier die Inhaltsanalyse, die Diskursanalyse und die narrative Analyse beispielhaft genannt werden (vgl. Flick, 1999). Theoretische Hintergründe der qualitativen Forschung, die in der Soziologie beheimatet sind, werden von Lüdtke und Matsuzaki (2011) kritisch kommentiert und diskutiert.

Qualitative Forschung

Methoden der qualitativen Forschung

Inhaltsanalyse

Bei der *Inhaltsanalyse* geht es darum, dass bestimmte Texte – z. B. Mitteilungen der Stiftung Warentest an die Verbraucher – ausgewertet werden. Dabei werden teilweise Kategorienschemata zugrunde gelegt. Solche Kategorienschemata enthalten Kategorien, die für die Forschungsfrage wichtig sind (z. B. sachliche Informationen, Bewertungen). Sie sollten innerhalb eines Kategorienschemas zueinander *disjunkt* sein, so dass eine bestimmte Textstelle nur einer Kategorie zugeordnet wird. Wenn alle Textstellen durch das Kategoriensystem erfasst werden können, ist es auch *exhaustiv*. Ähnliche Anforderungen werden an Kategoriensysteme für die Verhaltensbeobachtung gestellt (vgl. Kapitel 5.5.3). Inhaltsanalysen werden häufig in der Marktforschung eingesetzt. Ein anderer Anwendungsbereich sind Studien über Inhalte des Internets (vgl. Kapitel 10). Die Technik der Inhaltsanalyse wird von Krippendorff (2012) umfassend dargestellt.

Diskursanalyse

Die *Diskursanalyse*, die vor allem in Großbritannien populär ist, dient der Auswertung von alltäglicher Kommunikation. Sie lässt sich auf Dialoge im Gespräch anwenden. Grice (1975) beschreibt verschiedene Maximen der Kommunikation, die Sprecher im Allgemeinen einhalten:

- Die Maxime der Quantität besagt, dass ein Sprecher nur so viele Ursachen für ein Ereignis nennt, wie zur hinreichenden Erklärung des Ereignisses erforderlich sind. Somit fokussiert effektive Kommunikation auf die zentrale Ursache statt weitschweifig zu sein. Weitschweifige Argumentationen sind weniger überzeugend (Bierhoff, 1991).
- Die Maxime der Qualität bezieht sich darauf, dass ein Sprecher in seiner Darstellung der Argumente keine Ungenauigkeiten oder sogar Unwahrheiten verwenden sollte. Eine effektive Kommunikation verwendet qualitativ hochwertige Argumente, die Merkmale aufweisen, wie sie im kritischen Rationalismus (Popper, 2002a) in den Vordergrund gestellt werden. Solche Argumente sollten sich empirisch bewährt haben und somit der Realität möglichst weitgehend entsprechen.

Ein Beispiel für angewandte Diskursanalyse ist die Auswertung politischer Kommunikation. Eine Einführung in die Diskursanalyse gibt Gee (2005).

Interviews über biografische und traumatische Erlebnisse

Die *narrative Analyse* schließlich kann verwendet werden, um biografische Interviews auszuwerten. Wie deuten die Interviewten ihre persönliche Biografie? Verbinden sie damit einen subjektiven Sinn? Oder wie verarbeiten die Opfer eines Hurrikans ihre traumatischen Erlebnisse? So wurde zum Beispiel, nachdem Hurrikan Sandy die Küstenregion von Long Beach in New York getroffen hatte, von der Professorin für Rhetorik Mary Anne Trasciatti begonnen, mit Überlebenden der Katastrophe Interviews über ihre Erlebnisse zu führen (Yee, 2013). Die narrative Analyse wird besonders in der Entwicklungspsychologie, aber auch in der Klinischen Psychologie bei traumatischen Erlebnissen verwendet. Narrative Verfahren werden auch in der Behandlung von Traumata angewandt (z. B. bei der narrativen Expositionstherapie). Ein Überblick über narrative Forschung findet sich bei Andrews, Squire und Tamboukou (2013).

Eine Hypothese, die sich sowohl bei Verwendung quantitativer als auch qualitativer Verfahren bewährt, kann als sehr gut bestätigt angesehen werden. Ob eine konkrete Forschungsfrage zunächst mithilfe qualitativer oder quantitativer Verfahren untersucht wird, spielt in diesem Zusammenhang keine Rolle. Wichtig ist allein, dass interessierende Phänomene mit beiden Vorgehensweisen untersucht werden.

2.5 Ethik der Forschung

Täuschung in experimentellen Studien kann in Widerspruch zu ethischem Handeln stehen. Daher muss sehr genau abgewogen werden, ob eine Täuschung ethisch zu rechtfertigen ist und wie weit sie gehen darf. Dafür werden ethische Komitees gebildet, in denen Mitglieder, die eine Ausbildung in Ethik aufweisen, die Angemessenheit der Untersuchungsdurchführung nach ethischen Kriterien bewerten. Diese wurden ursprünglich von der American Psychological Association (APA) entwickelt und dann weitgehend von der Deutschen Gesellschaft für Psychologie (DGPs) und dem BDP (Berufsverband Deutscher Psychologinnen und Psychologen) übernommen. Diese ethischen Richtlinien sind auf der Internetseite der DGPs veröffentlicht.[6] Sie wurden 1998 verabschiedet und 2004 aktualisiert.

Ethikkomitees bewerten die Angemessenheit der Studiendurchführung nach ethischen Kriterien

Was ist unter Ethik zu verstehen? Es geht um Erwartungen an das menschliche Zusammenleben. Die Aufgabe der Ethik als Teildiszip-

---

6 http://www.dgps.de/dgps/aufgaben/003.php (aufgerufen am 12. 03. 2013)

lin der Philosophie besteht darin, den rationalen Kern moralischer Urteile zu definieren (Blickle, 2007). Für die Ethik der Forschung ist die normative Ethik von besonderem Interesse. Deren Ziel besteht darin, Normen für das Zusammenleben der Menschen so zu begründen, dass jede vernünftige Person einsehen kann, warum sie bestimmte Handlungsanweisungen befolgen sollte. Wie so oft, unterscheiden sich bei philosophischen Fragen die Antworten, die gegeben werden, je nach Denkschule deutlich. Neben dem kategorischen Imperativ von Immanuel Kant wird besonders der Utilitarismus in den Mittelpunkt gerückt. In der Organisationspsychologie wird versucht, zwischen diesen beiden Ansätzen einen Kompromiss herzustellen (Bierhoff, 2002). Darüber hinaus werden auch weitere ethische Theorien angewendet wie die Diskursethik, der Dezisionismus und der hermeneutische Ansatz (Blickle, 2003). Letzterer erlaubt eine situationsbezogene Anwendung ethischer Theorien.

Einwilligung der Studienteilnehmer

Informed consent

Die Teilnahme an einer Studie setzt grundsätzlich eine auf Aufklärung basierende Einwilligung in die Forschung (engl. informed consent) voraus. Damit ist gemeint, dass eine explizite Einwilligung der Teilnehmer vorliegt, an der Studie teilzunehmen, und dass diese Einwilligung in Kenntnis der Ziele und Einzelheiten der Studie erfolgt ist. Außerdem müssen die Teilnehmer darauf aufmerksam gemacht werden, dass sie ein Recht darauf haben, die Teilnahme von vorneherein zu verweigern oder abzubrechen.

In einem späteren Punkt der ethischen Richtlinien wird allerdings auch erwähnt, dass unter bestimmten Bedingungen auf eine auf Aufklärung basierende Einwilligung verzichtet werden kann. Das soll z. B. dann der Fall sein, „wenn vernünftigerweise davon ausgegangen werden kann, dass die Teilnahme an der Forschung keinen Schaden oder kein Unbehagen erzeugt, die über alltägliche Erfahrungen hinausgehen". An dieser und an anderen Stellen der ethischen Richtlinien wird deutlich, dass ein Kompromiss zwischen dem Recht der Forscher auf freie Forschung und den Rechten der Teilnehmer auf Unversehrtheit und Schutz der Privatsphäre angestrebt wird.

Eine weitergehende Frage bezieht sich darauf, ob es gerechtfertigt werden kann, dass Studierenden im Bachelorstudium Psychologie die Pflicht auferlegt wird, an 30 oder 40 sogenannten Versuchspersonenstunden teilzunehmen. Diese Vorgabe lässt sich ethisch nur rechtfertigen, wenn kein Zwang ausgeübt wird, an einem bestimmten Experiment teilzunehmen, und wenn die Teilnehmer freiwillig einwilligen.

Sicherstellung der Anonymität

Die Sicherstellung der Anonymität gehört zu den grundlegenden Rechten der Teilnehmer einer Studie, die ihnen durch die ethischen Richtlinien zugesichert werden. Eine Identifizierung der Namen einzelner Teilnehmer in der Datendatei sollte z. B. ausgeschlossen sein. Die Gewährleistung von Anonymität hat viele Aspekte. Zum Beispiel besteht bei Mehrfachmessungen die Möglichkeit, dass die verwendeten Kennungen zur Identifizierung der Teilnehmer einen Rückschluss auf die Identität einzelner Teilnehmer zulassen. Das könnte z. B. der Fall sein, wenn Geburtsmonat und Geburtsort in der Kennung verwendet werden. Außerdem ist der Schutz der Anonymität aufgrund der Erhebung demografischer Daten eingeschränkt, wenn es sich um Teilnehmer handelt, die sich von allen anderen Teilnehmern in bestimmten demografischen Merkmalen (wie Alter) deutlich unterscheiden.

Die Anonymität der Teilnehmer ist zu gewährleisten

Wie schon angedeutet, liegt eine besondere Problematik der Ethik der Forschung in der Täuschung der Teilnehmer eines Experiments. Wir hatten dafür in Kapitel 2.4.1 ein Beispiel gegeben. Um die Auswirkungen von Reaktanz zu untersuchen, wird häufig eine Täuschung der Teilnehmer des Experiments verwendet. Eine Täuschung lässt sich ethisch nur schwer rechtfertigen, da sie gegen das Prinzip einer unverfälschten Kommunikation in einer offenen Gesellschaft verstößt. Sie widerspricht auch den ethischen Richtlinien, die einen „informed consent" fordern. Die ethischen Richtlinien enthalten einen eigenen Absatz zum Thema „Täuschung in der Forschung". Dieser verweist auch auf das höhere Interesse der Wissenschaft und argumentiert utilitaristisch, um Täuschung zu rechtfertigen, wenn keine geeigneten Forschungsalternativen zur Verfügung stehen.

Problematik der Täuschung der Teilnehmer von Experimenten

Eine weitere Voraussetzung für die ethische Rechtfertigung von Täuschung ist eine postexperimentelle Aufklärung. Dieses Kriterium wird im Weiteren wieder eingeschränkt, indem der Zeitpunkt der Aufklärung „spätestens am Ende der Datenerhebung" vorgesehen wird. Da dieser Zeitpunkt viele Monate nach der konkreten Untersuchung eines bestimmten Teilnehmers liegen kann, wird seine Aufklärung damit potenziell in eine entfernte Zukunft verlegt. Zeitliche Obergrenzen werden nicht genannt. Auch hier wird deutlich, dass die ethischen Richtlinien forscherfreundlich gestaltet sind. Das Thema der Aufklärung der Teilnehmer wird in Kapitel 2.6 wieder aufgegriffen.

Beispiel Milgram-Experiment

Neben Täuschung sind auch solche Studien ethisch problematisch, die die Teilnehmer beeinträchtigen könnten, z. B. weil sie unter Stress gesetzt werden. Schädigungen der Teilnehmer müssen ausgeschlossen werden. Das umfasst nicht nur physischen Schmerz sondern auch psychische Beeinträchtigung wie eine Bedrohung des Selbstwerts der Teilnehmer oder das Wachrufen traumatischer Ereignisse. Ein Beispiel für eine Stresserfahrung der Teilnehmer ist das Milgram-Experiment (vgl. Kapitel 1). In der Zwischenzeit hat sich die Auffassung durchgesetzt, dass die Durchführung des Milgram-Experiments in seiner Originalversion ethisch nicht vertretbar ist. Weitere ethische Regeln, auf die hier nur verwiesen werden kann, gelten für Tierexperimente.

Ethik in der Arbeitswelt

Ethische Kriterien sind auch in vielen anderen Lebensbereichen bedeutsam. Ein Beispiel ist die Arbeitswelt (Blickle, 2007). Dabei geht es um Fragen der Geschlechts- und Altersdiskriminierung, Personalauswahl und Personalentwicklung, Arbeitsgestaltung und ethische Führung. Die ethischen Richtlinien der DGPs und des BDP befassen sich auch mit der berufsethischen Verantwortung von Psychologinnen und Psychologen. In diesem Zusammenhang werden Themen wie Schweigepflicht im Hinblick auf Tatsachen, die Psychologinnen oder Psychologen während der Berufstätigkeit anvertraut werden, und ihre Grenzen, Sorgfaltspflicht bei der Erstellung von Gutachten und die „besondere Verantwortung, die Psychologen gegenüber den Menschen tragen, mit denen sie umgehen" behandelt.

2.6 Postexperimentelle Aufklärung

Wie in Kapitel 2.5 deutlich wurde, besteht eine wichtige ethische Grundlage der Durchführung von Untersuchungen darin, dass die Teilnehmer freiwillig an dem Versuch teilnehmen und dafür ihre Einwilligung geben. Außerdem gehört zum ethischen Verhalten des Versuchsleiters, dass er die Teilnehmer im Nachhinein über Details der Studie aufklärt. Diese postexperimentelle Aufklärung (im Englischen *debriefing* genannt) schließt auch die Information über eine evtl. verwendete experimentelle Täuschung ein. Eine Aufklärung kann das ethische Dilemma eines Täuschungsexperiments nicht völlig auflösen,

Debriefing gehört zum ethischen Verhalten des Versuchsleiters

aber mindern. Sie kann auch dazu dienen, Missverständnisse, die während der Versuchsdurchführung entstanden sind, zu beseitigen.

Empirische Studien zeigen allerdings, dass bestimmte experimentelle Manipulationen trotz einer gründlichen Aufklärung länger andauernde negative Wirkung auf Teilnehmer ausüben können (Walster, Berscheid, Abrahams & Aronson, 1967; Ross, Lepper & Hubbard, 1975). Das ist z. B. dann der Fall, wenn die soziale Kompetenz der Teilnehmer durch falsches Feedback in Frage gestellt wird. Dieses Phänomen wird als *Perseveranz* bezeichnet. Damit ist gemeint, dass falsche Theorien, die als wahr dargestellt wurden, dann aber als falsch entlarvt werden, dazu tendieren, von den Zielpersonen weiterhin für wahr gehalten zu werden (vgl. Anderson & Sechler, 1986).

Hier wird eine besondere Aufgabe von ethischen Komitees deutlich, die eingerichtet werden, um Studien, bei denen die Teilnehmer in ihrem psychologischen Wohlbefinden und in ihrer Funktionstüchtigkeit geschädigt werden könnten, zu verhindern. Das setzt Wissen um die potenziellen psychologischen Gefahren bestimmter Täuschungsstrategien voraus. Gerade unter Berücksichtigung der Forschung zur Perseveranz von widerlegten subjektiven Theorien kommt einer sorgfältigen und zeitnahen Aufklärung der Teilnehmerinnen und Teilnehmer eine besondere Bedeutung zu.

2.7 Metaanalyse

Metaanalysen beziehen sich auf die Evaluation umfassender Forschungsprogramme zu einer bestimmten Forschungsfrage. Sie sind ein Teil der Evaluationsforschung. Diese befasst sich im Allgemeinen mit der Bewertung (Evaluierung) der Erreichung bestimmter Ziele durch eine Tätigkeit, wie sie z. B. in Projekten oder Organisationen stattfindet. Diese Ziele können sich sowohl auf das Ergebnis als auch auf die Prozesse, die der Zielerreichung dienen, beziehen. Ein Anwendungsfeld ist z. B. die Bewertung des Erfolgs von Präventionsmaßnahmen im Gesundheitsbereich (vgl. Kolip & Müller, 2009). Im Folgenden geht es um die Evaluation von Forschungsprogrammen im Hinblick auf zugrunde liegende Hypothesen.

Evaluationsforschung

Die Metaanalyse hat das traditionelle Verfahren der Evaluation eines Forschungsprogramms durch traditionelle Übersichtsreferate zumindest teilweise ersetzt (Cook & Leviton, 1980; Cooper & Rosenthal,

1980). Die statistische Technik der Metaanalyse wird z. B. von Hunter, Schmidt und Jackson (1982), Lipsey und Wilson (2001) und Hedges und Olkin (1985) erläutert. Eine gute Übersicht über unterschiedliche metaanalytische Prozeduren und ihre Anwendung findet sich in der Broschüre von Robert Rosenthal (1984), der der Wegbereiter der Metaanalyse in der Psychologie ist (Rosenthal, 1978).

Metaanalysen erkunden den Forschungsstand zu einer bestimmten Forschungsfrage

Wir hatten in Kapitel 1 auf das Denkmodell nach Bayes verwiesen, das den Prozess der Hypothesenbildung und Hypothesenrevidierung zutreffend kennzeichnet. Mit diesem Denkmodell ist das Anliegen der Metaanalyse kompatibel. Denn bei diesen zusammenfassenden Auswertungen von mehreren Untersuchungen (oft 50 bis 100 unabhängige Studien) geht es darum, den aktuellen Stand einer Forschung zu einer bestimmten Hypothese oder Forschungsfrage zu erkunden. Wie lässt sich die Hypothese auf der Grundlage aller zugänglichen Daten gegenwärtig bewerten? Nach zwanzig oder dreißig Jahren kann wieder eine Metaanalyse berechnet werden, um ein „update" der Hypothesenbewährung unter Einbeziehung der neuen Evidenz, die in den letzten Jahrzehnten hinzugekommen ist, durchzuführen.

Diffusion der Verantwortung als Beispiel

Das ist keine reine Theorie. Das Forschungsprogramm zur Diffusion der Verantwortung folgt einem solchen Muster. Unter Diffusion der Verantwortung versteht man die Tendenz von Zuschauern einer Notsituation, dass ihre Bereitschaft zur Hilfeleistung sinkt, je mehr Zuschauer anwesend sind. Es findet also eine Reduktion der individuellen Wahrscheinlichkeit des Eingreifens des Gruppenmitglieds statt, wobei die Wahrscheinlichkeit des Eingreifens eines einzelnen Zuschauers zum Vergleich herangezogen wird (Bierhoff & Neumann, 2006). Diffusion der Verantwortung stellt in alltäglichen Situationen, in denen Erste Hilfe oder Zivilcourage erforderlich ist, ein großes Problem dar, weil die Gefahr besteht, dass die Opfer der Notlage allein gelassen werden und keine dringend benötigte Unterstützung von Zuschauern erhalten.

Nachdem die ersten Experimente Ende der 1960er Jahre durchgeführt wurden, die das Phänomen der Diffusion der Verantwortung belegten, folgte eine erste Metaanalyse 1981 (Latané & Nida, 1981), die starke Evidenz für diese Hypothese verdeutlichte. Die Wahrscheinlichkeit der Wahrheit der Hypothese war hoch. 30 Jahre später führte eine erneute Metaanalyse (Fischer, Krueger, Greitemeyer, Kastenmüller, Vogrincic, Frey, Heene, Wicher & Kainbacher, 2011) zu dem gleichen Ergebnis. Insofern war keine Revision der Hypothese auf der Grundlage der neuen Evidenz erforderlich. Das spricht für die kontinuierliche Bewährung der Hypothese der Diffusion der Verantwortung.

Begriffsklärung: Metaanalyse

Metaanalysen dienen zur Evaluation ganzer Forschungsprogramme. Sie stellen Zusammenfassungen der Ergebnisse mehrerer vergleichbarer Untersuchungen zu einer Hypothese oder mehreren verwandten Hypothesen dar. Diese verwenden geschätzte Effektstärken. Darunter versteht man ein standardisiertes Maß der Größe des Effektes in einer Studie. Generell wird empfohlen, bei der Bewertung eines Hypothesentests sowohl den Signifikanztest als auch die geschätzte Effektstärke zu berücksichtigen.

Tatsächlich stehen mehrere statistische Maße der Effektstärke zur Verfügung (Rosenthal, 1984, S. 39). Dazu zählt die Produkt-Moment-Korrelation r, die bei korrelativen Zusammenhängen berechnet wird, und Cohens d, das bei Mittelwertunterschieden verwendet wird. Weitere Effektstärkemaße können für Chi^2-Tabellen (z. B. für 2×2-Kontingenztabellen) berechnet werden.

Metaanalysen fassen die Ergebnisse mehrerer vergleichbarer Untersuchungen in einem Forschungsprogramm zusammen

---

Die geschätzte Effektstärke kennzeichnet die praktische Bedeutung eines Ergebnisses. Um die praktische Bedeutung der Effektstärken zu veranschaulichen, wird die Darstellung des Binomial Effect Size Display (BESD) verwendet (Rosenthal, 1984). Der BESD ermöglicht es in intuitiver Weise die praktische Bedeutung von geschätzten Effektstärkemaßen zu veranschaulichen. Er stellt die Erfolgsrate einer Behandlung (treatment) im Vergleich zu einer unbehandelten Kontrollgruppe in einem 2×2-Schema dar und besitzt eine hohe Anschaulichkeit aufgrund der dichotomisierten Darstellung des Effektstärkemaßes.

Binomial Effect Size Display

Der BESD zeigt, dass schon relativ niedrige Effektstärken, wie sie typischerweise in Psychotherapiestudien (Smith & Glass, 1977) oder in Studien zu Erwartungseffekten wie Versuchsleitererwartungseffekten (Rosenthal & Rubin, 1978) gefunden wurden, beachtliche Veränderungen der Erfolgsrate bedeuten. So beinhaltet eine Korrelation von $r = .32$, dass die Erfolgsrate von 34 % in der Kontrollgruppe auf 66 % in der Versuchsgruppe ansteigt (Rosenthal, 1984, S. 130). Die Möglichkeiten und Grenzen des BESD werden von Thompson und Schumacker (1997) aufgezeigt.

Als Grundlage für Metaanalysen dienen die Ergebnisse umfassender Literaturrecherchen, durch welche verschiedene Veröffentlichungen in Zeitschriften, Kongressbeiträge und unveröffentlichte Studien zu

Bedeutung unveröf-
fentlichter Studien

einer bestimmten Fragestellung zusammengetragen werden. Besonders wichtig ist die Erfassung unveröffentlichter Studien, weil sie oft
den Ergebnistrend korrigieren, der in veröffentlichten Studien enthalten ist. In diesem Zusammenhang ist zu vermuten, dass veröffent-
lichte Studien vielfach signifikantere Ergebnisse mit stärkeren Effekten berichten als unveröffentlichte Studien, die gerade wegen des
Fehlens signifikanter Ergebnisse nicht veröffentlicht werden konnten
(Rosenthal, 1979).

Nachdem alle relevanten Studien ausgewertet wurden, kann berechnet werden, wie die Effektstärken in der Population ausfallen. Dazu
werden Effektmaße einzelner Studien zu einem integrativem Effektstärkemaß zusammengefasst. Die Interpretation von Effektstärkemaßen beruht auf Konventionen, durch die festgelegt wird, was einen

Konventionen für
die Interpretation
von Effektstärken

kleinen, mittleren oder großen Effekt darstellt (Cohen, 1988). Für
unterschiedliche Effektstärkemaße gelten unterschiedliche Effektstär-
kekonventionen (Bröder, 2011, S. 111).

Beispiele für Effektstärkekonventionen

Für Cohen's *d* gilt, dass eine Effektstärke *(d)* von .20 und größer
bedeutet, dass ein kleiner Effekt vorliegt, *d* von .50 und größer
deutet auf einen mittelgroßen Effekt hin und *d* von .80 und größer
bedeutet, dass ein großer Effekt vorliegt.

Für die Korrelation *r* sind die entsprechenden Konventionen: .10 für
kleine Effekte, .30 für mittlere Effekte und .50 für große Effekte.

Aufdeckung von
Moderatoreffekten

In einem zweiten Schritt wird in einer Metaanalyse überprüft, ob sich
die Ergebnisse unterschiedlicher Studien voneinander unterscheiden
und somit eine Heterogenität der Ergebnisse vorliegt. Solche Unterschiede können beispielsweise auf Moderatoreffekte wie Stichpro-
benmerkmale, Jahr der Untersuchung oder Kultur zurückzuführen
sein. Ein Beispiel für eine aufschlussreiche Metaanalyse im Bereich
der Entwicklungspsychologie des Kindes wird im folgenden Kasten
dargestellt.

Ein Beispiel aus der Forschung:
Bindung des Kleinkinds an die Mutter

Die Bindung des Kleinkinds an die Mutter wurde mit einem Ver-
haltenstest erfasst, der als *strange situation* bezeichnet wird. Die
Verhaltensbeobachtung führte zu der Unterscheidung von drei

Bindungsstilen: sicher, vermeidend und ängstlich-ambivalent (Ainsworth, Blehar, Walters & Wall, 1978).

In einer Metaanalyse des Strange-Situation-Tests wurden acht Länder berücksichtigt, in denen 32 Beobachtungsstudien mit nahezu 2.000 Kleinkindern durchgeführt wurden. In der Gesamtauswertung wurden 65 % der Kinder als *sicher* gebunden klassifiziert, 21 % als *vermeidend* und 14 % als *ängstlich-ambivalent* (van Ijzendoorn & Kroonenberg, 1988). Es gab auch kulturelle Unterschiede. Während in Westeuropa mehr vermeidende und weniger ängstlich-ambivalente Kinder beobachtet wurden, war es in Japan genau umgekehrt. Allerdings war der Anteil der sicheren Kinder in allen Kulturen ähnlich hoch.

Metaanalysen auf der Grundlage von bis zu 10.000 Eltern-Kind-Paaren, die in 70 Studien untersucht wurden, zeigten, dass Interventionsprogramme zur Förderung eines sicheren Bindungsstils erfolgreich waren. Dabei wurden die Mütter trainiert, Feinfühligkeit zu zeigen. Eine Auswertung bei über 6.000 Müttern ergab einen mittleren positiven Zusammenhang zwischen Intervention und Erhöhung des erwünschten mütterlichen Verhaltens. Der Einfluss solcher Interventionsprogramme auf die kindliche Bindung, wie sie durch die *strange situation* gemessen wurde, konnte bei etwa 1.500 Kindern überprüft werden. Die Interventionsprogramme schlugen jedoch nur schwach auf die kindliche Bindung durch. Wenn die Intervention allerdings auf die Feinfühligkeit der Mutter abzielte, konnte die Effektivität beachtlich gesteigert werden (Bakermans-Kranenburg, van Ijzendoorn & Juffer, 2003). Insgesamt erwiesen sich kurze Programme als die effektiveren, genauso wie solche, die bei Familien mit Kindern, die älter als 6 Monate waren, ansetzten.

Interessant sind auch die Ergebnisse von „Cross-Temporal-Metaanalysen", bei denen über Jahrzehnte hinweg Veränderungen und Stabilitäten von Merkmalen betrachtet werden. Ein Beispiel ist der Verlauf des Narzissmus, der durch den NPI (Narcissistic Personality Inventory, siehe oben) gemessen wird, bei amerikanischen Collegestudierenden zwischen 1980 und 2006. Die Metaanalyse zeigt, dass die Narzissmuswerte in den beiden letzten Jahrzehnten kontinuierlich gestiegen sind (Twenge, Konrath, Foster, Campbell & Bushman, 2008). Diese Ergebnisse, die in der Öffentlichkeit stark beachtet wurden, lassen erkennen, dass Metaanalysen nicht nur bekannte Hypo-

Metaanalysen können auch verwendet werden, um neue Hypothesen zu testen

thesen prüfen können, sondern auch verwendet werden können, um neue Hypothesen zu testen.

Wir gehen in Kapitel 3 ausführlicher auf die Unterscheidung zwischen dem Fehler der 1. und der 2. Art (Alpha- und Beta-Fehler) bei statistischen Hypothesentests ein. Dabei kommen im Zusammenhang mit der statistischen Schlussfolgerungsvalidität noch einmal auf die Bedeutung von Effektstärkemaßen zurück.

Wie alle methodischen Verfahren sind auch Metaanalysen kritisch zu würdigen. Im folgenden Kasten findet sich eine Zusammenstellung von Kritikpunkten an Metaanalysen.

Abhängigkeit von der Qualität der einbezogenen Einzelstudien

Kritikpunkte zur Metaanalyse

Die Qualität der Metaanalyse hängt von der methodischen Qualität der Einzeluntersuchungen ab, auf denen sie beruht. Methodische Artefakte wie Schwächen der Operationalisierung von abhängigen und unabhängigen Merkmalen, Varianzeinschränkungen in den untersuchten Merkmalen und mangelnde Konstruktvalidität der Operationalisierung lassen sich metaanalytisch nicht vollständig ausgleichen.

Als Gegenmaßnahme wird eine Gewichtung der einzelnen Studien, die in die Metaanalyse eingehen, nach Qualitätsstandards empfohlen. Eine solche Gewichtung ist aber problematisch und nach der statistischen Logik kaum zu rechtfertigen. Mit der Gewichtung ist die Gefahr verbunden, dass Voreingenommenheit die Ergebnisse der Metaanalyse verzerrt. Allerdings ist eine Bewertung der Qualität der Untersuchungsergebnisse sinnvoll. Dabei kann z. B. die Reliabilität der Messung berücksichtigt werden.

Metaanalysen haben Konjunktur. Die Zeitschrift *Psychological Bulletin* hat sich auf die Veröffentlichung von metaanalytischen Studien spezialisiert. Viele Forschergruppen haben sich darauf konzentriert, auf diese Weise die Quintessenz der Forschung zu einer Hypothese zu generieren. Teilweise scheint ein regelrechter Wettlauf stattzufinden, damit man der erste ist, der ein bestimmtes Forschungsgebiet metaanalytisch beleuchtet. Wenn man vom bayesianischen Prinzip ausgeht, um die Bewährung der Hypothese aufgrund neuer Evidenz zu evaluieren, dann stellen Metaanalysen einen großen Beitrag zum wissenschaftlichen Fortschritt dar.

2.8 Grundlagenforschung und ihre Anwendung

Die Beschreibung des Forschungsprozesses beruht auf der Unterteilung von Entdeckungszusammenhang, Begründungszusammenhang und Anwendungszusammenhang. Während der Begründungszusammenhang die Grundlagenforschung beinhaltet, ist der Anwendungszusammenhang auf die Umsetzung der wissenschaftlichen Erkenntnis in der Realität gerichtet. Die Verknüpfung von Grundlagenforschung und Anwendung ist nicht immer einfach. Auf dieses Thema geht das folgende Experteninterview mit Leo Montada von der Universität Trier am Beispiel der Gerechtigkeitsforschung ein.

Prof. em. Dr. Leo Montada, 1994–2001 Direktor des Zentrums für Gerechtigkeitsforschung der Universität Potsdam und 1997–2004 Gründungspräsident der *International Society for Justice Research* (JSJR) Universität Trier

Experteninterview

Frage: Ist das Gerechtigkeitsmotiv aus dem Eigeninteresse ableitbar oder geht es darüber hinaus?

Prof. Montada: In der ökonomischen Theorie des Entscheidens und Verhaltens gilt Eigeninteresse als das kardinale Motiv des Menschen. Wer das glaubt, wird bei Verhalten, das an Werten oder moralischen Maximen ausgerichtet scheint, vermuten, dass dahinter Eigeninteressen stecken, dass es z. B. Politikern, die mehr Gerechtigkeit versprechen, letztlich nur um Wählerstimmen geht.

In vielen Forschungslinien wurde nachgewiesen, dass das Gerechtigkeitsmotiv nicht auf Eigeninteressen reduzierbar ist. In Tausenden von Experimenten wurde z. B. belegt, dass Menschen ökonomische Verluste in Kauf nehmen, um Ungerechtigkeiten zu bestrafen. In Fragebogenerhebungen erwies sich, dass die Bereitschaft, Menschen in Not zu helfen, korreliert ist mit der Überzeugung, dass die Notlage eine Folge von Ungerechtigkeit ist, und mit Zweifeln, ob die eigene bessere Lebenslage denn wirklich gerecht ist.

Frage: Wie hängen Grundlagenforschung und Anwendung in der Gerechtigkeitsforschung zusammen?

Prof. Montada: Forschung hat das Ziel, Erkenntnisse zu gewinnen, bezüglich Gerechtigkeit etwa zu folgenden Fragen:

- Was alles wird hinsichtlich Gerechtigkeit bewertet?
  - Die Welt im Allgemeinen, die persönliche Welt, Schicksale, die Ordnung und die realen Verhältnisse in Staaten, Organisationen, Gemeinschaften,
  - die Verteilung von Wohlstand, Chancen, Status, Rechten, Pflichten, Lasten, Risiken,
  - die Nutzung bzw. Ausbeutung von Gemeinschaftsgütern (Umwelt, Versicherungen u. a.),
  - der Austausch in privaten wie in geschäftlichen, beruflichen und anderen Kontexten, etwa der Austausch von Gütern, Informationen, Dienstleistungen, Liebe, Loyalität, aber auch von Aggressionen, Behinderungen u. a.,
  - die Bewertungen und Vergeltungen von Leistungen, Wohltaten, Heldentaten, Straftaten,
  - die Entscheidungsverfahren – in Parlamenten, in der Justiz, in Behörden, Betrieben, Familien und wo auch immer, auch Auswahl- und Wahlverfahren.
- Was wird als gerecht und als ungerecht angesehen und wie unterschiedlich ist das? Ist Gleichheit das Grundprinzip der Gerechtigkeit? Oder sind viele Ungleichheiten relevant für die Bewertung der Gerechtigkeit, bei Verteilungen etwa die erbrachte Leistung, die Leistungsfähigkeit, die Bedürftigkeit, die wohl erworbenen Besitzstände, die Dauer der Zugehörigkeit (z. B. zu einem Staat, einem Verein, einer Versicherungsgemeinschaft)?
- Gibt es universell anerkannte Wahrheiten über Gerechtigkeit oder gibt es nur subjektive Überzeugungen, die von mehr oder weniger großen Kollektiven geteilt sein mögen, die aber global divergieren?
- Wozu können Gerechtigkeitsüberzeugungen motivieren? Ungerechtigkeit löst Empörung aus und kann Streit motivieren. Ungerechtigkeit, die andere erleiden, kann Solidarität und Unterstützung motivieren.

Die gewonnenen Erkenntnisse ermöglichen im Alltag und in Berufsfeldern ein besseres Verständnis für das Werten und Handeln von Menschen und für Probleme zwischen Menschen, sozialen Gruppen und Systemen. Sie können angewandt werden, um erwünschte Handlungsweisen zu motivieren, z. B. Hilfsbereitschaft, soziales oder politisches Engagement oder eine schonende Nutzung natürlicher Ressourcen. Sie sind unabdingbar für eine produktive Vermittlung in sozialen Konflikten. Sie können allerdings auch ausgenutzt werden, um Streit zu erzeugen oder Hilfsbereitschaft und soziales Engagement zu demotivieren.

Frage: Was ist besonders zu beachten, wenn es darum geht, die Ergebnisse der Grundlagenforschung für die Anwendung nutzbar zu machen?

Prof. Montada: Grundsätzlich ist die Generalisierbarkeit von Forschungsergebnissen über Individuen, Populationen, Kontexte und historische Veränderungen kritisch zu bewerten. Was Überzeugungen bezüglich Gerechtigkeit anbelangt, gibt es große Unterschiede zwischen Individuen, zwischen Populationen und Kulturen. Je nach Kontext werden unterschiedliche Prinzipien präferiert, im Wirtschaftsleben andere als im Freundschafts- oder Familienkontext oder in Förderkontexten. Wenn es um die Bewertung von Verteilungen geht, macht es einen Unterschied, um was es geht (Güter, Informationen, Chancen, Rechte, Pflichten usw.) und um wen es geht. Wenn es um die Vergeltung von Fehlverhalten und Delikten geht, sind einmal Verantwortlichkeit und Schuld differenziert zu klären, aber auch die Wirkungen unterschiedlicher Maßnahmen, insbesondere auch solcher, die von den Betroffenen als ungerecht bewertet werden. Für die Anwendung sollte man sich deshalb einen Überblick über viele Studien verschaffen, um relevante Unterschiede nicht zu übersehen.

Frage: Was sind die wichtigsten Anwendungsfelder für die Gerechtigkeitsforschung?

Prof. Montada: Die Bedeutung von Gerechtigkeit im gesamten sozialen Leben wird deutlich, wenn man sich bewusst macht, was alles hinsichtlich Gerechtigkeit bewertet wird (siehe oben). Erlebte und wahrgenommene Ungerechtigkeit löst Bitterkeit oder Empörung aus und motiviert Vergeltungsaktionen, aber auch Solidarisierung und Hilfsbereitschaft, soziales und politisches Engagement. Kenntnisse über diese Gerechtigkeitsmotive und ihre emotionalisierenden Folgen sind in allen Praxisfeldern wichtig: in der Psychotherapie, in der Familienberatung, in pädagogischen oder betrieblichen Kontexten, in der Politikberatung usw.

Sie sind für die Klärung und Beilegung von Konflikten, die in allen Kontexten auftreten, unabdingbar. Im Kern resultieren alle Konflikte aus der erlebten Ungerechtigkeit, aus der Verletzung von Erwartungen und Ansprüchen, die als gerecht angesehen werden.

Zur Klärung und Beilegung von Konflikten durch Mediation sind Erkenntnisse aus der Gerechtigkeitsforschung notwendig. In Gerichtsprozessen sollten die Richter wenigstens die psychologische Forschung über Verfahrensgerechtigkeit kennen.

Frage: Gibt es kulturelle Besonderheiten, die bei der Anwendung der Gerechtigkeitsforschung berücksichtigt werden sollten?

Prof. Montada: Die wohl wichtigste Erkenntnis der Gerechtigkeitsforschung ist die, dass das Gerechtigkeitsmotiv zwar universell ist, dass aber die Überzeugungen, was gerecht und was ungerecht ist, keineswegs universell geteilt werden, sondern sehr divergent sind. Die Forschung kann also keine universell geltende(n) Wahrheit(en) ermitteln, sondern nur Überzeugungen, die subjektiv für wahr und geltend angesehen werden.

Normative Überzeugungen sind ein zentrales Identitätsmerkmal von Kulturen, z. B. religiöse Gebote und Verbote, Verfassungsmaximen und entsprechende Gesetze, aber auch Rollenbilder und Verhaltensnormen für alle möglichen Interaktionen und Gelegenheiten. In pluralistischen, änderungsoffenen Gesellschaften gibt es eine Vielfalt von Kulturen, d. h. soziale Gemeinschaften mit spezifischen Überzeugungen über das was als gerecht und ungerecht zu bewerten ist. Man denke etwa an die Konflikte zwischen politischen Parteien oder an die Probleme von Migranten aus islamisch geprägten Kulturen, die in Westeuropa geltenden Rechte von Frauen zu akzeptieren. Aber nicht nur Migranten haben ihre eigenen Kulturen. In jeder sozialen Gemeinschaft oder Gruppe, in jedem Setting bilden sich spezifische normative Verhaltensregeln aus, deren Einhaltung erwartet wird, deren Einforderung als gerechtfertigt angesehen wird.

Die für jedwede Anwendung wichtigste Erkenntnis der Gerechtigkeitsforschung ist die Existenz divergenter und konfligierender Überzeugungen. Um sich zu vertragen, muss man divergente Überzeugungen entweder wechselseitig tolerieren oder einen Konsens suchen, was denn gelten soll. Wenn das nicht gelingt, bleiben nur Trennungen oder Grenzziehungen, um Konflikte zu vermeiden.

Statt vieler Quellen sei als kurzer Überblick über die Forschung auf Montada (2009) verwiesen.

Zusammenfassung

Der Forschungsprozess lässt sich in drei Phasen unterteilen, die als Zusammenhänge bezeichnet werden. In der ersten Phase (Entdeckungszusammenhang) wird der Forscher auf ein Problem aufmerksam. In die zweite Phase (Begründungszusammenhang) fallen Hypothesengenerierung, Operationalisierung, Auswahl der Stichprobe, Festlegung eines Versuchsplans, Durchführung von Probedurchgang und Haupttest, Ergebnisanalyse und -bewertung, ggf. die Modifikation der Hypothesen/der Theorie und das Verfassen eines Forschungsberichts. In der dritten Phase (Anwendungszusammenhang) steht die Frage im Mittelpunkt, welche Anwendungsmöglichkeiten zur Verfügung stehen.

Fallstudien, experimentelle Studien und Korrelationsstudien stellen die drei zentralen Untersuchungsdesigns in der psychologischen Forschung dar. Fallstudien dienen dazu, die Besonderheiten eines Einzelfalls zu erfassen und zu würdigen. In experimentellen Studien wird ein Aspekt der Situation systematisch manipuliert, um Auswirkungen dieser Manipulation auf interessierende Phänomene zu erfassen. Korrelationsstudien dienen der Prüfung von Zusammenhängen unter verschiedenen Merkmalen. Welche Forschungsmethode eingesetzt wird, hängt von der Fragestellung und dem Forschungsinhalt ab. Der multiple Operationalismus beruht darauf, dass mehrere Verfahren zur Messung eines Konstrukts eingesetzt werden, um die spezifischen Fehlerquellen jedes einzelnen Verfahrens zu kontrollieren. Die Ethik der Forschung befasst sich mit der Frage der moralischen Rechtfertigung verschiedener Aspekte des Forschungsprozesses. Täuschungsexperimente und Stresserzeugung in Experimenten sind aus ethischer Sicht umstritten.

Metaanalysen stellen Zusammenfassungen der Ergebnisse mehrerer vergleichbarer Untersuchungen zu einer Hypothese dar. Sie dienen dazu, den aktuellen Forschungsstand zu einer bestimmten Hypothese oder Forschungsfrage zu beschreiben. Grundlagenforschung dient zur Vorbereitung der Anwendung. Der Zusammenhang zwischen Grundlagenforschung und Anwendung wird abschließend am Beispiel der Gerechtigkeitsforschung erläutert.

Weiterführende Literatur

Blickle, G. (2007). Zur Ethik der Arbeit in Organisationen. In H. Schuler (Hrsg.), *Lehrbuch Organisationspsychologie* (4. Aufl., S. 143–154). Bern: Huber.

Bröder, A. (2011). *Versuchsplanung und experimentelles Praktikum.* Göttingen: Hogrefe.

Popper, K. (2002). *The logic of scientific discovery.* London: Routledge. (urspr.: Logik der Forschung, 1935)

Fragen

1. Nennen und erläutern Sie die vier zentralen wissenschaftlichen Aktivitäten nach von Alemann (1977).
2. Welche Vor- und Nachteile haben Fallstudien?
3. Welche Vor- und Nachteile haben Korrelationsstudien?
4. Was sind Metaanalysen und wozu dienen sie?

Lösungshinweise finden Sie unter
www.hogrefe.de/buecher/lehrbuecher/psychlehrbuchplus.

Kapitel 3
Validität der Forschung

Inhaltsübersicht

Aufbau dieses Kapitels In diesem Kapitel befassen wir uns mit möglichen Problemen wissenschaftlicher Forschung, die im Hintergrund der praktischen Forschungsarbeit liegen und deshalb häufig übersehen werden. Es geht also um die Fallstricke der empirischen Forschung und das Knowhow, das zur Verfügung steht, um sie zu vermeiden. Das Wissen um diese Probleme kann zur Vermeidung einer naiven Wissenschaftsgläubigkeit beitragen und gleichzeitig den Weg bereiten für eine Vermeidung möglicher Unzulänglichkeiten. Die Debatte um die mangelnde Replizierbarkeit wissenschaftlicher Untersuchungsergebnisse, die in den letzten Jahren begonnen wurde, ist ein Hinweis auf diese versteckten Probleme.

Wir gehen auf die Validität und ihre unterschiedlichen Facetten ein. Nachdem der Begriff der Validität unter Einbeziehung der inhaltlichen Validität geklärt ist, befassen wir uns mit der Gegenüberstellung von konvergenter und diskriminanter Validität, um den Mono-Methoden-Bias zu analysieren. In diesem Zusammenhang besprechen wir auch verschiedene Antworttendenzen, die die Validität der Datenerhebung durch Selbstberichte bedrohen. Im Weiteren werden die vier Facetten der Validität und die möglichen Quellen ihrer Bedrohung im Einzelnen besprochen: interne Validität, externe Validität, Konstruktvalidität und statistische Schlussfolgerungsvalidität. Abschließend gehen wir auf offene Fragen im Hinblick auf angemessene Hypothesentests ein. Diese beziehen sich auf das Thema der Pseudoempirie und auf den statistischen Signifikanztest.

3.1 Begriffsklärungen

Im Vorgriff auf die ausführlichere Erläuterung der vier Formen der Validität im zweiten Teil dieses Kapitels wird einführend schon eine erste Begriffsklärung durchgeführt, um das Verständnis der weiteren Ausführungen zu erleichtern. Diese vier Facetten der Validität werden noch ausführlicher in Kapitel 3.3 vorgestellt.

Interne Validität
- *Interne Validität* bezieht sich auf die Frage, ob eine verlässliche Beziehung zwischen unabhängiger und abhängiger Variable erschlossen werden kann. Sie betrifft das Ausmaß der Gewissheit, mit der erschlossen wird, dass die Beziehung zwischen zwei Variablen kausal ist. Sie wird z. B. bedroht, wenn keine zeitliche Aufeinanderfolge von Ursache und Wirkung gegeben ist.

Externe Validität
- *Externe Validität* bezieht sich auf die Generalisierung der Untersuchungsergebnisse und somit auf die Frage, ob die Ergebnisse nur

für die untersuchte Stichprobe in der speziellen verwendeten Versuchsanordnung gelten oder auch unter anderen Situationen und für andere Populationen. In diesem Zusammenhang sind Einschränkungen der Populationsgeneralität aufgrund kultureller Besonderheiten häufig festzustellen.

- *Konstruktvalidität* bezieht sich auf die Frage, ob die unabhängige und die abhängige Variable die psychologischen Konstrukte der Hypothese, auf die sie sich beziehen, adäquat erfassen. Wenn eine hohe Reaktivität der experimentellen Situation gegeben ist, weil die Teilnehmer glauben, dass von ihnen eine bestimmte Reaktion erwartet wird, die sie dann auch zeigen, wird diese Form der Validität bedroht.

  Konstruktvalidität

- *Statistische Schlussfolgerungsvalidität* beinhaltet die Frage, ob die statistische Auswertung Gültigkeit aufweist. Zum Beispiel führt das sogenannte Fishing nach signifikanten Resultaten zu Problemen mit dem Alpha-Fehler, so dass also die Gefahr zunimmt, dass der Fehler der 1. Art auftritt und somit Scheinbestätigungen von Hypothesen entstehen.

  Statistische Schlussfolgerungsvalidität

Die Validität empirischer Untersuchungen kann also durch verschiedene Fehlerquellen bedroht werden. In der Bedrohung der verschiedenen Formen der Validität liegt ein zentrales Problem der empirischen Forschung, das in diesem Kapitel analysiert wird. Beim Überprüfen von Hypothesen können grundsätzlich zwei Arten von Fehlern begangen werden.

> **Fehler der 1. und 2. Art**
>
> **Fehler der 1. Art (Alpha-Fehler):** der Alpha-Fehler bezieht sich auf die fälschliche Ablehnung der Nullhypothese (Scheinbestätigung der Hypothese)
>
> **Fehler der 2. Art (Beta-Fehler):** mit dem Beta-Fehler wird die fälschliche Beibehaltung der Nullhypothese bezeichnet (Scheinwiderlegung der Hypothese)

Alpha-Fehler und Beta-Fehler

Validität hängt von dem Ausmaß ab, „in dem aus einem Untersuchungsergebnis sichere Schlussfolgerungen über die zugrunde liegende Hypothese gezogen werden können" (Bröder, 2011, S. 290). Validität bedeutet Gültigkeit. Eine Untersuchung weist dann eine hohe Gültigkeit auf, wenn eine Schlussfolgerung aus den Daten die bestmögliche Annäherung an die Wahrheit darstellt, wobei auch Aussagen über Ursache-Wirkungs-Beziehungen berücksichtigt werden

Validität bedeutet Gültigkeit

Im Mittelpunkt der Validitätsproblematik steht die Validität kausaler Schlussfolgerungen

(Cook & Campbell, 1979). Die Validität von kausalen Schlussfolgerungen steht im Mittelpunkt der Validitätsproblematik, wenn über Scheinbestätigung und Scheinwiderlegung einer Hypothese diskutiert wird. Aber es geht auch um die Konstruktvalidität einzelner Messungen der Variablen, wie das Beispiel des Mono-Methoden-Bias zeigt (vgl. nächster Abschnitt), und um die Interpretation von Korrelationen unter den Variablen, wie der Begriff der Scheinkorrelation verdeutlicht (siehe unten).

Inhaltsvalidität der Items eines Tests

Was die Validität der Messungen der Variablen betrifft, ist zunächst einmal die Inhaltsvalidität zu beachten (Lienert & Raatz, 1998; Mummendey & Grau, 2008). Darunter verstehen wir, dass die Testitems den Inhalt des Konstrukts, das gemessen wird, nachvollziehbar repräsentieren. Bei Schulleistungstests ist dementsprechend inhaltliche Validität gegeben, wenn die Items das Wissen erfassen, das im Unterricht vermittelt worden ist.

Wie man an diesem Beispiel erkennen kann, ist Inhaltsvalidität generell wünschenswert. Sie ist aber nicht immer so einfach herzustellen wie bei einem Schulleistungstest. In bestimmten Fällen kann auf das Urteil von Experten zurückgegriffen werden, die sich in einem bestimmten Anwendungsbereich auskennen. Im Weiteren ist man darauf angewiesen, die Konstruktvalidität der Messung durch andere Verfahren wie den Multitrait-Multimethod-Ansatz zu gewährleisten, der im folgenden Abschnitt dargestellt wird. Auf diese Weise kann die konvergente und divergente Validität der Items bzw. des Tests überprüft werden.

3.2 Ist die Messung auf das Merkmal bezogen oder auf das verwendete methodische Verfahren? – Der Mono-Methoden-Bias

Die Validität der Messung lässt sich aus der konvergenten und diskrimanten Validität ableiten

Die Messung eines Merkmals kann nur dann valide sein, wenn sie nicht durch das spezielle Messverfahren festgelegt ist. Eine Messung kann entweder eine Aussage über die Merkmalsausprägung beinhalten oder über das Messverfahren oder über beides. Dementsprechend lässt sich die Validität der Messung eines Merkmals (z. B. eine Eigenschaft oder eine Einstellung) aus der konvergenten und diskriminanten Validität ableiten (Campbell & Fiske, 1959).

Konvergente und diskriminante Validität

Konvergente Validität bezeichnet das Ausmaß, in dem mehrere Messverfahren eines Konstrukts (z. B. Selbstbericht und Fremdbericht der Gewissenhaftigkeit) übereinstimmen.

Diskriminante Validität hingegen bezeichnet das Ausmaß, in dem die Messung eines Konstrukts (z. B. Gewissenhaftigkeit) unabhängig ist von der Messung eines anderen Konstrukts (z. B. Verträglichkeit).

Die Unterscheidung zwischen konvergenter und diskriminanter Validität beruht auf dem Multitrait-Multimethod-Ansatz. Wenn konvergente und diskrimante Validität gegeben sind, spricht das für eine hohe Konstuktvalidität.

Multitrait-Multimethod-Ansatz (MTMM)

Um gleichzeitig die konvergente und die diskriminante Validität zu prüfen, wird die MTMM-Analyse verwendet (Campbell & Fiske, 1959). Wie der Begriff schon andeutet, werden dabei mehrere Eigenschaften einer Person mit jeweils mehreren Messverfahren gemessen. Auf der Basis der resultierenden Korrelationsmatrix kann die Validität der Messung der Konstrukte ermittelt werden, indem die konvergente und diskriminante Validität untersucht wird.

Mehrere Eigenschaften werden mit jeweils mehreren Verfahren erfasst

Nehmen wir an, als Messverfahren stehen Selbstberichte und Fremdberichte zur Verfügung. Wenn diese beiden Messverfahren zur Erfassung von Verträglichkeit und zur Erfassung von Gewissenhaftigkeit verwendet werden, lässt sich eine MTMM-Matrix bilden, in der die Korrelationen unter den vier Variablen enthalten sind sowie in der Diagonale ihre Reliabilitäten. Für die Interpretation der MTMM-Matrix lassen sich die Korrelationen wie folgt zusammenfassen:

- Monotrait-Heteromethod-Korrelationen umfassen die unterschiedlichen Verfahren, die dieselbe Eigenschaft messen sollen (z. B. Selbstbericht Verträglichkeit mit Fremdbericht Verträglichkeit). Diese Zusammenhänge kennzeichnen das Ausmaß der konvergenten Validität. Bei hoher Konstruktvalidität sollten diese Zusammenhänge substanziell hoch ausfallen.

Bei hoher Konstruktvalidität sollten Monotrait-Heteromethod-Korrelationen hoch sein

- Heterotrait-Monomethod-Korrelationen beziehen sich auf die Korrelationen für jedes Verfahren zwischen den Eigenschaften (z. B. Selbstbericht Gewissenhaftigkeit mit Selbstbericht Verträglichkeit). Wenn hier hohe Korrelationen auftreten, deutet das

Hohe Heterotrait-Monomethod-Korrelationen weisen auf unerwünschte verfahrensspezifische Varianz hin

auf unerwünschte verfahrensspezifische Varianz hin. Es kann z. B. sein, dass Selbstberichte untereinander hoch korrelieren, obwohl sie unterschiedliche Eigenschaften messen, von denen angenommen wird, dass sie relativ unabhängig sind. In diesem Fall spricht man von einer Antworttendenz, der auf irrelevanter Methodenvarianz beruht.

Antworttendenzen beruhen auf kognitiven Schemata, die die Antworten verfälschen

Antworttendenzen beruhen auf kognitiven Schemata, die die Teilnehmer aktivieren, wenn sie einen Fragebogen beantworten oder eine Beobachtung durchführen. Die Antworttendenz stellt eine Verfälschungstendenz dar (vgl. Kapitel 5.4). Sie beinhaltet häufig eine Beschönigungstendenz. Beispiele sind der Halo-Effekt und die soziale Erwünschtheit (siehe unten).

- Heterotrait-Heteromethod-Korrelationen schließlich sind auf unterschiedliche Verfahren, die unterschiedliche Eigenschaften messen sollen, bezogen (z. B. Selbstbericht Verträglichkeit mit Fremdbericht Gewissenhaftigkeit).

Diskrimante Validität zeigt sich darin, dass die Monotrait-Hetero-method-Korrelationen höher ausfallen als die Heterotrait-Mono-method- und die Heterotrait-Hetero-method-Korrelationen

- Die diskriminante Validität kommt darin zum Ausdruck, dass die Monotrait-Heteromethod-Korrelationen, die die konvergente Validität repräsentieren, höher ausfallen als die Heterotrait-Monomethod-Korrelationen und die Heterotrait-Heteromethod-Korrelationen. Außerdem wird erwartet, dass die Korrelationen zwischen Eigenschaften gleich niedrig ausfallen, unabhängig davon, ob sie auf einem und demselben Verfahren beruhen oder auf unterschiedlichen Verfahren (Geiser et al., 2010).

In Abbildung 3 ist eine MTMM-Analyse pfadanalytisch dargestellt. Wie man sieht, wird zwischen Einflüssen der Eigenschaften, der Methoden und des Fehlers (E) unterschieden. Zu beachten ist, dass

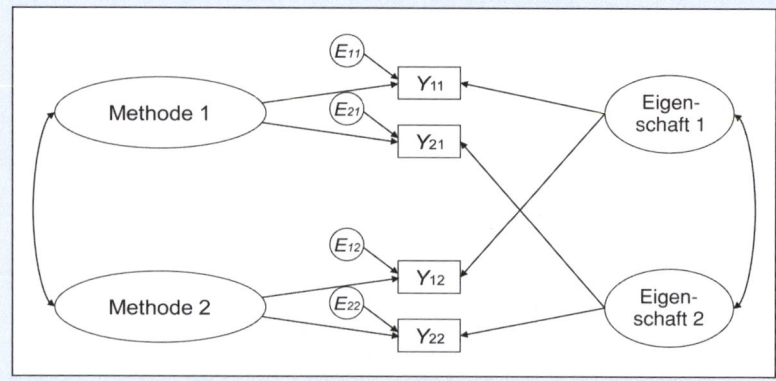

Abbildung 3: MTMM-Analyse für zwei Eigenschaften und zwei Methoden (modifiziert nach Geiser et al., 2010)

die Auswertung von MTMM-Matrizen komplex ist (Geiser et al., 2010). Um dieser Komplexität gerecht zu werden, wurden Strukturgleichungsmodelle entwickelt. Bestimmte Modelle ermöglichen die Trennung zwischen Eigenschaftsvarianz, Methodenvarianz und Fehlervarianz. Diese Trennung ist insofern wünschenswert, als theoretisch erwartet wird, dass jede Messung auf einer Einheit zwischen der gemessenen Eigenschaft und dem verwendeten Verfahren beruht.

Die MTMM-Analyse hat offensichtlich eine zentrale Bedeutung bei der Aufdeckung des Mono-Methoden-Bias, der sich der Konstruktvalidität zuordnen lässt (vgl. Tab. 5 auf S. 124 f.). Darunter versteht man Verzerrungen in den Daten, die durch die Anwendung einer bestimmten Methode zustande kommen. In der Regel handelt es sich um Selbstberichte. Metaanalysen von MTMM-Analysen ergeben, dass bis zu einem Viertel der Varianz eines Merkmals, wie es durch einen Selbstbericht gemessen wird, auf Methodenvarianz zurückgeht. Im Bereich der Einstellungsforschung (vgl. Kapitel 7) wurde sogar bis zu 40 % der Varianz als Methodenvarianz identifiziert (Podsakoff et al., 2003).

Die MTMM-Analyse spielt eine Rolle bei der Aufdeckung des Mono-Methoden-Bias

Das besondere Problem mit der methodenspezifischen Varianz besteht darin, dass sie den Messfehler erhöht. Der Messfehler beeinflusst die Zusammenhänge unter den untersuchten Merkmalen. Hohe wahre Zusammenhänge werden durch den Messfehler eher abgeschwächt, während fehlende Zusammenhänge durch den Messfehler höher erscheinen als sie in Wahrheit sind (Podsakoff et al., 2003).

Methodenspezifische Varianz erhöht den Messfehler

Methodenvarianz lässt sich auf viele versteckte Fehlerquellen zurückführen. Oben wurden schon der Halo-Effekt und die soziale Erwünschtheit der Feststellungen genannt. Unter dem Halo-Effekt versteht man die Tendenz, andere Personen in einer ganzheitlichen Weise einzuschätzen (Thorndike, 1920). Die Person erscheint dem Beurteiler z. B. als sympathisch. Dadurch wird eine illusionäre Korrelation zwischen den Eigenschaften der anderen Person erzeugt (Bierhoff, 1986; Sixtl, 1982). Der bewertende Gesamteindruck überschattet dann alle Einzelurteile (vgl. Kapitel 5.4). Es kommt zu einer Überbetonung der Gemeinsamkeiten gegenüber den Unterschieden, die durch eine schematische Eindrucksbildung gekennzeichnet ist. Das gefährdet die diskriminante Validität.

Fehlerquellen, die zu Methodenvarianz führen

Halo-Effekte können sowohl in der Beurteilung anderer Personen (vgl. Kapitel 5.4) als auch in der Selbsteinschätzung wirksam werden. Man erkennt sie an überhöhten Korrelationen zwischen Konstrukten, die voneinander weitgehend unabhängig sein sollten.

Soziale Erwünschtheit ist ebenfalls eine weit verbreitete Antworttendenz. Darunter versteht man die verständliche Tendenz von Teilnehmern, auf die Items des Fragebogens so zu antworten, dass sie einen möglichst günstigen Eindruck hervorrufen. Somit geht es bei sozialer Erwünschtheit um Selbstdarstellung und Impression Management, also Anliegen, die Menschen sehr häufig ihrem Handeln zugrunde legen (Mummendey & Grau, 2008). Neben der Fremdtäuschung, die im Impression Management enthalten ist, besteht die soziale Erwünschtheit auch aus Selbsttäuschung, die dem Schutz des Selbstwerts dient (Musch, Brockhaus & Bröder, 2002).

Antworttendenzen | An weiteren Antworttendenzen sind zu nennen (Podsakoff et al., 2003):
- Konsistenzstreben der Teilnehmer (um nicht das Gefühl zu haben, sich zu widersprechen, werden die Antworten nach einem subjektiven Konsistenzkriterium aufeinander abgestimmt). Dadurch ergibt sich eine illusorische Korrelation.
- Milde-Effekt (wirkt sowohl bei der Beurteilung anderer Personen als auch bei der Selbstbeurteilung),
- Zustimmungstendenz (mit einer Feststellung unabhängig von ihrem Inhalt übereinstimmen, weil Zustimmung kognitiv verfügbarer ist und außerdem sozial angepasst erscheint),
- Stimmungseffekte (bei positiver Stimmung setzen die Teilnehmer bildlich gesprochen eine rosa Brille auf, bei negativer Stimmung tendieren sie ins Depressive),
- Kontext-, Einbettungs- und Reihenfolgeeffekte (Antwortmuster aus einem vorangehenden Fragebogen werden auf den nachfolgenden Fragebogen übertragen, so dass sich die Korrelationen zwischen den Fragebögen erhöhen, oder die Reihenfolge wirkt sich auf die Antworten aus, wie das bei dem Primacy-Effekt und dem Recency-Effekt der Fall ist; vgl. Kapitel 5.4).

Weitere Antworttendenzen sind der Fehler der zentralen Tendenz und der logische Fehler, die wir im Zusammenhang mit der Beobachtung als Technik der Datenerhebung besprechen (vgl. Kapitel 5.4).

Maßnahmen gegen Antworttendenzen | Zur Verringerung von Antworttendenzen stehen verschiedene Gegenmaßnahmen zur Verfügung. Dazu zählen im Einzelnen:

- Eliminierung der gemeinsamen Methodenvarianz. Angenommen, es geht um die Prüfung einer Hypothese. Dann wäre es erstrebenswert, die Wenn- und die Dann-Komponente durch unterschiedliche Verfahren zu operationalisieren.
- Außerdem kann versucht werden, die Messung der Variablen der Wenn- und der Dann-Komponente der Hypothese zeitlich zu trennen.
- Darüber hinaus können die Antwortformate variiert werden (vgl. Kapitel 7).
- Außerdem können Tendenzen im Sinne von Zustimmung und sozialer Erwünschtheit durch die Instruktion, in der eine glaubwürdige Zusicherung von Anonymität stattfindet, vermindert werden. Weitere Möglichkeiten beinhalten, dass die Instruktion die Ehrlichkeit der Antworten betont und/oder eine Tempoinstruktion („Antworten Sie zügig und ohne lange nachzudenken") beinhaltet sowie den wissenschaftlichen Zweck der Untersuchung darstellt (Mummendey & Grau, 2008).
- Schließlich ist eine Variation der Reihenfolge der Vorgabe der Skalen nach einem systematischen Plan zur Fehlervermeidung erstrebenswert. In der Versuchsplanung spricht man von der Ausbalancierung (z. B. durch Lateinisches Quadrat; Bröder, 2011).
- Halo-Effekte lassen sich durch längere Beobachtung, ausführliche Befragung und Einschätzung der Merkmale in der konkreten Situation reduzieren (Bierhoff, 1986). Außerdem kann der erste gemeinsame Faktor bei der Faktorenanalyse der Items, der vermutlich den Halo-Effekt und andere Antworttendenzen (wie die soziale Erwünschtheit) beinhaltet, eliminiert werden (Mummendy & Grau, 2008).
- Beobachterschulung und die Verwendung von neutralen Beobachtern sind als Gegenmaßnahmen gegen verschiedene Antworttendenzen sinnvoll (vgl. Kapitel 5.4).

3.3 Vier Facetten der Validität: Das umfassende Klassifikationssystem der Fallstricke der empirischen Forschung

Nachdem wir in Kapitel 3.2 die Unterscheidung zwischen konvergenter und diskriminanter Validität durchgeführt haben, stellen wir im Folgenden ein umfassendes Klassifikationssystem der Bedrohung der Validität in empirischen Untersuchungen vor. Denn Validität hat viele Facetten. Sie kann sich auf die interne oder externe Validität beziehen,

Validität hat viele Facetten

wie es ursprünglich von Campbell und Stanley (1963) thematisiert wurde. Sie kann sich aber auch auf die Messung der Konstrukte und auf die statistischen Schlussfolgerungen beziehen. In Kapitel 3.2 sind wir schon auf einen grundlegenden Teilaspekt der Konstruktvalidität eingegangen: Den Mono-Methoden-Bias. Darüber hinaus sind aber noch weitere bedeutsame Aspekte der Konstruktvalidität zu beachten, die mit Versuchsleitereffekt und Reaktivität auf die experimentelle Situation bezeichnet werden. Die Validität der statistischen Schlussfolgerungen betrifft die Gültigkeit der Aussagen über Ursache-Wirkung-Zusammenhänge, die aus einer Untersuchung abgeleitet werden. Dabei geht es um die Frage, ob sich die Hypothese bewährt oder ob sie widerlegt wird. Damit sind die Probleme von Scheinbestätigung („false positives") und Scheinwiderlegung („false negatives") angesprochen.

Reliabilität und Validität sind wichtige methodische Kriterien

Empirische Tests einer Hypothese sollten bestimmte methodische Kriterien erfüllen, damit sie aussagekräftig sind. In diesem Zusammenhang haben die Reliabilität und Validität eine große Bedeutung. Die Validität wurde schon einleitend charakterisiert. Sie bezeichnet kurz gesagt das Ausmaß, in dem ein Messverfahren das misst, was gemessen werden soll. Die Reliabilität betrifft die Frage, ob ein Test das, was er misst, genau misst. Während wir in diesem Kapitel ausführlich auf das Thema der Validität eingehen, wird das Thema der Reliabilität ausführlich in dem Band „Testtheorie und Testkonstruktion" von Eid und Schmidt (2014) in dieser Buchreihe abgehandelt. Wir gehen in Kapitel 5.6 im Zusammenhang mit der Verhaltensbeobachtung und in Kapitel 7.3 im Zusammenhang mit der Einstellungs- und Verhaltensmessung auf das Thema „Reliabilität" ausführlicher ein. In Kapitel 5.6 wird außerdem ein weiteres Gütekriterium behandelt, nämlich die Objektivität der Messung.

Facetten der Validität im Überblick (1)

Kann eine verlässliche Beziehung zwischen UV und AV erschlossen werden?

- **Interne Validität:** Die interne Validität bezieht sich auf die Frage, ob eine verlässliche Beziehung zwischen unabhängiger und abhängiger Variable erschlossen werden kann. Sie bezieht sich auf die Gültigkeit, mit der erschlossen wird, dass die Beziehung zwischen zwei Variablen kausal ist oder dass das Fehlen einer Beziehung das Fehlen eines kausalen Zusammenhangs impliziert (Cook & Campbell, 1979, S. 37). Die wichtigsten Mittel zur Gewährleistung einer hohen internen Validität sind die Auswahl der experimentellen Studie als Untersuchungsdesign und damit verbunden die randomisierte Zuteilung der Untersuchungseinheiten auf die Bedingungen des Versuchsplans. Die interne Validität wird durch Störvariablen bzw. Drittvariablen in Frage gestellt, die sowohl eine Scheinbestätigung als auch eine Scheinwiderlegung der Hypothese verursachen können.

- **Externe Validität:** Die externe Validität bezieht sich auf die Generalisierung der angenommenen kausalen Beziehung. Gilt die gefundene kausale Beziehung nur für die untersuchte Stichprobe in der speziellen Versuchsanordnung oder auch unter anderen Gegebenheiten? Die Frage nach der Generalisierung stellt sich im Hinblick auf andere Untersuchungsdesigns, Messverfahren sowie bezogen auf andere Personen, Kontexte und Zeitpunkte (Cook & Campbell, 1979, S. 37).

Kann auf andere Stichproben, Versuchsanordnungen oder Gegebenheiten generalisiert werden?

Mit der externen Validität hängt die Populationsvalidität zusammen, die sich auf die Frage bezieht, auf welche Population generalisiert werden kann. In vielen Hypothesen der Psychologie besteht z. B. der Anspruch, dass auf alle erwachsenen Menschen in allen Ländern generalisiert werden kann. Daneben können aber auch begrenzte Populationen thematisiert werden wie die der Frauen und der Männer oder diejenigen, die durch den westlichen Kulturkreis dominiert werden, und diejenigen, die durch den östlichen Kulturkreis dominiert werden. Wir werden auf das Thema der Populationsvalidität im Zusammenhang mit der Unterscheidung von Beschreibung und Erklärung zurückkommen.

Darüber hinaus sind noch zwei weitere Formen der Validität bei der Interpretation von empirischer Untersuchungen zu beachten: die Schlussfolgerungsvalidität und die Konstruktvalidität (Cook & Campbell, 1979; Shadish, Cook & Campbell, 2002).

Facetten der Validität im Überblick (2)

- **Statistische Schlussfolgerungsvalidität:** Inwieweit erlauben die erhobenen Daten den Schluss, dass die unabhängige mit der abhängigen Variable systematisch zusammenhängt, wie es in der Hypothese postuliert wurde? Diese Frage bezieht sich auf mögliche Fehler, die bei dem Nachweis einer Kovariation zwischen abhängiger und unabhängiger Variable auftreten können. Es geht also um die Angemessenheit der statistischen Auswertung der Daten. Diese kann z. B. durch Verletzungen der Voraussetzungen für die Durchführung eines statistischen Sig-

Inwieweit erlauben die Daten den Schluss auf systematische Zusammenhänge zwischen UV und AV?

nifikanztests beeinträchtigt werden. Eine andere Bedrohung der Validität des statistischen Schlusses besteht darin, dass suboptimale Auswertungsstrategien verfolgt werden.

Kann vom Messverfahren auf das Konstrukt generalisiert werden?

- **Konstruktvalidität** ist dann gegeben, wenn man von dem Messverfahren auf den zugrunde liegenden Begriff, der auch als Konstrukt bezeichnet wird, generalisieren kann. Konstrukte sind latente Variablen, die zum Zweck der empirischen Forschung messbar gemacht werden müssen. Es geht darum, inwieweit die Operationalisierungen der Variablen den übergeordneten Konstrukten entsprechen (Cook & Campbell, 1979, S. 38). Eine andere Bezeichnung ist *Variablenvalidität* (Westermann, 2000). Sie bezieht sich darauf, ob die unabhängige Variable und die abhängige Variable die psychologischen Konstrukte der Hypothese, auf die sie sich beziehen, adäquat erfassen (Bröder, 2011). Wenn z. B. in der Dann-Komponente das Konstrukt der Aggression enthalten ist, dann muss die abhängige Variable dementsprechend tatsächlich Aggression messen (und nicht etwa das physiologische Erregungsniveau). Bei der unabhängigen Variablen wird gefragt, ob das Treatment bzw. die experimentelle Manipulation das Konstrukt angemessen repräsentiert. Bei der abhängigen Variablen geht es darum, ob sie das Konstrukt der Dann-Komponente, das gemessen werden soll, tatsächlich erfasst.

Im Folgenden besprechen wir die vier Facetten der Validität. Die Grundidee hinter der Validitätsdiskussion lautet: Empirische Studien durchführen kann fast jeder. Interpretierbare Studien durchzuführen, die substanzielle Ergebnisse aufweisen, setzt jedoch ein umfassendes methodisches Know-how voraus. In den vier folgenden Abschnitten wollen wir dieses Know-how durch eine Kurzdarstellung der einzelnen Facetten der Validität vermitteln. Um die Darstellung, die naturgemäß ziemlich abstrakt ist, anschaulicher zu gestalten, verwenden wir ein reales Untersuchungsbeispiel, das der weiteren Analyse der Quellen der Invalidität der Forschung vorangestellt wird.

Untersuchungsbeispiel

Folgende Hypothese, die von White et al. (2012) aufgestellt wurde, bezieht sich auf die Auswirkungen einer Bedrohung durch Gewalt. Sie widerspricht der Alltagserfahrung:

Wenn eine wahrgenommene massive Bedrohung durch Gewalt gegeben ist, dann bewirkt dies eine hohe Verträglichkeit.

Diese Hypothese kürzen wir im Folgenden ab mit:

Wie hängt Bedrohung mit Verträglichkeit zusammen?

$$Bedrohung \uparrow \ \rightarrow \ Verträglichkeit \uparrow$$

In dieser verkürzten Formulierung der Hypothese kann man leicht zwischen der Wenn-Komponente und der Dann-Komponente unterscheiden. Eine alternative Formulierung der Hypothese lautet: Je massiver die Bedrohung ist, die wahrgenommen wird, desto eher beschreiben sich Personen als sozial verträglich. Die Gegenhypothese (Bedrohung durch Gewalt fördert die Aggression, so dass die Verträglichkeit verringert wird) erscheint nicht unplausibel. Denn es ist bekannt, dass Gewalt zu Gewalt führt und damit zu einer Eskalation der Aggression. Das Vorhandensein dieser naheliegenden Gegenhypothese stellt für die Prüfung der Hypothese *Bedrohung* $\uparrow$ $\rightarrow$ *Verträglichkeit* $\uparrow$ eine große Herausforderung dar.

Die Wahrnehmung der Bedrohung durch Gewalt kann situativ erzeugt werden. Die folgenden Überlegungen sind hypothetisch, um zu veranschaulichen, wie die Hypothese im einfachsten Fall geprüft werden kann. Stellen wir uns vor, dass eine Versuchsleiterin vor dem Problem steht, die genannte Hypothese zu testen. Sie möchte eine Experimentalgruppe bilden, in der eine Bedrohung durch Gewalt wahrgenommen wird, und eine Kontrollgruppe, in der keine solche Bedrohung erzeugt wird. Die Hypothese, dass Bedrohung durch Gewalt positiv mit Verträglichkeit zusammenhängt, führt zu der Vorhersage, dass in diesem Experiment in der Experimentalgruppe (EG) mehr Verträglichkeit hervorgerufen wird als in der Kontrollgruppe (KG).

Zwei Untersuchungsbedingungen: Experimental- und Kontrollgruppe

Es sei noch angemerkt, dass die Hypothese *Bedrohung* $\uparrow$ $\rightarrow$ *Verträglichkeit* $\uparrow$ mit einer bekannten Annahme zu den Determinanten der Gesellung verwandt ist: Stanley Schachter (1959) stellte die Hypothese auf, dass Bedrohung durch Stress den Wunsch erhöht, mit anderen zusammen zu sein. Tatsächlich wurde in empirischen Studien festgestellt, dass die Erwartung, mit einer bedrohlichen Situation konfrontiert zu werden, die Gesellung im Vergleich zu einer Kontrollgruppe erhöht (z. B. warteten die Versuchsteilnehmer lieber mit jemand anderem zusammen als alleine).[7]

Planung der Hypo-
thesenprüfung

Wie lässt sich die Hypothese *Bedrohung*↑ → *Verträglichkeit*↑ aber im Einzelnen prüfen? In der folgenden Darstellung verwenden wir zur Illustration einzelne Elemente aus einem Experiment von White et al. (2012). Die Versuchsleiterin überlegt sich, dass sie die Bedrohung durch Gefahr in einer milden Form hervorrufen will, nicht zuletzt auch deshalb, um ethischen Richtlinien des Experimentierens zu entsprechen (vgl. Kapitel 2.5). Daher entschließt sie sich, eine Szenario-Studie durchzuführen, bei der die Teilnehmer gebeten werden, sich in die Hauptfigur eines Szenarios, das in einer Geschichte geschildert wird, hineinzuversetzen. Für die Experimentalgruppe denkt sich die Versuchsleiterin die Geschichte von einem Einbrecher aus, die beinhaltet, dass die Hauptfigur sich allein zu Hause im Schlafzimmer aufhält, plötzlich ungewöhnliche Geräusche hört und sieht, wie sich die Schlafzimmertür von außen öffnet. Das ist zwar keine richtig schockierende Geschichte, aber sie ist doch ein wenig gruselig. Damit lässt sich der Zweck erreichen, eine Bedrohung durch Gefahr zu simulieren. Für die Kontrollgruppe denkt sich die Versuchsleiterin eine andere Geschichte aus, die im Hinblick auf Bedrohung durch Gefahr neutral ist. Die Hauptfigur hält sich allein zu

---

7 Vergleicht man die Theorie von Schachter mit der Hypothese von White et al. (2012), dann kann man feststellen, dass die abhängige Variable Gesellung durch Verträglichkeit ersetzt wurde. Während Gesellung ein Verhalten in der konkreten Situation darstellt, bezieht sich Verträglichkeit auf eine Persönlichkeitsdisposition. Es zeigte sich in den Experimenten von Schachter (1959) außerdem, dass die Gesellung der Person nicht ungerichtet ist, sondern auf Personen gerichtet ist, die sich in einer ähnlichen Lage befinden wie die Person selbst. Dementsprechend schränken White et al. (2012) die Gültigkeit ihrer Hypothese ein: Eine Erhöhung der Verträglichkeit in einer bedrohten Lage sollte nur gegenüber der Binnengruppe festzustellen sein (und nicht gegenüber Mitgliedern von Außengruppen). Außerdem nehmen sie an, dass sich der positive Effekt der Bedrohung auf die Verträglichkeit eher bei großen Gruppen zeigt als bei kleinen Gruppen. Wenn bei Bedrohung durch Gewalt der Zusammenschluss unter Betroffenen als erfolgreiche Strategie zur Gefahrenabwehr fungiert, können damit auch Änderungen in der Persönlichkeit einhergehen. Das betrifft vor allem die Verträglichkeit, die sich auf das harmonische Zusammenleben in Gruppen bezieht. Obwohl Persönlichkeitseigenschaften als relativ stabil betrachtet werden, kann es trotzdem Änderungen in ihren Ausprägungen als Anpassung auf situationale Gegebenheiten geben.

Hause auf, der Schlüssel ist nicht auffindbar, und sie beginnt ihn zu suchen. Man könnte fragen, warum überhaupt in der Kontrollgruppe ein Szenario präsentiert wird. Die Antwort lautet, dass es darum geht, die Abläufe in der Experimental- und in der Kontrollgruppe möglichst gleich zu gestalten. Beide Hauptfiguren werden mit einem Problem zu Hause konfrontiert, aber nur in der Experimentalgruppe beinhaltet das Problem eine Bedrohung durch Gefahr. Die Versuchsleiterin will sicherstellen, dass sich die Szenarien in der Experimental- und in der Kontrollgruppe möglichst weitgehend entsprechen, außer in dem Punkt, der für die Hypothesenprüfung entscheidend ist.

Abläufe in der Experimentalgruppe und Kontrollgruppe sind möglichst identisch zu gestalten

Die relevante Variable, die systematisch variiert wird, ist die wahrgenommene Bedrohung durch Gefahr, die durch das entsprechende Szenario hervorgerufen werden soll. Diese Variable entspricht nicht nur der Wenn-Komponente der Hypothese *Bedrohung*$\uparrow$ $\rightarrow$ *Verträglichkeit*$\uparrow$, sondern sie ist auch durch die Versuchsleiterin veränderbar (sie kann nämlich in der Kontrollgruppe ein Szenario präsentieren, das den Bedrohungsaspekt nicht enthält).

Die Wenn-Komponente wird systematisch variiert

In der Hypothese *Bedrohung*$\uparrow$ $\rightarrow$ *Verträglichkeit*$\uparrow$ bezieht sich die Vorhersage auf die Verträglichkeit, die in der Dann-Komponente enthalten ist. Verträglichkeit lässt sich in vielfältiger Weise messen. Eine Möglichkeit besteht darin, Verträglichkeit als Persönlichkeitsdimension aufzufassen. Verträglichkeit stellt eine Grunddimension der Persönlichkeit dar, die zusammen mit Extraversion, Neurotizismus, Gewissenhaftigkeit und Offenheit für Erfahrung die „Big Five" ergeben (John & Srivastava, 1999). Verträglichkeit umfasst Merkmale wie Vertrauen, Entgegenkommen und Gutherzigkeit. Ein Beispielitem aus dem Fragebogen zur Erfassung der Verträglichkeit (NEO – Persönlichkeitsinventar; Ostendorf & Angleitner, 2004) lautet: „Ich würde lieber mit anderen zusammenarbeiten, als mit ihnen zu wetteifern."

Erfassung der Dann-Komponente

Der Gegenpol der Verträglichkeit, die Unverträglichkeit, betont eine zynische, auf Eigennutz und Selbstdarstellung gerichtete interpersonelle Orientierung. Die Versuchsleiterin, die die genannte Hypothese überprüfen will, ist daran interessiert, die Verträglichkeit in der Experimentalgruppe mit der in der Kontrollgruppe zu vergleichen. Denn sie erwartet, dass die Verträglichkeit in der Experimentalgruppe höher ausfällt als in der Kontrollgruppe. Damit eine Prüfung der Hypothese möglich ist, muss das Ergebnis variieren können. Das ist bei der Verträglichkeit natürlich zutreffend, da sie hoch, mittel oder gering ausfallen kann. Verträglichkeit wird in diesem Fall als Selbstbericht erfasst.

In den folgenden vier Abschnitten, die sich mit interner Validität, Konstruktvalidität, externer Validität und statistische Schlussfolgerungsvalidität befassen, veranschaulichen wir die Kriterien anhand der Untersuchungen, die von White et al. (2012) zur Prüfung der Hypothese *Bedrohung*↑ → *Verträglichkeit*↑ durchgeführt wurden. Insgesamt wurden von den Autoren fünf Studien berichtet, deren Ergebnisse die Hypothese untermauern, von denen wir drei herausgreifen.

3.3.1 Interne Validität

Interne Validität wird von vielen Forschern als grundlegend angesehen

Wir beginnen mit der internen Validität, die von vielen Forschern als grundlegend angesehen wird. Tabelle 4 enthält eine Auflistung der möglichen Bedrohungen der internen Validität, die wie eine Checkliste verwendet werden kann, um die Güte eines Untersuchungsplans zu bewerten.

Nicht alle Bedrohungen der internen Validität treten bei allen Versuchsplänen auf

Die Liste der Bedrohungen der internen Validität ist lang. Allerdings sollte man sich nicht entmutigen lassen. Denn nicht alle Bedrohungen gelten für alle Versuchspläne gleichermaßen. Einige der Bedrohungen treten nur bei Vortest-Nachtest-Versuchsplänen auf (vgl. Kapitel 8). Allerdings ist die Liste der Bedrohungen auch ein Hinweis darauf, wie viel Know-how erforderlich ist, um erfolgreich experimentell zu arbeiten. Außerdem kann man erkennen, dass manche Bedrohungen der internen Validität versteckt auftreten. Das gilt vor allem auch für die erstgenannte Bedrohung durch uneindeutige zeitliche Aufeinanderfolge, die häufig außer Acht gelassen wird. Denn die Praxis ist weit verbreitet, aus korrelativen Daten, die an einem Messzeitpunkt erhoben wurden, kausale Schlussfolgerungen abzuleiten.

Fehlerquellen, wie die in Tabelle 4, können sich in einer Untersuchung addieren. Es kann auch sein, dass die Fehlerquellen miteinander interagieren. So kann der Ausfall von Teilnehmern durch Selektionseffekte beeinflusst werden. Wenn die Teilnehmer in einer Bedingung schlechter motiviert sind, weil sie entsprechend ausgesucht wurden, kann das zur Folge haben, dass in dieser Bedingung ein größerer Ausfall von Teilnehmern zu verzeichnen ist.

Tabelle 4: Bedrohung der internen Validität (modifiziert nach Shadish et al., 2002, S. 55)

Fehlerquelle	Erläuterung
1. Uneindeutige zeitliche Aufeinanderfolge	Ein Mangel an Klarheit, welche Variable als erste auftritt, verunsichert, welche Variable Ursache und welche Effekt ist. Wir hatten schon darauf hingewiesen, wie erstrebenswert es Forschern erscheint, kausale Schlüsse ziehen zu können, sodass sie manchmal versucht sind so zu tun, als ob es eine zeitliche Reihenfolge der Realisierung der Variablen gibt, obwohl diese nicht eindeutig feststeht.
2. Selektion	Systematische Unterschiede der Teilnehmer zwischen Experimental- und Kontrollgruppe können den beobachteten Effekt verfälschen. Ohne Zufallsaufteilung sind Alternativhypothesen im Hinblick auf die Zusammensetzung der Teilnehmer in Experimental- und Kontrollgruppe plausibel, die die Interpretierbarkeit der Ergebnisse in Frage stellen.
3. Geschichte	Ereignisse, die gleichzeitig mit der Behandlung auftreten, können einen ungewollten Einfluss auf den beobachteten Effekt haben. Solche Probleme können bei Vortest-Nachtest-Versuchsplänen auftreten, wenn zusätzliche Ereignisse parallel mit der experimentellen Manipulation auftreten (siehe unten).
4. Reifung	Natürliche Veränderungen über die Zeit können zu Änderungen des Behandlungseffekts führen. Dieses Problem ist ebenfalls für Vortest-Nachtest-Versuchspläne relevant (siehe unten).
5. Regression zur Mitte	Wenn Untersuchungseinheiten nach ihren extremen Werten ausgewählt werden, werden sie oft zufällig in einer Messwiederholung weniger extreme Werte aufweisen. Dieses Phänomen kann mit dem Behandlungseffekt verwechselt werden (vgl. Kapitel 9).
6. Ausfall	Wenn Teilnehmer systematisch in bestimmten Versuchsbedingungen ausfallen, dann kann das zu künstlichen Effekten führen. Die Randomisierung wird dadurch in Frage gestellt.
7. Testen	Die Darbietung eines Tests kann die Ergebnisse für die nachfolgende Darbietung des Tests beeinflussen, was dann wie ein experimenteller Effekt aussehen kann. Dieses Problem gilt für Vortest-Nachtest-Versuchspläne (vgl. Kapitel 8).
8. Instrumentation	Der Inhalt der Messung kann sich über die Zeit oder über Bedingungen in einer Weise verändern, dass die Veränderung mit einem Effekt der experimentellen Manipulation verwechselt werden kann.

Beispieluntersuchung   In unserer Beispieluntersuchung, in der die Teilnehmer nach Zufall auf Experimental- und Kontrollgruppe aufgeteilt wurden und keine Messwiederholungen vorliegen, ist die interne Validität nach den Kriterien Selektion, Geschichte, Reifung, Regression zur Mitte, Ausfall, Testen und Instrumentation gesichert. Außerdem wurde die experimentelle Manipulation zeitlich vor der Erfassung der Verträglichkeit durchgeführt, so dass die zeitliche Abfolge eindeutig und mit einer Kausalinterpretation kompatibel ist.

3.3.2 Konstruktvalidität

Im Weiteren wenden wir uns Fehlern im Zusammenhang mit der Konstruktvalidität zu. Die Messung von Konstrukten, wie Verträglichkeit oder Intelligenz, ist mit zahlreichen Fragen nach ihrer Validität verbunden. Eine Auswahl möglicher Bedrohungen dieser Konstrukvalidität enthält Tabelle 5.

Tabelle 5: Bedrohungen der Konstruktvalidität (modifiziert nach Shadish et al., 2002, S. 73)

Fehlerquelle	Erläuterung
1. Unzureichende Ausformulierung des Konstrukts	Eine unzureichende Explikation eines Konstrukts könnte zu falschen oder ungünstigen Operationalisierungen des Konstrukts führen (vgl. Kapitel 2 und Operationalisierung weiter unten in diesem Kapitel).
2. Mono-Operation-Bias	Eine einzelne Operationalisierung des Konstrukts repräsentiert im Allgemeinen das Konstrukt nicht vollständig und beinhaltet irrelevante Aspekte, die Inferenzen erschweren. Diese Bedrohung wird durch das Vorgehen des multiplen Operationalismus eingedämmt.
3. Mono-Methoden-Bias	Wenn alle Operationalisierungen die gleiche Methode (z. B. den Selbstbericht) verwenden, dann ist diese Methode ein Teil des Konstrukts, welches aktuell untersucht wird. Es ist wünschenswert, dass mehrere Methoden eingesetzt werden. In diesem Sinne wurde z. B. Verträglichkeit nicht nur durch Selbstbericht, sondern auch durch das beobachtbare Hilfeverhalten erfasst (White et al., 2012, Studie 4).

Tabelle 5: Fortsetzung

Fehlerquelle	Erläuterung
4. Reaktivität auf die experimentelle Situation	Teilnehmer an Untersuchungen machen sich häufig Gedanken darüber, um was es geht. Daher sind ihre Antworten Ausdruck der Wahrnehmung der gesamten experimentellen Situation. Orne (1969) spricht in diesem Zusammenhang von den Anforderungscharakteristika (demand characerics) der experimentellen Situation. Diese können ein großes Problem für die Interpretation der Ergebnisse darstellen, wenn der Zweck des Versuchs leicht durchschaubar ist (vgl. Kapitel 2)
5. Versuchsleitererwartungen	Der Versuchsleiter kann die Antworten der Teilnehmer dadurch beeinflussen, indem er ihnen Erwartungen über wünschenswertes Verhalten vermittelt. Wenn der Versuchsleiter z. B. fest an die Wirksamkeit seiner experimentellen Manipulation glaubt, könnte er diese Erwartung auf den Teilnehmer übertragen. Eine wichtige Gegenmaßnahme besteht darin, dass der Versuchsleiter nicht weiß, in welcher Bedingung sich die Teilnehmer befinden.
6. Neuheits- und Störungseffekte	Teilnehmer könnten ungewöhnlich gut oder ungewöhnlich schlecht auf eine Neuheit reagieren, die ihre Routine unterbricht. Diese Reaktion muss dann Teil der Beschreibung des Behandlungs-/Manipulationseffekts sein. Neuheit kann z. B. bei Schülern, die mit einem innovativen Unterricht konfrontiert werden, Begeisterung auslösen, die aber schon nach wenigen Monaten verfliegt. Aufgrund dessen erscheint die Intervention als effektiver, als sie langfristig ist.
7. Kompensatorische Rivalität	Teilnehmer, die keine Manipulation erfahren, sind möglicherweise besonders motiviert ihr Können zu präsentieren. Dadurch besteht die Gefahr, dass die Kontrollgruppe besonders gut abschneidet.
8. Groll	Teilnehmer, die keiner erwünschten Manipulation (z. B. keine Förderung erhalten) unterliegen, sind möglicherweise derart nachtragend oder demoralisiert, dass sie negativer reagieren als sonst. Dadurch besteht die Gefahr, dass die Kontrollgruppe schlechter abschneidet.

Zunächst einmal: Die Fehlerquellen 6, 7 und 8 treffen nur unter speziellen Bedingungen zu, die in Experimenten nicht häufig auftreten. Vielmehr handelt es sich in der Regel um Studien, bei denen die

Anwendung einer Intervention im Feldversuch erfolgt. Ein Beispiel dafür wäre eine Unterrichtsveränderung, die in bestimmten Klassen einer Schule vorgenommen wird.

Variablen können auf unterschiedliche Art operationalisiert werden

Von unmittelbarer Bedeutung für Laborexperimente sind die Bedrohungen 1, 2, 3, 4 und 5. Das Thema der Operationalisierung wurde schon in Kapitel 2.4 ausführlicher behandelt. Jede Variable, die in der Wenn- oder Dann-Komponente der Hypothese enthalten ist, kann in unterschiedlicher Weise operational definiert werden. Weiter oben wurde schon die Beispieluntersuchung dargestellt, die eine Erfassung der Verträglichkeit durch Selbstbericht beinhaltete. Es ist aber auch möglich, Verträglichkeit anders zu erfassen. Man könnte z. B. darauf Bezug nehmen, dass unverträgliche Personen häufig in Konflikte mit anderen verwickelt sind, und erfassen, wie sich die Versuchsteilnehmer nach der Manipulation der wahrgenommenen Bedrohung in einer sozialen Konfliktsituation verhalten, die von der Versuchsleiterin vorgegeben wird. Dann würde aus der Hypothese die Erwartung folgen, dass die Experimentalgruppe weniger Konfliktverhalten zeigen würde als die Kontrollgruppe. White et al. (2012) berichten in diesem Zusammenhang von einem Experiment, in dem die abhängige Variable durch hilfreiches Verhalten konstituiert wurde. Daher beruhen ihre Schlussfolgerungen im Hinblick auf die Hypothese *Bedrohung↑ → Verträglichkeit↑* nicht nur auf Selbstberichten, sondern auch auf Verhaltensbeobachtungen.

Beispieluntersuchung

Genauso gilt, dass die unabhängige Variable unterschiedlich operationalisiert werden kann. Die Hypothese *Bedrohung↑ → Verträglichkeit↑* wurde von White et al. (2012) in verschiedenen Studien untersucht, die die in Frage stehende unabhängige Variable der wahrgenommenen Bedrohung durch Gefahr ganz unterschiedlich operationalisierten. In einer Korrelationsstudie wurde nicht auf individueller, sondern auf nationaler Ebene ein Hypothesentest durchgeführt. Die wahrgenommene Bedrohung durch Gewalt wurde durch die Höhe der Militärausgaben des Landes operationalisiert. Dem liegt die Zusatzannahme zugrunde, dass Gesellschaften, die sich durch Gewalt von außen bedroht fühlen, mehr in das Militär investieren werden als Gesellschaften, die sich weniger bedroht fühlen (analog zum Rückgang der Militärausgaben in westeuropäischen Ländern nach dem Zusammenbruch der Sowjetunion). Um die Wirtschaftskraft des Landes zu berücksichtigen, wurde zur Erfassung der unabhängigen Variable der Prozentsatz der Militärausgaben am Bruttosozialprodukt verwendet. Die Angaben über Militärausgaben und die durchschnittliche Verträglichkeit der Bürger der Gesellschaft, gemessen durch den Persönlichkeitsfragebogen zur Erfassung der Big Five (McCrae & Costa, 1999), lagen für 54 Staaten vor. Die Hypothese lässt eine positive Korrelation zwischen beiden Messreihen erwarten. Wenn die Hypothese zutrifft, sollten höhere Militärausgaben mit einer höheren durchschnittlichen Verträglichkeit zusammenhängen. Das Ergebnis der Studie war eindeutig: In Staaten, in denen der Verteidigungshaushalt hoch war, beschrieben sich die Bewohner als verträglicher als in Staaten, in denen diese Ausgaben niedriger lagen. Die Korrelation betrug $r = .43$ und war hoch signifikant, so dass die Nullhypothese zurückgewiesen werden konnte.

In dieser Korrelationsstudie sind die Untersuchungseinheiten nicht Personen, sondern einzelne Länder. Die Studie enthält keine Aufteilung der Untersuchungseinheiten auf Versuchsbedingungen. Damit ist die interne Validität eingeschränkt. Korrelationsstudien werden häufig angewandt, wenn eine unabhängige Variable betrachtet wird, die nicht manipulierbar ist. In anderen Fällen kann es sein, dass die unabhängige Variable im Prinzip manipulierbar ist, aber ethische Grenzen überschritten würden, wenn die Manipulation tatsächlich durchgeführt würde. Ein Beispiel sind Bedingungen, die in hohem Maße furchterregend sind.

Korrelationsstudien werden häufig angewandt, wenn eine unabhängige Variable untersucht wird, die nicht manipulierbar ist

Von vornherein ist keine Operationalisierung als die „beste" zu kennzeichnen. Hingegen hat eine gegebene Operationalisierung in der Regel sowohl Vorteile als auch Nachteile gegenüber alternativen Operationalisierungen. Jede Operationalisierung ist in einem gewisse Sinne eine „unzureichende Ausformulierung des Konstrukts" (vgl. Tab. 5). Denn jede Operationalisierung eines Konstrukts weist Besonderheiten auf, die nichts mit dem zugrunde liegenden Konstrukt zu tun haben. Man spricht von Irrelevanzen der Konstruktoperationalisierung.

Probleme mit der Operationalisierung

In dem dargestellten Untersuchungsbeispiel von White et al. (2012) wurde Verträglichkeit über Selbstberichte erhoben. Das ist eine Besonderheit, die nicht den Kern des Konstrukts Verträglichkeit betrifft. Shadish et al. (2002, S. 361) sprechen von „Surplus"-Attributen, die in einer Operationalisierung enthalten sind. Da diese im Forschungsprozess allgegenwärtig sind (es gibt immer spezifische Umstände, spezifische Umsetzungen, spezifische Räumlichkeiten etc.), besteht das Anliegen, diese Heterogenität von Irrelevanzen auszugleichen. Das kann gelingen, wenn dasselbe Konstrukt unterschiedlich operationalisiert wird.

In den folgenden beiden Abschnitten gehen wir ausführlicher auf den vierten und fünften Punkt der Bedrohung der Konstruktvalidität ein: Reaktivität auf die experimentelle Situation und Verfälschung der Ergebnisse durch die Erwartungen des Versuchsleiters. Beide Fehlerquellen sind weit verbreitet und bedrohen deshalb die Konstruktvalidität vieler Untersuchungen.

Reaktivität auf die experimentelle Situation: Die Rolle von Aufforderungscharakteristika

Aufforderungscharakterista: Details des Versuchsablaufs können die zu testende Hypothese verraten

Die Reaktivität auf die experimentelle Situation kommt in den *Aufforderungscharakteristika* (engl. demand characteristics) der Situation zum Ausdruck (Orne, 1969). Diese können zur Verzerrung der Ergebnisse beitragen. Das sollte besonders dann zutreffen, wenn die Hypothese des Experiments leicht durchschaubar ist.

Menschen spielen soziale Rollen, die den normativen Erwartungen in der Situation entsprechen (Frey & Bierhoff, 2011) Die Rollentheorie ist auch auf Teilnehmer an Experimenten anwendbar. Experimente sind dadurch gekennzeichnet, dass die Teilnehmerrolle unterschiedlich interpretiert werden kann. Das Rollenverständnis, das über die Teilnehmer variiert, konstituiert eine mögliche Fehlerquelle, die die Konstruktvalidität beeinträchtigen kann.

Teilnehmerrollen

Weber und Cook (1972) unterscheiden vier Varianten des Rollenverständnisses eines Teilnehmers an einem Experiment:
- Der *gute Teilnehmer* antwortet so, dass er – seiner Meinung nach – die Hypothese bestätigt.
- Der *ehrliche Teilnehmer* orientiert sich an der Instruktion und ist um Unvoreingenommenheit bemüht.
- Der *negativistische Teilnehmer* antwortet so, dass er – seiner Meinung nach – die Hypothese widerlegt.
- Der *um seine Bewertung besorgte Teilnehmer* strebt danach, einen positiven Eindruck zu erzeugen und bevorzugt sozial erwünschte Antworten.

Für die Vermeidung von Verzerrungstendenzen ist der ehrliche Teilnehmer zu bevorzugen

Für die Minimierung von Verzerrungen der Reaktionen durch das Rollenverständnis ist der ehrliche Teilnehmer, der sich an der Instruktion orientiert, zu bevorzugen. Hingegen haben die drei anderen Rollen das Potenzial, die Resultate zu verzerren. Das gilt vor allem dann, wenn die Hypothesen leicht durchschaubar sind. Dann wird sie der gute Teilnehmer eher bestätigen und der negativistische Teilnehmer eher widerlegen. Die vierte Rolle trägt hingegen dazu bei, dass sozial erwünschte Antworten gegeben werden.

Die Bedeutung von Teilnehmerrollen beruht teilweise darauf, dass Menschen sich in der Öffentlichkeit positiv darstellen wollen. Dieses Impression Management kann die Antworten auf Fragebögen beeinflussen. Ein Beispiel ist die Studie zur Selbstpräsentation von Alves und Correia (2010) über die strategische Darstellung des persönlichen Gerechte-Welt-Glaubens. Ein Fragebogen zum persönlichen Gerechte-Welt-Glauben (Beispielitem: „Meine Welt ist gerecht.") sollte unter verschiedenen Präsentationsbedingungen beantwortet werden, um ein bestimmtes Image zu vermitteln.

Studie zu Teilnehmer-rollen

Im Einzelnen sollte ein bedauernswertes, ein kompetentes, und ein liebenswertes Bild in die Öffentlichkeit projiziert werden. Es wurde angenommen, dass es sozial wünschenswert ist, sich als persönlich gerecht behandelt darzustellen. Dementsprechend sollte der persönliche Gerechte-Welt-Glaube in der kompetenten und in der liebenswerten Bedingung höher dargestellt werden als in der bedauernswerten Bedingung.

Die Ergebnisse stimmten mit der Hypothese überein. Sie zeigen, dass Menschen gezielt ihr Image in der Öffentlichkeit so gestalten können, wie es den Rahmenbedingungen entspricht. Das lässt vermuten, dass sie in Experimenten als Teilnehmer in der Lage sind, bestimmte Einstellungen und Persönlichkeitsmerkmale so zum Ausdruck zu bringen, wie es dem Aufforderungscharakter der Situation entspricht.

Eine Alternative, bei der Aufforderungscharakteristika vermieden werden, sind *nonreaktive Messverfahren* (vgl. Petermann & Noack, 1999).

Ausschaltung von Aufforderungscharak-teristika durch non-reaktive Mess-verfahren

Versuchsleitereffekt

Der Versuchsleiter steuert den Ablauf der experimentellen Studie. Er ist so gesehen ein „Hauptdarsteller" auf der experimentellen Bühne. Dieser Hauptdarsteller ist aber nicht völlig unvoreingenommen, weil er in der Regel Vorwissen über die Intention des Versuchs und die untersuchten Hypothesen hat. Daher kann der Versuchsleiter eine Quelle von Fehlereinflüssen in der experimentellen Studie sein.

> **Begriffsklärung: Versuchsleitereffekt**
>
> Unter einem Versuchsleitereffekt versteht man, dass ein Versuchs-
> leiter Daten falsch erhebt oder verrechnet oder auch durch seine
> Nationalität, sein Geschlecht oder sein Alter die Antworten der
> Versuchsteilnehmer beeinflusst (Rosenthal, 1969).

Versuchsleitereffekt: Ungewollte Beeinflussung des Versuchs durch Merkmale und Erwartungen des Versuchsleiters

Der Versuchsleitereffekt stellt also eine ungewollte Beeinflussung der Ergebnisse eines Versuchs durch die Merkmale und Erwartungen des Versuchsleiters dar. Dieser Effekt kann einen großen Einfluss auf die Ergebnisse eines Experiments ausüben, wenn er nicht ausreichend kontrolliert wird. Das gilt sowohl für Experimente mit menschlichen Versuchsteilnehmern als auch für Experimente mit Tieren. Der Versuchsleitereffekt wird besonders bedrohlich für die Konstruktvalidität der experimentellen Studie, wenn der Versuchsleiter die Hypothese kennt.

Ein Beispiel: In einem Rattenexperiment wurden 12 Versuchsleiter darüber informiert, dass der Rattenstamm A „klug" sei, während der Rattenstamm B „dumm" sei (Rosenthal & Fode, 1963). Alle Ratten stammten aus der gleichen Züchtung, trotzdem bewältigten Ratten aus Gruppe A eine Labyrinth-Aufgabe signifikant schneller als Ratten aus Gruppe B. Nur Ratten aus Gruppe A zeigten einen Lerngewinn über mehrere Versuchstage hinweg. Eine Erklärung für diese Ergebnisse könnte sein, dass die Versuchsleiter sich im Umgang mit den vermeintlich „klügeren" Ratten aus Gruppe A engagierter zeigten als mit den Ratten aus Gruppe B.

Diese Ergebnisse lassen sich damit erklären, dass die Versuchsleiter, die glaubten, mit klugen Tieren zu arbeiten, die Versuche engagierter und eifriger durchführten. Sie gingen möglicherweise sanfter mit den Tieren um, gaben ihnen eher subtile Hinweise darauf, was die korrekte Reaktion war, und registrierten eher einen Erfolg als die Versuchsleiter, die mit angeblich „dummen" Tieren arbeiteten. Auf diese Weise wurde die Kenntnis der Hypothese zu einer sich-selbst-erfüllenden Prophezeiung. (In Kapitel 1.4 gehen wir auf sich-selbst-erfüllende Prophezeiung bei Prognosen ein und kontrastieren sie mit sich-selbstwiderlegenden Prophezeiungen.)

Die Publikation dieser Ergebnisse, die in vielen weiteren Studien wiederholt werden konnten, hat zu einer Neubesinnung in der empirischen Forschung im letzten Drittel des vorigen Jahrhunderts geführt. Die evidenzbasierte Medizin hat in diesem Zusammenhang eine vorbildliche Rolle gespielt. In ihrer Forschung wird darauf gepocht, dass Versuchsleitereffekte ausgeschlossen werden. Die Gegenmaßnahmen gegen Versuchsleitereffekte umfassen die Einbeziehung von Placebo-Kontrollgruppen und die Planung von „Doppelblind-Versuchen". Darunter wird verstanden, dass weder derjenige, der die Intervention durchführt (z. B. die Tablette verteilt), noch die Teilnehmer wissen, ob der Patient in der Kontrollgruppe oder in der Versuchsgruppe behandelt wird. Diese Maßnahmen sind geeignet, um Placebo-Effekte zu verhindern. Wenn auch derjenige, der die abhängige Variable misst, nicht weiß, welche Bedingung vorliegt, ist die Studie „dreifachblind".

Doppelblind-Versuch

Begriffsklärung: Placebo-Effekt

Unter dem Begriff des Placebo-Effekts versteht man die Tatsache, dass Tabletten, die nachweislich ohne Wirkung sind, häufig die (positiven) Auswirkungen auslösen, die von den Patienten erwartet werden.

Placebo-Effekt

So kann es sein, dass eine Placebo-Tablette, die angeblich ein Grippemittel ist, dazu beiträgt, dass der Grippeverlauf verkürzt wird. Placebo-Effekte werden in der Medizin bei unterschiedlichen Symptomen beobachtet, z. B. auch bei Zahnschmerzen oder Asthma. Im Durchschnitt berichtet etwa ein Drittel der Patienten von positiven Veränderungen nach Placebo-Behandlungen, wobei der Prozentsatz je nach Krankheit schwankt (Aronson, Ellsworth, Carlsmith & Gonzales, 1990). An den Erfolgen der Medizin in früheren Jahrhunderten haben Placebo-Effekte einen beachtlichen Anteil (Ross & Olson, 1981). Die moderne evidenzbasierte Medizin hat die Herausforderung angenommen und strebt an sicherzustellen, dass nur solche Medikamente zugelassen werden, die wirksame Substanzen beinhalten. Placebo-Effekte bleiben aber auch ein Thema der modernen Medizin, wie die Diskussion um die Wirksamkeit von Antidepressiva zeigt (Metaanalyse: Antidepressiva, 2008).

3.3.3 Externe Validität

Korrelationsstudien, natürliche Experimente und Quasi-Experimente beinhalten keine Zufallsaufteilung der Teilnehmer auf Experimental- und Kontrollgruppe, haben aber in vielen Anwendungsbereichen der Psychologie aufgrund ihrer hohen externen Validität, die die Generalisierbarkeit der Ergebnisse betrifft, eine große Bedeutung. Externe Validität bezieht sich auf die Generalisierbarkeit der Ergebnisse, die

Externe Validität bezieht sich auf die Generalisierbarkeit der Ergebnisse

anhand einer spezifischen Stichprobe oder eines spezifischen Messverfahrens oder einer spezifischen Prozedur gewonnen wurden. Damit ist zum einen die Frage angeschnitten, auf welche Populationen generalisiert werden kann (vorausgesetzt, die interne Validität ist gewährleistet). Von dieser Frage nach der Populationsgeneralität unterscheiden Hendrick und Jones (1972) die Frage nach der Prozedur- und Messgeneralität. Diese betrifft die Frage, ob ein bestimmtes Resultat auch auftritt, wenn veränderte Methoden verwendet werden. Eine Zusammenstellung der Fehlerquellen der externen Validität findet sich in Tabelle 6.

Populationsgeneralität, Prozedur- und Messgeneralität

Tabelle 6: Bedrohung der externen Validität (modifiziert nach Shadish et al., 2002, S. 87)

Fehlerquelle	Erläuterung
1. Interaktion der kausalen Beziehung mit Untersuchungseinheiten	Ein Effekt, der mit bestimmten Untersuchungseinheiten erzielt wurde, wird möglicherweise nicht aufrechterhalten, wenn andere Untersuchungseinheiten untersucht werden. In unserem Beispiel konnte gezeigt werden, dass der erwartete Zusammenhang zwischen Bedrohung durch Gefahr und Verträglichkeit sowohl mit Einzelpersonen als Untersuchungseinheiten als auch mit Staaten als Untersuchungseinheiten bestätigt werden konnte. Dieses Problem bezieht sich auf die Populationsgeneralität.
2. Interaktion der kausalen Beziehungen über Behandlungsvarianten hinweg	Eine einzelne Operationalisierung der Intervention repräsentiert im Allgemeinen das Konstrukt, das der Intervention zugrunde liegt, nicht vollständig. Kausale Inferenzen, die sich auf eine Behandlungsvariante stützen, können eventuell vernachlässigen, dass ein eingeschränktes Niveau des aktuell untersuchten Konstrukts gegeben ist. Es kann z. B. sein, dass die wahrgenommene Bedrohung durch Gefahr so geringfügig manipuliert wurde, dass kein Effekt aufgetreten ist. Umso harmloser das Szenario gewählt wird, um das Konstrukt zu repräsentieren, desto eher wird die Manipulation wirkungslos sein. Eine Gegenmaßnahme besteht darin, mehrere Abstufungen der Manipulation einzusetzen (z. B. niedrige, mittlere und hohe Bedrohung durch Gefahr).
3. Interaktion der kausalen Beziehung mit Ergebnisbeobachtung	Eine einzelne Operationalisierung der abhängigen Variable repräsentiert nur einen Teilaspekt des Konstrukts, von dem die abhängige Variable abgeleitet wurde. Es kann sein, dass andere Varianten der abhängigen Variable abweichende Ergebnisse erbringen.

Tabelle 6: Fortsetzung

Fehlerquelle	Erläuterung
4. Interaktion der kausalen Beziehung mit Settings	Ergebnisse sind auch abhängig von dem Setting, in dem sie gefunden wurden. In einem veränderten Setting können abweichende Ergebnisse auftreten. Zum Beispiel könnte ein Effekt in einem Laborexperiment auftreten, aber in einem Online-Experiment verschwinden.
5. Kontextabhängige Mediation	Mediatoranalysen kausaler Effekte haben nicht zuletzt durch die Entwicklung geeigneter Software (Preacher & Hayes, 2008) in den letzten Jahren in ihrer Bedeutung zugenommen. Kausale Effekte, die durch bestimmte Mediatoren vermittelt werden, könnten von dem Kontext der Untersuchung abhängen.

In Laborexperimenten werden eher artifizielle Situationen untersucht, die eine geringe externe Validität aufweisen. Daher ist es nicht verwunderlich, dass viele experimentelle Grundlagenforscher der externen Validität eine geringere Bedeutung als der internen Validität beimessen. Das ist auch insofern gerechtfertigt, als externe Validität einer Studie das Vorhandensein von interner Validität voraussetzt. Popper (2002a) vertrat ganz explizit den Standpunkt, dass Grundlagenforschung auch ohne Anwendungsbezug gerechtfertigt ist. Andere Autoren betonen eher den Aspekt der Lösung von angewandten Problemen als Forschungsmotor (von Alemann, 1977; Lewin, 1946; Silver, 2012).

Interner Validität wird häufig eine größere Bedeutung beigemessen als externer Validität

Wie steht es mit der Prozedur- und Populationsvalidität im Falle der Hypothese über den Zusammenhang zwischen wahrgenommener Bedrohung durch Gefahr und Verträglichkeit? Wir hatten schon die Ergebnisse einer Korrelationsstudie, die die Hypothese unterstützen, berichtet. Durch diese Korrelationsstudie wird die Generalisierbarkeit der Ergebnisse erhöht. Die externe Validität des Szenario-Experiments, das einleitend dargestellt wurde, ist eher gering. Daher stellt die Korrelationsstudie, in die Staaten als Untersuchungseinheiten einbezogen wurden, eine wichtige Ergänzung im Sinne der Erhöhung der externen Validität dar. Die Bedrohung durch Gewalt wurde durch ein Szenario über einen Einbrecher operationalisiert. In der Korrelationsstudie wurde die Bedrohung durch Gewalt aus der Höhe der Militärausgaben abgeleitet.

Beispieluntersuchung

Eine größere Unterschiedlichkeit in der Auswahl der Prozedur zur Prüfung einer Hypothese ist wohl kaum vorstellbar. Die interne und externe Validität ist für beide Studien zusammen genommen relativ hoch.

White et al. (2012) führten ein Experiment durch, das auch Hinweise auf die Populationsgeneralität ihrer Hypothese beinhaltet. Um den Zusammenhang zwischen Bedrohung und Verträglichkeit näher zu untersuchen, wurde Verträglichkeit gegenüber einem Menschen, den die Person sehr gut kennt, und gegenüber einem Menschen, den die Person noch nie getroffen hat, erfasst, indem die Testinstruktion entsprechend angepasst wurde (z. B. „Denken Sie daran, wie Sie handeln, wenn Leute um Sie herum sind, die Sie sehr gut kennen" vs. „..., die Sie nicht kennen"). Die Hypothese bestand darin, dass Personen ihre Verträglichkeit gegenüber den vertrauten Menschen in der Bedrohungsbedingung erhöhen, während sie sie gegenüber den unvertrauten Menschen verringern.

Dieser Zusammenhang wurde vor allem dann erwartet, wenn die Person selbst einer großen Gruppe angehört. Die Gruppengröße wurde über die Geschwisterzahl operationalisiert. Es wurde angenommen, dass Personen aus größeren Familien ihre Verträglichkeit eher an eine Bedrohung anpassen als Personen aus kleineren Familien. Die Bedrohung wurde entsprechend dem anfangs gegebenen Beispiel mit dem Einbrecherszenario experimentell variiert. Außerdem wurde, wie gesagt, die Einschätzung der Verträglichkeit experimentell variiert, indem entweder die eigene Verträglichkeit im Kontakt mit bekannten Menschen oder im Kontakt mit unbekannten Menschen eingeschätzt wurde. Die Auswertung wurde mit einer mehrfaktoriellen Varianzanalyse durchgeführt (vgl. Moosbrugger & Reiß, 2010).

Der Moderatoreffekt der Geschwisterzahl wurde mithilfe einer regressionsanalytischen Auswertung ermittelt, die von Aiken und West (1991) vorgeschlagen wurde und die es vermeidet, eine quantitative Variable (nämlich Geschwisterzahl, die hier zwischen null und zehn variiert) zu dichotomisieren (vgl. auch Cohen, Cohen, West & Aiken, 2003). Bei älteren Studien findet man vielfach die Reduzierung einer quantitativen Variablen wie der Geschwisterzahl auf zwei Ausprägungen (niedrig vs. hoch). Diese Vorgehensweise bedeutet aber einen Informationsverlust und wird deshalb nicht weiter empfohlen. Die Ergebnisse der dreifachen Varianzanalyse (Faktor A = Art der Geschichte, Faktor B = Richtung der Verträglichkeit und Faktor C = Familiengröße) für die abhängige Variable Verträglichkeit waren komplex: Bedrohte Personen schätzen sich selbst als verträglicher

Dreifache Varianzanalyse

gegenüber der Binnengruppe und als weniger verträglich gegenüber der Außengruppe ein. Dieser signifikante A × B-Interaktionseffekt entspricht der Untersuchungshypothese. Die Betrachtung der Dreifachinteraktion A × B × C zeigte darüber hinaus, dass die signifikante A × B-Interaktion nur bei Teilnehmern vorhanden war, die viele Geschwister hatten.

Konzeptuelle Replikation

Interaktionseffekt

Dieses Experiment stellt eine konzeptuelle Replikation der Korrelationsstudie der Autoren dar. Unter konzeptueller Replikation versteht man im Allgemeinen eine Nachuntersuchung, die sich in der Operationalisierung der unabhängigen und/oder abhängigen Variable von der Originaluntersuchung unterscheidet (Aronson & Carlsmith, 1968). Konzeptuelle Replikationen sind also von direkten bzw. exakten Replikationen zu unterscheiden, die der Originaluntersuchung weitgehend entsprechen (wenn auch nicht in allen Details wie der Person des Versuchsleiters). Auf das Thema der direkten Replikation gehen wir ausführlicher in Kapitel 8.4 ein.

Die konzeptuelle Replikation beruht bei White et al. (2012) auf einem 2 × 2-faktoriellen Plan mit dem zusätzlichen Faktor der Familiengröße (vgl. Kapitel 8). Während für die ersten beiden Faktoren eine Zufallsaufteilung durchgeführt wurde, ist der dritte Faktor nicht randomisiert. Die Einschätzung der Verträglichkeit wurde modifiziert, indem sie nun explizit auf die Binnengruppe oder die Außengruppe bezogen wurde.

Bezogen auf unseren hypothetischen experimentellen Versuchsplan, den wir vorangestellt haben, lässt sich feststellen, dass der Vergleich zwischen Experimentalgruppe (Bedrohung durch Gewalt) und Kontrollgruppe (keine Bedrohung durch Gewalt) die Hypothese *Bedrohung* ↑ → *Verträglichkeit* ↑ nur in der Bedingungskombination „Verträglichkeit gegenüber bekannten anderen plus viele Geschwister" bestätigte. In den Bedingungen der Teilnehmer, die wenige Geschwister hatten, fanden sich keine Effekte, und bei Teilnehmern, die viele Geschwister hatten, fand sich der gegenteilige Effekt, wenn die Verträglichkeit gegenüber unbekannten anderen eingeschätzt wurde.

Beispieluntersuchung

Somit werden mehrere einschränkende Bedingungen für die Gültigkeit der Hypothese *Bedrohung* ↑ → *Verträglichkeit* ↑ deutlich. Was die Populationsgeneralität angeht, gilt: Die Hypothese trifft nur für Personen zu, die viele Geschwister haben, während sie keine Bestätigung findet, wenn die befragten Personen allein oder mit einer kleinen Zahl von Geschwistern aufgewachsen sind. Bei der Interpretation dieses Ergebnisses ist zu beachten, dass die Geschwisterzahl nicht manipuliert wurde (und auch nicht manipuliert werden kann). Daher könnte es sein, dass andere Merkmale der Person mit der Geschwisterzahl zusammenhängen, die eigentlich für das Zustandekommen des Ergebnismusters ausschlaggebend sind. Es könnte z. B. sein, dass eine größere Geschwisterzahl mit einer religiösen Erziehung zusammenhängt, sodass Familien mit größerer Geschwisterzahl religiöser orientiert sind. Dann wäre es denkbar, dass nicht die Geschwisterzahl, sondern die religiöse Bindung die entscheidende Moderatorvariable ist. Diese rivalisierende Hypothese lässt sich aber anhand der vorliegenden Daten nicht prüfen. Sie verweist aber darauf, dass vorgefundene Variablen wie die Geschwisterzahl für andere Merkmale stehen können, die mit ihnen kovariieren.

Rivalisierende Hypothese zur Geschwisterzahl

Scheinkorrelation

Der Fachterminus für dieses mögliche Problem der Konfundierung ist „spurious correlation" bzw. „Scheinkorrelation".

> **Beispiel für eine Scheinkorrelation**
>
> Wenn eine Hitzewelle in der Stadt dazu führt, dass Schulen den Unterricht ausfallen lassen und dass der Energieverbrauch von Klimaanlagen im Stadtgebiet zunimmt, dann ist die positive Korrelation zwischen Unterrichtsausfall und Energieverbrauch „scheinbar" kausal zu interpretieren, in Wirklichkeit aber durch die Drittvariable Tagestemperatur verursacht.

Darüber hinaus schränken die Ergebnisse des Experiments die Gültigkeit der Hypothese insofern ein, als Bedrohung durch Gefahr nicht jede Verträglichkeit erhöht, sondern nur die gegenüber der Binnengruppe (aber nicht die gegenüber der Außengruppe, gegenüber der im Gegenteil bei Bedrohung durch Gefahr besonders unverträglich reagiert wird). Das ist aber eine wichtige Einschränkung des Geltungsbereichs der Hypothese, die offensichtlich keine Anwendung im Sinne der Reduzierung von Intergruppen-Konflikten ermöglicht.[8]

---

8 Diese Einschränkung hätte man schon vermuten können auf der Basis der Korrelationsstudie, die einen signifikanten Zusammenhang zwischen Militärausgaben und Verträglichkeit ergab. Militärausgaben sind sicher als Ausdruck der Bedrohung durch Gefahr zu interpretieren, sie dienen aber auch dazu, kriegerische Maßnahmen vorzubereiten, die ihrer Natur nach dem unverträglichen Pol des Kontinuums der Verträglichkeit zugeordnet sind.

3.3.4 Statistische Schlussfolgerungsvalidität

Abschließend gehen wir auf die statistische Schlussfolgerungsvalidität ein, die – wie schon der Name andeutet – mit der statistischen Auswertung der Daten zusammenhängt. Da das Problem von „Fehlern und Fallen der Statistik" (Stelzl, 1982) weit verbreitet ist, stellt die angemessene statistische Analyse der Daten einer Untersuchung eine große Herausforderung dar. Wir hatten am Beispiel der Auswertung des Experiments von White et al. im Zusammenhang mit der externen Validität schon gesehen, dass die Auswertung von Untersuchungen sehr schnell komplexe Formen annimmt. Für die Bedrohung der Validität der statistischen Schlussfolgerung werden neun Quellen der Invalidität unterschieden, die in Tabelle 7 zusammengefasst sind.

Die statistische Schlussfolgerungsvalidität beinhaltet die Frage, ob und wie stark Bedingung und Effekt korrelieren

Tabelle 7: Bedrohungen der statistischen Schlussfolgerungsvalidität (nach Shadish et al., 2002, S. 45)

Fehlerquelle	Erläuterung
1. Geringe Teststärke	Eine geringe Teststärke könnte fälschlicherweise zu dem Schluss führen, dass die Beziehung zwischen Manipulation und Ergebnis nicht signifikant ist. Auf dieses Problem wird immer wieder hingewiesen, weil die Frage vielfach vernachlässigt wird, ob eine wahre Hypothese irrtümlicherweise zurückgewiesen wird (siehe unten).
2. Verletzung der Annahmen von statistischen Methoden	Die Verletzung der Annahmen der statistischen Methode könnte dazu führen, dass die Signifikanz eines Effekts über- oder unterschätzt wird. Dieser Punkt bezieht sich auf wiederkehrende Inhalte, die in Statistikbüchern gepredigt werden.
3. Fishing und Problem der Fehlerrate	Wiederholte Teste für signifikante Beziehungen können zu einer Vergrößerung des Alpha-Fehlers führen, wenn nicht für die Anzahl der Tests korrigiert wird (z. B. durch Bonferroni-Korrektur). Bei 20 Tests erhöht sich der nominale Alpha-Fehler z. B. auf einen wirklichen Alpha-Fehler (Wahrscheinlichkeit des Auftretens eines Fehlers der 1. Art über 20 Durchgänge) auf .642 (Shadish et al., 2002, S. 48).
4. Keine Reliabilität der Messung	Messfehler schwächen die Beziehung zwischen zwei Variablen. Sie stellen gewissermaßen ein Rauschen dar, das so stark werden kann, dass die Signale nicht mehr wahrgenommen werden. Bei drei oder mehr Variablen kann durch den Messfehler ein komplexer Effekt hervorgerufen werden, der, je nachdem, zu einer Stärkung oder Schwächung der Beziehung zwischen den Variablen führt.

Tabelle 7: Fortsetzung

Fehlerquelle	Erläuterung
5. Einschränkung der Ausprägung einer Variablen	Die Reduktion des Ranges einer Variablen schwächt normalerweise die Beziehung zwischen dieser und einer anderen Variablen. Wenn z. B. auf einer Skala von 1 bis 5 nur die Werte 2, 3 und 4 Verwendung finden, wird dadurch der Range der Skala eingeschränkt.
6. Mangelhafte Reliabilität der Umsetzung der Manipulation	Wenn eine Manipulation in standardisierter Weise umgesetzt werden soll, aber nur partiell verwirklicht wird, können die Effekte dieser Manipulation im Vergleich zu einer vollständigen Implementation der Manipulation unterschätzt werden.
7. Externe Varianz im experimentellen Setting	Einige Aspekte des experimentellen Settings können zur Fehlerinflation führen und somit das Finden eines Effekts schwieriger gestalten. Ein Beispiel ist ohrenbetäubender Lärm, der von einer benachbarten Baustelle ausgeht.
8. Heterogenität der Untersuchungseinheiten	Erhöhte Variabilität innerhalb der Bedingungen bedingt eine erhöhte Fehlervarianz. Diese Bedrohung der statistischen Schlussfolgerungsvalidität ist wie ein starkes Rauschen zu interpretieren, das es erschwert, Effekte aufzufinden.
9. Ungenaue Einschätzung der Effektstärke	Manche Auswertungstechniken unterschätzen bzw. überschätzen die Effektstärke. Beispiel: Bei binären Daten liefern *odds-ratios* eine geeignete Einschätzung der Effektstärke, während die Effektstärke bei Verwendung von Korrelationen, die für kontinuierliche Variablen geeigneter sind, unterschätzt wird (Shadish et al., 2002, S. 52).

Die Auflistung in Tabelle 7 verdeutlicht, dass die statistische Schlussfolgerungsvalidität von mehreren Seiten gefährdet wird. Auf zwei dieser Gefährdungen (Punkte 1 und 8) gehen wir im Folgenden ausführlicher ein.

Power, Alpha-Fehler und Beta-Fehler

Zum einen besteht die Möglichkeit, dass ein kausaler Zusammenhang zwischen Bedingung und Effekt besteht, der aber übersehen wird, weil fehlerhafterweise geschlossen wird, dass kein Zusammenhang vorliegt. Damit ist das Problem einer geringen statistischen Teststärke angesprochen. Je höher die Power eines statistischen Tests, desto besser ist der Test.

Ein statistischer Signifikanztest beinhaltet die Gegenüberstellung der Alpha- und Beta-Fehlerwahrscheinlichkeit. In den Kapiteln 1.1 und 2.2 wurde der Alpha-Fehler im Zusammenhang mit Signifikanztests und der Scheinbestätigung von Hypothesen schon dargestellt. Der Beta-Fehler bezieht sich darauf, wie wahrscheinlich es ist, dass man sich irrtümlich für die Beibehaltung der Nullhypothese entscheidet. Es geht also um die Scheinwiderlegung einer Hypothese. Dann bedeutet $1-\beta$ ($\beta=$ beta) die Power des Tests. Diese betrifft die Wahrscheinlichkeit, die Alternativhypothese zu favorisieren, wenn sie wahr ist. Man spricht auch von Teststärke. Man kann eine Kompromiss-Teststärkeanalyse durchführen, die α (Alpha) und $1-\beta$ bestimmt (Erdfelder, Faul, Buchner & Cüpper, 2010).

Rosenthal (1984, S. 26) geht auf die Frage ein, welche Schlussfolgerungen sich aus der Kombination von Signifikanztests und geschätzten Effektstärkemaßen (vgl. Kapitel 2.7) für das Problem von Scheinbestätigung und Scheinwiderlegung ergeben:

Kombination von Signifikanztest und Effektstärkemaß

- Bei nicht signifikanten Ergebnissen:
  - Null-Effektstärke: Fehler ist unwahrscheinlich,
  - kleine Effektstärke: (geringe) Gefahr des Auftretens eines Fehlers der 2. Art,
  - hohe Effektstärke: (hohe) Gefahr des Auftretens eines Fehlers der 2. Art.
- Bei signifikanten Ergebnissen:
  - Null-Effektstärke: Gefahr des Auftretens des Fehlers der 1. Art,
  - kleine Effektstärke: Fehler ist unwahrscheinlich,
  - hohe Effektstärke: Fehler ist unwahrscheinlich.

Dementsprechend sind die Kombinationen von nicht signifikanten Ergebnissen mit kleinen oder hohen Effektstärken und signifikanten Ergebnissen mit Null-Effektstärken besonders problematisch (bezogen auf den zuletzt genannten Fall vgl. Kapitel 3.4.2). Wenn sie auftreten, ist eine weitergehende Analyse erforderlich, um abzuklären, ob ein Fehler der 1. Art oder der 2. Art vorliegen könnte.

Um die Heterogenität der Untersuchungseinheiten zu verringern, kann eine homogene Zusammensetzung der Stichprobe angestrebt werden. Dadurch kann die Fehlervarianz verringert und die Power des Tests erhöht werden. Wenn z. B. die Versuchsleiterin meint, dass das Geschlecht der Teilnehmer zur Heterogenität der Antworten beiträgt, dann wird diese Variable ausgeschaltet, indem nur männliche oder nur weibliche Teilnehmer in den Versuch einbezogen werden. Natürlich wird durch eine solche Maßnahme die Generalisierbarkeit der Ergebnisse und somit die externe Validität der Studie eingeschränkt. Aber es besteht die Möglichkeit, in einer späteren Untersu-

Durch Homogenisierung der Stichprobe kann die Fehlervarianz verringert und die Power erhöht werden

chung zu klären, ob die Generalisierbarkeit der Befunde auf Männer gegeben ist oder nicht.

Verwendung eines Blockfaktors

Eine andere Möglichkeit der Kontrolle einer potentiellen Störvariablen ist dadurch gegeben, dass diese Variable explizit in den Versuchsplan einbezogen wird. Für die gerade erwähnte Geschlechtsvariable hieße das, dass die statistische Analyse neben der Unterteilung in Experimental- und Kontrollgruppe auch eine Unterteilung in männliche und weibliche Teilnehmer berücksichtigen müsste, so dass der Haupteffekt dieser Variablen und ihre Interaktion mit der anderen unabhängigen Variablen festgestellt werden kann. Man spricht von einem Blockfaktor bzw. von „Blocking". Damit ist das Zusammenfassen von Teilnehmern nach ihrer Übereinstimmung in bestimmten Merkmalen in Gruppen bzw. Blöcken gemeint. In unserem Untersuchungsbeispiel, das wir im Zusammenhang mit der externen Validität dargestellt haben, lässt sich feststellen, dass die Geschwisterzahl explizit in den Versuchsplan einbezogen wurde. Man kann sie als Blockvariable auffassen.

3.4 Offene Fragen und kritische Anmerkungen

In diesem abschließenden Teil des dritten Kapitels geht es um die Frage, wann Hypothesentests eine echte empirische Prüfung darstellen und wann sie als Pseudoempirie zu kennzeichnen sind. Außerdem gehen wir auf die Frage ein, was statistische Signifikanz bedeutet.

3.4.1 Hypothesentests zwischen echter Prüfung und Pseudoempirie

Begriffliche Überschneidung zwischen Wenn- und Dann-Komponente

Was ist von einer Hypothese zu halten, die besagt, dass optimistische Menschen optimistisch sind? Vergleichbare Annahmen werden tatsächlich empirisch überprüft, wenn sie auch etwas verklausuliert formuliert werden, damit die Redundanz zwischen Wenn- und Dann-Komponente nicht offensichtlich wird. Hannelore Weber (2006) weist darauf hin, dass ein methodisches Problem der Differentiellen Psychologie darin besteht, dass Persönlichkeitsmerkmale mit Folgen in Verbindung gebracht werden, die in der begrifflichen Bedeutung des Persönlichkeitsmerkmals schon enthalten sind. Ein Beispiel ist die Hypothese, dass Optimismus mit hohem subjektives Wohlbefinden und guter psychischer Gesundheit zusammenhängt. Dispositionaler Optimismus wird als Neigung definiert, „für die Zukunft eher positive

Dinge zu erwarten" also als generalisierte positive Ergebniserwartung (Weber & Rammsayer, 2012, S. 90). Der Begriff des Optimismus verweist auf eine positive Gefühlslage. Bei negativer oder neutraler Gefühlslage würde man nicht von hohem subjektivem Wohlbefinden sprechen. Damit findet eine begriffliche Überschneidung zwischen Wenn- und Dann-Komponente statt. Diese Vorgehensweise wird als Pseudoempirie bezeichnet. Der Mechanismus der Pseudoempirie besteht darin, dass breit gefasste Begriffe wie Optimismus durch mehrere Komponenten begrifflich gekennzeichnet sind, deren Auftreten dann durch den übergeordneten Begriff empirisch vorhergesagt wird. Der wichtigste Grund, warum ein solches Forschungsprojekt scheitern kann, besteht in unreliablen Messungen kombiniert mit hoher Fehlervarianz.

In Kapitel 7 werden wir im Hinblick auf die Untersuchung der Einstellungs-Verhaltens-Relation eine ähnliche Problematik antreffen. Denn Einstellung und Verhalten sind Ausdruck desselben Konstrukts, das wir als erworbene Verhaltensdisposition bezeichnen werden. Daher ist ein positiver Zusammenhang zwischen Einstellung und Verhalten weniger eine empirische Hypothese als eine begriffliche Ableitung. Trotzdem kann es interessant sein zu untersuchen, unter welchen Bedingungen der Zusammenhang größer oder geringer ist oder sogar ganz verschwindet. Letzteres hat damit zu tun, dass Untersuchungen so ungünstig geplant sind, dass ein eigentlich vorhandener Zusammenhang empirisch nicht mehr entdeckt wird.

Anwendung auf die Einstellungs-Verhaltens-Relation

Ein anderes Beispiel für Pseudoempirie stellt die Übereinstimmung der Inhalte der Messinstrumente dar, die für die Erfassung der unabhängigen und abhängigen Variablen verwendet werden. Wenn z. B. Diskriminierung mit negativer Einstellung gegen diejenigen, die die Diskriminierung ausüben, in Verbindung gebracht wird, kann es sein, dass die Diskriminierung nicht nur als unabhängige Variable gemessen wird, sondern auch als Item der Einstellungsmessung (also der abhängigen Variable) auftritt (vgl. Mummendey & Grau, 2008, S. 103).

Ein anderes Beispiel für Pseudoempirie

3.4.2 Was bedeutet statistische Signifikanz?

Nullhypothesen-Test

Statistische Tests beziehen sich auf die Frage, ob die Nullhypothese gilt (vgl. Kapitel 3.3.4). Diese beinhaltet z. B. die Annahme, dass zwischen Experimental- und Kontrollgruppe kein Mittelwertunterschied in der abhängigen Variable besteht. Diese Annahme soll durch den Signifikanztest widerlegt werden. Wenn zwei Gruppen-mittelwerte verglichen werden, kann sich ein signifikantes Ergebnis von $p = .025$ ergeben, das unter der vorher festgelegte Signifikanz-grenze (z. B. $p < .05$) liegt. p kennzeichnet die Wahrscheinlichkeit des Ergebnisses, wenn die Nullhypothese gilt. Bevor die Nullhy-pothese bewertet wird, wird per Konvention festgelegt, wann die Teststatistik so unwahrscheinlich ist, dass die Nullhypothese ver-worfen werden muss (Kuhn, 2010). Beim statistischen Test macht man sich zu Nutze, dass die Mittelwerte, die aus unendlich vielen Stichproben gleicher Stichprobengröße resultieren (die aus einer bestimmten Population gezogen werden), weitgehend normalver-teilt sind, so dass eine Normalverteilung der Stichprobenmittel-werte angenommen werden kann.

p = Wahrscheinlichkeit des Ergebnisses, wenn die Nullhypo-these gilt

Aus der Ablehnung der Nullhypothese wird indirekt die Gültigkeit der Alternativhypo-these abgeleitet

Ein Problem, das mit dem Test der Nullhypothese verbunden ist, liegt darin, dass sie den Forscher oder die Forscherin in der Regel über-haupt nicht interessiert. Vielmehr besteht das Interesse darin zu prü-fen, ob die Alternativhypothese widerlegt werden kann. Das wird aber nicht direkt getestet. Vielmehr wird indirekt geschlossen, dass die Alternativhypothese zutrifft, wenn die Nullhypothese verworfen wird (wenn das im Vorhinein festgelegte Signifikanzniveau erreicht wird).

Umkehrung des Falsifikationsprinzips

In diesem Zusammenhang ist auch zu erwähnen, dass die Wissen-schaftstheorie in der Tradition des kritischen Rationalismus den Forscher oder die Forscherin dazu auffordert, die Arbeitshypothese zu falsifizieren statt sie zu verifizieren (vgl. Kapitel 1). Wird über-prüft, ob die Arbeitshypothese falsifiziert worden ist, indem geprüft wird, ob die Nullhypothese widerlegt wird? Offensichtlich nicht. Es besteht also kein eindeutiger Zusammenhang zwischen dem wissen-schaftstheoretischen Falsifikationsprinzip und dem statistischen Si-gnifikanztest. Man kann von einer Umkehrung des Falsifikationsprin-zips sprechen (Wottawa, 1993). Ein signifikantes Ergebnis entspricht der Falsifikation der Nullhypothese, an der aber im Allgemeinen kein großes wissenschaftliches Interesse besteht.

Ein signifikantes Ergebnis entspricht der Falsifikation der Nullhypothese

Dieses Problem ist brisant (Salsburg, 2001). Die Verwendung des p-Wertes im Signifikanztest wurde von Ronald A. Fisher in seinem *Buch Statistical Methods for Research Workers* erläutert. Zu der Frage, wie p-Werte interpretiert werden sollten, merkt Fisher für den Fall, dass p kleiner .01 ist, an: „Nur ein Wert in hundert wird [die berech-nete Teststatistik] per Zufall übertreffen, so dass der Unterschied

Rolle der Signifikanz-tests nach R. A. Fisher

zwischen den Ergebnissen klar signifikant ist." (zitiert nach Salsburg, 2001, S. 98; eckige Klammer von Salsburg hinzugefügt). Bei anderer Gelegenheit stellte Fisher fest (zitiert nach Salsburg, 2001, S. 99):

> In der Untersuchung von lebenden Wesen durch biologische Methoden sind Signifikanztests essentiell. Ihre Funktion besteht darin, uns davor zu schützen, durch zufällige Ereignisse getäuscht zu werden, die nicht auf die Ursachen zurückgehen, die wir untersuchen möchten, oder die wir versuchen aufzudecken, sondern auf eine Kombination vieler anderer Umstände, die wir nicht kontrollieren können.

Neyman-Pearson-Methode

In einem Briefwechsel entwickelten Egon Pearson und Jerzy Neyman ein weitergehendes Verständnis des Hypothesentestens, das über den Signifikanztest hinausgeht (Neyman-Pearson-Methode; Bröder, 2011; Salsburg, 2001) und das sich inzwischen in der empirischen Forschung unterschiedlicher wissenschaftlicher Disziplinen weitgehend durchgesetzt hat. Ein statistischer Test wird zwischen einer Nullhypothese und einer Alternativhypothese durchgeführt. Nun besteht ein substanzielles Interesse daran herauszufinden, wie die Wahrscheinlichkeit ist, dass die Alternativhypothese als wahr erwiesen wird, wenn sie wahr ist. In diesem Zusammenhang spielt die Validität der statistischen Schlussfolgerung eine wichtige Rolle (vgl. Kapitel 3.3.4).

Hypothesentesten nach Neyman und Pearson

An dieser Stelle ist auf ein zweites Problem hinzuweisen (Bröder, 2011; Wottawa, 1993): Die Nullhypothese für den Vergleich von zwei Mittelwerten geht z. B. davon aus, dass es keinen Unterschied zwischen Experimental- und Kontrollgruppe gibt. Es wird also getestet, ob die Mittelwertdifferenz exakt null beträgt. In der Regel gibt es aber geringe Mittelwertunterschiede in den Bedingungen, ohne dass immer klar sein muss, warum das der Fall ist (vgl. das obige Zitat von R. A. Fisher, in dem von der „Kombination vieler anderer Umstände, die wir nicht kontrollieren können" die Rede ist).

Analog gilt für Korrelationsanalysen, dass zwei Variablen im Normalfall nicht mit null korrelieren, sondern in einem bestimmten Ausmaß, möglicherweise auch sehr gering. Daher ist anzunehmen, dass ein trennscharfer statistischer Test in der Lage sein wird, den möglicherweise schwachen Zusammenhang zu entdecken. Nun ist aber bekannt, dass eine geringe Abweichung von null umso eher signifikant wird, je größer die Stichprobe ist. Denn in einer sehr großen

Mit zunehmendem Stichprobenumfang werden Ergebnisse eher signifikant

Stichprobe wird der Stichprobenfehler verringert, so dass der Signifikanztest eher signifikant ausfällt. Das bedeutet, dass ein Forscher oder eine Forscherin, die ihre Studien entsprechend anlegt, in der Lage sein wird, ein signifikantes Ergebnis zu erzielen, auch wenn der wahre Effekt sehr gering ist (vgl. Kapitel 3.3.4).

Kritik an NHST Die Nullhypothesen-Signifikanz-Tests (NHST) sind also unter Statistikern nicht ganz unumstritten. Eine Lösung wird von Jacob Cohen (1994) nahegelegt, der aber zunächst auf ein weiteres Problem der NHST aufmerksam macht: Nehmen wir an, dass der Forscher tatsächlich daran interessiert ist, die Nullhypothese zu überprüfen. Dann lautet seine Frage, die sich als bedingte Wahrscheinlichkeit $P(H_0/D)$ ausdrücken lässt: „Wenn diese Daten gegeben sind, wie groß ist dann die Wahrscheinlichkeit, dass H_0 zutrifft?" (S. 997). Stattdessen wird aber durch den NHST eine andere Frage, nämlich die nach $P(D/H_0)$ beantwortet: „Wenn H_0 wahr ist, wie ist dann die Wahrscheinlichkeit dieser (oder extremerer) Daten?" (S. 997). Generell gilt aber, wie wir aus dem Bayes-Theorem (vgl. Kapitel 1.3.3) ableiten können, dass $P(D/H_0)$ ungleich $P(H_0/D)$ ist. Cohen spricht von dem *inversen Wahrscheinlichkeitsfehler*, auf den im Übrigen schon viele Statistiker aufmerksam gemacht haben (z. B. Dawes, 1988; Gigerenzer, 1993) und der Cohen nach eigenen Angaben auch schon selbst unterlaufen ist!

In dem Schlussabschnitt seiner Kritik versichert Cohen (1994) unter der Überschrift „Was ist zu tun?", dass es zwecklos ist, nach einer „magischen Alternative" zu dem NHST zu suchen. Stattdessen empfiehlt er, Vertrauensbereiche in den Vordergrund zu stellen.

Vertrauensbereich des Mittelwerts

Der Mittelwert einer Stichprobe ist z. B. ein guter Schätzwert für den Populationsmittelwert, wenn die Population normalverteilt ist. Der Mittelwert (M) entspricht aber nicht präzise dem Populationsmittelwert (μ). Vielmehr muss ein Vertrauensbereich des Mittelwerts konstruiert werden, innerhalb dessen Grenzen μ vermutlich liegt (Walter, 2010).

Berechnung des 95% Vertrauensbereichs

Wenn wir uns z. B. darauf festlegen, dass wir ein Vertrauen von 95 % in die Bereichsschätzung des Mittelwerts haben wollen, kann der Vertrauensbereich bekanntlich berechnet werden, indem wir den Wert 1.96 × SE (SE steht für *standard error* bzw. Standardfehler) zum Mittelwert addieren bzw. davon abziehen, so dass gilt:

$$(1) \quad P\,(\mu - 1.96\;SE < M < \mu + 1.96\;SE) = 95\,\%$$

Das bedeutet in Worten (Wonnacott & Wonnacott, 1990, S. 255): „Es gibt eine 95% Chance, dass die Zufallsvariable M zwischen $\mu - 1.96$ SE und $\mu + 1.96$ SE fällt". Aus (1) lässt sich ableiten:

$$(2) \quad P (M - 1.96 \text{ SE} < \mu < M + 1.96 \text{ SE}) = 95\%$$

Der Populationsmittelwert liegt mit 95%-Wahrscheinlichkeit in dem dargestellten Zufallsbereich. Cohen (1994) weist darauf hin, dass Vertrauensbereiche mehr Information enthalten als in Signifikanztests steckt. Genauso wie größere Stichproben die Power des NHST erhöhen, verkleinern sie auch den Vertrauensbereich. Cohen betont schließlich (S. 1002), dass auf der Basis des Vertrauensbereichs das Falsifikationsprinzip von Popper bei der Hypothesenprüfung angemessener umgesetzt und bayesianisches Denken besser verwirklicht werden kann.

Zusammenfassung

Die Validität empirischer Untersuchungen wird durch verschiedene Fehlerquellen bedroht. So kann die interne Validität z. B. dadurch gefährdet werden, dass die unabhängige Variable gleichzeitig mit der abhängigen Variablen gemessen wird. Die Konstruktvalidität kann z. B. durch Versuchsleitererwartungen bedroht werden, die sich auf das Verhalten der Teilnehmer bzw. auf die Beobachtung des Verhaltens auswirken können. Die externe Validität bezieht sich auf die Generalisierbarkeit der Ergebnisse. Die statistische Schlussfolgerungsvalidität ist dann gewährleistet, wenn die Auswertung der Untersuchungsdaten und ihre Interpretation Fehler und Fallen der Statistik vermeidet. Anstelle von Signifikanztests sollte größeres Gewicht auf die Mitteilung von Vertrauensbereichen gelegt werden.

Weiterführende Literatur

Bröder, A. (2011). *Versuchsplanung und experimentelles Praktikum*. Göttingen: Hogrefe.

Cohen, J. (1994). The earth is round (p < .05). *American Psychologist, 49*, 997–1003.

Shadish, W. R., Cook, T. D. & Campbell, D. T. (2002). *Experimental and quasi-experimental designs for generalized causal inference*. Boston, MA: Houghton Mifflin.

Fragen

1. Nennen und erläutern Sie mindestens drei Punkte, die die interne Validität einer Studie beeinträchtigen können.
2. Wann werden Korrelationsstudien anstelle von Experimenten durchgeführt?
3. Wodurch kann die statistische Schlussfolgerungsvalidität einer Studie bedroht werden? Nennen und erläutern Sie mindestens drei Bedrohungen.
4. Erläutern Sie die Begriffe „Alpha-Fehler", „Beta-Fehler" und „Teststärke".

Lösungshinweise finden Sie unter
www.hogrefe.de/buecher/lehrbuecher/psychlehrbuchplus.

Kapitel 4

Das Gespräch –
Wege zum subjektiven Erleben

Inhaltsübersicht

Aufbau dieses Kapitels In diesem Kapitel geht es um die Methoden der Datengewinnung durch Gespräche. Dabei werden zwei Schwerpunkte gesetzt: Gespräche im Bereich der Arbeits- und Organisationspsychologie und Gespräche im therapeutischen Kontext. In diesen Schwerpunktthemen werden unterschiedliche Interviewverfahren bzw. Gesprächsstile in verschiedenen Kontexten dargestellt sowie Grundlagen für eine effektive Gesprächsführung erläutert. In Abschnitt 4.2 werden zunächst die Begriffe qualitative und quantitative Forschungsmethoden in der Psychologie erläutert und Formen und Klassifikationen von Interviews dargestellt (Abschnitt 4.2.1). In Abschnitt 4.2.2 werden spezielle Interviewformen ausgeführt: das narrative, das episodische, das problemzentrierte, das fokussierte, das rezeptive und das Experteninterview sowie Delphi-Studien. Abschnitt 4.3 beschäftigt sich mit der Gesprächsführung in spezifischen Kontexten, etwa dem Einstellungsinterview, dem biografischen und situativen Interview (Abschnitte 4.3.1 und 4.3.2). Grundzüge der Anamnese und Exploration werden im Abschnitt 4.4 erläutert. Der Abschnitt 4.5 handelt von Interviewverfahren im therapeutischen Kontext. Die Gesprächsführung mit speziellen Zielsetzungen wird im Abschnitt 4.6 zusammengefasst. Hier geht es um Gesprächsmethoden zur Förderung der Compliance und Motivation. Das wesentliche „Handwerkszeug" zur optimalen Gesprächsführung wird in Abschnitt 4.7 vermittelt. Hierbei geht es um die Formulierung von Fragen, um die Konstruktion von Gesprächsleitfäden, um die Person des Interviewers und ihre Gesprächshaltung und um die Grundbedürfnisse des Befragten. Abschnitt 4.7.4 schließlich beschreibt Voraussetzungen im Rahmen einer klientzentrierten Gesprächsführung (Empathie, Akzeptanz).

4.1 Einleitung

Durch Gespräche, wie durch jede Kommunikation, gewinnt man Informationen, die eine zentrale Basis für Entscheidungen in der Psychologie bilden. Solche Informationen setzen die Mitwirkungsbereitschaft, Offenheit und Reflexionsfähigkeit (meist die Fähigkeit zur Selbstreflexion) voraus. Den im Gespräch gesammelten Informationen kommt eine unterschiedliche Bedeutung zu. Bei der Personalauslese beispielsweise bildet das Einstellungsinterview die Grundlage für einen Entscheidungsprozess, um ein besonders umfassendes Bild von dem Bewerber oder der Bewerberin zu erhalten. Neben den erfragten Informationen erhält man auf der Sprach- und Beobachtungsebene Hinweise auf die sozial-emotionale Kompetenz, die Motivation

Die im Gespräch gesammelten Informationen haben je nach Kontext unterschiedliche Bedeutung

oder bestimmte Aspekte der Intelligenz. Die Gesprächsführung im therapeutischen Kontext weist gegenüber der Alltagskommunikation eine Reihe von Besonderheiten auf. Die Kommunikation des Psychotherapeuten mit dem Patienten etwa ist klar und aufgabenbezogen und die Aussagen sind mit dem Blick auf das Therapieziel wohlüberlegt und zweckorientiert. Für die einzelnen Stufen des Therapieprozesses existieren konkrete Vorgehensweisen, für die man dementsprechend Methoden einsetzt, um die angestrebten Ziele zu erreichen.

4.2 Interview

Interviews stellen eine wichtige Methode zur Datengewinnung in vielen Forschungsrichtungen und Wissenschaften dar. Sie dienen dazu, systematisch Informationen über Einstellungen, Meinungen, Wissen und Verhaltensweisen von Menschen zu gewinnen. Vor allem in der qualitativen Forschung (vgl. die Gegenüberstellung von quantitativen und qualitativen Forschungsmethoden in den folgenden beiden Kästen) stellen Interviews die wichtigste Informationsquelle dar. Für diese Befragungen gilt, dass die dabei aufgezeichneten Informationen unverzerrt authentisch, intersubjektiv nachvollziehbar und beliebig reproduzierbar sind, was z.B. bei Informationen aus teilnehmenden Beobachtungen nicht der Fall ist. Besonders der mögliche Vergleich des Interviews mit den daraus gezogenen Interpretationen verleiht dem qualitativen Interview einen hohen methodischen und methodologischen Status.

Mit Interviews lassen sich Einstellungen, Meinungen, Wissen und Verhaltensweisen von Menschen erfassen

Quantitative Forschungsmethoden in der Psychologie

Merkmale:

- Ziel: Merkmale/Verhalten einer Person in Form von Modellen, Zusammenhängen und zahlenmäßigen Ausprägungen möglichst genau beschreiben.
- Für die zu beantwortende Fragestellung liegen meist wissenschaftliche Theorien vor, die einen bestimmten Sachverhalt oder ein bestimmtes Ereignis erklären.
- Aus den vorhandenen Theorien werden Hypothesen ableitet. Ihre Überprüfung soll Aussagen über die Gültigkeit der Theorien ermöglichen und die Erkenntnisgewissheit vergrößern.
- Es wird ein Untersuchungsdesign (Experiment, Korrelationsstudie, Prä-Post-Studie) entworfen, in dem Datenerhebungsverfahren, abhängige und unabhängige Variablen, spezifische Messverfahren festgelegt werden.

- Zur Überprüfung der Hypothese werden darin enthaltene Konstrukte operationalisiert und ihre zahlenmäßigen Ausprägungen gemessen.
- Die Datenauswertung erfolgt anhand statistischer Prozeduren, meist Unterschiedsprüfungen. Die Ausprägungen/Effekte der unabhängigen Variablen auf die abhängigen Variablen werden durch einen Vergleich mit Kontrollgruppen überprüft. Über Signifikanzprüfungen versucht man, das Maß der Erkenntnisgewissheit zu bestimmen.
- Die Ergebnisse der Hypothesenprüfung werden dann auf die Ausgangstheorie bezogen. Hat sich die Hypothese bestätigt, gilt das als Indiz für die Gültigkeit der Theorie.

Vorteile:
- exakt quantifizierbare Ergebnisse (Ergebnisse in Maß und Zahl)
- Aussagen über statistische Zusammenhänge
- Möglichkeit, eine große Stichprobe zu untersuchen und damit repräsentative Ergebnisse zu erhalten
- im Vergleich zu qualitativen Verfahren geringere Kosten, geringerer Zeitaufwand
- hohe externe Validität durch große Stichprobe
- größere Objektivität und Vergleichbarkeit der Ergebnisse

Nachteile:
- keine oder geringe Flexibilität während der Datengewinnung
- Informationsverlust, z. B. über Ursachen für einen Befund oder eine Einstellung
- keine Rückmeldung/Verbesserungsvorschläge von Seiten der Befragten

Qualitative Forschungsmethoden in der Psychologie

Merkmale:
- Sie sind explorativ und hypothesengenerierend angelegt, die Theoriebildung erfolgt schrittweise und wird während der Untersuchung noch weiterentwickelt.
- Ziel ist, die Wirklichkeit anhand der subjektiven Sicht der Gesprächspersonen abzubilden und so mögliche Ursachen für deren Verhalten nachzuvollziehen und das Verhalten zu verstehen.
- Sie erlauben größere Offenheit und Flexibilität.

- Hohe Inhaltsvalidität und tieferer Informationsgehalt der Ergebnisse, ohne repräsentative und zahlenmäßige Aussagen.
- Stichprobenbildung erfolgt nach theoretischen Gesichtspunkten, sie wird aus einer kleinen Gruppe von für den Untersuchungsgegenstand typischen Vertreterinnen und Vertretern ausgewählt.

Vorteile:
- flexible Anwendung der Methode
- Offenheit des Vorgehens ermöglicht, neue, bisher unbekannte Sachverhalte zu entdecken
- Fokus wird vom Teilnehmer selbst bestimmt
- persönliche Interaktion ermöglicht, Hintergründe zu erfragen und Unklarheiten zu beseitigen
- hohe inhaltliche Validität durch nicht prädeterminierte Vorgehensweise
- tieferer Informationsgehalt durch offene Befragung
- größere Subjektivität der Ergebnisse

Nachteile:
- relativ zeit- und kostenintensiv
- hohe Anforderungen an die Qualifikation des Interviewers/ Beobachters
- aufwendige Auswertung
- keine zahlenmäßigen Mengenangaben ableitbar

4.2.1 Formen und Klassifikation von Interviews

Gesprächsformen zur Gewinnung von Daten über Personen lassen sich im Wesentlichen nach dem Grad der Strukturierung und der Standardisierung einteilen.

Formen und Klassifikation von Interviews

Grad der Standardisierung:
- standardisiertes Interview
- nicht standardisiertes Interview

Grad der Strukturierung:
- wenig strukturiertes Interview
- teilstrukturiertes Interview
- stark strukturiertes Interview

Strukturierung und Standardisierung von Interviews

4.2.1.1 Das standardisierte Interview

Bei standardisierten Interviews ist alles vorher festgelegt

Das standardisierte Interview enthält geschlossene Fragen mit mehreren Antwortkategorien. Diese werden zuvor auf eine Ja/Nein-Dichotomie oder mehrere Antwortkategorien festgelegt. Die Formulierung der Fragen, ihre Reihenfolge, die Antwortmöglichkeiten und das Interviewerverhalten sind hier genau festgelegt. Durch die Ja/Nein-Dichotomie wird die befragte Person zu einer klaren Stellungnahme gebracht. Bei mehreren Antwortkategorien sollte es keine Überschneidung der Antworten geben und die Antwortoptionen sollten im Gleichgewicht stehen (schlecht – eher schlecht – egal/neutral – eher gut – gut). Diese Vorgehensweise wird meist in der letzten Phase einer Studie eingesetzt, in der die quantitative Messung relevanter Sachverhalte angestrebt wird. Besonders ist hierbei die asymmetrische Kommunikationsstruktur, die den Interviewer veranlasst, z. B. auf Nachfragen des Befragten nicht einzugehen, sondern die gleiche vorgegebene Frage zu wiederholen. Damit soll erreicht werden, dass der Interviewte nicht beeinflusst wird. Durch seine asymmetrische Form zwischen den Partnern ist dieses Interview am weitesten von einem Alltagsgespräch entfernt. Vorteilhaft bei dieser Vorgehensweise ist, dass durch die starke Strukturierung der Gespräche viele Daten in kurzer Zeit erhoben werden können, und diese dann miteinander vergleichbar sind. Der Nachteil ist, dass durch die auch schon festgelegten Antworten eventuell wichtige Zusatzinformationen verloren gehen können.

4.2.1.2 Das nicht standardisierte Interview

Nicht standardisierte Interviews werden zur Vorbereitung quantitativer Datenerhebungen eingesetzt

Das nicht standardisierte Interview verwendet offene Fragen. Nicht standardisierte Interviews dienen vor allem der Exploration von Sachverhalten oder der Ermittlung von Bezugssystemen des Interviewten am Anfang einer Studie, etwa zur Vorbereitung einer quantitativen Datenerhebung. Bei dieser Vorgehensweise wird von einem Fragenkatalog bzw. Gesprächsleitfaden ausgegangen, der das Gespräch strukturiert. Es ist dem Interviewer erlaubt, den Wortlaut der Fragen zu verändern, Zusatzfragen zu stellen, oder nachzuhaken. Der Vorteil ist, dass dem Interviewten mehr Raum für eigene Formulierungen gegeben wird. Daher kann das nicht standardisierte Interview mehr in die Tiefe gehen. Nachteilig ist die eingeschränkte Vergleichbarkeit der einzelnen Interviews, da sie nicht mehr standardisiert sind.

4.2.1.3 Das wenig strukturierte Interview

Das wenig strukturierte Interview geht sehr in die Breite und Tiefe, es wird auch als Tiefen- oder Intensivinterview bezeichnet. Dem Interviewer steht ein grober Gesprächsleitfaden zur Verfügung, in dem das Interviewziel, die Themengruppen und eventuell formulierte Fragen festgehalten sind. Beim wenig strukturierten Interview liegt die Kontrolle des Interviews beim Interviewer, der bei der Fragenformulierung und -anordnung einen großen Spielraum besitzt und sich ggf. auch an den Befragten anpassen kann. Oftmals ergibt sich die jeweils nächste Frage aus der Antwort der vorherigen Frage. Das Ziel des wenig strukturierten Interviews ist es, den Erfahrungsbereich des Befragten zu erkunden. Weiterhin ist die höchstmögliche Reaktionsmöglichkeit des zu Befragenden Ziel des wenig strukturierten Interviews. Der Interviewer sollte sorgfältig geschult sein, da er sowohl den gesamten Gesprächsverlauf, Hinweise auf der Sprachebene, Bedeutungszusammenhänge und die Umgebung beobachten muss. Die Vorteile bei dieser Vorgehensweise sind, dass viele Informationen und Detailwissen gewonnen werden können. Dadurch werden die hinter den Aussagen stehenden Bedeutungsstrukturierungen des Interviewten im Idealfall deutlicher. Beispielsweise handelt es sich bei dem sogenannten offenen Konzept um eine Klärung von Zusammenhängen. Es stellt ein informelles Gespräch, wie z. B. Gruppendiskussionen oder Experteninterviews, dar. Es ist eines der Hauptinstrumente in der qualitativen Forschung.

4.2.1.4 Das stark strukturierte Interview

Beim stark strukturierten Interview wird vor der Befragung ein Fragebogen erstellt, d. h. Inhalt, Anzahl und Reihenfolge sowie sprachliche Formulierung und die Verwendung von Antwortkategorien sind vorgegeben. Der Inhalt und die Anzahl der Fragen sind durch die Problemstellung festgelegt. Ein wenig strukturiertes Interview sollte dem stark strukturierten Interview vorangegangen sein. Der Nachteil dieser Befragungsart ist, dass besonders auf eine exakte und sorgfältige Vorgehensweise geachtet werden muss, sodass sowohl Befragter als auch Interviewer in ihrem Freiheitsspielraum stark eingeschränkt sind. Die Vorteile dieser Methode zeigen sich etwa bei Telefoninterviews, die eine erhöhte Erreichbarkeit und eine schnelle Verarbeitungsmöglichkeit der erhaltenen Daten bieten. Hier zeigen sich je-

Der Inhalt und die Anzahl der Fragen sind durch die Problemstellung festgelegt

doch auch Nachteile, denn bei Telefoninterviews hat der Interviewer wenig Kontrolle in der Befragungssituation (Wer antwortet wirklich?). Der Interviewte hat die Fragen und Antworten nicht vorliegen. Daher entscheidet er sich bei mehreren Antwortmöglichkeiten meist für die erste oder letzte Antwort, weil er sich an die anderen nicht hinreichend genau erinnert, wodurch massive Verzerrungen und Fehler auftreten.

4.2.1.5 Das teilstrukturierte Interview

Beim teilstrukturierten Interview sind die Fragen vorformuliert, die Reihenfolge jedoch bleibt offen. Man startet mit einem Thema, das sich aus der Phase der Kontaktaufnahme ergibt. Es wird häufig ein Gesprächsleitfaden verwendet. Es handelt sich also hierbei um die mündliche Befragung von Einzelpersonen mit Hilfe eines Leitfadens, wobei der Interviewer die Fähigkeit haben sollte, zentrale Fragen im geeigneten Moment zur Diskussion zu stellen. In allen Gesprächen werden eine Reihe von Schlüssel- oder Eventualfragen gestellt. Auch das teilstrukturierte Interview erfordert eine spezielle Schulung des Interviewers. Der Interviewer hat großen Einfluss bei der Befragung und muss hohen Anforderungen an die Unvoreingenommenheit und die soziale und sprachliche Kompetenz genügen. Beim teilstrukturierten Interview ist die Auswertbarkeit eher schwierig, da sich die Ergebnisse schwer vergleichen lassen.

In den Gesprächen werden Schlüssel- oder Eventualfragen gestellt

Häufig bietet es sich an, auch die verschiedenen Interviewtypen im Allgemeinen zu kombinieren. Das wenig strukturierte Interview bietet eine sehr gute Basis für die anderen beiden Interviewtypen. Dem stark strukturierten Interview sollte ein wenig strukturiertes Interview vorangehen. So hat der Interviewer die Möglichkeit, die Fragen oder Antwortkategorien für die Erhebung in Kombination mit den Ergebnissen des vorangegangenen wenig strukturierten Interviews gezielt zu erstellen. Das Risiko für falsche Fragen oder Antwortkategorien wird eingeschränkt, weil der Interviewer nach der Auswertung des wenig strukturierten Interviews weiß, wonach er im stark strukturierten Interview fragen muss. Auch für die Erstellung eines Gesprächsleitfadens für ein teilstrukturiertes Interview bietet ein wenig strukturiertes Interview eine gute Basis. Das wenig strukturierte Interview ist in der Regel ein nicht standardisiertes Interview, dem dann das stark strukturierte in Form eines nicht standardisierten Interviews folgen sollte.

4.2.2 Spezielle Interviewformen

4.2.2.1 Narratives Interview

Das narrative oder auch erzählende Interview ist eine Erhebungsmethode in Form eines offenen Interviews. Die Daten, die durch dieses Interview gewonnen werden, können nicht mit Daten anderer Personen verglichen werden, da es sich um eine individuelle Lebensgeschichte handelt. Das narrative Interview zeichnet sich vor allem dadurch aus, dass der Verlauf völlig offen ist und dem Interviewten ausreichend Raum gegeben wird, über besonders entscheidende Phasen seines Lebens zu erzählen. Es soll möglichst nur erzählt, nicht aber bewertet oder argumentiert werden. Atteslander (2003) unterscheidet beim narrativen Interview zwischen der Erzählphase, Rückgriffsphase und Bilanzierungsphase. Lamnek (2005) ergänzt noch die Erklärungsphase und die Einleitungsphase.

Narrative Interviews erheben die Lebensgeschichte mit persönlichen Ereignissen

---

Phasen des narrativen Interviews (nach Lamnek, 2005)

1. **Erklärungsphase:** In der Erklärungsphase wird der Interviewte über die Besonderheiten und die Funktionen des narrativen Interviews informiert. Dem Interviewten wird in dieser Phase verdeutlicht, was mit Erzählung oder Geschichte gemeint ist. In diesem Zusammenhang werden auch die allgemeinen und technischen Modalitäten, wie Anonymität und Aufzeichnung des Gesprächs, angesprochen.
2. **Einleitungsphase:** In der Einleitungsphase wird besprochen, unter welchen Aspekten selbst erlebte Ereignisse erzählt werden sollen. Dies ist eine Hilfestellung dafür, dass das Gespräch nicht abdriftet. Durch die Einleitungsphase wird der Befragte darauf vorbereitet, dass er im weiteren Verlauf zwanglos erzählen und nicht berichten soll.
3. **Erzählphase:** In der dritten Phase soll der Interviewte ohne Unterbrechungen durch den Interviewer z. B. seine Lebensgeschichte erzählen. Die Rolle des Interviewers beschränkt sich auf die eines interessierten Zuhörers, der die Erzählung durch gelegentlich aufmunternde verbale Äußerungen oder nonverbale Gesten (Kopfnicken) unterstützen kann.
4. **Rückgriffsphase/Nachfragephase:** In der vierten Phase hat der Interviewer die Möglichkeit, unklar gebliebene Fragen in der Erzählung anzusprechen.

> **5. Bilanzierungsphase:** In der darauf folgenden Bilanzierungs-
> phase können Fragen nach der Motivation und der Intention
> gestellt werden. Diese Phase zielt darauf ab, eine Bilanz der
> Geschichte und den Sinn des Ganzen gemeinsam mit dem Be-
> fragten zu erörtern und das bisher Erzählte abschließend zu-
> sammenzufassen.

Der Interviewstil des narrativen Interviews ist neutral und überlässt
dem Befragten den Detaillierungsgrad der Erzählung. Durch den
Zugang in der Erzählung kommt es zu einer realitätsnahen Rekon-
struktion früheren Handelns der Person. Es sollte eine nicht autoritäre
und kollegial-freundschaftliche Vertrauensatmosphäre als unabding-
bare Voraussetzung für das Erzählen angestrebt werden. Eine gewisse
narrative Kompetenz kann bei allen Personen allgemein angenommen
werden, auch wenn sie im Einzelall sehr unterschiedlich ausgeprägt
sein mag.

Biografie- und Lebenslaufforschung Anwendung findet das narrative Interview in der Biografie- und Lebenslaufforschung, in der die subjektiven Systematisierungen und
Konzepte der Personen im vergangenen Handeln im Vordergrund
stehen.

4.2.2.2 Episodisches Interview

Der Begriff des episodischen Interviews geht auf Flick (2006) zurück. Es geht davon aus, dass Personen Erfahrungen vermitteln
können, die in zwei verschiedenen Formen von Wissen anzutreffen
sind. Erfasst wird beim episodischen Interview das narrativ-episo-
dische Wissen und daraus abgeleitet das semantische Wissen (Re-
gelmäßigkeit und Regeln). Mittels Leitfaden werden zielgerichtet
Fragen gestellt und der Befragte erzählt. Die Kombination aus Er-
Die Kombination aus Erzählen und Befragen entspricht der Alltagskommuni-kation zählen und Befragen entspricht so weitestgehend einer Alltagskommunikation. Vorteile des episodischen Interviews sind, dass der
Erfahrungsbereich nicht nur auf die Erzählbasis reduziert wird und
durch die Anwendung des Leitfadens die einseitige und künstliche
Situation des narrativen Interviews durch einen offenen Dialog ersetzt wird. Damit stellt das episodische Interview eine Methodenkombination dar.

4.2.2.3 Problemzentriertes Interview

Bei diesem Verfahren handelt es sich um eine Methodenkombination bzw. -integration von qualitativem Interview, Fallanalyse, biografischen Methoden, Gruppendiskussion und Inhaltsanalyse. Das problemzentrierte Interview ist in der Biografieforschung anzusiedeln. Im Zentrum stehen dabei die Erfahrungen, Wahrnehmungen und Reflexionen des Befragten zu einem ganz bestimmten Problem oder Thema. Bei der Befragung steht die Konzeptgenerierung durch den Befragten im Vordergrund. Durch die Äußerungen des Erzählenden wird eventuell ein bereits bestehendes wissenschaftliches Konzept modifiziert.

In der Erhebungsphase bereitet sich der Interviewer u. a. durch Literaturstudium oder anhand des Fachwissens von Experten auf seine Studie vor. Das theoretische Konzept wird durch die ihm relevant erscheinenden Aspekte des Problembereichs aus der sozialen Realität heraus gebildet. Die theoretischen Konzepte des Forschers werden durch das Interview modifiziert und geprüft. Während des Interviews teilt der Forscher sein theoretisches Konzept nicht mit, da es nicht suggestiv beeinflussend wirken soll. Kurzfragebogen, Leitfaden, Tonaufzeichnung des Gesprächs und Postskriptum unterstützen das Interview. Ein Leitfaden ist für das Interview wichtig, um alle für den Forscher wichtig erscheinenden Themenbereiche zu berücksichtigen. Die Leitfragen haben auch die Funktion, eine freie Erzählung des Interviewpartners zu fördern, sie sollen es dem Interviewenden auch ermöglichen, an die Erzählungen des Interviewpartners anzuknüpfen.

Die theoretischen Konzepte des Forschers werden durch das Interview geprüft

4.2.2.4 Fokussiertes Interview

In den 1940er Jahren ist das fokussierte Interview in den USA aus der Propaganda-Wirkungsforschung heraus entwickelt worden. Später wurde es zu einer eigenständigen wissenschaftlichen Forschungsmethode. Das fokussierte Interview ist der quantitativen Methodologie näher als die anderen qualitativen Verfahren. Beim fokussierten Interview geht es nicht nur um das Entwickeln von Hypothesen, sondern insbesondere um deren Überprüfung. Ausgangspunkt beim fokussierten Interview ist, dass der Befragte eine spezifische, konkrete und ungestellte Situation erlebt hat. Der Interviewer kennt in der Regel die reale Feldsituation, die der Befragte erlebt hat. Während des Interviews wird meist vom Interviewer aus der Kenntnis der Situation heraus ein Leitfaden formuliert und angewandt. Der Leitfaden wird jedoch häufig verlassen, um eine Beeinflussung der Aussagen durch den Forscher auszuschalten und um sehr spezifische Aussagen zu erhalten. Ziel des Interviews ist es, die subjektiven Erfahrungen der Befragten in der früher erlebten Situation zu erfassen. Durch Konfrontation mit der sozialen Realität sollen die formulierten Hypothesen überprüft werden. Treffen sie nicht zu, muss der Forscher die Hypothesen verwerfen, modifizieren oder andere Hypothesen generieren.

> Durch Konfrontation mit der sozialen Realität sollen Hypothesen getestet werden

4.2.2.5 Rezeptives Interview

Beim rezeptiven Interview soll der Interviewer nur zuhören, sodass es die am weitestgehend asymmetrische qualitative Interviewform darstellt. Ein anderer Aspekt ist, dass man mit dem rezeptiven Interview auch verdeckt vorgehen kann. Es stellt damit die Aufnahme einseitiger, alltäglicher Mitteilungen nach wissenschaftlichen Regeln zur Exploration von Sachverhalten dar. Diese Interviewform ist überwiegend befragtenzentriert und an der Lebenswelt der Informanten orientiert. Sie verlangt vom Interviewer nonverbale, zustimmende und ermunternde Reaktionen, um die Zweigleisigkeit der Kommunikation zu bewirken. Das rezeptive Interview findet dort Anwendung, wo einseitige Kommunikation auch alltäglich vorliegt. Da das rezeptive Interview auch verdeckt durchgeführt werden kann, erscheint es besonders geeignet, weil die Natürlichkeit des sozialen Feldes dadurch nicht beeinflusst wird. Es erlaubt, Gegenstände der Untersuchung zuzuführen, über die es wenig Vorinformationen gibt oder die sozial tabuisiert sind. Randgruppen und Subkulturen jeglicher Art erscheinen demnach besonders geeignet, um mit der Methode des rezeptiven Interviews befragt zu werden.

4.2.2.6 Experteninterview

> Experteninterviews werden mit Menschen geführt, die aufgrund ihrer beruflichen Stellung über besonderes Wissen verfügen

Über die Begriffe „Experteninterview" und „Experte" besteht in der Literatur keine Einigkeit. Eine Interpretation des Begriffs Experteninterview wäre die des Interviews mit Angehörigen von Gruppen (z. B. Wissenschaftler oder Politiker), die aufgrund ihrer Position über besondere Informationen verfügen. Eine andere Interpretation wäre, dass Experteninterviews mit Menschen durchgeführt werden, die aufgrund ihrer beruflichen Stellung besonderes Wissen aufweisen. Menschen verfügen auch über Expertenwissen, wenn sie ein Wissen über soziale Kontexte haben, in denen sie agieren. Darunter würde z. B. Wissen über ein Unternehmen und die Organisation fallen, denn nur die unmittelbar Beteiligten verfügen über dieses Wissen und jeder von ihnen hat eine besondere Sichtweise auf den jeweiligen Sachverhalt. Experteninterviews werden in Studien verwendet, um soziale Situationen oder Prozesse sozialwissenschaftlich zu erklären. Beispielsweise wäre ein Experteninterview dazu geeignet zu erfragen, wie sich soziale Beziehungen und andere Lebensumstände eines Leistungssportlers in bestimmten Phasen seiner Biografie verändert haben.

4.2.2.7 Delphi-Studie

Bei einer Delphi-Studie werden ausgewählte Experten in einem mehrstufigen Verfahren zu einem komplexen Phänomen befragt (vgl. Häder & Häder, 2000). Besonders geeignet sind Delphi-Befragungen für die Einschätzung von Bildungsentwicklungen. Eine Delphi-Studie beginnt meist mit einer offenen, mündlichen Befragung einer kleineren Gruppe von Fachexperten über mögliche Szenarien zukünftiger Entwicklungen. Unter Ergänzung durch bestehende Theorien wird dann auf dieser Basis ein Fragebogen entwickelt, der einer Gruppe von Experten vorgelegt wird. Nach dem Ausfüllen des Fragebogens wird den Experten das Ergebnis aller Befragten anonym zurückgemeldet und gebeten, den Fragebogen noch einmal auszufüllen und dabei die eigene Meinung nach Möglichkeit so zu revidieren, sodass ein größtmöglicher Konsens entsteht. Der Vorteil der Delphi-Befragung liegt in der strukturierten Konsensfindung zu bestimmten Fragen, ohne dass dieser Prozess durch Faktoren wie dem Status der Befragten verzerrt wird. Kritisch scheint, dass durch diesen Prozess ein Konsens erzeugt werden kann, der unter neutralen Umständen unter den Experten gar nicht exitiert.

Delphi-Studien sind besonders für Diskussionen um Bildungsentwicklungen geeignet

4.3 Gesprächsführung in spezifischen Kontexten

4.3.1 Das Einstellungsinterview

Interviews nehmen unter den eignungsdiagnostischen Verfahren eine wichtige Stellung ein, da sie direkte Verhaltensbeobachtungen mit Selbstberichten sowie der Möglichkeit von Nachfragen nach Verhaltensbeispielen, Motiven und Emotionen kombinieren und somit ein breites Spektrum an diagnostisch relevanter Information erzeugen können (vgl. Stephan & Westhoff, 2002). Das Interview dient als Informationssammlung, um die Frage von Passung und Eignung eines Kandidaten zu klären. Es stellt die einfachste Methode der Wahl dar, da es flexibel handhabbar, universell einsetzbar und ökonomisch ist.

Tabelle 8: Funktionen des Einstellungsinterviews (nach Schuler, 2002, S. 3)

Organisation	Bewerber
sich vorstellen, darstellen, einen guten Eindruck machen	
Kontakt aufbauen (Vertrauen, Sympathie)	
qualifizierten Bewerber gewinnen	Stellenangebot erzielen
Angebot unterbreiten	
Qualifikation, Leistungsprognose	
Auswahl zwischen Bewerbern	Entscheidung zwischen potenziellen Arbeitgebern
Eindruck aus Bewerbungsunterlagen prüfen	Selbstbeurteilung ermöglichen
Information über Tätigkeit, Arbeitsplatz, Arbeitsanforderungen, Unternehmen	
Selbstselektion ermöglichen	Arbeitsbedingungen abschätzen
Unternehmenskultur vermitteln	Stil des Unternehmens kennenlernen
Commitment vorbereiten	
als Mittel der Sozialisation nutzen	
Info über Arbeitsmarkt gewinnen	eigenen Marktwert eruieren
Absprachen treffen, Bedingungen aushandeln	
selbstwertdienliche Funktionen für Interviewer und Bewerber	
symbolische Bedeutung	

Das Multimodale Interview (MMI) ist eine komplexe Form eines Bewerberinterviews

Das Multimodale Interview (MMI) nach Schuler (2002) stellt eine komplexe Form eines vorab geplanten und strukturieren Bewerberinterviews dar, die mehrere Gesprächskomponenten und Fragetypen zu einem Interviewsystem verbindet. Dieses Interviewsystem ist eine der wichtigsten Methoden zur Auswahl von Mitarbeitern. Dem Aus-

wählenden wird ein Bild über die Qualifikation und Person des Bewerbers vermittelt. Gleichzeitig soll es den Bewerber über die Tätigkeit und das Unternehmen, die Organisationskultur sowie über
Erwartungen des Unternehmens an ihn und Bedingungen, die einzu-
halten sind, informieren (vgl. Tab. 8).

Das MMI besteht aus einer relativ unflexiblen Abfolge von acht
Gesprächskomponenten bzw. acht unveränderlichen Phasen:
1. Gesprächsbeginn,
2. Selbstvorstellung,
3. freie Fragen,
4. Berufswahl oder Handlungswissen,
5. biografiebezogene Fragen,
6. realistische Tätigkeitsinformation,
7. situative Fragen,
8. Gesprächsabschluss.

Aufbau und Inhalte des Multimodalen Interviews (nach Schuler, 2002)

1. **Gesprächsbeginn:** kurze informelle Unterhaltung, angenehme und offene Atmosphäre schaffen; Vorstellung und Skizzierung des Verfahrensablaufs; ohne Bewertung
2. **Selbstvorstellung des Bewerbers:** kleiner Vortrag zum persönlichen und beruflichen Hintergrund, der aktuellen Situation und zu den Erwartungen für die Zukunft; Beurteilung nach anforderungsbezogenen Urteilsdimensionen
3. **Berufsinteressen, Berufs- und Organisationswahl:** standardisierte Fragen zur Berufswahl, zu den Berufsinteressen, zur Organisationswahl, der Bewerbung und gegebenenfalls Fachwissen; Beurteilung erfolgt nach verhaltensverankerten Skalen
4. **Freier Gesprächsteil:** anknüpfend an die beiden vorangegangenen Themenbereiche; offene Fragen anschließend an die Selbstvorstellung und die Bewerbungsunterlagen; summarische Bewertung
5. **Biografiebezogene Fragen:** abgeleitet aus der Anforderungsanalyse oder aus validen biografischen Fragebögen, bezogen auf die zu besetzende Stelle; Beurteilung nach verhaltensverankerten Einstufungsskalen
6. **Realistische Tätigkeitsinformationen:** ausgewogene, bedarfsgerechte Informationen für den Bewerber seitens des Interviewers über die Tätigkeit, den Arbeitsplatz und das Unternehmen;

> negative Seiten werden nicht verschwiegen, da sie der Selbst-
> selektion dienlich sind und späterer Enttäuschung und uner-
> wünschter Fluktuation vorbeugen
> 7. **Situative Fragen:** sind so gestaltet, dass sie den Bedürfnissen
> einer spezifischen Arbeitsrolle entsprechen; auf Critical-Incident-
> Basis konstruierte situative Fragen; Beurteilung nach verhaltens-
> verankerten Einstufungsskalen
> 8. **Gesprächsabschluss:** Zusammenfassung, Fragen des Be-
> werbers beantworten, weiteres Vorgehen/Vereinbarungen; ohne
> Bewertung

Die einzelnen Gesprächsphasen knüpfen aneinander an, z. B. erfolgt die Überleitung zwischen Phase 6 und 7 mit dem Hinweis: „Ich habe Sie jetzt über einige wichtige Aspekte Ihrer möglichen künftigen Tätigkeit informiert. Um Ihnen einige Beispiele anspruchsvoller oder schwieriger beruflicher Situationen zu geben, werde ich Ihnen jetzt noch mehrere Fragen stellen, in denen jeweils eine solche mögliche Situation geschildert wird. Sagen Sie mir bitte, wie Sie sich in der betreffenden Situation verhalten würden."

Die Zielsetzung des MMI besteht darin, das Interview zu einem fairen und gut akzeptierten Auswahlverfahren zu machen. Somit soll es den Prinzipien der sozialen Validität (Schuler, 2002) entsprechen, einschließlich der prozeduralen, informationalen und interaktionalen Fairness (vgl. Frey & Bierhoff, 2011). Damit ist gemeint, dass die Kandidaten sich nicht durch die ungleiche Machtverteilung erniedrigt fühlen; ihnen sollen ehrliche Informationen über die Anforderungen und die Organisation geboten werden, ein angemessenes Maß an Selbstkontrolle wird gewährt, die Auswahlsituation soll transparent gehalten und ein verständnisvolles und freundliches Feedback gewährleistet werden. Das MMI soll aus freien und strukturierten Gesprächsteilen bestehen, mit dem Ziel, dass diese sich im Verlauf des Gesprächs abwechseln, was eine natürliche Gesprächsatmosphäre schaffen soll. Gleichzeitig soll der Interviewer von primären Aufgaben der Gesprächssteuerung entlastet werden. Auch erfahrene Interviewer begrüßen dies als Erleichterung. Mittels des MMI können mehrere psychologische und soziale Konstrukte erfasst werden, darunter soziale Kompetenz, psychische Stabilität und Leistungsmotivation. Wesentlich ist, dass die Zielmerkmale nicht zwangsläufig mit der Interviewstruktur verbunden, sondern anforderungsgemäß bestimmbar sind.

Das MMI wird in Situationen eingesetzt, in denen möglichst effizient und objektiv Informationen für die Empfehlung oder Entscheidung zur Platzierung, Auswahl und Klassifikation von Personen zu treffen sind. Es ergeben sich daher vielfältige Einsatzmöglichkeiten in der Mitarbeiterauswahl, der Personalentwicklung und der Leistungsbeurteilung. Die Erstellung eines MMI ist relativ teuer; es steht daher am Ende eines mehrstufigen Auswahlprozesses. Je nach Kosten-Nutzen-Abwägung ist es für die Auswahl und Förderung von Auszubildenden oder Trainees geeignet, ebenfalls für gewerbliche und technische Mitarbeiter, IT-Berufe, Management- oder Führungskräfte.

Das MMI beruht auf dem theoretischen Hintergrund der multimodalen Eignungsdiagnostik. Die Prinzipien der Multimodalität werden hier effizient und benutzerfreundlich in einem Personalauswahlinstrument vereint, das die Erfassung eines möglichst breiten Spektrums der berufsrelevanten Persönlichkeit eines Bewerbers gewährleistet.

Zur Personalauswahl werden drei Zugangswege genutzt, um das berufliche Potenzial einer Person voll zu erschließen (vgl. Schuler, 2002):

1. Der *Eigenschaftsansatz* umfasst Merkmale einer Person, die als relativ stabil angenommen werden und allgemeine kognitive Fähigkeiten beinhalten (z. B. Gewissenhaftigkeit, Intelligenz, Konzentrationsfähigkeit). Es wird angenommen, dass diese Merkmale die Grundlage für den beruflichen Erfolg einer Person bilden. Tiefer liegende Merkmale werden meistens anhand psychologischer Tests erhoben. So kann das Fachwissen über Mathematik durch einen Mathematiktest erhoben werden. Solche Tests können entweder standardisierte Verfahren sein oder durch das Human Resource Management der Organisation entwickelt werden, so dass sie nur in einer Personalabteilung bzw. einer Firma Verwendung finden. Sie gehen inhaltlich fließend in den Simulationsansatz über.

2. Der *Simulationsansatz* will das Verhalten, das in ähnlicher Form am Arbeitsplatz gefordert wird, erfassen. Durch die realitätsnahe Simulation solcher Aufgaben soll die Leistungsfähigkeit eines Bewerbers geprüft werden. Wichtig ist hier die Inhaltsvalidität, denn sie ermittelt, wie weit die zentralen Elemente der Berufstätigkeit durch die gestellte Aufgabe repräsentiert werden. Erhebungsformen des Simulationsansatzes bilden vorwiegend Arbeits-

Der Simulationsansatz will das Verhalten, das in ähnlicher Form am Arbeitsplatz gefordert wird, erfassen

proben, Postkorb-Übungen (Abarbeiten von Schriftstücken unter Zeitdruck) oder Gruppendiskussionen.

3. Mit dem *biografischen Ansatz* schließlich soll von früherem Verhalten eine Voraussage über das zukünftige Verhalten abgeleitet werden. Dies geschieht durch die Analyse vergangenheitsbezogener Merkmale (Arbeitszeugnisse, Ausbildung, Berufserfahrung). Es wird direkt vom Verhalten auf Verhalten geschlossen, ohne Annahmen über tiefer liegende Eigenschaften zu machen (z. B. Intelligenz). Biografische Fragebögen, Bewerbungsunterlagen oder das Bewerbungsinterview sind typische Verfahren zur Erhebung biografischer Daten. Die Genauigkeit dieser Vorhersage wird anhand der prognostischen Kriteriumsvalidität ermittelt. Es wird überprüft, inwieweit eingestellte Bewerber später ihrer individuellen Vorhersage entsprechen.

4.3.2 Das biografische und das situative Interview

Unter den verschiedenen strukturierten Interviews haben sich zwei in den 1980er Jahren entwickelte Verfahren als besonders erfolgreich herausgestellt. Es sind das biografische Interview (BI; vgl. Rosenthal, 2002) und das situative Interview (SI; vgl. Weuster, 2004). Der Hauptunterschied zwischen beiden Interviews ist, dass biografische Fragen vergangenheitsbezogen und situative Fragen zukunftsbezogen sind.

Das biografische Interview

Der zentrale Gedanke des biografischen Interviews (BI) ist, dass der beste Prädiktor für zukünftiges Verhalten das in der Vergangenheit gezeigte Verhalten ist. Es geht also darum, vergangenes berufsrelevantes Verhalten möglichst konkret zu erfassen. Die Bewerber werden danach befragt, wie sie sich in früheren arbeitsrelevanten Arbeits- und Lebenssituationen verhalten haben („Was haben Sie in einer solchen Situation getan?"). Die Fragen umfassen kritische Ereignisse im Arbeitsalltag, die sich an der Anforderungsanalyse orientieren. Das Verfahren, bei der die zu befragende Person aufgefordert wird, aus dem eigenen Erlebnisbereich über wichtige, „kritische" Ereignisse in der Vergangenheit zu berichten, ist auch als sogenannte Critical-Incident-Technik (CIT) bekannt.

Im biografischen Interview werden Bewerber danach befragt, wie sie sich in früheren Lebenssituationen verhalten haben

Die Fragen werden meist zu fünf bis zehn Leistungsbereichen gruppiert (z. B. Planungsfähigkeit, Konfliktmanagement). Zu jedem Leistungsbereich werden Fragen entwickelt, die nur noch lose mit den Critical Incidents verknüpft sind. Ein Beispiel für eine Einleitungsfrage: „Berichten Sie bitte über eines Ihrer Projekte, das erheblich zu spät zum Abschluss kam." Beispiele für Folgefragen sind: „Was waren die größten Schwierigkeiten im Projekt?", „Wie haben Sie versucht, die Schwierigkeiten zu beheben?", „Was haben Sie getan, um zukünftig solche Verzögerungen zu vermeiden?"

Fünf Phasen des biografischen Interviews

- Phase 1: Überprüfbare Fakten,
- Phase 2: Fachkenntnisse und Fertigkeiten,
- Phase 3: Erfahrung, Beschreibung von Aktivitäten,
- Phase 4: Bewertungen und Selbsteinschätzung,
- Phase 5: Verhaltensbeschreibung.

Die letzte Phase stellt den wichtigsten Teil des biografischen Interviews dar, da es um tatsächliches Verhalten geht, wovon die größte Aussagekraft erwartet wird.

Der zur BI-Entwicklung empfohlene Weg ist die Durchführung einer Anforderungsanalyse mit der Methode der kritischen Ereignisse (CIT). Damit soll sichergestellt werden, dass nur Fragen gestellt werden, die tatsächlich erfolgsrelevantes Verhalten ansprechen. Zur Zuordnung von Kompetenzen (Fähigkeiten, Fertigkeiten, Kenntnisse und andere Merkmale) zu Tätigkeitselementen ist die Kenntnis sowohl der Aufgaben als auch ihrer Bedeutung für die Arbeit erforderlich. Jede der „Kompetenzen" wird typischerweise durch zwei oder drei Fragen erfasst.

Das situative Interview

Das situative Interview bezieht sich auf vorgestelltes Verhalten in der Zukunft („Was würden Sie in dieser Situation tun?"). Es besteht meist aus einer Aneinanderreihung von 20 bis 30 situativen Fragen, wobei wichtige Kriterien durch eine größere Zahl von Fragen abzudecken sind als weniger wichtige. Es wird eine realitätsnahe Arbeitssituation geschildert und der Bewerber wird aufgefordert anzugeben, wie er in dieser Situation handeln würde. Ereignisse werden mög-

Im situativen Interview wird gefragt: „Was würden Sie in dieser Situation tun?"

lichst 1 : 1 in Fragen umformuliert. Als Unterstützung in der Entwicklung strukturierter Interviews werden Beispielantworten für den Beurteiler gegeben. Diese verbalen Verankerungen geben z. B. für die Skalenpunkte 1, 3 und 5 typische und evtl. auch häufige Antworten wieder. Die Beispielantworten sollen nicht als Bewertungsschlüssel, sondern als Bewertungsrichtlinie verstanden werden, weil der Befragte auch anders antworten kann. In diesem Fall muss der Interviewer die Tätigkeitsanforderungen kennen, um zu einer angemessenen Einschätzung zu kommen. Die Antwortbeispiele werden dem Kandidaten nicht gezeigt, da es einfacher ist, gute Lösungen als solche zu erkennen, als sie selbst zu produzieren. Jedem Kandidaten werden die gleichen Fragen gestellt, was ein wichtiges Element der Standardisierung ist. In der Auswertungsphase werden die Antworten anhand vorher entwickelter Antwortmöglichkeiten von mindestens zwei Interviewern eingestuft (Quelle für die Einstufung: Experteninterviews, tatsächlich gezeigtes Verhalten in den kritischen Situationen).

Verschiedene Studien haben gezeigt, dass das situative Interview einem strukturierten biografischen Interview in etwa ebenbürtig ist, wobei situative Fragen eine etwas höhere Übereinstimmung mit dem Ergebnis von Intelligenztests zeigen. Situative Fragen haben den Vorzug, Kandidaten über Anforderungen, insbesondere über möglicherweise auftretende Schwierigkeiten, zu informieren. Ein Vorteil der situativen Fragen ist, dass auch Quereinsteiger oder Arbeitseinsteiger, also Bewerber die keine direkten Erfahrungen mit den kritischen Situationen haben, eine Antwort geben können.

Stark strukturierte Interviews Biografisches und situatives Interview gehören zu den stark bis sehr stark strukturieren Verfahren und zeigen in aktuellen Metaanalysen hohe Kriteriumsvaliditäten (Huffcutt, Conway, Roth & Klehe, 2004). So finden sich beispielsweise in der Studie von Huffcutt et al. (2002) mittlere Validitäten von .27 für das situative Interview und von .31 für das biografische Interview. In einer Metaanalyse von Huffcutt, Roth und McDaniel (1996) wurden 22 hochstrukturierte Interviews untersucht. Zehn davon bestanden aus situativen und sieben aus biografischen Fragen. Die starke Standardisierung und Strukturierung, die im situativen Interview und in neueren Varianten des biografischen Interviews auftreten, sind zwar zentrale Gemeinsamkreiten beider Verfahren und wesentliche Grundlagen für ihre gute Zuverlässigkeit und

Aussagekraft, scheinen sich jedoch negativ auf die Akzeptanz durch die Bewerber und Anwender auszuwirken (z. B. Latham & Finnegan, 1993; van der Zee, Bakker & Bakker, 2002). So konnte bereits Latham (1989) in einer Studie zeigen, dass Bewerberinnen und Bewerber unstrukturierte Interviews bevorzugen, da sie diese als eher steuerbar erleben und mehr Möglichkeiten sehen, sich gut zu verkaufen. Außerdem sahen sowohl Bewerber als auch Rechtsanwälte größere Chancen einer erfolgreichen Klage vor dem Arbeitsgericht, wenn die Ablehnung des Bewerbers aufgrund eines unstrukturierten und nicht aufgrund eines strukturierten Interviews erfolgt ist. An dieser Stelle sei angemerkt, dass die Berücksichtigung von gesetzlichen Vorschriften und gesellschaftlichen Ansprüchen auf eine nicht diskriminierende Personalauswahl dazu beiträgt, dass eine Trennung zwischen der Person, die das Interview durchführt, und der Person, die das Interview auswertet, vorgenommen wird. Was die Einschätzung der Nützlichkeit des strukturierten Interviews betrifft, kommt die massive Unterschätzung seiner Nützlichkeit durch die verantwortlichen Entscheider in den Unternehmen hinzu, wie sie beispielsweise in der Studie von Terpstra, Mohamed und Kethleyl (1999) deutlich wird. Diese und ähnliche Ergebnisse führten zur Entwicklung des Multimodalen Interviews.

Die Konstruktion biografischer Fragen wird ausführlich bei Mumford, Costanza, Connelly und Johnson (1996) dargestellt. Außerdem finden sich dort Übersichten über sieben Feld- und sechs Laborstudien, in denen strukturierte biografische Interviews für unterschiedlichste Validitätsbelege Konzepte entwickelt wurden (z. B. Selbstregulation, Kontrollüberzeugung, Integrität, Planung & Organisation, Führung). Die einzelnen Dimensionen der Interviews wurden soweit möglich mit etablierten Messinstrumenten korreliert. Die teilweise hohen Übereinstimmungen bei gleichen Konstrukten (z. B. Stress-Toleranz mit emotionaler Stabilität $r = .66$), werden von Mumford et al. (1996) als Beleg für die Konstruktvalidität der von ihnen vorgestellten Konstruktionsmethode gewertet. Leider beziehen sich die in dieser Studie präsentierten Ergebnisse lediglich auf das biografische Interview und sind auch nicht durch eine metaanalytische Vorgehensweise abgesichert.

In einer weiteren Metaanalyse untersuchen Salgado und Moscoso (2002) die Aussagekraft von konventionellen Interviews und strukturierten Verhaltensinterviews (meist biografische und strukturierte

Interviews). Erstere beinhalten hauptsächlich Fragen zu Zeugnissen, Berufserfahrung und zur Selbstbewertung, während in letzteren hauptsächlich Fragen zur Berufserfahrung und zum Verhalten im Beruf gestellt werden. Insgesamt wurden die Zusammenhänge mit 11 Bereichen untersucht: allgemeine Intelligenz, berufsbezogenes Wissen, Berufserfahrung, situationsbezogenes Urteil, Persönlichkeitsfaktoren, Notendurchschnitt und soziale Fähigkeiten. Diese Bereiche haben sich

Valide Prädiktoren für Berufserfolg

nach Salgado und Moscoso (2002) als valide Prädiktoren für Berufserfolg erwiesen und werden als relevante Inhalte von Einstellungsinterviews diskutiert. Die Ergebnisse der Metaanalyse weisen darauf hin, dass konventionelle Interviews hauptsächlich soziale Fähigkeiten (mittlere Korrelation von .22), allgemeine Intelligenz (.20) und die Persönlichkeitsfaktoren emotionale Stabilität (.17) und Extraversion (.16) valide erfassen, während die strukturierten Verhaltensinterviews vor allem Berufserfahrung (.43), soziale Fähigkeiten (.34), berufsbezogenes Wissen (.27) und situationsbezogenes Urteil (.22) valide erfragen und zu einem geringeren Ausmaß auch allgemeine Intelligenz (.14).

4.4 Anamnese und Exploration

Anamnese und Exploration sind Methoden zur Datengewinnung und haben eine dialogische Ausrichtung. In der Regel steht das Sammeln von Informationen über die Biografie und die aktuelle Befindlichkeit am Anfang der Datensammlung. Im Unterschied zu Einstellungsinter-

Der Beziehungsaufbau hat im Rahmen klinisch-psychologischer Exploration eine besondere Bedeutung

views erhält der Beziehungsaufbau im Rahmen klinisch-psychologischer Exploration eine besondere Bedeutung, da er maßgebend für die weitere Zusammenarbeit und Mitwirkungsbereitschaft des Patienten ist. Anamnese und Exploration spielen nicht nur in der Medizin oder Psychologie eine wichtige Rolle, sondern sie werden auch in anderen Kontexten eingesetzt, etwa in der Forensik (Begutachtung), Polizeipsychologie (Vernehmung), Pädagogik (Feststellung des Förderbedarfs, Schüler-, Elterngespräche), in der Meinungsforschung (Umfragen), in der Personalauswahl (Assessment-Center, Eignungsdiagnostik, Personalentwicklung), in der Rehabilitationsforschung (Reha-Motivation, Rentenbegehren, Beschwerdevalidierung) sowie im Bereich der Primär- und Sekundärprävention (Konfliktberatung, Suchtberatung, Schwangerschaftsberatung). In diesem Zusammenhang seien die Eigenanamnese (Angaben des Patienten), Fremdanamnese (Angaben zum Patienten über Dritte), Berufs- und Sozialanamnese (Erhebung von spezifischen Daten im Kontext von Beruf bzw. soziales Umfeld) und Familienanamnese (familiäre Situation) erwähnt.

Die Anamnese (aus dem Griech.: Erinnerung) zielt auf die Sammlung und Systematisierung von Informationen aus der Vor- bzw. Entwicklungsgeschichte der Patienten ab. In der Exploration wird die aktuelle Situation oder das vorliegende Problem des Patienten inklusive seiner subjektiven Wahrnehmung erfragt.

Ein Anamnesegespräch beinhaltet im Wesentlichen sogenannte harte Fakten, also Fragen zur Biografie und zum Entwicklungsverlauf und im Weiteren Fragen zu somatischen, psychischen, sozialen oder anderen spezifischen Themenbereichen. In der Regel werden weitere schriftliche Informationen, etwa medizinische Befundberichte, hinzugezogen.

Themen des Anamnesegesprächs

- Allgemeine Angaben, Vorstellungsgrund
- detaillierte Schilderung der Problematik: Art, Dauer, Häufigkeit, Intensität, Bedingungen, Grad der individuellen Belastung, bisherige Versuche der Problemlösung
- biografische Angaben zum Patienten: objektive Ereignisse aus der Lebensgeschichte und subjektive Bedeutung für den Patienten. Bei Kindern: Informationen über allgemeine, kognitive und soziale Entwicklung; bei Krankheitsanamnese: aktuelle und frühere Erkrankungen
- Angaben zum Umfeld des Betroffenen: familiärer und sozialer Hintergrund, problembezogene familiäre Vorgeschichte, aktuelle soziale Situation
- ergänzende Informationen durch andere Informationsquellen, u. a. Befundberichte; bei Kindern Vorsorgeheft, Schulzeugnisse etc.

Unter Exploration (lat. explorare = erforschen) versteht man den Einsatz von Erhebungstechniken, um weitere Information über die Person (Stimmung, Erinnerungen, Bedürfnisse, Motivation) zu erhalten. Bei einer Exploration werden drei Phasen unterschieden:

Die Exploration besteht aus Kontaktaufnahme, Befragung und Zusammenfassung

- die Kontaktaufnahme (Einstellung auf die Situation, Austausch allgemeiner Information),
- die Befragung (Problem- oder Situationsschilderung) und
- der Abschluss (Zusammenfassung, Erläuterung des weiteren Vorgehens).

Derzeit liegt eine Fülle von Explorationsschemata und -leitfäden vor. Einige Beispiele zeigt der folgende Kasten.

> **Beispiele für Explorationsschemata**
>
> - DIPS: Diagnostisches Interview bei psychischen Störungen (Schneider & Margraf, 2011)
> - SKID-I und SKID-II: Strukturiertes Klinisches Interview für DSM-IV (Wittchen, Zaudig & Fydrich, 1997). SKID-I: Erfassung und Diagnostik ausgewählter psychischer Syndrome und Störungen ambulanter oder stationärer Patienten, wie sie im DSM-IV auf der Achse I („Klinisches Syndrom") definiert sind. SKID-II: Diagnostik der zehn auf Achse II sowie die beiden im Anhang des DSM-IV aufgeführten Persönlichkeitsstörungen.
> - SIAB: Strukturiertes Inventar für Anorektische und Bulimische Essstörungen (Fichter & Quadflieg, 1999)

4.5 Interviews im klinischen Kontext

Interviews spielen in der Klinischen Psychologie und Psychotherapie eine große Rolle. Trotz der Zunahme an Fragebögen und Selbstauskunftsinstrumenten in der Klinischen Psychologie bleibt das Face-to-face-Interview, bzw. der Dialog zwischen Patient und Therapeut, die meistgenutzte Erhebungsmethode. Insbesondere zur Abklärung von psychischen Krankheiten liegen viele strukturierte oder standardisierte Interviews vor (vgl. untenstehender Kasten). Die meisten dieser strukturierten Instrumente (wie beispielsweise das SKID-I oder das CIDI) bauen auf Kategorien internationaler Systeme zur Klassifikation psychischer Störungen auf: dem Diagnostic and Statistical Manual of Mental Disorders (DSM-IV-TR; American Psychiatric Association [APA], 2000) bzw. der International Statistical Classification of Diseases (ICD-10; World Health Organization [WHO], 1992). Generell handelt es sich hierbei um Leitfadeninterviews mit kodierten Antworten und expliziten Auswertungsregeln. Die Durchführung dieser Interviews erfordert hohe Kompetenz und Training auf Seiten des Befragers.

Zur Abklärung von psychischen Krankheiten liegen viele strukturierte oder standardisierte Interviews vor

> **Beispiele für strukturierte klinische Interviews und Checklisten**
>
> - Leitfaden zur Erfassung des psychopathologischen Befundes (Fähndrich & Stieglitz, 1998)

- IDCL für ICD-10: Internationale Diagnosen Checklisten für ICD-10 (Hiller, Zaudig & Mombour, 1995)
- IDCL für DSM-IV: Internationale Diagnosen Checklisten für DSM-IV (Hiller, Zaudig & Mombour, 1997)
- Elternexplorationsbogen zum Training mit aggressiven Kindern (Petermann & Petermann, 2012)

Das Interview im klinischen Erstgespräch

Das klinische Interview bietet den effektivsten Weg, um ein Verständnis dafür zu bekommen, welche aktuellen Schwierigkeiten und Probleme ein Patient aufweist. Ziel des Gesprächs ist es, genügend Informationen vom Patienten zu bekommen, um seine Problembereiche zu erkennen, individuelle Stärken und Ressourcen ausfindig zu machen, die Entwicklungs- und aktuellen Kontextfaktoren einzuschätzen, eine vorläufige Diagnose stellen und mögliche Behandlungsansätze planen zu können.

Gerade im klinischen Erstgespräch geht es um die Beschreibung und Erklärung von psychischen Beschwerden, deretwegen eine Person einen Therapeuten aufgesucht hat. Der zentrale Fokus liegt also auf dem (Problem-)Verhalten des Patienten. Bei einem klinischen Erstinterview kann man von einer problemzentrierten Exploration sprechen, in deren Kontext ein verhaltensdiagnostisches Interview als ein sehr hilfreiches und flexibles Erhebungsverfahren eingesetzt werden kann. In einem verhaltensdiagnostischen Interview wird nämlich das Problemverhalten auf verschiedenen Ebenen, wie Verhalten, Kognition, biologischen Merkmalen und situativen Bedingungen, betrachtet. Es wird versucht, mit offenen Fragen, konkrete, detaillierte und spezifische Informationen zu erheben. Die Fragen sind zielorientiert und dienen der Klärung und Prüfung von fallbezogenen Hypothesen (Reinecker, 2005). Bei diesem Frageprozess werden vom Therapeuten besondere Kompetenzen gefordert: zum einen muss er eine diagnostisch-therapeutische Funktion erfüllen und zum anderen eine therapeutisch-motivierende Rolle ausüben, die für den Aufbau einer vertrauensvollen Arbeitsbeziehung zentral ist.

Fokus liegt auf dem (Probem-)Verhalten des Patienten

4.6 Gesprächsführung mit speziellen Zielsetzungen

4.6.1 Gesprächsführung zur Förderung von Compliance und Eigenverantwortlichkeit

Für den Therapieerfolg ist es wichtig, dass die Patienten bereit sind, mitzuarbeiten (Compliance) und Eigenverantwortung zu übernehmen. Häufig ist es notwendig, durch geeignete Gesprächsstrategien diese Voraussetzungen zu fördern. Besonders chronische Krankheiten und Belastungen, etwa eine chronische körperliche Erkrankung oder Stress, können beim Patienten ein dauerhaftes Gefühl der Hilflosigkeit und ein ungünstiges Krankheitsverhalten verursachen. Noncompliance liegt vor, wenn der Patient z. B. seine verordneten Medikamente nicht oder fehlerhaft einnimmt, es versäumt, notwendige Messungen (z. B. Blutzucker) durchzuführen oder sich nicht an Diätvorgaben hält. Dieses Verhalten hat seine Ursache häufig in ganz spezifischen Einstellungen und Grundannahmen des Patienten über seine Erkrankung und Behandlung. Zum Beispiel kommt es häufig vor, dass Patienten einen Zusammenhang zwischen der Erkrankung und dem eigenen Verhalten ablehnen („Ist doch alles genetisch, da kann man sowieso nichts ändern.") oder falsche/überhöhte Erwartungen haben („Ich brauche nur ein paar Tage Urlaub, dann geht es mir schon wieder besser."). Derartige Einstellungen und Verhaltensweisen des Patienten sind ungünstige Voraussetzungen für das Gelingen einer Therapie.

Die Bearbeitung dieser problematischen Einstellungen und Meinungen mit dem Ziel einer realistischeren Bewertung beginnt in der Regel damit, dass der Therapeut die Hilflosigkeit des Patienten anerkennt und ihm die Möglichkeit gibt, seine damit verbundenen Gefühle und Befürchtungen auszudrücken. Besonders bei einer herabgesetzten Compliance ist eine genaue Absprache von durchzuführenden Maßnahmen wichtig: Ab wann genau, um welche Uhrzeit, vor oder nach dem Essen? Dies erhöht nicht nur die Wahrscheinlichkeit, dass der Patient wirklich mit den besprochenen Maßnahmen anfängt, sondern ermöglicht auch, dass Barrieren in konkreter Form erkannt (und verändert) werden können. Innerhalb der Gespräche mit den Patienten ist es zunächst wichtig, sich über ein gemeinsames Störungsmodell der Erkrankung oder belastender Situationen zu verständigen. Hierzu sind häufig psychoedukative Einheiten nötig, d. h., dem Patienten müssen krankheitsspezifische Informationen vermittelt werden. Bei der Besprechung konkreter Maßnahmen gilt die Devise: Empfehlen statt verordnen und den Patienten selbst nach Lösungen suchen lassen. Damit soll die Entscheidungsfreiheit und Selbstwirksamkeit des Patienten respektiert bzw. gefördert werden. Sinnvoll ist es auch, den Patienten eigene Vorschläge machen zu lassen, wie das Krankheitsmanagement besser gelingen kann, etwa wie notwendige Therapiemaßnahmen besser in den Tagesablauf integriert werden können. Weiterhin können konkrete Absprachen getroffen werden („Könnten Sie einmal ausprobieren, ob Walking für Sie geeignet ist und morgen mit 5 Minuten beginnen?"). Ist das gewünschte Verhalten ausgeführt worden, sollte nachgefragt werden, ob und wie es dem Patienten gelungen ist. Letztlich sollten erfolgreiche Versuche oder auch tatsächliche Erfolge des Patienten entsprechend gewürdigt und gelobt werden. Erwartet wird, dass der Patient durch direkte Erfahrung merkt, dass ihm z. B. mehr Bewegung oder die regelmäßige Einnahme der Medikamente gut tut. Wichtig ist auch, die Ressourcen des Patienten zu erfragen, etwa: „Wer oder was könnte Sie dabei unterstützen, dieses Ziel zu erreichen?"

Zeigt der Patient eine schlechte Therapiemitarbeit, etwa durch wiederholtes Zuspätkommen oder Versäumen von Terminen, das Vergessen von Absprachen, kann dies ein Hinweis auf indirekte oder direkte Ablehnung der Behandlung sein. Bevor der Therapeut mit der eigentlichen Intervention beginnt, sollte vorab diese Haltung thematisiert und analysiert werden. Die bereits beschriebene Zugewandtheit, Empathie und Akzeptanz gegenüber dem Patienten sind in dieser Situation wichtige Grundvoraussetzungen, um den Grund und die Funktion des Widerstands ermitteln zu können.

4.6.2 Motivierende Gesprächsführung

Wenn die mangelnde Mitarbeit in der Therapie mit motivationalen Widersprüchen zu tun hat oder Patienten zu Veränderungen ihres Verhaltens motiviert werden sollen, sind spezielle Gesprächsstrategien erforderlich. Am häufigsten wird die motivierende Gesprächsführung, nach der amerikanischen Bezeichnung „Motivational Interviewing" (MI), eingesetzt. MI wurde ursprünglich entwickelt, um Patienten mit Suchtstörungen und Complianceproblemen für eine weitergehende Behandlung zu motivieren. Der amerikanische Suchtforscher und Psychologieprofessor Bill Miller und sein britischer Kollege Steve Rollnick entwickelten aus der Praxis der Arbeit mit

Spezielle Gesprächsstrategien sind bei Compliance- und Motivationsproblemen erforderlich

Suchtkranken, die häufig als schwierig und unmotiviert gelten, diesen Ansatz, der sich in zahlreichen empirischen Untersuchungen als effizient erwiesen hat. Ursprünglich als Vorbereitung für weitere Maßnahmen (z. B. Therapie) konzipiert, führte MI häufig ohne weitere Behandlung zu signifikanten positiven Veränderungen (Gehring, 2008).

Transtheoretisches Modell als Basis

Die Grundlage des Ansatzes, Menschen für Veränderung zu gewinnen und vorzubereiten, kann mit dem „Modell der Stadien der Veränderung" (transtheoretisches Modell) von Prochaska, DiClemente und Norcross (zusammenfassend Keller, 1999) erklärt werden. Nach dieser Theorie verläuft menschliche Veränderung in Stufen und unterschiedliche Stufen erfordern unterschiedliche Interventionen, die sich in unterschiedlichen Gesprächsstilen zeigen. Das transtheoretische Modell beschreibt den Prozess der Verhaltensänderung als das Durchschreiten von zeitlich und inhaltlich aufeinander aufbauenden Stufen der Verhaltensveränderung („stages of change"; Prochaska, DiClemente & Norcross, 1992). Die Stufen *der Veränderung* sind: (1) *Absichtslosigkeit:* kein Nachdenken über Veränderung, (2) *Absichtsbildung:* Nachdenken, (3) *Vorbereitung oder Zielfindung:* Zielklärung (4) *Handlung:* Erwerb neuer Kompetenzen und (5) *Aufrechterhaltung:* Integration in den Alltag. Ein Zurückfallen ist auf jeder Stufe möglich (Drehtürmodell).

Motivierende Gesprächsführung nach Miller und Rollnick (2009) wird heute definiert als eine partnerschaftliche und personenzentrierte Art der Anleitung und Begleitung zum Hervorlocken und Stärken von Veränderungsmotivation. Die Grundannahme des MI ist, dass Menschen in Bezug auf eine Änderung ihres Verhaltens nicht unmotiviert, sondern ambivalent sind. Bei der MI konzentriert man sich vor allem darauf, die Ambivalenz einer Person zu erforschen und aufzulösen. Ambivalenz wird als Schlüssel für eine Veränderung gesehen. Das Vorgehen der motivationalen Gesprächsführung umfasst vier Prinzipien:

Vier Prinzipien der Gesprächsführung

1. *Empathie ausdrücken:* Durch aktives Zuhören versucht der Therapeut, die Gefühle und Sichtweisen des Patienten zu verstehen, ohne sie zu bewerten. Der Patient wird so akzeptiert, wie er ist. Es ist normal, ambivalent zu sein und deshalb noch nicht in der Lage zu sein, sich zu verändern. Der Patient ist deswegen nicht krank oder unfähig.
2. *Diskrepanzen entwickeln:* Es geht darum, gemeinsam herauszufinden, wie groß der Unterschied zwischen der jetzigen Situation ist und dem, was sich der Patient wünscht. Nur wenn dieser Un-

terschied groß genug ist, wird es zu einer Veränderung kommen. Entscheidend ist auch hier, dass der Klient es selbst ausspricht.

3. *Widerstand umlenken:* Hier soll die Situation vermieden werden, dass der Therapeut für eine Veränderung und der Patient dagegen argumentiert. Es ist die Aufgabe des Patienten, Lösungen für sein Problem zu finden. Mit Widerstand ist hier immer das Argumentieren gegen eine Veränderung gemeint.

4. *Selbstwirksamkeit fördern:* Selbstwirksamkeit meint, dass die Person daran glaubt, dass sie mit ihren Fähigkeiten etwas erreichen kann. Sie ist ein Schlüssel für Veränderung. Der Therapeut kann den Patienten nicht verändern, er muss es selbst tun. Der Therapeut kann lediglich bei dem Veränderungsprozess unterstützen und deutlich machen, dass er dem Patienten eine Veränderung zutraut.

4.7 Gesprächsgrundlagen und -voraussetzungen

4.7.1 Formulierung von Fragen

Offene und geschlossene Fragen

Grundsätzlich kann man offene und geschlossene Fragen unterscheiden (vgl. Tab. 9). Für ein qualitatives Interview sind nur die offenen Fragen relevant, bei denen keine Antwortalternative vorgegeben ist, um den Befragten nicht in eine bestimmte Richtung zu lenken. Er hat die Möglichkeit, eine Antwort zu geben, die seiner Denkweise und Einstellung entspricht. Dies setzt jedoch eine gewisse Artikulationsfähigkeit des Befragten voraus. Die offene Frage stellt somit höhere

Tabelle 9: Unterschiede zwischen offenen und geschlossenen Fragen

Offene Fragen	Geschlossene Fragen
Der Befragte muss sich an etwas erinnern.	Der Befragte muss etwas wiedererkennen.
Der Befragte macht sich wirklich Gedanken über das Problem.	Mögliche Suggestivwirkungen können auftreten.
Der Befragte fühlt sich aufgrund der gesprächsähnlichen Situation ernst genommen und ist interessierter.	Es herrscht eine größere Einheitlichkeit der Antworten und somit eine größere Vergleichbarkeit.
Eignung: Erforschung des Problemfelds im Planungsstadium.	Eignung: Prüfung von Hypothesen.

Offene Frage stellen
höhere Anforderungen
an Gesprächs-
teilnehmer

Anforderungen als die geschlossene Frage – auch an den Interviewer: Dieser muss die Antwort „richtig" verstehen, sie protokollieren (oder aufzeichnen), muss Wesentliches von Unwesentlichem (z. B. Wiederholungen, schmückende Beiwörter) trennen, also die eigentliche Botschaft herausfiltern.

Unter die geschlossenen Fragen fallen Formulierungen, die entweder mit einem Ja oder Nein beantwortet werden können oder die sich auf Faktenwissen im Hinblick auf den erfragten Sachverhalt beziehen. Auch die Fragen mit mehreren Alternativantworten, Mehrfachauswahl-Fragen, gehören zum Typus geschlossener Fragen.

Offene Fragen besitzen in der Praxis vor allem die Funktion, den Befragten behutsam an ein Thema heranzuführen. In einem solchen Gespräch könnte man wie folgt vorgehen:
Frage: „Was wissen Sie über Fragearten?"
Antwort: „… z. B., dass dies eine offene Frage war, die dem Interviewpartner keinerlei Antwort vorgibt."
Frage: „Stimmt es, dass man offene Fragen gerne als Eingangsfragen stellt, um dem Interviewpartner zu einer unbeeinflussten Antwort Gelegenheit zu geben?"
Antwort: „Ja, vorausgesetzt, man hat genügend Zeit zur Verfügung. Das ist aber oft nicht der Fall."

Durch geschlossene
Fragen werden
bestimmte Aspekte
eines Themas
angesteuert

Geschlossene Fragen sparen Zeit. Man verwendet sie auch, wenn man das Interview stärker führen will. Durch geschlossene Fragen werden bestimmte Aspekte eines Themas angesteuert. Durch diese Steuerfunktion kann weitgehend verhindert werden, dass der Befragte auf andere Themen zu sprechen kommt, die man für weniger wichtig hält.

Offene Fragen lassen dem Antwortenden viele Möglichkeiten, auf die Frage des Interviewers zu antworten, und werden daher in der Regel eingesetzt, um den Erzählfluss in Gang zu setzen oder aufrechtzuerhalten. Die sogenannten W-Fragen „Wie", „Was", „Wodurch", „Wohin/Woher", „Warum" u. Ä. eignen sich als erzählungsgenerierende Fragen oder auch als Erzählaufforderungen, weil sie genau das tun, nämlich zum Erzählen auffordern, z. B.: „Beschreiben Sie doch möglichst genau, wie das alles begonnen hat!"

Häufig werden zwei Typen von Aufrechterhaltungsfragen unterschieden. Es sind zum einen Fragen, die in der erzählten Situation bleiben:

„Was haben Sie damals gedacht/empfunden?". Zum anderen sind es die Fragen, die den Erzählvorgang vorantreiben, etwa „Und was geschah danach?" (vgl. Helfferich, 2005).

Wie schon erwähnt, sind die Antwortmöglichkeiten bei geschlossenen Fragen von vornherein eher eingeschränkt. Beispiele dazu sind: „Haben Sie eine Ausbildung als …?", „Bitte antworten Sie mit ‚Ja' oder ‚Nein': Glauben Sie, dass diese Ausbildung Ihnen Chancen bietet?" Mit dieser Art von Fragen wird der Befragte um eine klare Stellungnahme zu einem Sachaspekt gebeten. Auch bei Wissensfragen wird ein einzelner Aspekt erfragt, der in Form eines Fakts mitgeteilt werden soll: „Wie lange haben Sie für Ihre Ausbildung gebraucht?" Weitere Fragemöglichkeiten, die im journalistischen Feld unterschieden werden, sind „Antwortvorgabe" und „Alternativ- oder Entscheidungsfragen". Ein Beispiel für erstere ist: „Welche Medien bevorzugen Sie: Zeitungen, Radio oder Fernsehen?" Ein Beispiel für letztere ist: „Wie würden Sie sich entscheiden, wenn Sie vor die Alternative gestellt werden, eine Zeitung als Druckversion oder als elektronische Version zu abonnieren?"

Nach Atteslander (2003) verlangen offene Fragen vom Befragten, sich an etwas zu erinnern, während es bei geschlossenen Fragen darum geht, etwas wiederzuerkennen. Sich-wieder-Erinnern sei schwieriger, und man erhalte weniger Antworten auf offene Fragen als auf geschlossene. Bei offenen Fragen fühlt sich der Befragte im eigenen Urteil ernst genommen, wogegen geschlossene Fragen eher eine größere Einheitlichkeit der Antworten erbringen, dadurch aber auch die Vergleichbarkeit erhöhen. Wie schon erwähnt, sind offene Fragen forschungsstrategisch vor allem geeignet, im Planungsstadium das Problemfeld zu erforschen und die relevanten Antwortkategorien zu erfassen, während geschlossene Fragen zur Prüfung von Hypothesen dienen.

Direkte und indirekte Fragen

Direkte Fragen unterscheiden sich von indirekten Fragen dadurch, dass das Frageziel klar ist, d. h. sie stellen eine direkte Beziehung zwischen der befragten Person und dem Fragegegenstand her. Das Frageziel bei indirekten Fragen wird dagegen verdeckt gehalten. „Viele meinen, dass Medien manipulieren. Finden Sie das auch?" In dieser Frage ist eine indirekte Provokation enthalten. Es wird eine Bewertung oder ein

Urteil (von Dritten) zitiert und die Befragten damit zu einem Werturteil über den angesprochenen Sachverhalt provoziert. Indirekte Provokationsfragen erzeugen somit Erklärungsdruck.

Zusammenfassend lässt sich feststellen, dass die Auswahl der Fragearten, ob geschlossene oder offene, direkte oder indirekte Fragen, die Interviewsituation und den Interviewverlauf stark bestimmen und steuern können. Die Vielfältigkeit der unterschiedlichen Fragearten lässt es nicht möglich erscheinen, ein allgemeines Urteil über Interviews abzugeben. Vielmehr kommt es jeweils darauf an, welche Interview- und Fragetechnik verwendet wird und ob sie zu der Fragestellung bzw. Hypothese passt oder nicht passt.

4.7.2 Konstruktion von Gesprächsleitfäden

Gesprächsleitfäden sind konkret ausformulierte Pläne für die Durchführung eines Gesprächs

Ein Gesprächsleitfaden ist ein vollständiger, konkret ausformulierter Plan für die Durchführung eines Gesprächs. Er beinhaltet nur Fragen, die an der Fragestellung und den davon abgeleiteten psychologischen Fragen (Interessen, Arbeitsstil, emotionale Belastbarkeit, Umgang mit anderen Personen …) orientiert sind (vgl. untenstehender Kasten). Die Fragen sind ausformuliert, z. B. bezogen auf den Umgang mit anderen Personen: „Mit welcher Art von Menschen gehen Sie gerne um?", „Wie gehen Sie mit Menschen um, mit denen Sie nicht so gerne zu tun haben?" Der Gesprächsleitfaden beschreibt, welche Verhaltensweisen welche Merkmale erfassen (z. B. jemanden trösten = Empathie). Die Gesprächseinleitung, Überleitungen, Abschluss sind ausformuliert. Damit werden vollständige (im Leitfaden abhaken), unverzerrte, objektive (verschiedene Psychologen verwenden den gleichen Leitfaden – Ergebnisse vergleichbar), zuverlässige und gültige Informationen erhoben. Leitfäden dienen zusätzlich als Entlastung für den Gutachter.

Grob- und Feinstruktur eines Gesprächsleitfadens

1. Grobstruktur
- *Einleitungsteil:*
  - Begrüßen und Vorstellen (Kontakt finden)
  - Erklären der Ziele, Fragestellung und Vorgehensweise (motiviert zur Mitarbeit)

- Einverständnis zur Aufnahme mit Tonband oder Video
- Darstellung des Problems aus der Sicht des Probanden
- *Je ein Abschnitt zu jeder ausgewählten Variablen:*
  - am Beginn jedes Abschnitts wird der Zweck des Vorgehens erklärt
  - am Ende jedes Abschnitts werden die wichtigen Informationen zusammengefasst (zeigt dem Befragten, ob wir ihn richtig verstanden haben und bietet letzte Korrekturmöglichkeiten an)

2. Feinstruktur

- *Ausdruck:* Einfaches, klares, genaues Deutsch ohne Fremdwörter und Fachausdrücke
- *Untergliederung:* Notwendige Erklärungen im Dialog und nicht als Vortrag
- *Art der Fragen und Aufforderungen:*
  - nach konkretem Verhalten (wie Beobachtung, bietet Infos, die wir zur Diagnostik brauchen)
  - günstige statt ungünstige Fragen
  - angemessen offene Fragen
  - angemessen direkte Fragen

Günstige versus ungünstige Fragen

- **Günstige Fragen** beziehen sich immer auf konkretes Verhalten, stehen in einem eindeutigen Bezugsrahmen und sprechen nur einen Aspekt an.
  - *Inhaltlich:* Die Fragen beziehen sich auf Verhaltensweisen in bestimmten Situation (verlassene Freundin trösten), anhand derer man Aussagen über die Eigenschaften der Person macht (mitfühlend).
  - *Im Ausdruck:* Keine Suggestivfragen verwenden („Sie handeln doch bestimmt immer mitfühlend?").
  - *Als Hilfe:* Den Kontext als Gedächtnisstütze verwenden, Wörter und Redewendungen verwenden, die möglichst wenig emotional geladen sind.
- **Ungünstige Fragen** beziehen sich auf hypothetisches Verhalten (d.h. vermutetes Verhalten in unbekannten Situationen), z.B. wenn nach „vernünftigen" Gründen gefragt wird (Warum ...?, Wieso ...?, Welches sind die Gründe ...?).

4.7.3 Die Person des Interviewers

Interviews hängen im Gegensatz zu Tests immer von der durchführenden Person ab. Zu den förderlichen Eigenschaften qualifizierter Interviewer zählen:

- Erfahrung (mit Menschen, Lebenserfahrung), Ähnlichkeit mit dem Beurteilten,
- Intelligenz,
- Selbsterkenntnis,
- Komplexität,
- Distanz,
- soziale Intelligenz,
- herzliches, engagiertes Wesen,
- Anpassungsfähigkeit.

Bestimmte Verhaltenstendenzen des Interviewers führen häufig zur Asymmetrie der Auswahlsituation, etwa wenn der Interviewer darauf abzielt, Schwachstellen beim Bewerber zu erkennen, oder wenn der Interviewer die Attraktivität seiner Organisation überschätzt. Hinzu kommt, dass die Redezeit von Interviewern im Schnitt doppelt so hoch ist wie die des Bewerbers. Interviewer führen strukturierte Interviews oft nicht sachgemäß durch, weil Bewerber unstrukturierte Interviews vorziehen.

Eindrücke in den ersten Minuten eines Gesprächs werden häufig stärker gewichtet als spätere

Generell spielen beim Interview bestimmte Mechanismen der Informationsverarbeitung eine wichtige Rolle. Hierzu zählt zunächst der erste Eindruck der Gesprächsbeteiligten untereinander. Eindrücke in den ersten Minuten eines Gesprächs werden häufig stärker gewichtet als spätere (aber nicht jeder erste Eindruck ist voreilig). Daher kann es zu mehr Zuwendung bei erstem positivem Eindruck über den Bewerber, weniger systematischer Informationssammlung und mehr Anpreisen der Organisation kommen. Beim Überstrahlungseffekt (Halo-Effekt) strahlt die emotionale Bewertung des Interviewers auf andere Urteilsaspekte aus. Die Folge davon ist, dass Urteile auf unterschiedlichen Urteilsdimensionen, die meist niedrig korreliert oder unkorreliert sind, substanziell positiv korrelieren. Dem Bewerber werden durchgehend positive Eigenschaften/Fähigkeiten zugeschrieben oder durchgehend negative.

Außerdem kann es zur Übergewichtung negativer Informationen kommen. Aus der sozialpsychologischen Forschung zur Eindrucksbildung ist bekannt, dass negative Informationen über eine Person in einem zusammenfassenden Bewertungsurteil ein höheres Gewicht erhalten als positive Informationen. Ein weiterer Urteilsfehler wird als Bestätigungstendenz bezeichnet. Interviewer wollen ihre Hypothesen über den Bewerber, die sie aufgrund der Vorinformation oder des ersten Eindrucks aufgebaut haben, bestätigen. Ein weiteres Urteilsproblem wird durch den Maßstabseffekt hervorgerufen, bei dem Personen im Vergleich zu anderen beurteilt werden. Diese allgemeine Urteilstendenz, dass Urteile nicht absolut sondern relativ bezogen auf ein Bezugssystem gefällt werden, kann ein Problem der Urteilsverfälschung verursachen, wenn die Vergleichsstichprobe zu klein ist oder aus einseitigen Fällen zusammengesetzt ist. Wenn die aktuelle Vergleichsstichprobe z. B. aus hervorragenden Bewerbern besteht, wird ein weiterer Bewerber eher negativ beurteilt. Wurden hingegen unmittelbar zuvor mehrere schwache Bewerber abgelehnt, steigt die Wahrscheinlichkeit, dass ein mittelmäßiger neuer Bewerber positiv eingestuft wird. Solche Sequenz- und Kontexteffekte können ein substanzielles Ausmaß erreichen und die Beurteilung stark verzerren (Bierhoff & Bierhoff-Alfermann, 1977). Ein Spezialfall von Kontexteffekten besteht darin, dass das Verhalten des Bewerbers häufig an verschiedenen Ankern gemessen wird; im Extremfall misst der Interviewer den Bewerber am eigenen Vorbild. Ankereffekte sind weit verbreitet und erweisen sich als nur schwer korrigierbar (Bierhoff & Frey, 2011). Letztlich beeinflusst auch Stress die Qualität der Urteilsbildung des Interviewers. Auch können Vorinformationen, die der Interviewer aus Bewerbungsunterlagen hat, das Interviewverhalten steuern und die Beurteilung beeinflussen.

Urteilsfehler

Um diesen Urteilsfehlern zu begegnen, ist eine sorgfältige Ausbildung der Interviewer erforderlich, die für die genannten Fehlertendenzen sensibilisiert. Außerdem kann durch mehrere Personen, die das Interview auswerten, ohne es geführt zu haben, ein objektives Gegengewicht geschaffen werden. Es kann auch hilfreich sein, das Interview zu transkribieren, um dann die Bewerber auf der Grundlage der Transkription beurteilen zu lassen. Gegenwärtig finden sich verstärkt Anstrengungen, die Auswertung von Bewerbungsgesprächen möglichst weitgehend zu objektivieren, um einerseits Fehlentscheidungen zu vermeiden und um andererseits die Diskriminierung von Bewerbern, die Minderheiten oder diskriminierten Gruppen angehören, zu verringern oder ganz auszuschalten. Neben diesen Zielsetzungen der Personalauswahl sind auch bestimmte Ziele im Gespräch mit Patienten zu berücksichtigen, die im Folgenden dargestellt werden.

Urteilsfehler können durch eine sorgfältige Ausbildung der Interviewer eingegrenzt werden

Grundbedürfnisse des Patienten

Auf der Ebene des Patienten sind sogenannte kommunikative Grundbedürfnisse zu berücksichtigen. Jeder Patient hat zunächst das Bedürfnis nach Sicherheit im therapeutischen Setting, d. h., dass er hofft, vor Moralisierungen, Vorwürfen oder Druck geschützt zu sein. Hinzu kommt das Bedürfnis nach bedarfsgerechter Information, also der Wunsch nach klaren, korrekten und konsistenten Informationen, um z. B. Motivation für eine Berufswahl zu verstehen oder Therapiebedürfnisse nachvollziehen zu können. Neben dem Bedürfnis nach Anerkennung und Respekt ist letztlich auch das Bedürfnis nach Selbstdarstellung zu berücksichtigen. Der Patient möchte in der Regel seine Situation oder sein Problem erklären dürfen und damit ernstgenommen werden.

4.7.4 Voraussetzungen für eine klientenzentrierte Gesprächsführung

Die Grundlage für eine zielbezogene und zielführende Gesprächsführung im therapeutischen Setting bildet ein funktionierendes Arbeitsbündnis zwischen Therapeut und Patient. Ziel der therapeutisch orientierten klinisch-psychologischen Gesprächsführung ist zunächst die Klärung der Zielsetzungen des Patienten und die Förderung positiver, aber realistischer Erwartungen. Dabei wird angestrebt, dass bei dem Patienten Vertrauen zu dem Therapeuten entsteht und das Gefühl, gut aufgehoben zu sein. Diese Merkmale unterstützen die Eigeninitiative und Selbstverantwortung des Patienten sowohl bei der Durchführung, aber auch beim Durchhalten einer Therapie. Zusätzlich beugt eine solche positive Erfahrung der Selbst-Stigmatisierung (Corrigan, 2004) vor, bei der der Patient aufgrund seines Status als Patient Gefahr läuft, sich selbst abzuwerten („Ich bin doch nicht verrückt."). Ist eine tragfähige therapeutische Beziehung sichergestellt, ist damit bereits eine wesentliche Voraussetzung für eine effektive therapeutische Kommunikation erfüllt. Der Therapeut hat auch die wichtige Aufgabe, zu erkennen, ob und wie das Vertrauen und die Motivation zur Therapie aufgebaut werden muss und wann die eigentlichen Interventionen platziert werden können. Grundsätzlich sollte dem Patienten verdeutlicht werden, dass er mehr von sich mitteilen muss, als er aus klassischen medizinischen Beratungssituationen her kennt.

Um eine gute Gesprächsatmosphäre zu schaffen und zur Förderung der therapeutischen Beziehung gelten Zuwendung und Aufnahmebereitschaft (aktives Zuhören), Einfühlungsvermögen (Empathie), Echtheit (Kongruenz) und eine respektvolle Haltung gegenüber dem Patienten (Akzeptanz) als günstige Verhaltensweisen und Basisfertigkeiten des Therapeuten. Neben Maslow hat insbesondere Carl Rogers (1983) diese Grundvoraussetzungen im Rahmen seiner klientzentrierten Gesprächsführung formuliert (vgl. das folgende fiktive Experteninterview). Hinsichtlich der Methodik stellt sich das Problem, dass man das, was Rogers fordert, nicht „messen" kann, gleichwohl scheint es aber zu den elementaren Gesprächsvoraussetzungen zu zählen. Interessant sind hierzu auch Studien, die die unterschiedlichen Gesprächsstile jeweils in ihrer Wirkung auf die Patienten und den Gesprächsverlauf untersuchen (vgl. den Kasten am Ende dieses Kapitels).

Eine gute Gesprächsatmosphäre lässt sich durch aktives Zuhören, Empathie, Echtheit und Akzeptanz herstellen

Ein fiktives Experteninterview

© picture alliance/
Everett Collection

Prof. Dr. Carl Rogers (1902–1987) Professor für Klinische Psychologie und Begründer der klientzentrierten Gesprächsführung

Frage: Herr Rogers, Sie benennen Empathie als eine wichtige Gesprächshaltung. Was genau meinen Sie damit?

Rogers: Mit Empathie, im Sinne von Erkennen und Verstehen der Gefühle anderer, meine ich, dass sich der Therapeut bemüht, die Gefühle und Erlebnisse des Patienten und seine gegenwärtige Situation zu erkennen und nachzuvollziehen, also was den Patienten wirklich beschäftigt („Was, wenn ich in dieser Situation wäre?").

Frage: Mit welchen Methoden kann der Therapeut dieses Verständnis zeigen?

Rogers: Dazu ist präzises Nachfragen (mit offenen Fragen, z. B. „Wie war das genau für Sie?") erforderlich. Im therapeutischen Setting kommt es darauf an, dass der Therapeut nicht nur versteht, sondern dass er auch zeigt, dass er sich um Verständnis bemüht. Man muss nicht alles gutheißen, was der Patient sagt oder macht. Man darf auch Kritik äußern und sollte vermeiden, pauschal Verständnis zu äußern, wenn dies nicht vorliegt. Empathie kann gezeigt werden durch Techniken des aktiven Zuhörens und spezifische nonverbale Äußerungen. Hilfreich kann es sein, dem Patienten das eigene Bemühen um ein intensives Verständnis dadurch zu zeigen, dass man nach einem Gesprächsabschnitt eine kurze Zusammenfassung gibt und dabei die wahrgenommenen Emotionen berücksichtigt. Empathie zeigt man auch durch eine gemeinsame Sprache mit dem Patienten. Verfällt der Therapeut in einen Fachjargon oder benutzt Fachtermini, wird es dem Patienten erschwert, zu folgen und sich verstanden zu fühlen. Günstig ist es, seinen Sprachstil an den des Patienten anzupassen und ggf. auch die gleichen Formulierungen zu benutzen.

Frage: Dieser Gesprächsstil erfordert viel Einfühlungsvermögen des Therapeuten. Inwieweit sollte er dabei „er selbst" bleiben?

Rogers: In der Beziehung zu anderen sollte man immer „man selbst" bleiben, ich nenne das Echtheit oder Kongruenz. Das heißt, dass man sich nicht verstellt oder hinter einer Fassade oder Maske versteckt. Der Therapeut sollte das eigene Erleben und Empfinden wahrnehmen und (wenn nötig) in die Kommunikation einbringen, z. B.: „Die Situation klingt ziemlich kompliziert. Ich bin im Augenblick etwas ratlos. Können Sie mir noch mehr über Ihre Lage erzählen?" Echtheit ist jedoch nicht mit maximaler Offenheit zu verwechseln, d. h. der Therapeut sollte seine Gefühle nur mitteilen, wenn er überzeugt ist, damit den Prozess des Klienten zu fördern (selektive Authentizität).

Frage: Was ist das Menschenbild, das sich hinter dieser Haltung verbirgt?

Rogers: Ich nenne das positive Wertschätzung gegenüber den Patienten. Ich akzeptiere den Menschen so, wie er ist. Diese Akzeptanz ist nicht an bestimmte Bedingungen (z. B. Verhalten) geknüpft. Das Verhalten des Patienten muss jedoch nicht bedingungslos hingenommen oder seine Meinung geteilt werden. Insbesondere Verhalten, das sich ungünstig auf die Therapie auswirkt, darf der Therapeut nicht einfach „akzeptieren". Wertschätzungen können im Gespräch etwa durch zugewandte Körperhaltung, Blickkontakt, kongruente Mimik und Gestik, Paraphrasieren oder Loben und Verstärken ausgedrückt werden.

Ein Beispiel aus der Forschung: Geschlechtsspezifische Wirkung von Empathie

Gross und Steins (1998) zeigten, dass Empathie bei Frauen und Männern unterschiedlich wahrgenommen wird. In ihrer Untersuchung wurden zwei Gesprächsstile (entweder empathisch oder kritisch-hinterfragend) in ihrer Auswirkung auf die Befindlichkeit in einem Erstgesprächssetting geprüft. Das Geschlecht des Patienten wurde als moderierendes Merkmal berücksichtigt. Es zeigte sich, dass Patientinnen unter einem empathischen Kommunikationsstil weniger ärgerlich, erregt und deprimiert waren als unter der kritischen Gesprächsform; bei Männern hingegen zeigte sich das umgekehrte Muster. Die Autoren schließen aus diesen Ergebnissen, dass es *den* optimalen Gesprächsstil nicht gibt und dass u. a. die Lebenserfahrung eine Rolle dabei spielt, wie ein bestimmter Gesprächsstil erlebt wird.

Zusammenfassung

Gespräche dienen als wichtige Informationsquelle, die die Basis für Entscheidungen in der Psychologie bilden. In der Arbeits- und Organisationspsychologie werden verschiedene Formen von Interviews eingesetzt, um ein besonders umfassendes Bild von dem Bewerber oder der Bewerberin zu erhalten. Neben den erfragten Informationen erhält man auf der Sprach- und Beobachtungsebene Hinweise auf die sozial-emotionale Kompetenz, die Motivation oder bestimmte Aspekte der Intelligenz. Im therapeutischen Kontext kommen spezifische Gesprächsführungsmethoden zum Einsatz (Anamnese, Exploration, Compliance- und Motivationsförderung). Da in diesem Kontext die Arbeitsbeziehung zwischen Therapeut und Patient elementar für das Gesprächsergebnis ist, kommen hier besondere Gesprächsvoraussetzungen (etwa Empathie und Akzeptanz) zum Tragen.

Weiterführende Literatur

Atteslander, P. (2003). *Methoden der empirischen Sozialforschung* (10. Aufl.). Berlin: de Gruyter.

Lamnek, S. (2005). *Qualitative Sozialforschung.* Weinheim: Beltz.

Miller, W. R. & Rollnick, S. (2009). *Motivierende Gesprächsführung* (3. Aufl.). Freiburg: Lambertus.

Fragen

1. Nach welchen Kriterien werden Interviewverfahren allgemein klassifiziert?
2. Nennen Sie die Vor- und Nachteile des stark strukturierten Interviews.
3. Welches Interviewerverhalten ist bei einem narrativen Interview günstig?
4. Beschreiben Sie die Grundzüge und Unterschiede des biografischen und situativen Interviews.
5. Wie unterscheiden sich Anamnese und Exploration?
6. Nennen Sie einige Grundvoraussetzungen für eine klientzentrierte Gesprächsführung.

Lösungshinweise finden Sie unter
www.hogrefe.de/buecher/lehrbuecher/psychlehrbuchplus.

Kapitel 5

Die Beobachtung – Dokumentation von Verhalten

Inhaltsübersicht

Aufbau dieses Kapitels In diesem Kapitel geht es um die Methoden der Datengewinnung durch Beobachtung. Es werden in Abschnitt 5.1 grundlegende Information zum Stellenwert von Beobachtungsverfahren in Forschung und Praxis verdeutlicht. In Abschnitt 5.2 werden die Funktionen und Ziele der Verhaltensbeobachtung definiert. Der folgende Abschnitt 5.3 gibt einen Überblick über die Systematik der Beobachtung, etwa verschiedene Strukturierungsebenen oder Formen der Beobachtung. Abschnitt 5.4 stellt einige typische Beobachtungsfehler und Beobachtungsverzerrungen zusammen. Im Abschnitt 5.5 wird der Beobachtungsprozess, bestehend aus den Schritten Wahrnehmen – Registrieren – Beurteilen, beschrieben und das „Handwerkszeug" zur optimalen Planung und Durchführung von Beobachtungen vermittelt. Nachdem im Abschnitt 5.6 auf psychometrische Eigenschaften von Beobachtungsverfahren eingegangen wird, stellt Abschnitt 5.7 einige Anwendungsfelder anhand von Beispielen zusammen.

5.1 Einleitung

Die Verhaltensbeobachtung ist eine der wichtigsten Methoden der Psychologie Die Verhaltensbeobachtung kann als ureigenste Methode der Psychologie angesehen werden. Sie zählt neben der Befragung und dem Experiment zu den wesentlichen, gleichfalls auch interessantesten und informativsten empirischen Forschungsmethoden. Aber was ist eigentlich das Besondere an wissenschaftlicher Beobachtung? Warum beobachten Wissenschaftler anders als wir beim alltäglichen Hinschauen? Folgendes Kapitel soll diese Fragen beantworten und das Beobachten als Methode mit Beschreibungs- und Evaluationsfunktion erläutern.

Experteninterview

Prof. Dr. Meinrad Perrez
Université de Fribourg/Universität Freiburg (Schweiz), Professor für Klinische Psychologie und Familienforschung

Frage: Was charakterisiert die Verhaltensbeobachtung?

Prof. Perrez: Die wissenschaftliche Verhaltensbeobachtung zielt darauf ab, verschiedene Facetten des menschlichen oder tierischen Verhaltens systematisch zu erfassen und zu registrieren. Beispiele dafür sind im nonverbalen Bereich die Bewegung des Organismus im Raum als Flucht- oder Annäherungsverhalten, das Gesichtsausdrucksverhalten als Indikator für Emotionen oder das Verbalverhalten als Indikator für kognitive Leistungen. Zur *systematischen Erfassung* gehört u. a. ein dem Gegenstand angemessener *Stichprobenplan*. Seltene und häufige Ereignisse erfordern z. B. nicht die gleichen Dispositionen. Ist bei selten auftretenden Verhaltensweisen (z. B. starke Wutanfälle) ein Ereignisstichprobenplan angesagt, bei dem über längere Zeiträume jedes einschlägige Ereignis erfasst wird, so wird für häufige Verhaltensweisen ein Zeitstichprobenplan vorgesehen, bei dem je nach Verhalten in Sekundenabständen beobachtet wird, ob das zu beobachtende Phänomen auftritt oder nicht. Ein anderer Aspekt der systematischen Erfassung betrifft die *Fokussierung* auf Verhaltensmerkmale, die relevant sind für die Fragestellung und den theoretischen Hintergrund. So soll untersucht werden, ob einjährige Kleinkinder in einer Laborspielsituation mehr Neugierverhalten zeigen, wenn sie über eine sichere Bindung zu ihrer Mutter verfügen im Vergleich zu unsicher gebundenen Kleinkindern. Die Situation wird bezüglich Setting, Dauer, Tageszeit usw. standardisiert. Der Fokus richtet sich auf das Neugierverhalten. Ein *Indexsystem* – auch Zeichensystem genannt – definiert die wichtigen Aspekte von Neugierverhalten bei Kindern dieses Alters, und die Beobachtung überprüft (z. B. alle fünf Sekunden), ob Indikatoren des Neugierverhaltens feststellbar sind. Dies kann *direkt* oder *apparativ vermittelt* geschehen. Im zweiten Fall wird das Verhalten des Kindes durch ein Ton- und Bildaufzeichnungsgerät gespeichert und dann im Labor beobachtet. Auch die automatisierte Erfassung der Sprechaktivität der Versuchsperson und der akustischen Information aus ihrer unmittelbaren Umgebung durch die automatisierte Registrierung der motorischen Aktivität (z. B. zur Abklärung von Hyperaktivität) durch einen Aktimeter sind Beispiele für apparativ vermittelte Beobachtung.

Frage: Wie grenzt sich die Verhaltensbeobachtung von anderen Forschungsmethoden ab?

Prof. Perrez: In der Psychologie werden, neben der systematischen Beobachtung, neben der apparativen physiologischen, neurobiologischen und endokrinen Beobachtung im Labor und Feld, häufig *Fragebogenmethoden* verwendet. Damit sind subjektive Werte und Einstellungen zu erfassen. Für die Erfassung von Einstellungen sind Fragebogen und Befragung die Methoden der Wahl. Wenn dagegen Verhalten und Erleben *retrospektiv* und/oder *sum-*

marisch („Wie verhalte ich mich im Allgemeinen?) via Fragebogen gemessen werden sollen, liegt ein Validitätsproblem auf
der Hand. Stellen Sie sich vor, wie Sie in den letzten vier Wochen
mit Belastungen umgegangen sind, oder wie Sie mit Belastungen
insgesamt umzugehen neigen. Ihre Antworten darauf spiegeln *Ihre
Meinung*, wie Sie sich verhalten haben oder sich zu verhalten tendieren, wider. Diese kann auch von Interesse sein, sie muss mit der
Realität keineswegs übereinstimmen. Bei retrospektiven Fragebögen oder bei summierenden Selbstbeurteilungen spielen eine
Reihe von Fehlerquellen, wie Gedächtnisprobleme usw. bei den
Beantwortungen mit.

Frage: Warum soll die Verhaltensbeobachtung ein Königsweg der
Forschung sein?

Prof. Perrez: Sprechen wir zuerst von der *Fremdbeobachtung*:
Verlässliche Erkenntnisse über Verhaltensphänomene bei Mensch
und Tier können nur über ihre (in der Regel) theoriegeleitete systematische Beobachtung gewonnen werden. Das gilt in der Psychologie genauso wie für die Erforschung von Bakterien im Labor
oder der Gestirne im Kosmos. Formen der systematischen Beobachtung sind deshalb in jeder empirischen Wissenschaft für zahlreiche Fragestellungen die fundamentale Grundlage, auf der ihre
Erkenntnisse beruhen.

Auf systematische Beobachtung zu verzichten, wenn Verhaltensmerkmale (und nicht Einstellungen und subjektive Repräsentati-
onen) der Gegenstand der Forschung sind, und auf *retrospektive*
Fragebögen oder auf *summarische* Selbst- und Fremdbeurteilun-
gen zu rekurrieren, heißt aus den vorher genannten Gründen, sich
zahlreiche Fehlerquellen einzuhandeln.

Für die Erfassung von personeninternen psychischen Zuständen
(wie z. B. emotionales Befinden) und schwer von außen beobacht-
baren psychischen Prozessen (wie z. B. sich innerlich positiv zu-
reden), benötigen wir *systematische Selbstbeobachtungsdaten*, die
durch die untersuchte Person möglichst ereignisnah unter experimentellen oder natürlichen Bedingungen – wenn möglich durch
einen Taschencomputer unterstützt – erfasst werden. Für Letzteres
wurde in den letzten Jahren das ambulante Assessment entwickelt.
Unterstützt durch einen Handheld-Computer oder ein Smartphone,
beobachtet die an der Untersuchung beteiligte Person, je nach
Fragestellung, ihr momentanes Befinden, ihr Verhalten usw. und/
oder das Verhalten anderer Personen (z. B. in der Familie) während

einer definierten Zeitperiode nach einem Stichprobenplan. Das Gerät signalisiert die Zeitpunkte der Beobachtung, und die Daten werden unmittelbar registriert. Das ambulante Assessment erlaubt es, ganz neue Fragestellungen zu beantworten, da das Verhalten bedeutend verlässlicher unter natürlichen Bedingungen untersucht werden kann.

Frage: Wo sind die Grenzen der Verhaltensbeobachtung?

Prof. Perrez: Die *offene*, für die Beobachteten erkennbare Beobachtung, kann am Anfang sogenannte *Reaktivität* bewirken, die besagt, dass der Beobachtungsvorgang das beobachtete Verhalten beeinflusst. In der Regel findet eine gewisse Gewöhnung an die Situation statt; allerdings ist zu bemerken, dass alle Erfassungsmethoden der Psychologie, außer der *verdeckten Untersuchung,* Reaktivität erzeugen. Mit der verdeckten Beobachtung ist das *ethische Problem* verbunden, wie weit und unter welchen Bedingungen die wissenschaftliche Untersuchung einer Person zu legitimieren ist, wenn es ohne ihre Einwilligung und Wissen geschieht. Bei der apparativ unterstützten Selbstbeobachtung sei als weitere Grenze die *Motivation* der Untersuchungsteilnehmer genannt, deren Bereitschaft, während einer Woche oder länger täglich viermal oder häufiger vom Handheld-Computer geleitet, das aktuelles Befinden und Handeln zu registrieren. Wir haben damit ermutigende Erfahrungen bei weit über 1.000 Erwachsenen und Jugendlichen gemacht, wenn man sich etwas zur Motivierung einfallen lässt.

5.2 Definition und Funktion von Verhaltensbeobachtung

Die Beobachtung bezeichnet eine visuelle und/oder auditive Betrachtung von Personen, Geschehnissen oder sozialen bzw. interaktiven Prozessen und Situationen. Im Gegensatz zu den Alltagsbeobachtungen sind Beobachtungen im wissenschaftlichen Kontext systematisch und objektiv. Sie sind eine Informationsquelle zur Einschätzung sozialer Phänomene, bei denen Daten über die Beobachtungsobjekte nicht auf deren direkter Auskunft beruhen (z. B. Interviews), sondern indirekt durch den Forscher oder durch von ihm instruierte Personen erhoben werden. Die Beobachtung bezieht sich dabei auf Verhaltens-, Handlungs- und Interaktionsformen, also auf offen erkennbare Phänomene. Wissenschaftliche Beobachtung ist also ganz allgemein das

Beobachtung bedeutet eine visuelle und/oder auditive Betrachtung von Personen, Geschehnissen oder sozialen bzw. interaktiven Prozessen und Situationen aufmerksame, planmäßige und zielgerechte Wahrnehmen von Vorgängen, Ereignissen, Verhaltensweisen von Lebewesen (Menschen und Tieren) in Abhängigkeit von bestimmten Situationen. Ziel von Verhaltensbeobachtungen ist es, den Gegenstand des jeweiligen Interesses möglichst genau zu erfassen. Sie ist eine grundlegende Methode der Datengewinnung und Faktensammlung zum Zeitpunkt des Geschehens. Die Verhaltensbeobachtung beschreibt bzw. rekonstruiert soziale Wirklichkeit auf der Basis einer umschriebenen Fragestellung (Fassnacht, 2007).

5.3 Systematik der Beobachtung

Für eine systematische Verhaltensbeobachtung sollten folgende Fragen vorab geklärt werden.

Fragen zur Verhaltensbeobachtung
1. Was wird beobachtet?
2. Wo wird beobachtet?
3. Wer beobachtet?
4. Wann wird beobachtet?
5. Womit wird beobachtet?
6. Wie wird beobachtet

Ohne Beobachtungsplan keine Beobachtung

Aus den Antworten auf diese Fragen ergibt sich der Beobachtungsplan.

5.3.1 Was wird beobachtet?

Diese Frage hat starken Einfluss auf die Wahl der Beobachtungsmethode (wichtigste Entscheidung). Beobachtet werden kann beispielsweise

- offenes Verhalten (z. B. verbale Äußerungen, motorische Aktivitäten, Gestik und Mimik),
- inneres Erleben (gedankliche Prozesse, Stimmungen, körperliche Befindlichkeiten, Motive) anhand von Selbstbeschreibungen und Ergänzung durch Verhaltensbeobachtung (z. B. Erröten bei Aufregung),
- objektive körperliche Zustände (Anspannung, Muskeltonus, Herzfrequenz) anhand angemessener Technik,
- Bedingungen (von denen angenommen wird, dass sie Verhalten beeinflussen, z. B. Arbeitsbedingungen).

5.3.2 Wo wird beobachtet?

Hier können natürliche Bedingungen oder kontrollierte (Labor-)Situationen unterschieden werden (vgl. Tab. 10). Menschen können an einer Vielzahl von Orten beobachtet werden: zu Hause, im Kindergarten, in der Schule, im Labor usw. In der Arbeits- und Organisationspsychologie etwa spielen Beobachtungen eine wesentliche Rolle. Beobachtet werden dabei das Arbeitsverhalten sowie die Bedingungen des Arbeitsverhaltens (also z. B. Belastungen durch Lärm oder Hitze, soziale Bezüge). Häufig werden als Ergänzung Beobachtungsinterviews mit den Beobachteten und/oder mit Experten durchgeführt, da einige Aspekte der Arbeit nicht beobachtbar sind (Dunkel, 1999).

Meistens wird der Beobachtungsort durch die Situationen bestimmt, in denen das zu beobachtende Verhalten auftritt. Deshalb sind die Bedingungen mit zu beobachten bzw. zu registrieren. Wenn beispielsweise ein Kind nur im Kindergarten Trotzanfälle zeigt, dann muss die Verhaltensbeobachtung auch im Kindergarten durchgeführt werden. Im Rahmen natürlicher Bedingungen übt der Beobachter keinen Einfluss auf die Situation aus. Unter kontrollierten Bedingungen (z. B. Assessment-Center) wird die Situation nach bestimmten Gesichtspunkten gestaltet, z. B. Restriktionen und Vorgaben für Zeit und Aufgaben. Die Entscheidung für die Gestaltung der Beobachtung hängt auch von den Beobachtungszielen ab. Bei der Personalauswahl etwa sind die Möglichkeiten einer Beobachtung in natürlicher Umgebung stark begrenzt, hingegen ist die Beobachtung der Mutter-Kind-Interaktion gut im Feld möglich.

Tabelle 10: Vor- und Nachteile der Beobachtung in natürlicher und kontrollierter Umgebung

	Vorteile	**Nachteile**
Feld	• natürlicher Ausschnitt • Ergebnisse direkt übertragbar	• Kontrolle von Störungen schwierig • Verhalten durch Beobachtung verändert
Labor	• gezielte Gestaltung der Beobachtungsbedingung • Kontrolle von Störungen einfacher	• künstliche Situation • Vorbehalte der Beobachteten

Verhaltensbeobachtung ist in natürlicher oder kontrollierter Umgebung möglich

5.3.3 Wer beobachtet?

Man unterscheidet aktiv-teilnehmende, passiv-teilnehmende und nicht-teilnehmende Beobachtung

Prinzipiell bestehen drei Möglichkeiten der Beobachtung: die aktiv-teilnehmende, die passiv-teilnehmende und die nicht-teilnehmende Beobachtung. Darüber hinaus wird zwischen Selbst- und Fremdbeobachtung unterschieden (vgl. das Experteninterview mit Meinrad Perrez).

Bei der aktiv-teilnehmenden Beobachtung nimmt der Beobachter selbst aktiv an der Situation teil und beobachtet gleichzeitig. Hierbei spielt die Person des Beobachters eine wichtige Rolle, etwa wenn es sich dabei um den Vorgesetzten oder aber um einen neutralen Experten handelt. Im Rahmen einer passiv-teilnehmenden Beobachtung nehmen die Beobachter zwar an der Situation teil, beobachten jedoch nur. Bei der nicht-teilnehmenden Beobachtung sind die Beobachter in der Situation nicht anwesend (Video) bzw. können von den Beobachteten nicht gesehen werden (Einwegscheibe). Diese Methode stellt hohe Anforderungen an Labor oder technische Ausrüstung (vgl. Tab. 11).

Tabelle 11: Vor- und Nachteile teilnehmender vs. nicht-teilnehmender Beobachtung

	Vorteile	Nachteile
teil-nehmend	• manchmal einzig mögliche Methode • technisch unaufwendig	• Doppelbelastung des Beobachters • beobachtete Person fühlt sich gestört (Reaktivität)
nicht-teil-nehmend	• Situation wird nicht verändert • Kontrolle von Fehlern möglich	• technischer Aufwand • meist fester Beobachtungswinkel

Die *Fremdbeobachtung* versteht sich als eine auf äußere Situationen und das Verhalten anderer Personen gerichtete Beobachtung. Diese kann ebenfalls spontan im Alltag oder systematisch, z.B. beim Beobachten von Kindern auf dem Spielplatz, erfolgen.

Bei der Selbstbeobachtung beobachtet die Person selbst ihr Verhalten, Gefühle, Gedanken oder Befindlichkeit

Bei der *Selbstbeobachtung* handelt es sich um eine auf sich selbst gerichtete Beobachtung, bei der die beobachtende Person selbst ihr Verhalten, ihre Gefühle, Gedanken oder Befindlichkeit beobachtet. Die Person selbst beobachtet und erfasst Verhaltensweisen (behaviorales, kognitives, emotionales oder physiologisches Verhalten und Körpervorgänge) in definierten Situationen (z.B. in Belastungssituationen) und innerhalb eines festgelegten Zeitraumes.

Für diese Methodik existieren viele Anwendungen in Forschung und Praxis. Selbstbeobachtungen bzw. Selbstberichte über Beschwerden, Schmerzen und andere Symptome sind wesentliche Grundlagen z. B. der medizinischen und der psychologischen Diagnostik. Regelmäßige Tagesprotokolle können darüber hinaus dem Selbstmonitoring und der selbstständigen Überwachung einer Gesundheitsstörung oder chronischen Krankheit dienen (z. B. Asthmatagebuch: u. a. trägt der Patient die Eigenmessung seiner Lungenkapazität [Peakflow-Wert] ein; vgl. Abb. 4). Zur Dokumentation der Beobachtungen werden Tagebücher, Protokolle, Strichlisten oder auch Taschencomputer (z. B. Handheld-PC; Fahrenberg, Leonhart & Foerster, 2011) eingesetzt. Möglich sind auch Videoaufzeichnungen, etwa zur Dokumentation von Interakti-

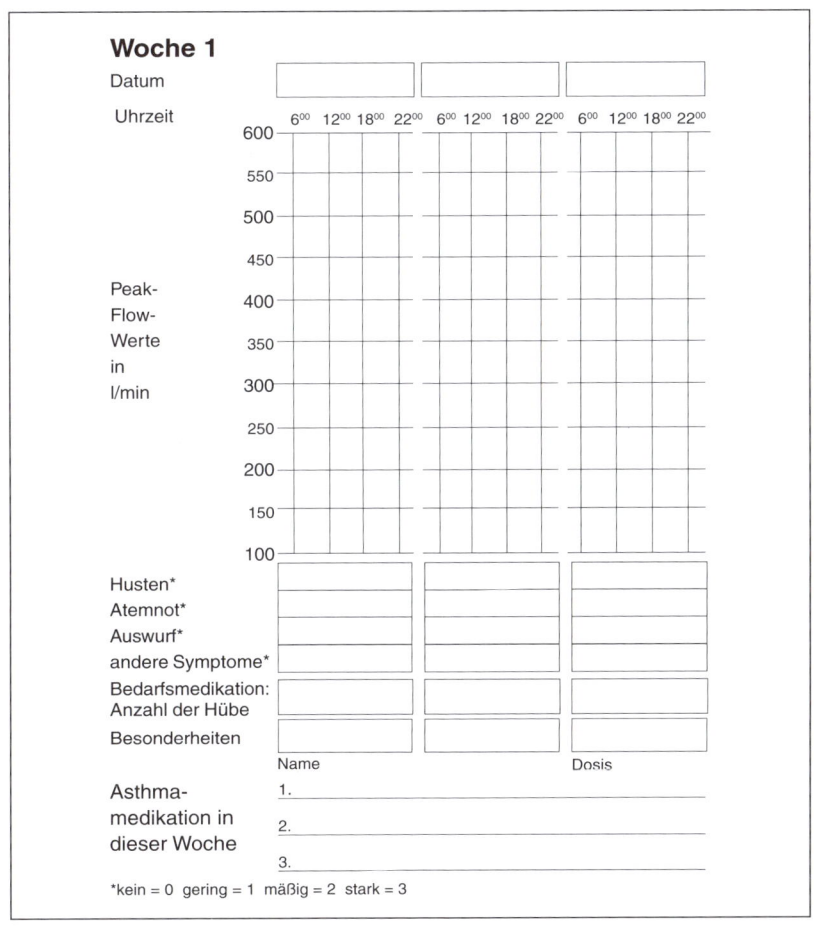

Abbildung 4: Auszug aus einem Asthma-Tagebuch der Deutschen Atemwegsliga

onssequenzen (video-recall; Welsh & Dickson, 2005). Wichtige methodische Anregungen sind der *Experience Sampling Method ESM* von Csikszentmihalyi (Csikszentmihalyi & Larson, 1987) zu verdanken. In diesen auch als Beeper-Studien bezeichneten Untersuchungen gibt ein auf bestimmte Intervalle einstellbarer Wecker einer Armbanduhr das Signal, das nächste Protokollblatt auszufüllen.

Reaktivität: Ein Problem bei der Fremdbeobachtung

Bei der Fremdbeobachtung ist bei Auswahl der Person des Beobachters und ob generell beobachtet werden darf das Problem der Reaktivität zu berücksichtigen (Wie reagiert der Beobachtete auf den Beobachter?), zum anderen sind grundlegende gesetzliche und ethische Voraussetzungen zu beachten. So kommen unwissentliche Beobachtungen grundsätzlich nicht in Frage, das Einverständnis des Beobachteten bzw. das seiner gesetzlichen Vertreter muss vorliegen, und die Vorgaben der Schweigepflicht sowie Datenschutzrichtlinien müssen eingehalten werden (vgl. Kapitel 2.5).

5.3.4 Wann beobachten?

Direkte oder indirekte Beobachtung

Eine Beobachtung kann entweder gleichzeitig (direkt) mit dem angezielten Verhalten oder zeitversetzt (indirekt) erfolgen (vgl. Tab. 12). Bei der gleichzeitigen, direkten Beobachtung ist eine verhaltensnahe Definition der zu beobachtenden Merkmale erforderlich. Hierzu müssen die Beurteilungskriterien im Vorfeld festgelegt werden (Beobachtung im engeren Sinne). Bei der zeitversetzten, indirekten Beobachtung bzw. Registrierung des Verhaltens geht es um die rückblickende Einschätzung des Beobachtungsziels, etwa anhand von Videoaufzeichnungen. Letztere Technik entspricht eher einer Verhaltensbeurteilung als einer Verhaltensbeobachtung.

Tabelle 12: Vor- und Nachteile direkter vs. indirekter Beobachtung

	Vorteile	**Nachteile**
Direkt	• wenig Interpretations-möglichkeiten • keine Verzerrung durch Erinnerung	• aufwendige Vorbereitung • beschränkte Menge der registrierten Einzeldaten
Indirekt	• Datenaggregation vor der Beurteilung • längere Verhaltens-sequenzen	• Qualität abhängig von Definition der Beobachtungseinheiten • fehleranfällig (z.B. Technik)

5.3.5 Womit beobachten?

Es stehen drei Möglichkeiten zur Verfügung, um Verhalten in einer Situation zu registrieren:
*   Bei der Selbstbeschreibung oder auch ambulantem Monitoring handelt es sich um die Berücksichtigung zeitgleicher oder zeitversetzter Selbstberichte.
*   Bei der Fremdbeobachtung (unvermittelt) beobachtet eine Person und notiert die Beobachtungen direkt oder zeitversetzt.
*   Bei der geräteunterstützten Beobachtung (vermittelt) wird das Verhalten mit technischen Geräten (Video-/Audioaufnahme) aufgezeichnet und später ausgewertet. Diese Methode birgt einige Vor- und Nachteile (vgl. Tab. 13).

Geräteunterstützte Beobachtung, z. B. mit Video-/Audioaufnahme

Tabelle 13: Vor- und Nachteile der geräteunterstützten Beobachtung

	Vorteile	Nachteile
Vermittelt	• wiederholte Darbietung des Beobachteten möglich • dadurch Fehlerminimierung	• Abhängigkeit von Technik • Risiko des Datenverlusts
Unvermittelt	• wenig aufwendig • flexibel einsetzbar	• eingeschränkter Beobachtungsausschnitt • auf Kompetenz des Beobachters angewiesen

5.3.6 Wie beobachten?

Bei der unstrukturierten, freien oder offenen Beobachtung wird keine oder nur eine sehr allgemeine Regel vorgegeben, z. B. „Schreiben Sie auf, was Ihnen während des Kundengesprächs bei Mitarbeiter X auffällt." Bei dieser Methode ist durch die oft intuitive Festlegung der Beobachtungsmerkmale eine objektive Vergleichbarkeit mit anderen Daten schwierig. Die unstrukturierte Beobachtung dient vorwiegend der Auffindung von Hypothesen, etwa wenn relevante Verhaltensweisen für bestimmte Fragestellungen noch nicht bekannt sind (zufallsabhängige Sammlung von Anhaltspunkten).

Die strukturierte bzw. systematische Beobachtung hingegen dient der Überprüfung von Hypothesen (vgl. Kapitel 1). In der Regel liegt hier ein fester Beobachtungsplan vor, etwa darüber, welches Verhalten zu welchem Zeitpunkt und in welcher Form registriert werden soll.

Mithilfe von strukturierter Beobachtung werden Hypothesen geprüft

Beobachtungsdaten müssen bestimmten Gütekriterien wie Objektivität, Zuverlässigkeit und Gültigkeit genügen. Dies ist nur mit verschiedenen Verfahrensweisen systematischer Beobachtung möglich. Die systematische Beobachtung will möglichst genau Vorgänge und Zustände erfassen. Eine hohe Präzision der Beobachtung wird am ehesten gewährleistet, wenn der Grad der Quantifizierbarkeit der Daten hoch ist. Das Ausmaß der Kontrollierbarkeit der Datenerhebung hängt von der Art des Vorgehens bei der Verhaltensbeobachtung ab (vgl. Tab. 14).

Tabelle 14: Vor- und Nachteile der strukturierten vs. unstrukturierten Beobachtung

	Vorteile	Nachteile
Strukturiert	• Beobachtungsrahmen wird vorgegeben • Quantifizierung möglich	• höherer Vorbereitungsaufwand • Beobachterschulung nötig
Unstrukturiert	• sinnvoll für Bildung von Fragestellungen • qualitative Ergebnisse	• Ergebnisse weniger objektiv und reliabel • Aufwand und Ertrag schlecht kalkulierbar

5.4 Beobachtungsfehler und -verzerrungen

Obwohl Beobachtungsfehler und -verzerrungen (experimentell) gut erforscht sind, ist wirksame Fehlervermeidung sehr schwierig. Beobachtungsfehler sind meist Ausdruck unbewusster oder Ausdruck bewusster Entscheidungen (z. B. Unsicherheit, zentrale Tendenz).

Beobachtungs-
fehler – schwierig
zu vermeiden

Zu den Beobachtungsfehlern zählen:
• ein Verhalten des Beobachters, das das Verhalten des Beobachteten beeinflusst (Reaktivität fördert), etwa durch Hervorhebung der Präsenz, Auskosten der „Macht", Geflüster, Gespräche, nonverbale Kommentierung des Geschehens (Lächeln, Kopfschütteln, Hochziehen der Augenbrauen etc.);
• ein Beobachterdrift, bei dem ohne tatsächliche Verhaltensänderung zunehmend mehr oder immer weniger relevante Ereignisse entdeckt werden, etwa als Ausdruck von nachlassender Aufmerksamkeit durch Ermüdung oder als Ausdruck von mangelnder Übung;

- unscharfe Definition der Beobachtungseinheiten: Sind Beobachtungseinheiten unscharf umrissen, gewähren sie zu viel Freiraum für Interpretationen;
- Unvertrautheit mit den Beobachtungseinheiten: Eine präzise Definition der Beobachtungseinheit nützt wenig, wenn der Beobachter damit nicht vertraut ist;
- Unvertrautheit mit der Probandengruppe: Normen und Werte der zu beobachtenden Probandengruppe sind dem Beobachter nicht bekannt;
- Eingriff in den Untersuchungsablauf: Verhalten des Beobachters weicht ab von dem Verhalten, das für ihn festgelegt worden ist.

Zu den typischen Beobachtungsverzerrungen zählen:
- Der *Halo-Effekt*, bei dem eine hervorstechende Eigenschaft andere Eigenschaften „überstrahlt", z. B. eine Eigenschaft wie Charme führt dazu, dass auch die fachliche Kompetenz überschätzt wird (vgl. Kapitel 3.2). Der Halo-Effekt erklärt möglicherweise die Tatsache, dass Ratings stark unterschiedlicher Eigenschaften oft mittelstark zusammenhängen. Sinnvolle Gegenmaßnahmen bestehen darin, neutrale Beobachter mit ausreichender Beobachterschulung zu wählen, Beobachterpaarungen (Zusammensetzung) mit erfahrenen oder externen Beobachtern zu bilden oder eine Auswahl der zeitgleich zu beurteilenden Merkmale zusammenzustellen.

  Beim Halo-Effekt überstrahlt eine hervorstechende Eigenschaft andere Eigenschaften

- *Logische Fehler* liegen vor, wenn zur Beurteilung der Person Hinweise herangezogen werden, die nicht passen (Brille = Intelligenz), wenn falsche Schlussfolgerungen gezogen werden: „Wenn der das eine gut kann, dann kann er das andere sicher auch gut.", oder implizite Persönlichkeitstheorien in die Beobachtung einfließen: „Höfliche Menschen sind auch teamfähig." Sinnvolle Gegenmaßnahmen, um solche Fehlurteile einzuschränken, sind Beobachterschulungen, Doppelbeobachtung oder der Einsatz von standardisierten und verhaltensbasierten Beurteilungsverfahren und -richtlinien.

  Wenn von „Brilletragen" auf „Intelligenz" geschlossen wird, liegt ein logischer Fehler vor

- *Primacy-Effekt und Recency-Effekt:* Beide Effekte fallen unter die Reihenfolgeeffekte (vgl. Kapitel 3.2). Beim Primacy-Effekt üben Informationen, die zu Beginn aufgenommen werden, einen besonderen Einfluss auf Urteile aus („Auf den ersten Eindruck kommt es an."). Diese Funktion hat durchaus Sinn, denn erste Informationen helfen, die Wahrnehmung zu organisieren, allerdings wäre in der Beobachtungssituation eine Falsifizierungsstrategie klüger. Analog werden beim Recency-Effekt zuletzt gewonnene Informationen übergewichtet. Primacy- und Recency-Effekt schließen sich nicht aus, sie können sogar zusammen auftreten. Gegenmaßnahmen bilden eine Beobachterschulung, wenn möglich eine kontinuierliche Verhaltensaufzeichnung, der Einsatz von standardisierten Beobachtungsrichtlinien und verhaltensbasierten Beurteilungsinstrumenten und die Berücksichtigung der Arbeitsbelastung der Beobachter (nicht mehr als vier Merkmale und ein bis zwei Personen).

- *Milde-Effekt:* Hierbei handelt es sich um Beurteilungsverzerrungen zum Positiven hin (z. B. bei Kenntnis der Berufsanforderungen auf Seiten der Beurteiler, Sympathie oder Mitleid; vgl. Kapitel 3.2). Das Gegenteil des Milde-Effekts ist besondere Strenge.

Zentrale Tendenz liegt vor, wenn mittlere Ratings bevorzugt gewählt werden

- *Zentrale Tendenz:* Hier werden mittlere Ratings bevorzugt gewählt und Extremurteile vermieden. Diese Beurteilungstendenz ist meist Ausdruck von Unsicherheit oder Überforderung (Flucht zur Mitte, wenn der Beurteiler nicht weiß, welches Urteil angemessen ist.). Ein seltenes Gegenteil zur zentralen Tendenz bilden Extremurteile. Die zentrale Tendenz kann vermieden werden, wenn unipolare Beurteilungsskalen ohne Mittelkategorie gewählt werden, eine Antwortkategorie „nicht beurteilbar" vorliegt oder durch die Verwendung von Verhaltensankern für alle Kategorien.

Fehlervermeidung lässt sich erreichen durch bewusste Selektion der Wahrnehmung (Beobachtungskategorien formulieren), Trennung von Beobachtung und Auswertung, Einsatz möglichst mehrerer Beobachter zum Vergleich der Ergebnisse, Standardisierung der Beobachtung und Beobachterschulung.

5.5 Vorbereitung, Durchführung und Beurteilung von Verhaltensbeobachtung

Bei der Vorbereitung einer Verhaltensbeobachtung kann man sich die Analogie zum Fotografieren vorstellen und hieraus Teilschritte ableiten: Welcher Ausschnitt aus der Szenerie soll abgebildet werden (Beobachtungsziel festlegen und fokussiert halten)?, ist die Schärfe ausreichend für alle Details (Hinweisreize genau festlegen)?, ist der Kontrast ausreichend (Unterscheidbarkeit von anderen Merkmalen sicherstellen)?

Verhaltensbeobachtung kann mit Fotografieren verglichen werden

Eine Verhaltensbeobachtung ist als Prozess zu verstehen, in dem für jeden Schritt Richtlinien oder Hilfsmittel vorliegen müssen (vgl. Abb. 5).

Abbildung 5: Beobachtung als Prozess

5.5.1 Beobachtungsprozess: Wahrnehmen

Eine gute Wahrnehmung setzt voraus, dass genau definiert wird, was beobachtet wird (Operationalisierung, vgl. Kapitel 2.4.1). Zusätzlich sind einige wesentliche Faktoren zu berücksichtigen:
*   Merkmale sind oft nicht direkt beobachtbar (z. B. Teamfähigkeit, Führungsfähigkeit),
*   Menschen verhalten sich in denselben Situationen unterschiedlich (Verhaltensgewohnheiten),
*   bestimmte Verhaltensgewohnheiten sind zeitstabil und
*   Ursache für diese Verhaltensgewohnheiten sind bestimmte Persönlichkeitseigenschaften.

Dabei muss unterschieden werden, ob es sich um eine Verhaltensbeobachtung im engeren Sinne (fremd beobachtbares Verhalten), oder um nicht fremd beobachtbares Verhalten (Selbsteinschätzungen, Selbstauskünfte, Interviews, Leistungstests) handelt.

Um zu beobachtende Merkmale möglichst differenziert zu operationalisieren, werden Hinweisreize (Indikatoren) festgelegt, die direkt beobachtbar sind und für das Vorhandensein des Merkmals sprechen. Bei der Wahl der Indikatoren ist darauf zu achten, dass das Verhalten wirklich einer bestimmten Eigenschaft zugeordnet werden kann. Dabei sind statistische Analysen zur Gültigkeit dieser Aussagen, beispielsweise die Inhaltsvalidität eines bestimmten Konzeptes wie „Aggression" oder „aggressives Verhalten", zu berücksichtigen, unter Umständen können auch Expertenurteile hinzugezogen werden. Grundsätzlich sollte berücksichtigt werden, dass oder ob das zu beobachtende Verhalten situationsabhängig ist (nicht in jeder Situation werden vorhandene Verhaltensgewohnheiten gezeigt).

Hinweisreize nennt man Indikatoren

5.5.2 Beobachtungsprozess: Registrieren

Sind die Indikatoren für die Beobachtung festgelegt, stellt sich die Frage: Wie halte ich sie fest? Die erste Überlegung dabei ist: Häufigkeit vs. Intensität, d. h., beobachtet wird die Häufigkeit des Indikators bei einer Person (z. B. Kundenorientierung = Lächeln) oder die Intensität des Indikators (z. B. Kundenorientierung = Perspektivenübernahme).

Die zweite Überlegung bezieht sich auf den Standardisierungsgrad: Wird die Auftretenshäufigkeit eines Verhaltens registriert, ermöglicht dies einen hohen Standardisierungsgrad. Hier kommen Methoden wie das *Event-Sampling* (Wie oft und wie lange insgesamt?) und das *Time-Sampling* (In bestimmtem Zeitraum beobachtet oder nicht?) zum Einsatz. Möchte man die Intensität eines Verhaltens registrieren, ist eine Standardisierung erschwert. Bei dieser Methode kommen meist Mitschriften des kompletten Verhaltens zum Einsatz, die die Grundlage für Ratings bilden.

Event-Sampling
Time-Sampling

Eine Erfassung des gesamten Verhaltens der zu beobachtenden Personen in allen Situationen und zu jeder Zeit ist aus naheliegenden Gründen nicht möglich. Jedes Beobachtungsvorhaben muss sich daher mehr oder weniger auf einen Ausschnitt des zu beobachtenden Geschehens beschränken. Damit dieser Ausschnitt repräsentativ angesehen werden kann, muss ein Stichprobenplan erstellt werden, der bestimmte Kriterien erfüllt. Der Stichprobenplan legt Zweck, Zeitdauer für jede Beobachtung, Beobachtungssituationen, zu beobachtendes Verhalten (Beobachtungseinheiten) und zu beobachtende Personen fest.

Stichprobentechniken bei festgelegter Zeit (Time-Sampling)

Beim Time-Sampling werden exakt gleich lange Zeitstichproben aus dem zu beobachtenden Geschehen gezogen; man verbindet damit die Hoffnung, dass man auf diesem Wege zu einer repräsentativen Aussage gelangt. Je nach Länge der Beobachtungszeitintervalle spricht man von Kurz- und Langzeitbeobachtung. Bei der Kurzzeitbeobachtung werden vorher definierte Verhaltensweisen in einer Serie von gleich langen Zeitintervallen oder Zeiteinheiten über einen längeren Zeitraum hinweg beobachtet. Die Zeiteinheiten können nur wenige Sekunden betragen, aber auch 10 oder 15 Minuten lang sein. Innerhalb jeder Zeiteinheit kann folgendes erfasst werden:

Beim Time-Sampling
wird in Zeitintervallen
beobachtet

- wie häufig das Verhalten auftritt oder
- wie lange die zu beobachtenden Verhaltensweisen dauern.

Die Registrierung des beobachteten Geschehens kann bei der Kurzzeitbeobachtung auf zwei verschiedene Weisen erfolgen:

a) Die beobachteten Ereignisse können sofort registriert werden, ohne den Beobachtungsvorgang zu unterbrechen (kontinuierliche Kurzzeitbeobachtung) oder

b) innerhalb einer Beobachtungszeiteinheit werden kleine Beobachtungspausen zur Registrierung vorgesehen, etwa 10 Sekunden Beobachtung, dann 5 Sekunden Protokollierung (intermittierende Kurzzeitbeobachtung).

Die Auswahl der Stichprobe gleich langer Zeitintervalle für die Beobachtung kann auf zweierlei Arten getroffen werden:

- systematisch, z. B.: Ein Kind wird in der ersten Unterrichtsstunde zu folgenden Zeiten beobachtet:
  - 1. Tag, jeweils die ersten 15-Minuten-Intervalle jeder Stunde,
  - 2. Tag, jeweils die zweiten 15-Minuten-Intervalle jeder Stunde und
  - 3. Tag, jeweils die dritten 15-Minuten-Intervalle jeder Stunde.
- nach dem Zufall können aus allen möglichen 15-Minuten-Intervallen einer Woche im Unterricht 20 Einheiten ausgewählt werden.

Die Kurzzeitbeobachtung ist eine gute Technik zur Erfassung von häufig vorkommenden Verhaltensweisen (Blickkontakt, störendes Verhalten usw.). Wenn die Kontinuität des Verhaltens weitgehend gewahrt bleiben soll, oder wenn selten vorkommende Ereignisse beobachtet werden müssen, kann die Technik der Langzeitbeobachtung verwendet werden.

Stichprobentechnik bei festgelegter Beobachtungseinheit (Event-Sampling)

Bei dieser Technik wird der Beginn, Verlauf und Ausgang des zu beobachtenden Geschehens ohne Festsetzung eines Beobachtungszeitintervalls registriert. Das Ende der Beobachtungszeit wird vom Ende des zu beobachtenden Ereignisses bestimmt. Der Beginn der Beobachtungszeit kann durch Kenntnis des Zeitpunktes, zu dem das Ereignis normalerweise eintritt, bestimmt werden. Ist dieser Zeitpunkt nicht voraussagbar, muss der Beobachter warten, bis das Ereignis stattfindet. Event-Sampling-Techniken sind bei der Beobach-

Beim Event-Sampling wird ohne festes Zeitintervall beobachtet

tung von selten auftretenden und eher komplexen Handlungsabfolgen besonders angebracht (Problemlöseverhalten, Trotz- und Wutanfälle usw.), z. B. (Häufigkeit): Person X hat in der Beobachtungszeit siebenmal Fragen gestellt, dreimal andere unterbrochen, einen Lösungsvorschlag unterbreitet. Beispiel (Dauer): Person Y hat insgesamt 4 Minuten lang aggressives Verhalten gezeigt.

5.5.2.1 Hilfsmittel für die Durchführung der Verhaltensbeobachtung

Verschiedene Hilfsmittel werden zur Datenregistrierung eingesetzt:
- *Apparative Hilfsmittel:* Registrierhilfen können auch in apparativer Form ausgebaut werden, so dass der Beobachter nur auf Tasten zu drücken braucht. Eine andere Möglichkeit, das Beobachtungsverfahren durch technische Hilfsmittel zu unterstützen, besteht darin, dass das zu beobachtende Geschehen mehr oder weniger vollständig gespeichert wird (Video, Tonband), um so mehrfaches Reproduzieren des Geschehens zu ermöglichen (isomorphe Deskription).
- *Registrierhilfen* (Beobachtungssysteme): Ausarbeitung von Kürzel-Repertoires, Bereitstellung von tabellenartigen Registrierschemata (Zeichen- oder Kategoriensysteme), Protokollbögen (vgl. Tab. 15) u. a. m. (reduktive Deskription).

Zeichensysteme beschreiben die zu beobachtenden Verhaltensäußerungen

Zeichensysteme. Ein Zeichensystem (auch Indexsystem) ist die Aufstellung einer Anzahl spezifischer Verhaltensäußerungen oder -merkmale, die während eines Beobachtungszeitraumes auftreten können.

Tabelle 15: Beispiel für einen Protokollbogen

Ereignis	Zeitintervall								
Merkmalsbereich	1	2	3	4	5	6	7	8	Σ
geht auf Vorschläge anderer ein									
revidiert eigenen Vorschlag									
stimmt anderen zu									
Σ Kooperation									
übt Kritik aus									
unterbricht andere									
verteidigt seinen Vorschlag									
Σ Durchsetzungsvermögen									

Aufgabe des Beobachters ist es, das Auftreten eines jeden der vorgegebenen Verhaltensmerkmale („Zeichen") für bestimmte Beobachtungsausschnitte zu registrieren (z. B. mit einer Strichliste). Ein Beispiel für ein Zeichensystem für die Beobachtung von Sprechstörungen ist:
- Vorkommnis von Fülllauten wie „ah", „emm", usw.,
- Wiederholungen,
- Stottern,
- Weglassen von Wortteilen oder Wörtern,
- unvollständige Sätze und
- Wortverdrehungen (z. B. bei „Zungenbrechern").

Da ein Zeichensystem die Beobachtung einer großen Anzahl verschiedener Verhaltensweisen ermöglicht, ist es besonders dann angebracht, wenn bestimmte Verhaltensbereiche (z. B. Sprachverhalten, Selbststimulation, nonverbale Kommunikation, motorisches Verhalten) oder das gesamte Verhaltensrepertoire von Kindern beschrieben werden soll (z. B. bei autistischen Kindern). Weiterhin ist noch hinzuzufügen, dass ein Zeichensystem dann angebracht ist, wenn die zu beobachtenden Zeichen nicht zu häufig auftreten. Eine große Anzahl von Zeichen, die in sehr kurzen Zeitabstanden aufeinander folgen, kann den Beobachter überfordern.

Kategoriensysteme. Verwendet der Beobachter ein Kategoriensystem (vgl. Tab. 16), wird der Geschehensstrom unter bestimmten Aspekten vollständig aufgeteilt, so dass in jedem Augenblick das beachtete Verhalten einer und nur einer der zur Verfügung stehenden Kategorie eingeordnet werden kann und muss. Das Kategoriensystem ist dann

Ein Kategoriensystem teilt das Geschehen in unterschiedliche Aspekte auf

Tabelle 16: Beispiel für ein Kategoriensystem (Ausschnitt aus dem Beobachtungsbogen für aggressives Verhalten, BAV, vgl. Petermann & Petermann, 2012, S. 303, in die leeren Felder soll der Beobachter ein Urteil, abgestuft von „tritt nie auf" (1) bis „tritt ständig auf" (5) über die Verhaltenskategorien eintragen)

Urteil	Verhalten
	1. Kind wird beschimpft und angeschrien
	2. schadenfreudiges Lachen, zynische Bemerkungen gegenüber Erwachsenen und Kindern, Spotten über andere
	3. anschreien, anbrüllen und beschimpfen
	4. Kind wird geboxt, getreten, gestoßen, gekratzt, an den Haaren gezogen und bespuckt

exhaustiv und disjunkt. Dieselben Anforderungen werden an Kategoriensysteme gestellt, die für die Inhaltsanalyse verwendet werden, da diese auch exhaustiv und disjunkt gestaltet werden (vgl. Kapitel 2.7).

5.5.2.2 Entwicklung eines Kategoriensystems

Beim Kategoriensystem wird das zu beobachtende Verhalten nach verschiedenen Aspekten (z. B. verbales, motorisches Verhalten) und Ausprägungen (z. B. flüstern oder schreien) unterteilt und im genauen zeitlichen Ablauf nach festgelegten Kategorien klassifiziert. Dabei muss jedes Verhalten einer Kategorie zuzuordnen sein. Ein Kategoriensystem bietet also, im Gegensatz zum Zeichensystem oder dem Ratingsystem, die Möglichkeit eines lückenlosen Verhaltensprotokolls, denn Kategoriensysteme sollen den gesamten Verhaltensablauf erfassen. Da dies jedoch nicht ohne technische Hilfe möglich ist, wird die Vielfalt der Verhaltensweisen auf eine begrenzte Anzahl von Kategorien reduziert. Die Anzahl der Kategorien hängt zum einen vom Untersuchungszweck, zum anderen aber auch von der kognitiven Kapazität der Beobachter und deren Erfahrung ab. In der Praxis arbeitet man meist mit wenigen Kategorien, um den Beobachter nicht zu überfordern. Wichtige Grundlage für ein Kategoriensystem bildet die Überschneidungsfreiheit der einzelnen Klassen, damit die einzelne Beobachtung jeweils nur in eine Kategorie fällt. Damit die Zuordnung eindeutig ist, sollte jede Kategorie daher genau definiert sein. Um die Brauchbarkeit eines Beobachtungssystems zu überprüfen und um die künftigen Beobachter zu schulen, sind Vorübungen anhand von Videofilmen und Feldbeobachtungen sinnvoll.

Für die Entwicklung von Beobachtungskategorien ist zunächst die Bestimmung der Beobachtungseinheiten erforderlich. Hier wird der Verhaltensstrom in einzelne Einheiten unterteilt, damit man die verschiedenen Ereignisse voneinander abgrenzen kann und sie somit vergleichbar werden. Kategoriensysteme sollten folgende Kriterien erfüllen.

Kriterien für ein Kategoriensystem

- **Theoretische Fundierung.** Ein Kategoriensystem sollte aus theoretischen Überlegungen abgeleitet sein oder sich zumindest in eine theoretische Konzeption einordnen lassen, denn nur ein auf diese Weise entwickeltes Beobachtungssystem kann Daten zur Überprüfung bestimmter Hypothesen liefern.

- **Vollständigkeit.** Ein Kategoriensystem muss so vollständig sein, dass alle auftretenden Verhaltensweisen erfasst werden.
- **Unabhängigkeit.** Die einzelnen Kategorien sollten unabhängig voneinander sein, d. h. jede Beobachtungseinheit muss eindeutig einer Kategorie zugeordnet werden können.
- **Konkretheit.** Die Kategorien sollten verhaltensnah definiert sein, d. h. sie sollen die Beschreibung beobachtbarer Sachverhalte ermöglichen, denn je verhaltensnäher die Kategorien sind, desto eindeutiger werden Interpretationen durch den Beobachter. Darüber hinaus sind für die Bildung konkret ausgearbeiteter Kategorien Kenntnisse über die Zielpopulation unabdingbar.

Am Ende der Entwicklung des Kategoriensystems steht die Entwicklung eines Beobachtungsbogens, der die einzelnen Kategorien und Raum für den Eintrag der Markierungen enthält. Die Beobachtung erfordert ein hohes Maß an Konzentrations- und Entscheidungsfähigkeit des Beobachters, da dieser während eines längeren Zeitraums das beobachtete Verhalten fortlaufend mitprotokollieren, d. h. innerhalb der festgesetzten Zeiteinheiten die einzelnen Verhaltensweisen den entsprechenden Kategorien zuordnen und gleichzeitig schriftlich fixieren, muss. Um dem Beobachter diese Aufgabe zu erleichtern, empfiehlt es sich daher, klar strukturierte und leicht zu handhabende Beobachtungsbögen zu entwerfen. Das Kategoriensystem kann aber auch, genau wie das Zeichensystem, lediglich das bloße Auftreten eines Verhaltens registrieren oder durch Zeitintervallmarkierungen auch dessen Dauer festhalten.

Ein Kategoriesystem sollte theoretisch fundiert, vollständig, unabhängig und konkret sein

5.5.2.3 Schätzskalen (Ratingsysteme)

Bei Ratingsystemen wird der Ausprägungsgrad, mit dem bestimmte zu beobachtende Verhaltensweisen auftreten, durch den Beobachter eingeschätzt und registriert (vgl. Kapitel 7.3). Ein Beispiel zur Schätzung der Stärke von Wutausbrüchen von „sehr stark" = +2 bis „sehr schwach" = –2 ist: +2 +1 0 –1 –2. Es ist möglich, ein Kategoriensystem mit einem Ratingsystem zu kombinieren: Die einzelnen Kategorien werden durch Skalen repräsentiert, auf denen der Ausprägungsgrad der zu beobachtenden Verhaltensweisen festgehalten wird. Ratingskalen können numerisch, verbal oder grafisch aufgebaut sein (vgl. Abb. 6 und Kasten auf S. 258 f.).

Schätzskalen können
numerisch, verbal oder
grafisch gestaltet sein

a) numerisch

Wie kooperativ verhält sich Schüler X?

gar nicht   sehr

1   2   3   4   5   6

b) verbal

Wie interessiert zeigt sich Schüler X am Unterricht?

gar nicht   kaum   etwas   sehr   außerordentlich

c) grafisch

**Wie ausgeprägt ist die Angst des Schülers
vor der Klassenarbeit?**

sehr große _____ überhaupt
Angst   keine Angst

Abbildung 6: Beispiele für Ratingskalen: numerisch (a), verbal (b) und
grafisch (c)

Eye-Tracking – eine
besondere Form
der Verhaltens-
beobachtung

Eine besondere Form der Verhaltensbeobachtung stellt das Eye-Tracking dar. Eye-Tracking bedeutet Blickbewegungsregistrierung. Beim Eye-Tracking werden die verschiedenen Augenbewegungen einer Person durch technische Hilfsmittel aufgezeichnet und unter verschiedenen Fragestellungen ausgewertet. Es werden folgende Augenbewegungen unterschieden: Fixationen, Sakkaden und die Veränderung des Pupillendurchmessers. Fixation bezeichnet die Fixierung eines Punktes. Sakkaden sind die Bewegungen des Auges von einer Fixation zu nächsten. Die Augenbewegungen werden von drei Faktoren beeinflusst: erstens von den biologischen Faktoren, z. B. dem Alter und der Verfassung der Testperson, zweitens von den individuellen Faktoren, welche die persönlichen Fähigkeiten und Interessen bezeichnen, und drittens von der Qualität des visuellen Gegenstandes (vgl. Kapitel 6.4.3).

Um die Augenbewegungen aufzuzeichnen, wird ein von einem Gerät ausgehender schwacher Infrarotstrahl auf die Augen gerichtet und dieser wird von der Netzhaut reflektiert. Dies wird mit einer Kamera aufgenommen und die zugehörige Software errechnet exakte Fixationsfolgen, Sakkadenbewegungen, Pupillendurchmesser und Betrachtungszeiträume. Diese können zur Visualisierung auch grafisch dargestellt werden. Die Methode des Eye-Tracking ist auf eine quantitative Funktion beschränkt, das bedeutet, sie kann z. B. feststellen, dass die Testperson bei einer Webseite zuerst die Kopfzeile betrachtet, lässt aber keine qualitativen Rückschlüsse zu, warum die Person dies macht. Auch kann Eye-Tracking beweisen, dass der Proband auf den Bildschirm schaut, aber nicht, dass er das Gesehene auch wirklich wahrnimmt.

Eye-Tracking findet in den verschiedensten Gebieten Anwendung; hauptsächlich jedoch in der Medizin, der Informatik, der Säuglingsforschung und der Marktforschung. Doch auch im Gebiet der Mensch-Maschine-Interaktion gewinnt Eye-Tracking immer mehr an Bedeutung. In der Medizin wird Eye-Tracking beim Lasern der Augen bei Fehlsichtigkeit eingesetzt. Vom Eye-Tracker wird die Augenbewegung überwacht, sodass der Laser nur arbeitet, wenn das Auge in der richtigen Position ist. In der Informatik kommt Eye-Tracking bei Usability-Tests von Software zum Einsatz und hilft so Fehler und Schwachstellen im Design und in der Navigation aufzudecken. In der Marktforschung wird Eye-Tracking verwendet, um Werbung und Verpackungen zu analysieren.

5.5.3 Beobachtungsprozess: Beurteilen

Im letzten Schritt des Beobachtungsprozesses werden die Beobachtungen beurteilt bzw. bewertet. Hierzu können viele einzelne Hinweisreize (intuitive Gewichtung) zusammengeführt werden und zu einer Beurteilung der Merkmalsausprägung führen oder aber die einzelnen Hinweisreize aufsummiert werden (Bedeutsamkeit vs. Häufigkeit des Auftretens des Verhaltens). Dabei sind zwei Konstellationen möglich:
- Viele/bedeutsame Hinweisreize, die für das Merkmal sprechen, bzw. wenige/unbedeutsame Hinweisreize, die gegen das Merkmal sprechen = hohe Ausprägung.
- Wenige/unbedeutende Hinweisreize, die für das Merkmal sprechen, bzw. viele/bedeutsame Hinweisreize, die gegen das Merkmal sprechen = niedrige Ausprägung.

Entsprechende Urteilsschemata müssen vor der Verhaltensbeobachtung festgelegt werden. Folgende Regeln können angewendet werden.

Urteilsschemata sind Gegenstand des Beobachtungsplans

Urteilsschemata für die Verhaltensbeobachtung

- **Qualitative Wenn-Dann-Regel:** Wenn die beobachtete soziale Kompetenz als „befriedigend" oder „gut" eingeschätzt und registriert worden ist, dann ist die Zielperson in Bezug auf das Eignungsmerkmal Mitarbeiterführung „gut" geeignet.

> • **Quantitative Wenn-Dann-Regel:** Das Eignungsmerkmal y ist
>   Rechenergebnis einer Formel, in die das registrierte Beobach-
>   tungsziel als x eingeht.

5.6 Gütekriterien von Beobachtungsverfahren

Ein Argument gegen den Einsatz von Beobachtungsverfahren ist die
angeblich zu geringe Objektivität. Da bei jeder Beobachtung nicht
nur das Beobachtungssystem als Instrument gilt, sondern auch der
Beobachter involviert ist, wirken sich dessen Unvollkommenheit und
Fehler auf das Beobachtungsergebnis aus. Da mit jedem anderen
Beobachter andere Fehler auftreten können, haben Beobachtungssysteme ihre Objektivität mit jeder Untersuchung erneut zu belegen. Bei
Zeichen- und Kategoriensystemen geschieht dies durch Ermittlung
der Übereinstimmungen der Registrierung. Eine 90 %ige Übereinstimmung gilt als Grenzwert. Eine Unterschreitung dieses Grenzwer-
tes macht eine Beobachterschulung erforderlich. Hohe Übereinstimmung ist bei Zeichensystemen zu erzielen, bei denen eine eindeutige
Beziehung zwischen dem Auftreten eines Verhaltens und der dazu-
gehörigen Markierung besteht.

Zeichensysteme weisen hohe Beobachterübereinstimmung auf

Innerhalb von Kategoriensystemen können die von den Beobachtern
zu treffenden Entscheidungen, in welche Kategorie ein bestimmtes
Verhalten gehört, zu unterschiedlichen Ergebnissen und damit zur
Beeinträchtigung der Objektivität führen. Am problematischsten ist
die Objektivität von Ratingverfahren. Da sowohl kategoriale Zuord-
nungen als auch Häufigkeitsverteilungen durch den Beurteiler zu
leisten sind, ergeben sich mehr Fehlermöglichkeiten.

Außer der Objektivität lässt sich auch die Reliabilität eines Beobachtungsverfahren bestimmen. Jedoch existieren in der Regel keine Pa-
rallelformen, mit denen man die Paralleltest-Reliabilität bestimmen
könnte, daher ist die Reliabilität auch selten bestimmt. Bei Arbeitsanalyseverfahren wird angenommen, dass Objektivität und Reliabilität zusammenfallen. Wenn z. B. zwei Beobachtungen der Arbeitstätigkeit in gewissem zeitlichem Abstand durchgeführt werden, dann
kann die Übereinstimmung als Hinweis für die Objektivität, aber auch
die Reliabilität des Verfahrens gewertet werden.

Validitätsangaben zu Verhaltensbeobachtungen werden dagegen häufiger gemacht. Beziehen sich Beobachtungen auf konkretes Verhalten und beanspruchen sie nur für diese Gültigkeit, so sind sie inhaltsvalide und bedürfen keiner statistischen Absicherung. Ihre Ergebnisse sind allerdings wegen der Personengebundenheit der Beobachtungsverfahren und der Situationsabhängigkeit der Beobachtung selbst nur begrenzt generalisierbar.

Wie lassen sich die Objektivität und Reliabilität der Beobachtungsdaten sicherstellen (modifiziert nach Fisseni, 2004)?

Objektivität (Auswerter-Übereinstimmung):

- sorgfältig ausgearbeitete Beobachtungssysteme, in denen inhaltliche und formale Kriterien der Verhaltensmerkmale genau, eindeutig und disjunkt von anderen Verhaltensmerkmalen definiert sind
- gründliche Ausbildung und Schulung der Beobachter
- klare Anweisungen bei der Durchführung der Beobachtung und Instruktion der Kodierung
- die Objektivität von Beobachtungen wird bestimmt mittels der Interrater-Reliabilität als Maß für die Übereinstimmung zwischen mehreren Beobachtern. Numerisch wird diese häufig über den Kappa-Koeffizienten ermittelt

Reliabilität (Messgenauigkeit):

- präzise Definition von Beobachtungseinheiten
- möglichst geringe Zahl dieser Einheiten
- je konkreter die Beobachtungseinheit formuliert ist, desto weniger zwingt sie zu Abstraktion und Schlussfolgerung
- Bevorzugung von Serien mehrerer Einzelbeobachtungen im gleichen zeitlichen Abstand, durch zwei bis vier geschulte Beobachter mit wenigen Verhaltensdimensionen

---

5.7 Anwendungsbereiche von Beobachtungsmethoden

Für die Diagnostik kann die Verhaltensbeobachtung einen speziellen Beitrag liefern. Im Rahmen der psychologischen Diagnostik werden Verhaltensbeobachtungen eingesetzt (Bodenmann, 2006) zur Beschreibung, Evaluation von Maßnahmen und für Aussagen zur Prognose. Folgende Aufgaben werden hier erfüllt:

Paar- und Familiendiagnostik – ein wichtiges Anwendungsfeld

- Erfassung und Analyse von prozessualen und dynamischen Verhaltensabläufen in Interaktionen zwischen Personen (z. B. Paar- und Familiendiagnostik),
- Erfassung von Verhalten im Alltag (z. B. aggressives Verhalten von Schülern im Unterricht, Ermittlung des Förderbedarfs),
- Erhöhung des Problembewusstseins für unangemessenes Verhalten (z. B. Protokolle im therapeutischen Bereich) sowie
- Validierung von Selbstberichtsdaten von Personen.

In der psychologischen Diagnostik leistet die Beobachtung als begleitendes und selbstständiges Verfahren einen Beitrag zur Datengewinnung. Als begleitendes Verfahren kann die Verhaltensbeobachtung dazu verwendet werden, den situativen Kontext anderer Verfahren festzuhalten. Beispielsweise kann bei einer Anamnese ein Widerspruch auftreten zwischen zwei Verhaltensebenen – etwa zwischen verbalen Äußerungen und gezeigtem Verhalten eines Patienten. So kann der Inhalt von Aussagen, die Eltern über ihre Kinder machen, im Widerspruch stehen zu der Art, in der sie ihre Aussagen beschreiben. Wird allein der Inhalt des Gesprächs registriert, dann bleibt dieser Widerspruch unberücksichtigt, obwohl gerade er diagnostisch wichtige Signale gibt. Bei manchem Testverfahren kann die Art, wie die Person den Test bearbeitet, Aufschluss geben über ihr Problemlöseverhalten.

Verhaltensbeobachtung kann den Kontext anderer Verfahren erweitern

Als selbstständiges Verfahren lässt sich Verhaltensbeobachtung vielfältig in die diagnostische Untersuchung eingliedern, so kann im Rahmen der Paardiagnostik die Körpersprache von Ehepartnern zum Gegenstand gezielter Beobachtung gemacht werden. Auch lässt sich innerhalb der Familiendiagnostik die Eltern-Kind-Interaktion durch Verhaltensbeobachtung erfassen.

In einigen Kontexten ist die Verhaltensbeobachtung die einzig mögliche und sinnvolle Methode. So zählt sie bei der Paar- und Familiendiagnostik, in der prozessuale und dynamische Aspekte erfasst werden sollen, zu den wichtigsten diagnostischen Methoden. Weder Fragebögen noch Interviewmethoden ermöglichen eine genauere Abbildung dieser dynamischen Aspekte von sozialen Interaktionen (Welsh & Dickson, 2005). Entsprechend wurde mittlerweile eine Vielzahl von Beobachtungs- und Kodiersystemen entwickelt (z. B. specific affect coding system, SPAFF; Gottman, Coan & McCoy, 1996; System zur Erfassung des dyadischen Copings, SEDC; Bodenmann, 2000).

In der Schulpsychologie beispielsweise geht es häufig darum, das Schüler- oder Lehrerverhalten oder die Lehrer-Schüler-Interaktion zu beobachten. Darüber hinaus kann die Verhaltensbeobachtung bei der Diagnose von Lernschwierigkeiten helfen. Die Daten aus der Verhaltensbeobachtung können auch dazu dienen, die Stärke bzw. Intensität des „kritischen" Verhaltens einzuschätzen, aber auch, um etwa mögliche Verstärker zu identifizieren, die zur Verhaltensmodifikation eingesetzt werden können. Das BASYS (Beobachtungssystem zur Analyse aggressiven Verhaltens in schulischen Settings; Wettstein, 2008) beispielsweise ist ein Verfahren zur systematischen Beobachtung von aggressivem Verhalten in Sonder-, Förder- und Regelschulen (für den Altersbereich von 9 bis 16 Jahren). Mit Hilfe dieses Verfahrens können problematische Person-Umwelt-Beziehungen im Klassenkontext erfasst und Interventionsschritte abgeleitet werden. Das Verfahren kann von Lehrern, Heil- und Sonderpädagogen, Psychologen, Erziehungsberatern und Schulsozialarbeitern eingesetzt werden. Das Instrument enthält eine Version für Lehrkräfte (BASYS-L) sowie eine erweiterte Version für Fremdbeobachter (BASYS-F).

Anwendungsfeld Schulpsychologie

In der Arbeits- und Organisationspsychologie kommen Beobachtungsverfahren in unterschiedlichen Kontexten zum Einsatz. So wurden in den letzten Jahren zahlreiche Arbeitsanalyseverfahren entwickelt, die auf Beobachtung beruhen (Dunkel, 1999). Dabei geht es darum, die Arbeitstätigkeit und deren Rahmenbedingungen, häufig unter Verwendung eines Beobachtungsleitfadens zu analysieren. Durch diese Methode sind Rückschlüsse auf Arbeitsanforderungen, Belastungen und Ressourcen möglich (vgl. Bamberg, Mohr & Busch, 2011, Kapitel 11). Hier werden häufig Beobachtungsinterviews (siehe oben) eingesetzt. In einigen Fällen werden Arbeitsbeobachtungen mit technischen Aufzeichnungen verbunden, z. B. von Lärm oder von Schadstoffen.

Beobachtungen in Organisationen betreffen Strukturen, Interaktionen, Klima und Kultur. Sie werden praktiziert um Änderungen in Organisationen einzuleiten. Im Assessment-Center dient die Beobachtung als wichtigste, oft sogar als einzige Erfassungsmethode (Fisseni & Preusser, 2007).

Insbesondere in größeren Unternehmen kommt im Bereich der Führungskräfte- und Traineeauswahl sowie zur Potenzialeinschätzung

Im Rahmen von Assessment-Centern ist die Beobachtung oft die einzige Erfassungsmethode

und zur Bestimmung von Personalentwicklungsmaßnahmen häufig das Assessment-Center-Verfahren (AC) zum Einsatz. Das Verfahren dauert in der Regel ein bis drei Tage. Die Teilnehmer bearbeiten und durchlaufen unterschiedliche Übungen (z. B. Teamarbeit, Problemlösung). Ihre Leistung wird in Bezug auf die definierten Anforderungskriterien durch die Beobachter erfasst und individuell bewertet. Nach Abschluss aller Übungen werden die Einzelbeurteilungen im Rahmen einer Beobachterkonferenz zu einem abschließenden Urteil bzw. Profil zusammengefasst, welches den Teilnehmern in Feedbackgesprächen erörtert und in Gutachten schriftlich festgehalten wird. Auf Basis der Gesamtbeurteilung erfolgen Personalauswahlentscheidungen bzw. Vereinbarungen von Personalentwicklungsmaßnahmen.

Der Ablauf gestaltet sich folgendermaßen: Die Vorbereitungsphase beginnt mit der Definition der Ziele und Zielgruppe und beinhaltet als zentralen weiteren Schritt die Erstellung eines Anforderungsprofils der Person. Am Anforderungsprofil orientiert, werden die einzelnen, überwiegend simulationsorientierten Verfahren zusammengestellt bzw. Übungen entwickelt. Während der einzelnen Übungen beobachtet (Schritt 1) und protokolliert (Schritt 2) der Beurteiler das Verhalten des Teilnehmers in Bezug auf die im Anforderungsprofil definierten Merkmale, um es im Anschluss den einzelnen Dimensionen zuzuordnen (Schritt 3: Kategorisierung) und in seiner Ausprägung zu bewerten (Schritt 4: Beurteilung). Meist beobachten und beurteilen mehrere Beurteiler gleichzeitig aber unabhängig voneinander das Verhalten des Teilnehmers. Erst nach Abschluss aller Übungen findet im Rahmen der Beobachterkonferenz eine Integration der Einzelbeurteilungen statt (Schritt 5). Für das Assessment-Center üblich ist die Quantifizierung durch ein numerisches Urteil, indem die einzelnen frei protokollierten Verhaltensweisen zunächst kategorisiert werden (Schritt 3) und anschließend durch die Zuordnung eines repräsentativen Wertes auf der dimensionsspezifischen Ratingskala quantifiziert werden.

Eine Innovation im Bereich der Assessment-Center-Praxis stellt der Einsatz computerunterstützter Systeme dar, die die Planungs- und Organisationsprozesse bei der Vorbereitung, aber auch die Durchführungs- und Auswertungsvorgänge im Assessment-Center unterstützen und erleichtern sollen. Sie ermöglichen einen papierfreien Beobachtungs- und Beurteilungsprozess, indem die Beurteiler ihre Verhaltensprotokollierungen und Beurteilungen direkt mit einem speziellen Stift über digital bereit gestellte Eingabemasken eingeben können. Auf einer separaten Seite können anschließend die Beurteilungen auf den unterschiedlichen Dimensionen abgegeben werden, wodurch mit einer deutlichen Trennung zwischen Beobachtung und Beurteilung ein wichtiges Assessment-Center-Prinzip gewährleistet ist. Über ein drahtloses Netzwerk sind die einzelnen Tablet-PCs untereinander sowie mit einem zentralen Server verbunden, an den die eingegebenen Daten unmittelbar weitergeleitet werden können, um dort verarbeitet zu werden. Ein Vorteil des Computertools liegt darin, dass fehleranfällige Medienbrüche vermieden werden, da die Einzelbeurteilungen direkt bei der Eingabe digitalisiert werden und nicht von Papier-Beurteilungslisten in einen zentralen Rechner eingegeben werden müssen.

Einen weiteren Anwendungsbereich von Verhaltensbeobachtung bildet die Erfassung von Verhaltensweisen im Bereich der Säuglings- bzw. Kleinkindforschung.

Ein Beispiel aus der Forschung: Vergleich unterschiedlicher Erfassungsmethoden der frühkindlichen Emotionalität (Pauli-Pott, Mertesacker & Beckmann, 2005)

Fragestellung: In welchem Ausmaß stimmen drei unterschiedliche Methoden (Elternfragebogen, Verhaltensbeobachtungen in standardisierten Untersuchungssituationen und in der Mutter-Kind-Interaktion) bei der Erfassung positiver und negativer Emotionalität überein?

Methoden: 101 gesunde Erstgeborene (43 Mädchen) im Alter von 4, 8 und 12 Monaten sowie deren primäre Bezugspersonen wurden untersucht. Über drei Verfahren wurde die positive und negative Emotionalität des Kindes zu den unterschiedlichen Zeitpunkten erhoben. Drei verschiedene Erhebungsverfahren wurden eingesetzt:

1. *Elternbefragung* anhand der deutschsprachigen Adaption des Infant Behavior Questionnaire (IBQ; vgl. Pauli-Pott et al., 2005), der u. a. die Skalen „Lächeln/Lachen" und „Unbehagen bei Einschränkung" enthält. Auf einer siebenstufigen Antwortskala (1 = „nie" bis 7 = „immer") soll die Häufigkeit des kindlichen Verhaltens innerhalb der letzten zwei Wochen in eng umgrenzten Alltagssituationen durch die Bezugsperson eingeschätzt werden. Skalen: „Lächeln/Lachen" und „Unbehagen bei Einschränkung".
2. *Verhaltensbeobachtung:* Um Ärgerreaktionen bzw. Reaktionen mit positivem Affektausdruck auszulösen, wurden Itemgruppen

aus der Bayley-Mental-Scale (Bayley, 1993) als Reize vorgegeben. Im Alter von 4 Monaten wurden 10 Itemgruppen (z. B. roter
Ring pendelt über dem liegenden Säugling), im Alter von 8 Monaten 16 Itemgruppen (z. B. Puppe wird durch eine Tasse verdeckt) und im Alter von 12 Monaten 18 Itemgruppen (z. B. Konfrontation mit einem Spiegel) präsentiert. Die Untersuchungen
wurden per Video aufgenommen. Für jede Itemgruppe wurde
das Vorkommen des negativen und des positiven Affektausdrucks aufseiten des Kindes kodiert (für die Zeitspanne zwischen
Präsentation des jeweiligen Objektes und seinem Entfernen).

3. *Verhalten des Kindes in der Mutter-Kind-Interaktion:* Die positive und negative Emotionalität des Kindes wurde zusätzlich
in drei voneinander unabhängigen Beobachtungssituationen
(10-minütige Wickel-Spiel-Sequenz im Labor, 20-minütige Alleinspielsequenz des Kindes sowie Baden-Wickeln-Spielen-
Sequenz für 30 Minuten) beobachtet. Dazu fanden neben den
Beobachtungen im Labor Hausbesuche bei den teilnehmenden
Familien zu allen Erhebungszeitpunkten statt. Die Beobachtungen wurden im 1-Minuten-Time-Sampling durchgeführt.

Grundlage für die Kodierung war sowohl für die standardisierte
Untersuchungssituation als auch für die Mutter-Kind-Interaktion
die Skala „Kind Emotion" der Mannheimer Beurteilungsskalen in
der Säuglingszeit (MBS-MKI-S) von Esser, Scheven, Petrova,
Laucht und Schmidt (1989), deren Objektivität, Reliabilität und
Validität hinreichend belegt ist. Mit dieser Skala werden negative
bis positive Affektäußerungen des Säuglings über fünf Abstufungen („schreit" bis „lächelt und lacht") erfasst. Der negative Affektausdruck wird auf den Skalenstufen 1 und 2 kodiert, Stufe 1 bezieht sich dabei auf eine hohe und Stufe 2 auf eine geringe
Intensität und Dauer negativen Affektausdrucks. Mit Stufe 3 wird
ein neutraler Affektausdruck kodiert, die Stufen 4 und 5 kennzeichnen einen positiven Affektausdruck geringer (4) und hoher (5) Intensität und Dauer. Als Kennwerte wurden für die standardisierte
Untersuchungssituation und die Mutter-Kind-Interaktion jeweils die
relativen Häufigkeiten der Intervalle, in denen positiver und negativer Affektausdruck des Kindes vorkam, ermittelt. Für die drei unterschiedlichen Mutter-Kind-Beobachtungssituationen wurden
dazu die Kennwerte positive Emotionalität und negative Emotionalität wie folgt aggregiert: zehn 1-Minuten-Intervalle der Wickel-
Spiel-Sequenz, zehn 1-Minuten-Intervalle der Alleinspielsequenz
und zehn 1-Minuten-Intervalle der Baden-Wickeln-Spielen-Sequenz

wurden aufsummiert. Die Summe wurde anschließenden durch die Gesamtzahl der beurteilten Intervalle dividiert.

Studien zur Beurteilerübereinstimmung wurden sowohl für die standardisierte Untersuchungssituation als auch für die Mutter-Kind-Interaktion durchgeführt. Die Videoaufzeichnungen der standardisierten Untersuchungssituation wurden durch eine geschulte Beurteilerin ausgewertet. Pro Erhebungszeitpunkt wurden dann jeweils zehn Aufzeichnungen durch eine zweite Beurteilerin ausgewertet. Die Interrater-Reliabilität wurde mittels Cohen's Kappa ermittelt.

Ergebnisse: Es ergaben sich, bis auf zwei Ausnahmen, statistisch signifikante Korrelationen zwischen den unterschiedlichen Messwerten der positiven und der negativen Emotionalität zu jedem Zeitpunkt (im Detail vgl. Pauli-Pott et al., 2005). Die Variationsbreite der Koeffizienten betrug zwischen $r=.13$ und $.39$. Keine statistischen Zusammenhänge konnten zwischen den Messwerten der positiven Emotionalität aus dem Elternfragebogen (FB) und der Mutter-Kind-Interaktion (MKI) im Alter von 12 Monaten ermittelt werden ($r=.13$). Auch erwies sich die Korrelation zwischen den Messwerten der negativen Emotionalität aus dem Elternfragebogen (FB) und der standardisierten Untersuchungssituation als nicht signifikant ($r=.20$). Des Weiteren wurden multiple Korrelationskoeffizienten bestimmt, um den Anteil der Varianz in jedem Emotionalitätsmaß zu bestimmen, der durch die anderen beiden Methoden aufgeklärt werden kann. Es wurden statistisch signifikante multiple Korrelationen von geringer bis mittlerer Höhe (zwischen $r=.27$ und $r=.41$) berichtet. In 14 von 17 Fällen konnten durch die beiden anderen Methoden mindestens 10 % der Varianz eines jeden Kennwerts aufgeklärt werden.

Insgesamt betrachtet stimmen die subjektiven Urteile der Mutter über die positive und negative Emotionalität ihres Kindes mit nur einer Ausnahme mit den Beobachtungsdaten überein. Am deutlichsten waren die Übereinstimmungen bezüglich der positiven Emotionalität des Kindes im Alter von 4 Monaten. Zusammenfassend kann demnach festgehalten werden, dass sich die Skalen des Elternfragebogens und die Verhaltensbeobachtungen als valide Verfahren eignen, um die positive und negative Emotionalität von Kindern im ersten Lebensjahr zu erfassen.

Schmerzwahrneh-
mung von Demenz-
kranken nur durch
Beobachtung
erfassbar

Ein weiteres Beispiel zum Anwendungsbereich von Verhaltensbeobachtung kommt aus dem Pflegebereich: die Schmerzwahrnehmung
von Demenzkranken. Verhaltensbeobachtungen sind umso wichtiger,
wenn es um Personen geht, die ihre Befindlichkeit nicht verbal ausdrücken können, wie es etwa bei einigen Demenzkranken der Fall ist.
Während Menschen mit einer leichten bis mittleren Demenz Auskunft geben und oft auch mit Schmerzskalen umgehen können, sind
Personen mit schwerer Demenz dazu nicht mehr in der Lage. Daraus
ergibt sich ein bedeutsames Problem, bedenkt man, dass schätzungs-
weise 45 bis 80 % aller Bewohner von Pflegeheimen Schmerzen haben
(AGS, 2002). Ohne die Auskunft des Patienten bleibt Pflegenden
nichts anderes übrig, als aus seinem Verhalten auf mögliche Schmerzen zu schließen. Das ist nicht einfach, denn auffällige Verhaltensweisen bei Menschen mit Demenz können vielfältige Ursachen haben.
Allerdings scheint eine „globale“, nicht auf Kriterien gestützte Fremd-
einschätzung des Schmerzes durch Pflegekräfte nicht besonders zuverlässig zu sein (vgl. Hadjistavropoulos, 2005), ebenso wie die
Einschätzung durch Ärzte oder Angehörige. Es wurde daher versucht,
schmerztypische Verhaltensindikatoren zu entwickeln. In Deutschland liegen zwei Instrumente zur standardisierten Erfassung des
Schmerzverhaltens vor: die Skala „Beurteilung von Schmerzen bei
Demenz“ (BESD; Basler et al., 2006) und das „Beobachtungsinstru-
ment für das Schmerzassessment bei alten Menschen mit Demenz“
(BISAD; Kunz, 2002). Die BESD beispielsweise besteht aus den Items
„Atmung“, „negative Lautäußerung“, „Gesichtsausdruck“, „Körpersprache“ und „Trost“ (die Fähigkeit des Patienten, getröstet zu werden). Je nach beobachtbarem Verhalten werden pro Item zwischen 0
und 2 Punkte vergeben, was eine Gesamtpunktzahl zwischen 0 und 10
ergibt. Das Instrument wird von einer Pflegefachkraft angewandt,
nachdem sie den Betroffenen für einige Minuten beobachtet hat.

Zusammenfassung

Die Verhaltensbeobachtung ist neben der Befragung und dem
Experiment eine der wichtigsten und interessantesten Methoden
der Psychologie. Die Verhaltensbeobachtung unterscheidet sich
von der Alltagsbeobachtung durch ihre Methodik und Zielgerich-
tetheit. Unter Verhaltensbeobachtung verstehen wir die auf das
Verhalten eines oder mehrerer Organismen gerichtete, methodisch
kontrollierte Wahrnehmung einer oder mehrerer Personen (Beobachter) mit der Absicht, Charakteristisches über das Verhalten des
bzw. der beobachteten Organismen zu erfahren. Es werden ver-

schiedene Beobachtungsformen unterschieden, u. a. nach ihrem Strukturierungsgrad. Der Beobachtungsprozess besteht aus den Schritten Wahrnehmen – Registrieren – Beurteilen, in denen bestimmte Methoden und Stichprobentechniken eingesetzt werden. Einige typische Anwendungsfelder der Verhaltensbeobachtung sind etwa Schulpsychologie, Säuglingsforschung, Pflege oder Arbeits- und Organisationspsychologie.

Weiterführende Literatur

Fassnacht, G. (2007). *Systematische Verhaltensbeobachtung.* München: Reinhardt.

Dunkel, H. (1999). *Handbuch psychologischer Arbeitsanalyseverfahren.* Zürich: vdf.

Greve, W. & Wentura, D. (1997). *Wissenschaftliche Beobachtung. Eine Einführung* (2. Aufl.). Weinheim: Beltz.

Manns, M., Schultze, J., Herrmann, C. & Westmeyer, H. (1987). *Beobachtungsverfahren in der Verhaltensdiagnostik.* Salzburg: Otto Müller.

Fragen

1. Welche grundlegenden Fragen sollten für eine systematische Verhaltensbeobachtung vorab geklärt werden?
2. Beschreiben Sie die Unterschiede zwischen der aktiv-teilnehmenden, der passiv-teilnehmenden und der nicht-teilnehmenden Beobachtung.
3. Welche Vor- und Nachteile ergeben sich aus einer strukturierten Beobachtung?
4. Nennen Sie drei typische Beobachtungsverzerrungen.
5. Welche beiden Stichprobentechniken werden unterschieden?
6. Beschreiben Sie einen Anwendungsbereich der Verhaltensbeobachtung.

Lösungshinweise finden Sie unter
www.hogrefe.de/buecher/lehrbuecher/psychlehrbuchplus.

Kapitel 6
Biologische Methoden

Inhaltsübersicht

Aufbau dieses Kapitels In diesem Kapitel soll auf die biologischen Forschungsmethoden eingegangen und ihre Bedeutung für die Psychologie verdeutlicht werden. Nach einer kurzen Diskussion des Stellenwertes biologischer Maße und einem Blick auf die historischen Anfänge der biologischen Orientierung innerhalb der Psychologie, werden verschiedene biologische Zugänge beschrieben: Begonnen wird mit einer Beschreibung peripher-psychophysiologischer Methoden. Nach der Betrachtung verhaltensbiologischer Methoden, die u. a. in neuropsychologischen und entwicklungsdiagnostischen Studien von Belang sind, widmet sich der letzte Abschnitt dieses Kapitels neurowissenschaftlichen Methoden (z. B. funktionelle Bildgebung und Elektroenzephalografie). Um die biologischen Zugänge im Kontext der Psychologie zu illustrieren, wird jeweils entweder ein Beispiel aus der psychologischen Forschung oder ein Experteninterview in die Darstellung einbezogen.

6.1 Einleitung

Biologische Zugänge zum menschlichen Verhalten sind vielfach notwendig *„Wie viel Biologie braucht die Psychologie?"* Diese Frage wird in der heutigen Zeit immer häufiger gestellt. Biologische Zugänge zum menschlichen Verhalten haben sich in verschiedenen Bereichen der Psychologie als gewinnbringend, in vielen Fällen sogar als notwendig erwiesen. Oft gehen psychische Störungen mit somatischen Problemen einher, affektive und kognitive Defizite können die Folge von Hirnverletzungen sein und für viele psychische Störungen gibt es effektive medikamentöse Behandlungen. Somit nehmen biologische Methoden und Messverfahren heute eine immer wichtigere Rolle in der Psychologie ein. Die verwendeten Verfahren stammen aus verschiedenen wissenschaftlichen Disziplinen, die unter der Bezeichnung „Biopsychologie" zusammengefasst werden. Die wichtigsten dieser Disziplinen sind mit kurzer Beschreibung in Tabelle 17 aufgeführt. Biologische Methoden werden in human- und tierexperimentellen Studien eingesetzt. Sie dienen der Grundlagenforschung und der angewandten Forschung (u. a. in der Klinischen Psychologie).

Tabelle 17: Einige Bereiche der Biopsychologie

Bereich	Untersuchungsgegenstand
Psychopharmakologie	Wirkung von Drogen und Medikamenten auf das Gehirn und das Verhalten
Neuropsychologie	Psychologische Auswirkungen von Hirnschädigungen

Tabelle 17: Fortsetzung

Bereich	Untersuchungsgegenstand
Psychophysiologie	Erfassung physiologischer Aktivitäten und psychologischer Prozesse mittels nicht-invasiver Messungen
Kognitive und Klinische Neurowissenschaften	Neuronale Mechanismen der Kognition, deren Defizite sowie neuronale Korrelate psychischer und neurologischer Störungen

Der nun folgende erste Teil des Interviews mit Lutz Jäncke von der Universität Zürich soll den Einstieg in das Thema erleichtern.

Prof. Dr. Lutz Jäncke
Universität Zürich, Neuropsychologe und kognitive Neurowissenschaftler

Frage: Wie schaut es mit der Aussagekraft biologischer Methoden in der psychologischen Forschung aus?

Prof. Jäncke: Die Psychologie versteht sich als die Wissenschaft vom menschlichen Erleben und Verhalten. Um das menschliche Erleben und Verhalten zu studieren und zu verstehen, ist es notwendig, dass wir den Menschen als ein biologisches Wesen auffassen. Das bedeutet, dass wir menschliches Verhalten aus zwei Blickwinkeln zu betrachten und zu analysieren haben: Wir müssen studieren, wie menschliches Verhalten funktioniert (proximate Ursachen) und welchen Zweck und welche Funktion spezifische Verhaltensweisen ausüben (ultimate Ursachen). Für die Klärung der proximaten Ursachen sind die Physiologie, Neurophysiologie, Genetik und Neuroanatomie zuständig. Für die Erklärung des Verhaltenszweckes sind die Evolutionstheorie, die Populationsgenetik, die Verhaltensökologie und die Soziobiologie als biologische Disziplinen für die Psychologie von großer Bedeutung. Die Hirnforschung bietet als moderne Variante der Biologie neue Möglichkeiten, um menschliches Verhalten zu untersuchen und zu verstehen. Die Daten, die wir aus all diesen Disziplinen gewinnen, müssen allerdings immer im Kontext psychologischer Theorien betrachtet und interpretiert werden. Denn letztlich arbeitet die Psychologie immer mit Konstrukten, welche aufgrund von psychologischen Experimenten und theoretischen Überlegungen entwickelt wurden. Biologische Messgrößen, die in psychologischen Experimenten erhoben wurden, müssen am Ende immer in psychologische Theorien eingeordnet werden. Sofern sie nicht eingeordnet werden können, müssen die psychologischen Theorien ggfs. modifiziert werden. Ein biologischer Parameter ist demzufolge eine – zweifellos sehr wichtige – Messgröße unter vielen anderen. Biologische Parameter können vor allem dann wichtig werden, wenn subjektive Maße nicht erhebbar sind. Typische Beispiele hierfür sind unbewusste psychologische Prozesse, der Schlaf oder jene Prozesse, welche unmittelbar vor Reaktionen ablaufen.

Frage: Gibt es einen Königsweg, biologische und psychosoziale Parameter zu integrieren?

Prof. Jäncke: Meines Erachtens wird der Zusammenhang zwischen biologischen und psychosozialen Kennwerten bzw. der Zusammenhang zwischen der biologischen und psychosozialen Ebene noch nicht gänzlich verstanden. Es sind zwar erhebliche Fortschritte im Verständnis des menschlichen Gehirns erzielt worden, doch ist es immer noch nicht möglich, das menschliche Verhalten und Erleben allein aus den hirnphysiologischen Messwerten zu erklären oder gar vorherzusagen. Ähnliches gilt im Prinzip auch für die Zusammenhänge zwischen peripher-physiologischen Messwerten und psychologischen Messwerten. Wir befinden uns noch in einem Erkenntnisstadium, bei dem das *Komplementaritätsprinzip* zur Anwendung kommt. Das Komplementaritätsprinzip wurde von dem Physiker Niels Bohr vorgeschlagen, um quantenmechanische Erscheinungen zu interpretieren. Ursprünglich ging es um die Begriffe *Teilchen* und *Welle*, die sich im Zusammenhang von quantenmechanischen Überlegungen teilweise widersprechen aber auch ergänzen. Insgesamt liefern sie aber sich ergänzende (also komplementäre) Bilder desselben Geschehens. Auch biologische und psychologische Vorgänge liefern einander sich ergänzende Bilder des Gesamtgeschehens. Die psychologischen und biologischen Messgrößen können miteinander korrelieren oder sogar nicht miteinander korreliert sein. Trotzdem ergänzen sie sich, um das Gesamtgeschehen menschlichen Verhaltens und der Kognition besser zu verstehen. Obwohl das Komplementaritätsprinzip in weiten Teilen der biologisch orientierten

Kognitionsforschung immer noch Anwendung findet, sind schon erste Ansätze auszumachen, die einen direkteren Zusammenhang zwischen Hirnfunktion und Verhalten nahelegen. So gelingt es bereits einigen Forschergruppen, anhand der Hirnaktivierung auf die ablaufenden Kognitionen zu schließen. Wie oben bereits angedeutet, ist man auch in der Lage, menschliches Verhalten durch Erregung oder Hemmung bestimmter Hirngebiete zu beeinflussen.

Der sinnvolle Einsatz von biologischen und psychologischen Messwerten hat schon in der Vergangenheit die Psychologie substanziell beeinflusst. Ein typisches Beispiel ist die Gedächtnisforschung. Die heute gültige Betrachtung des menschlichen Gedächtnisses ist wesentlich durch neuropsychologische Befunde beeinflusst worden. Auch für die psychischen Funktionsbereiche Wahrnehmung, Aufmerksamkeit, Lernen, Psychomotorik und Emotion sind neurophysiologische und neuropsychologische Erkenntnisse für die Psychologie von großer Wichtigkeit.

6.2 Biologische Methoden in der Psychologie: Einige historische Fakten

Der Physiologe und Philosoph Wilhelm Wundt (1832–1920) gilt als der Begründer der Psychologie als eigenständige Wissenschaft. Er gründete 1879 in Leipzig das erste Labor für experimentelle Psychologie. Er sah die Psychologie als ein Feld zwischen Philosophie und Physiologie an. Sein bekanntestes Lehrbuch trägt den Titel *Grundzüge der physiologischen Psychologie* (1874). Auch der US-amerikanische Psychologe William James (1842–1910) widmete in seinem Buch *The principles of psychology* (1890) das zweite Kapitel *The functions of the brain* den biologischen Grundlagen der Psychologie. Somit findet sich der biologische Ansatz schon in den Anfängen der wissenschaftlichen Psychologie.

Wundt und James begründeten den biologischen Ansatz in der Psychologie

Im obigen Experteninterview hat Lutz Jäncke den Einfluss neuropsychologischer Befunde auf die heutige Betrachtung des menschlichen Gedächtnisses beschrieben. Gleiches gilt für verschiedene weitere affektive oder kognitive Prozesse, wie etwa die Sprache. So haben verschiedene Befunde einen Beitrag zur Etablierung biologischer Zugänge in der psychologischen Forschung geleistet. Diese und ihre Urheber zumindest annähernd vollständig aufzulisten soll nicht die Aufgabe dieses Bandes sein. Dennoch sollen zumindest einige

Protagonisten der Biologischen Psychologie vorgestellt werden, deren Erkenntnisse maßgebend für die heutige Stellung der Biologie innerhalb der Psychologie sind. Einige Persönlichkeiten, deren neuropsychologische Arbeiten die Psychologie maßgeblich beeinflusst haben, werden daher, nebst ihren Entdeckungen, in Tabelle 18 kurz vorgestellt.

Tabelle 18: Einige bedeutende Persönlichkeiten der Biologischen Psychologie

Name	Arbeitsgebiet/Forschungsgegenstand
Paul Broca, Carl Wernicke	Broca (1824–1880) entdeckte 1861 das motorische Sprachzentrum im Gehirn (Broca-Areal), das an der Produktion von Sprache beteiligt ist. Wernicke (1848–1905) entdeckte 1874 das sensorische Sprachzentrum im Gehirn (Wernicke-Areal), das an dem Verstehen von Sprache beteiligt ist.
Alexander R. Lurija	Lurija (1902–1972) gilt u. a. durch seine Arbeiten zur Aphasie sowie die Entwicklung der Syndromanalyse als Begründer der Neuropsychologie.
Korbinian Brodmann	Brodmann (1868–1918) teilte die Großhirnrinde nach histologischen Kriterien in 52 Felder ein, die nach ihm heute als *Brodmann-Areale* benannt sind. Die Brodmann-Areale stellen auch heute noch einen wichtigen Begriff in der Neurowissenschaften dar.

6.3 Peripher-psychophysiologische Methoden

Peripher-psychophysiologische Parameter sind Augenbewegung und Muskelspannung sowie kardiovaskuläre Aktivität und Hautleitfähigkeit

Im Folgenden werden Methoden zur Aufzeichnung physiologischer Aktivität dargestellt. Es werden zwei Maße der Aktivität des somatischen Nervensystems (Augenbewegung und Muskelspannung) sowie zwei Maße der Aktivität des autonomen Nervensystems (kardiovaskuläre Aktivität und Hautleitfähigkeit) aufgeführt. Solche Maße werden auch als periphere psychophysiologische Parameter bezeichnet. Die Elektroenzephalografie (EEG), als psychophysiologische Aufzeichnungsmethode, stellt einen zentralen Parameter dar. Da sie in der heutigen Zeit, neben der Messung von elektrischer Hirnaktivität, auch die Lokalisation der neuroanatomischen Quellen dieser Aktivität erlaubt, gewinnt sie immer mehr Bedeutung als bildgebendes Verfahren (vgl. Kapitel 6.5).

6.3.1 Zusammenhänge zwischen physiologischer Aktivität und psychologischen Prozessen

Mit psychophysiologischen Methoden untersucht man Aktivitäten des autonomen und des somatischen Nervensystems. Dies sind etwa die Herzrate, der Blutdruck oder die Pupillenerweiterung. Die kardiovaskuläre Aktivität und die Hautleitfähigkeit, beide Maße der Aktivität des autonomen Nervensystems (ANS), zählen zu den besonders häufig untersuchten psychophysiologischen Merkmalen. Beim autonomen Nervensystem handelt es sich um den Bereich des Nervensystems, der der willentlichen Kontrolle weitgehend entzogene körperinterne Prozesse reguliert. So wird beispielsweise die Herzfrequenz von Sympathikus und Parasympathikus beeinflusst. Der elektrische Hautleitwert hingegen, der den Kehrwert des elektrischen Hautwiderstands bezeichnet, hängt von der Aktivität der sympathisch innervierten Schweißdrüsen ab.

> Zu den Aktivitäten des autonomen Nervensystems zählen Herzrate, Blutdruck und Pupillenerweiterung

Im Gegensatz zum autonomen Nervensystem bezeichnet das somatische Nervensystem den Teil des Nervensystems, der für die bewusste Wahrnehmung von Umweltreizen (Exterozeption), Reizen aus dem Körperinnern (Propriozeption) sowie die bewusste motorische Steuerung zuständig ist.

6.3.2 Maße der Aktivität des autonomen und des somatischen Nervensystems

Augenbewegung und Muskelspannung stellen Maße der Aktivität des somatischen Nervensystems dar, während kardiovaskuläre Aktivität und Hautleitfähigkeit Maße der Aktivität des autonomen Nervensystems bilden. Diese Methoden und Anwendungsbereiche sollen nun kurz beschrieben werden (vgl. Tab. 19).

Tabelle 19: Maße der Aktivität des autonomen und des somatischen Nervensystems

Methode	Beschreibung
Elektrokardiografie (EKG)	Durch auf dem Brustkorb platzierte Elektroden kann das mit jedem Herzschlag verbundene elektrische Signal aufgezeichnet werden. Das Ergebnis der Aufzeichnung dieser Signale wird im Elektrokardiogramm zusammengefasst.

Tabelle 19: Fortsetzung

Methode	Beschreibung
Elektromyo- grafie (EMG)	Die Elektromyografie dient der Messung der Muskel- spannung. Die resultierende Aufzeichnung nennt sich Elektromyogramm. In der Regel erfolgt die Ableitung zwischen zwei Elektroden, die über dem zu untersu- chenden Muskel auf der Hautoberfläche angebracht werden. Eine Zunahme der Muskelkontraktion spie- gelt sich in der Amplitude des EMG-Rohsignals wider.
Elektrookulo- grafie (EOG)	Zwischen Vorder- und Rückseite des Augapfels be- steht eine konstante Potenzialdifferenz. Daher kann eine Augenbewegung als Änderung im elektrischen Potenzial zwischen zwei Elektroden, die um das Auge herum angebracht werden, gemessen werden.
Hautleitfähig- keit	Verschiedene psychische Prozesse (z. B. Angst) ge- hen mit einer veränderten Leitfähigkeit der Haut ein- her. Die Hautleitfähigkeit kann durch Anlegen einer konstanten Spannung (meist 0,5 V) an den Innenflä- chen von Fingern oder Hand erfasst werden. Mithilfe dieser Methode können Aktivierungsprozesse und Leitwertveränderungen bestimmt werden.

Aufzeichnung elektrischer Aktivität

Außer der Bestimmung der Hautleitfähigkeit basieren die in Tabelle 19 vorgestellten Messverfahren auf der Aufzeichnung elektrischer Aktivität. Auch bei der Hautleitfähigkeitsmessung stellt die elektrische Aktivität einen wichtigen Faktor dar, jedoch basiert die Messung hier auf Änderungen des elektrischen Leitungswiderstandes der Haut. Somit wird hier nicht die während eines bestimmten Prozesses erzeugte elektrische Aktivität gemessen, sondern die elektrische Aktivität wird genutzt, um den Hautwiderstand, der das Maß der elektrischen Leitfähigkeit der Haut darstellt und dessen Kehrwert der Hautleitwert ist, zu messen.

6.3.3 Anwendungen in der Psychologie

Herzrate (HR) und Herzratenvariabilität (HRV) werden u. a. mit Stress und Emotionen in Verbindung gebracht

Bei der Elektrokardiografie wird durch die Messung elektrischer Ströme, die von der Herzmuskulatur verursacht werden, auf die Herzaktivität geschlossen. Relevante Maße stellen hier die Herzrate (HR) und die Herzratenvariabilität (HRV), also die Veränderung der Frequenz des Herzschlags, dar. Diese werden u. a. mit Stress und Emotionen in Verbindung gebracht, was sie zu psychologisch relevanten

Maßen macht, die u. a. in der Sportpsychologie und Stressforschung eine große Rolle spielen. Bei jeder Muskelanspannung entsteht elektrische Aktivität, die man bei der sogenannten Biofeedback-Methode nutzen kann. Hier gibt das Elektromyogramm eine Rückmeldung über die Muskelaktivität (z. B. im Rahmen einer Entspannungstherapie). Mithilfe der Elektrookulografie können Augenbewegungen als Veränderung in elektrischen Potenzialen gemessen werden. Oft werden auf diesem Wege Augenbewegungen zur Untersuchung visueller Aufmerksamkeitsprozesse im Rahmen der Diagnose bestimmter psychischer Störungen, wie etwa Lern- oder Schlafstörungen, erfasst. Auch ohne die Verwendung von Elektroden ist die Erfassung von Augenbewegungen durch optische Verfahren möglich (vgl. Kapitel 6.4.3).

Die Hautleitfähigkeitsmessung erlaubt die Messung der elektrodermalen Aktivität. Sie gibt Auskunft über die Hautleitfähigkeit und damit über die Schweißproduktion. Durch eine gesteigerte Schweißproduktion erhöht sich die Hautleitfähigkeit, ein Umstand, der die Hautleitfähigkeit zu einem relevanten psychologischen Maß erhebt, da etwa Stress oder Emotionen eine unwillkürliche Veränderung der *Schweißproduktion* bewirken können. Es wird bei der Hautleitfähigkeit unterschieden zwischen tonischen Aktivierungsprozessen (skin conductance level, SCL) und phasischen Leitwertveränderungen (skin conductance response, SCR; Schandry, 2011). Tonische Aktivierung bezeichnet eine länger anhaltende Bewusstseinslage (das Aktivierungsniveau), wie Müdigkeit oder Wachheit. Phasische Aktivierung dagegen steht für kurzfristige Aktivierungsschwankungen etwa zur Steuerung der Aufmerksamkeit und Leistungsfähigkeit einer Person in einer bestimmten Reizsituation. Die Leitwertveränderung wird oft als Maß von Stressreaktionen verwendet, etwa in Studien, in denen die physiologische Reaktion auf emotionale Bildreize von Interesse ist. Dies können z. B. Studien sein, in denen Unterschiede in der Verarbeitung von negativ besetzten Bildreizen zwischen Angstpatienten und gesunden Kontrollpersonen untersucht werden sollen.

Auch die Hautleitfähigkeit ist ein relevantes Maß

Ein Beispiel aus der Forschung: Erforschung der sozialen Phobie

Menschen mit sozialer Phobie leiden häufig unter Erröten (z. B. aus Verlegenheit oder Scheu). Eine solche Gehemmtheit kann z. B. durch eine soziale Hervorhebung entstehen, etwa dem Sprechen vor Publikum. Generell wird in solch einer Situation von einer einhergehenden, höheren sympathischen Aktivierung ausgegangen.

Biologische Verfahren werden zur Erforschung sozialer Phobie eingesetzt

Denkbar ist auch eine erhöhte parasympathische Aktivierung, für die es aber keine empirische Bestätigung gibt.

Um eine mögliche Rolle parasympathischer Aktivierung bei der sozialen Phobie zu untersuchen, führten Gerlach, Wilhelm und Roth (2003) eine psychophysiologische Studie durch: Im Rahmen der Studie sahen sich sozialphobische Personen und Kontrollpersonen jeweils gemeinsam mit einem aus zwei Personen bestehenden Publikum einen zuvor erstellten Film an, auf dem sie selbst beim Singen eines Kinderliedes zu sehen waren. Mithilfe eines Fragebogens wurde festgestellt, dass diese Aufgabe bei den Probanden Verlegenheit induzierte. Zur Messung der parasympathischen Aktivierung wurde während der Filmpräsentation die sogenannte respiratorische Sinusarrhythmie (die atemsynchrone Schwankung der Herzfrequenz) aufgezeichnet; zudem wurde die sympathische Aktivierung durch die Herzrate und die Hautleitfähigkeit bestimmt. Die Ergebnisse der Messung der respiratorischen Sinusarrhythmie ließen nicht auf parasympathische Aktivierung schließen; erhöhte Herzrate und Hautleitfähigkeit spiegelten im Gegenzug aber sympathische Aktivierung wider. Während also die Ergebnisse dieser Studie keine Hinweise auf parasympathische Aktivierung während einer verlegenheitsinduzierenden Aufgabe geben, deuten sie auf eine wichtige Rolle des Sympathikus bei der sozialen Phobie hin. Des Weiteren zeigt die Studie, dass mithilfe peripher-physiologischer Maße nicht nur die Aktivierung des autonomen Nervensystems gemessen werden kann, sondern auch zwischen Sympathikus und Parasympathikus differenziert werden kann.

6.4 Verhaltensbiologische Methoden

Zunächst sollen Ansätze der Neuropsychologie behandelt werden, zu deren Aufgabe die Diagnose von Funktionsstörungen des Nervensystems gehört. Solche Funktionsstörungen sind oft auf Läsionen zurückzuführen, also auf Schädigungen des Gehirns. Viele Erkenntnisse über die Funktionsweise des Gehirns basieren auf Untersuchungen des läsionierten Gehirns.

Durch die transkranielle Magnetstimulation (TMS) ist es möglich, künstliche, temporäre Läsionen (sog. virtuelle Läsionen) hervorzurufen. Hierdurch können bestimmte Hirnareale für eine kurze Zeit ausgeschaltet und etwaige Konsequenzen auf Verhaltensebene untersucht werden.

Eine weitere, eher indirekte verhaltensbiologische Methode bildet die Messung der Augenbewegungen. Im Abschnitt über peripher-physiologische Parameter wurde bereits auf die elektrische Ableitung der Augenbewegungen, das EOG, eingegangen. Hier soll das optische Verfahren vorgestellt werden. Ein psychologischer Forschungsbereich, in dem die Augenbewegungsanalyse oft angewendet wird, ist die Säuglingsforschung.

6.4.1 Neuropsychologie

In der klinischen Neuropsychologie werden u. a. Patienten mit Hirnfunktionsstörungen untersucht und neuropsychologisch fundierte Therapien angewandt (wohingegen die kognitive Neuropsychologie sich auf die Erforschung der neuronalen Grundlagen kognitiver und affektiver Prozesse konzentriert). Zur Diagnostik von Hirnfunktionsstörungen, einem Hauptaufgabenfeld der klinischen Neuropsychologie, stehen verschiedene psychologische Testverfahren zur Verfügung, von denen einige in Tabelle 20 aufgeführt sind (vgl. auch Hartje & Poeck, 2002; Karnath & Thier, 2012). Die klinische Neuropsychologie verwendet auch bildgebende Verfahren (Kapitel 6.5), um etwa Läsionen zu lokalisieren oder die neuronalen Grundlagen psychischer Prozesse abzuklären.

Die Diagnostik von Hirnfunktionsstörungen ist ein Hauptaufgabenfeld der klinischen Neuropsychologie

Tabelle 20: Neuropsychologische Testverfahren

Neuropsychologische Testverfahren	Beschreibung
Durchstreich- und Suchaufgaben	Verhält sich ein Patient nach einem Schlaganfall so, als würde eine Seite des Außenraumes nicht mehr existieren, handelt es sich in der Regel um einen sogenannten Neglect. Geeignete diagnostische Verfahren zur Untersuchung dieser Störung sind Durchstreich- und Suchaufgaben. Eine dieser Aufgaben ist der Letter-Cancellation-Test (Weintraub & Mesulam, 1985). Hierbei muss ein Patient auf einer DIN-A4-Vorlage mit zahlreichen verschiedenen, unregelmäßig angeordneten Buchstaben den Buchstaben A suchen und markieren. Schädigungen der rechten Hemisphäre gehen mit einem linksseitigen Neglect, somit mit Auslassungen auf der linken Seite der Vorlage, einher.

Tabelle 20: Fortsetzung

Neuropsychologi-sche Testverfahren	Beschreibung
Wisconsin-Card-Sorting-Test (WCST)	Sogenannte exekutive Funktionen beinhalten u. a. das Problemlösen und mentales Planen. Störungen der exekutiven Funktionen können mithilfe des Wisconsin-Card-Sorting-Tests (WCST; Grant & Berg, 1948) diagnostiziert werden. Hierbei handelt es sich um einen Test, bei dem der Proband, ausschließlich basierend auf Richtig/Falsch-Antworten des Untersuchers, Karten verschiedener Kategorien selbstständig sortieren und Kategorienwechsel erkennen muss.

6.4.2 Virtuelle Läsionen

Mithilfe der transkranialen Magnetstimulation (TMS) können gezielt kortikale Areale für einen Zeitraum im Millisekundenbereich inaktiviert werden. Es können also raum-zeitlich begrenzte, reversible Läsionen bestimmter Hirnbereiche hervorgerufen werden, was von großem Interesse für die neuropsychologische Forschung ist. Wie schon am Anfang dieses Kapitels dargelegt, haben neuropsychologische Befunde die Psychologie in vielerlei Hinsicht beeinflusst. Diese Befunde basieren in der Regel auf den Ergebnissen von Experimenten, die mit Patienten mit Hirnschädigungen durchgeführt wurden. Beispielsweise kann eine bestimmte kognitive Störung (z. B. Gedächtnis- oder Sprachstörung), die nach einer Hirnläsion auftritt, ggf. Aufschluss über die Funktion der geschädigten Hirnregion geben. So erklärt sich das große Interesse der Neuropsychologie an durch die TMS ermöglichten, reversiblen Läsionen: Bestimmte Hirnbereiche können temporär *abgeschaltet* werden, was Psychologen die Möglichkeit gibt, mögliche Funktionen dieser Bereiche etwa mithilfe von Verhaltensexperimenten zu erforschen. Eine Übersicht über die Verfahren TMS und rTMS, die repetitive transkraniale Magnetstimulation, gibt Tabelle 21.

> Eine kognitive Störung nach einer Hirnläsion kann Hinweise auf die Funktion der geschädigten Hirnregion geben

Tabelle 21: Beschreibung der Verfahren TMS und rTMS

Methode	Beschreibung
Transkraniale Magnetstimulation (TMS)	Bei der TMS werden kortikale Neuronen durch ein zeitlich veränderliches Magnetfeld in ihrer elektrischen Aktivität beeinflusst, wodurch reversible Läsionen hervorgerufen werden können.

Tabelle 21: Fortsetzung

Methode	Beschreibung
Repetitive transkraniale Magnetstimulation (rTMS)	Die schnell und regelmäßig aufeinanderfolgende Anwendung der TMS wird als repetitive TMS (rTMS) bezeichnet. Untersuchungen haben gezeigt, dass bei rTMS-Serien frequenzabhängig andere Effekte zu beobachten sind als bei der TMS. Eine niederfrequente rTMS kann inhibierende, eine hochfrequente rTMS verstärkende, lang anhaltende Effekte auf bestimmte Prozesse haben. So wurde etwa gezeigt, dass eine niederfrequente rTMS-Behandlung über dem auditorischen Kortex die Symptome von chronischem Tinnitus reduzieren kann (Frank et al., 2010). Auch in der Behandlung von verschiedenen psychischen Störungen, wie etwa Depressionen oder Manien, birgt die rTMS hohes Potenzial.

6.4.3 Augenbewegungsmessungen/Eye-Tracking

In Kapitel 6.3.2 wurde bereits die EOG (Elektrookulografie), die Messung von Augenbewegungen mittels Elektroden, vorgestellt. Es gibt jedoch weitere Möglichkeiten, Augenbewegungen zu messen. An dieser Stelle soll nun kurz auf die optische Messung der Augenbewegungen (engl. eye-tracking) eingegangen werden. Innerhalb der optischen Methoden gibt es verschiedene Ansätze. In den letzten Jahren hat sich in der Wissenschaft das sogenannte Corneal-Reflex-Eye-Tracking durchgesetzt. Es handelt sich hierbei um eine videobasierte Methode des Blickverhaltens, wobei ein Auge oder beide Augen gefilmt und die aufgenommenen Bilder mithilfe bestimmter Methoden analysiert werden.

Corneal-Reflex-Eye-Tracking als videobasierte Methode des Blickverhaltens

Beim Eye-Tracking werden Augenbewegungen in einer bestimmten Situation aufgezeichnet. Die Exploration der Umgebung findet im Wechsel von schnellen Bewegungen der Augen (Sakkaden) und Fixationen (Blickfixierungen auf einen bestimmten Punkt im Raum), statt. Diese Sakkaden und Fixationen sind in den meisten Fällen die wichtigsten Faktoren der Augenbewegungsanalyse, auf deren Grundlage etwa Rückschlüsse auf nicht direkt beobachtbare kognitive Prozesse gezogen werden können. Verschiedene Eye-Tracking-Studien haben z. B. gezeigt, dass sowohl autistische Kinder als auch autistische Erwachsene bei Aufgaben, in denen sie Emotionen aus Gesichtsausdrücken erkennen sollen, im Vergleich zu Kontrollpersonen weniger die Augen der präsentierten Gesichter fixierten (Pelphrey et al., 2002; Spezio, Adolphs, Hurley & Piven, 2007). Sie fixierten hingegen mehr den Mund. Dies ist ein sehr interessantes, durch das Eye-Tracking-Verfahren gewonnenes Ergebnis, da die Augen viel über unsere Gemütslage verraten und Autisten bekanntermaßen große Probleme damit haben, gerade diese Gemütslage bei anderen Menschen zu erkennen bzw. zu interpretieren.

Ein Anwendungsgebiet: Die Säuglingsforschung

Die Untersuchung kognitiver Prozesse bzw. der (kognitiven) Entwicklung im Säuglingsalter steht vor der Herausforderung, dass die Säuglinge im Vergleich zu Erwachsenen nur wenig direkt messbares Verhalten zeigen. Wissenschaftlich etablierte Verfahren zur Erforschung kognitiver Prozesse im Jugend- und Erwachsenenalter wie Befragungen oder Reaktionszeitmessungen per Knopfdruck sind demnach bei Säuglingen nicht zu realisieren. Ende der 1950er Jahre zeigte Robert Frantz, dass es möglich ist, das Blickverhalten Neugeborener zur Untersuchung kognitiver Prozesse heranzuziehen (Frantz, 1963). Hiermit eröffnete er einen neuen Zugang zur Untersuchung frühkindlicher psychischer Entwicklung, einen Zugang, der heute zum Standardmethodenrepertoire der Säuglingsforschung gehört. Nach Aslin (2007) kam ein Großteil des heutigen Wissens über die frühe Entwicklung in nahezu jedem Bereich durch die Beobachtung des Blickverhaltens zustande.

Ein großer Teil des heutigen Wissens über die frühe Entwicklung basiert auf der Beobachtung des Blickverhaltens

Das folgende Interview mit Sabina Pauen von der Universität Heidelberg gewährt einen tieferen Einblick in die aktuelle Säuglingsforschung, ohne sich dabei nur auf die Messung von Blickbewegungen zu beschränken.

Experteninterview

**Prof. Dr. Sabina Pauen,
Entwicklungspsychologin
und Neurowissenschaftlerin**
Universität Heidelberg

Frage: Warum hat man erst so spät damit begonnen, das Denken von Babys zu untersuchen?

Prof. Pauen: Lange Zeit dominierte die Vorstellung, dass Kinder erst dann anfangen zu denken, wenn die Sprache ins Spiel kommt. Zu Beginn des Lebens – so die vorherrschende Meinung – stünden andere Entwicklungsaufgaben im Vordergrund. Babys müssten zunächst wachsen, Kontrolle über den eigenen Körper gewinnen oder lernen, verschiedene Sinnesmodalitäten zu verknüpfen. Was Forscher an der Universität untersuchen und was nicht, hängt wesentlich vom allgemeinen Zeitgeist ab. Wenn niemand auf die Idee kommt, Babys könnten denken, dann wird auch niemand untersuchen, wie sie das machen. Aber selbst wenn schon in früheren Zeiten der eine oder andere Forscher Babys Denkfähigkeiten zusprach, fehlte zunächst das methodische Wissen, diese Vermutung empirisch zu überprüfen. Heute sieht es anders aus. Die kognitive Säuglingsforschung boomt: Die meisten Menschen sind inzwischen überzeugt, dass in den Köpfen der Kleinen sehr viel mehr vor sich geht als wir uns noch bis vor Kurzem vorstellen konnten. Die Grundlage für diese generelle Einsicht bildet eine große Anzahl von Studienergebnissen, die sich einer breiten Vielfalt unterschiedlichster Methoden bedienen.

Frage: Welche Verhaltensmaße verwendet man zur Erfassung des vorsprachlichen Denkens?

Prof. Pauen: Angefangen hat alles mit Jean Piaget und seinen genauen Beobachtungen an den eigenen Kindern. Aus *Gelegenheitsbeobachtungen* wurden schon bald standardisierte Versuchssituationen. Ein bekanntes Beispiel ist die A-nicht-B-Suchaufgabe: Vor den Augen des Kindes wird unter einem von zwei Bechern eine Belohnung versteckt. Während junge Säuglinge noch keine Anstalten machen, die Belohnung zu suchen, greifen Kinder ab 9 bis 12 Monaten zielsicher nach dem richtigen Becher. Solche *strukturierten Spielsituationen* sind inzwischen fester Bestandteil von standardisierten Tests geworden, mit denen die mentalen Fähigkeiten von Säuglingen erfasst werden. Daneben spielt die *Präferenzmethode* in der Babyforschung eine zentrale Rolle: Man erfasst z. B., welchen von zwei Reizen Säuglinge lieber anschauen, was sie lieber riechen, bevorzugt hören oder fühlen, indem man ihr Blickverhalten analysiert, ihre Kopfwendereaktion, ihre Mimik, ihr Saugverhalten oder ihre Herzschlagreaktionen misst. Präsentiert man zunächst einen bestimmten Reiz wiederholt und vergleicht anschließend die Reaktion auf den vertrauten Reiz mit der Antwort auf einen neuen Reiz, so lässt sich auf diese Weise feststellen, ob Babys zwei angebotene Reize unterscheiden können.

Dabei macht man sich den Umstand zunutze, dass höherer Lebewesen mit einem Nachlassen der Aufmerksamkeit reagieren, wenn ein Reiz hoch vertraut erscheint, und sich bevorzugt jenen Stimuli zuwenden, die für sie neu sind. Versuche, die dieses Prinzip aufgreifen, folgen dem sogenannten *Habituations-Dishabituations-Paradigma*. Eine besonders fortgeschrittene Variante ist das *Erwartungsverletzungsparadigma*. Hier baut man bei Säuglingen zunächst eine Erwartung auf, indem man wiederholt ein Ereignis präsentiert, das teilweise hinter einem Wandschirm verdeckt wird. Zeigt man etwa wiederholt einen Ball, der auf einer leeren Bühne von oben herab hinter einen Wandschirm fällt, so werden Kinder, die das Prinzip der Schwerkraft bereits kennen, erwarten, dass der Ball hinter dem Wandschirm bis auf den Boden fällt und dort liegen bleibt. Auf die Habituation an diese Erwartung folgt die Darbietung von zwei alternativen Testszenen. In jeder Testszene fällt der Ball wieder hinter den Wandschirm. Wird dieser anschließend entfernt, sieht das Kind, dass der Ball auf dem Boden liegt (erwarteter Ausgang) oder dass der Ball in der Luft schwebt (unerwarteter Ausgang). Zeigt das Kind eine Blickpräferenz für den unerwarteten Ausgang, so schließen die Forscher, dass es bereits über Schwerkraft-Wissen verfügt und während der Habituationsphase die Erwartung aufgebaut hat, dass der Ball zu Boden fällt. Der unerwartete Ausgang hat einen höheren Neuheitswert und wird deshalb länger angeschaut.

Frage: Wie können neurophysiologische Methoden helfen, das Denken von Babys zu verstehen?

Prof. Pauen: Die bislang geschilderten Methoden haben verschiedene Nachteile. Ein Nachteil besteht darin, dass die abhängigen Messungen (Blickverhalten, Mimik, motorische Reaktionen) von anderen Menschen bewertet werden. Folglich ergeben sich leicht Verzerrungen, die mit der subjektiven Beurteilung einer Verhaltensäußerung zusammenhängen. Hier bieten neurophysiologische Messungen, wie die Erfassung der Pupillenweite, der Herzschlagrate oder der Hirnströme eine gute Alternative. Allerdings ist es inzwischen auch möglich, z. B. die Augenbewegungen oder die Fixationsdauer automatisiert mit Eye-Tracking-Geräten zu erfassen. Damit wird die Objektivität von Verhaltensmessungen und neurophysiologischen Messungen zunehmend vergleichbar. Ein weiterer Nachteil von Verhaltensstudien besteht darin, dass Babys nur über ein begrenztes Repertoire an Reaktionsmöglichkeiten verfügen. Leicht kann es daher zu einer Unterschätzung ihrer geistigen Leistungsfähigkeit kommen, weil sie Schwierigkeiten haben zu zeigen, was in ihnen steckt. Dass ein Kind in der A-nicht-B-Suchaufgabe kein Suchverhalten zeigt, muss keinesfalls bedeuten, dass es noch nicht über Objektpermanenz verfügt. Vielleicht begreift es durchaus, unter welchem Becher die Belohnung steckt, ist aber noch nicht in der Lage, gezielt nach dem Becher zu greifen und ihn anzuheben, um seine Erwartung zu überprüfen. Neurophysiologische Reaktionsmessungen erfordern in der Regel keine komplexen motorischen Fähigkeiten, sondern funktionieren am besten, wenn das Kind möglichst still hält. Das macht sie gerade für die Testung sehr junger Säuglinge hoch attraktiv. Bei älteren Kindern besteht allerdings die Schwierigkeit, dass sie viel Freude an Bewegung haben und die Messungen dadurch wesentlich erschweren. Schließlich gilt es zu beachten, dass die Erfassung einer neurophysiologischen Reaktion in der Regel mit einer höheren zeitlichen Auflösung erfolgt als die Erfassung einer anderen Reaktion. So ist es etwa möglich, anhand einer Veränderung der Hirnströme innerhalb von Millisekunden nach Beginn einer Reizpräsentation zu erschließen, wie ein gegebener Reiz kognitiv verarbeitet wird. Durch die Registrierung von Reaktionen innerhalb kurzer Zeitspannen wird es möglich, deutlich mehr Reize nacheinander zu präsentieren. Angesichts der vergleichsweise kurzen Aufmerksamkeitsspanne von Säuglingen ist auch das ein zentraler Vorteil neurophysiologischer gegenüber anderer Methoden.

Frage: Welche Interpretationsprobleme sind mit der Erfassung frühkindlicher Denkprozesse verbunden?

Prof. Pauen: Ein Grundproblem jeglicher Erfassung von Denkprozessen (nicht nur der Denkprozesse von Säuglingen) besteht darin, dass sie nicht direkt beobachtet werden können, sondern sich nur indirekt erschließen lassen. Damit bleibt stets ein gewisser Interpretationsspielraum. In der Erwachsenenforschung geben wir uns leicht der Illusion hin, dies sei nicht der Fall, wenn Probanden Aussagen über sich selbst machen. Dabei kann niemand wissen, ob diese Aussagen tatsächlich widerspiegeln, was im Inneren der Person vor sich gegangen ist, bei Erwachsenen genauso wenig wie bei Säuglingen – egal, welche abhängige Messung man verwendet.

Frage: Wie kann man Erkenntnisse zum frühkindlichen Denken methodisch gut absichern?

Prof. Pauen: Eine überzeugende Beweisführung innerhalb der kognitiv orientierten Säuglingsforschung schließt Erklärungen und Daten auf unterschiedlichen Ebenen ein. Zunächst bemühen wir uns darum, in Verhaltensexperimenten möglichst genau zu beschreiben, unter welchen Umständen sich ein bestimmtes Verhalten zeigt und wann nicht. Zudem interessiert uns, wann es in der Entwicklung erstmals auftaucht. Bei dieser Beschreibung spielen automatisierte Auswertungsprozesse, wie sie z. B. durch Eye-Tracker möglich werden, sowie eine differenzierte Betrachtung der zeitlichen Entfaltung von Verhaltensweisen, wie sie die Video-Mikroanalyse erlaubt, eine zunehmend wichtigere Rolle. Außerdem sind wir aufgerufen, Entwicklungsprozesse mit Hirnreifungsprozessen in Verbindung zu bringen und durch biologische Maße zu untermauern. Methodenvielfalt bildet eine zentrale Säule der kognitiven Säuglingsforschung. Es gibt vermutlich kaum einen Bereich der modernen Entwicklungspsychologie, in der Wissenschaftler mehr herausgefordert sind, sich gute Experimente mit zahlreichen Kontrollbedingungen einfallen zu lassen, um Rückschlüsse auf das menschliche Denken ziehen zu können. Die Berücksichtigung biopsychologischer Methoden wird dabei als große Bereicherung verstanden, auch wenn solche Methoden erst in Kombination mit Verhaltensdaten zu einer echten Vertiefung unseres Verständnisses vom menschlichen Denken beitragen.

6.4.4 Psychopharmakologie

Der vorherige Abschnitt sowie das Interview mit Sabina Pauen haben in die Säuglingsforschung eingeführt und gezeigt, wie Methoden wie das Eye-Tracking Zugang zur Erforschung des Verhaltens Neugeborener eröffnen. Was aber passiert in der vorgeburtlichen Phase, welche Faktoren beeinflussen die pränatale Entwicklung? Antworten auf diese Fragen können z. B. Studien geben, die psychologische Fragestellungen mit psychopharmakologischen Methoden verbinden. Bevor wir uns nun der Untersuchung der pränatalen Einflussfaktoren auf die kindliche Entwicklung als Beispiel für diese Verbindung zuwenden, soll kurz die Psychopharmakologie vorgestellt werden.

Psychopharmakologie beschäftigt sich u. a. mit der Wirkung chemischer Substanzen auf das Gehirn und das Verhalten

Die Psychopharmakologie beschäftigt sich u. a. mit der Wirkung chemischer Substanzen auf das Gehirn und das Verhalten. Eine wichtige Forschungsstrategie besteht darin, die verstärkende oder hemmende Wirkung bestimmter Substanzen auf Neurotransmitter sowie damit einhergehende Auswirkungen auf das Verhalten zu untersuchen. Diese Forschungsstrategie ist gerade deshalb von großer Relevanz, weil sie unabdingbar für die Entwicklung neuer Psychopharmaka ist. Auch die Wirkung von Hormonen ist ein großer Forschungsbereich innerhalb der Psychopharmakologie. Als Beispiel für ein im Rahmen der psychologischen Forschung relevantes Hormon sei hier das Peptidhormon Oxytozin genannt, das in der Psychologie immer mehr Beachtung findet und mit Bindung und Vertrauen in Verbindung gebracht wird (vgl. Petermann, 2013). So wurden beispielsweise in verschiedenen Studien (Baumgartner, Heinrichs, Vonlanthen, Fischbacher & Fehr, 2008; Kosfeld, Heinrichs, Zak, Fischbacher & Fehr, 2005; für eine Übersicht vgl. Schipper & Petermann, 2011) Veränderungen in der Vertrauensbereitschaft in verschiedenen experimentellen Situationen nach der intranasalen Vergabe von Oxytozin gefunden.

Ein weiteres Beispiel soll anhand des Zusammenhangs zwischen subjektiver Stressbelastung und kindlicher Entwicklung beschrieben werden. Die kindliche Entwicklung vollzieht sich in einer Wechselwirkung zwischen genetischen Vorgaben und Umwelteinflüssen. Bereits in der vorgeburtlichen Phase können psychische Zustände der Mutter, wie z. B. Angst, Ärger und Stress, Einfluss auf den Schwangerschafts- und Geburtsverlauf (z. B. Schwangerschafts- und Geburtskomplikationen, Frühgeburtlichkeit, geringes Geburtsgewicht) sowie auf das ungeborene Kind nehmen und sich nachhaltig auf die weitere Entwicklung des Kindes auswirken.

Es existieren zahlreiche Studien, die sich mit den Folgen emotionaler Probleme und Stressbelastungen der Mutter während der Schwangerschaft auf den Schwangerschafts- und Geburtsverlauf sowie auf die Entwicklung des Kindes beschäftigt haben (für eine Übersicht vgl. Kingston, Tough & Whitfield, 2012). Die mütterliche Stressbelastung wird dabei zumeist über subjektive Befragungsmethoden, z. B. Fragebogenverfahren, erfasst. Es gibt jedoch auch Studien, in denen die physiologische Stressreaktion über den Cortisolspiegel der schwangeren Frauen erhoben wurde. Seltener sind Studien, die sowohl die aktuell erlebte Stressbelastung der Mutter über subjektive Befragungsmethoden als auch den Cortisolspiegel als physiologischen Stressparameter über alle drei Schwangerschaftsdrittel hinweg erheben.

Die mütterliche Stressbelastung wird anhand physiologischer Parameter erfasst

Der Cortisolausschüttung kommt eine zentrale Rolle im Stresssystem zu. Es wird angenommen, dass die Effekte pränataler mütterlicher Stressbelastung auf die kindliche Entwicklung und das Temperament über die mütterliche Cortisolausschüttung vermittelt werden. Der Cortisolspiegel lässt sich dabei ganz leicht über Speichel- oder auch Urinproben erheben. Die Studie von Huizink, Robles de Medina,

Mulder, Visser und Buitelaar (2003) konnten z. B. zeigen, dass erhöhte mütterliche Morgenspeichelcortisolwerte der Mutter im letzten Schwangerschaftsdrittel mit einer geringeren kognitiven Entwicklung im Alter von 3 Monaten, sowie einer geringeren motorischen Entwicklung im Alter von 3 und 8 Monaten einhergingen. Zur Erfassung der mütterlichen Cortisolwerte wurden in allen drei Schwangerschaftsdritteln jeweils Tagesprofile mit sieben Messungen zwischen 8 Uhr und 20 Uhr erhoben. Darüber hinaus scheinen erhöhte Cortisolwerte der Mutter mit vermehrten Regulationsproblemen und einem schwierigen Temperament des Kindes assoziiert zu sein. So berichten Field et al. (2004) von geringeren Werten bei Kindern in der Brazelton Neonatal Assessment Scale, einem Verfahren zur Untersuchung von Neugeborenen, deren Mütter erhöhte Morgencortisolwerte, erhoben anhand des Morgenurins, im zweiten Drittel der Schwangerschaft aufwiesen. Davis et al. (2007) haben wiederum festgestellt, dass erhöhte mütterliche Cortisolwerte (mittels Speichelprobe) in der 30. bis 32. Schwangerschaftswoche mit einer erhöhten negativen Reaktivität des Kindes assoziiert sind.

Zusammenhänge zwischen Stressbelastung der Mutter während der Schwangerschaft und kindlicher Entwicklung

Grundsätzlich sind die Ergebnisse zu den Zusammenhängen zwischen Stressbelastung der Mutter während der Schwangerschaft einerseits, der Entwicklung und dem Temperament des Kindes andererseits allerdings noch sehr uneinheitlich, was nicht zuletzt auf die unterschiedlichen Definitionen und Operationalisierungen von „Stress", aber auch auf die methodische Herangehensweise zurückgeführt werden kann. Dennoch stellen emotionale Probleme und Stressbelastungen während der Schwangerschaft ernstzunehmende Risikofaktoren für die weitere kindliche Entwicklung dar, die durch die Kombination subjektiver Befragungsmethoden mit physiologischen bzw. psychopharmakologischen Stressparametern (Cortisolspiegel) untersucht werden können.

Die Hypothalamus-Hypophysen-Nebennierenrinden-Achse

Die als *Stressachse* bekannte Hypothalamus-Hypophysen-Nebennierenrinden-Achse, in der angloamerikanischen Terminologie als „HPA" abgekürzt, spielt eine zentrale Rolle in der Stressforschung. Eine Dysfunktion der HPA-Achse wird mit der Entstehung oder Pathogenese unterschiedlichster Erkrankungen, wie etwa der Depression, in Verbindung gebracht. Es handelt sich bei der HPA um eine dreigliedrige Hormonachse, bestehend aus dem hypothalamischen Peptidhormon CRH (Corticotropin-Releasing-Hormon), dem hypophysären Peptidhormon ACTH (Adrenocorticotropes Hormon) sowie dem Nebennierenrinden-Steroid Cortisol. Das Endprodukt der HPA-Achse, Cortisol, übt nachhaltige Effekte auf nahezu alle Organe des Körpers aus. So überrascht es nicht, dass etwa die Auswirkung von akutem (psychischem) Stress auf die Cortisolfreisetzung einen wichtigen Gegenstand der psychobiologischen Forschung darstellt. Die Cortisolmessung bietet sich somit als Maß einer möglichen HPA-Dysfunktion an. Die Messung des Cortisolspiegels wird mittels Speichelproben realisiert. Bei der Messung sind verschiedene Faktoren zu beachten, deren Nichtbeachtung zu folgeschweren Fehlinterpretationen der Messergebnisse führen kann. Einer dieser Faktoren ist die Abhängigkeit der Cortisolproduktion von der Tageszeit: Die höchste Cortisolkonzentration findet man am Morgen (CAR – Cortisol Awakening Response). Nach diesem morgendlichen Peak fällt die Cortisolkonzentration im Verlauf des Tages stark ab. Am Abend zeigt sich die niedrigste Cortisolkonzentration. Die Cortisolkonzentration wird somit im Tagesprofil mittels mehrerer Speichelproben gemessen. So müssen bei Untersuchungen, die Messungen der Cortisolkonzentration beinhalten, Faktoren wie die Abhängigkeit der Cortisolproduktion von der Tageszeit immer berücksichtigt werden.

6.5 Neurowissenschaftliche Methoden

In den letzten Jahren hat die Hirnforschung enorme Fortschritte im Bereich der sogenannten funktionellen Bildgebung (engl. functional neuroimaging) gemacht. Diese umfasst verschiedene Methoden, die es erlauben das Gehirn „bei der Arbeit zu beobachten". Diese Methoden ermöglichen es z. B., die neuronale Aktivität einer Person zu messen, während diese bestimmte Aufgaben bearbeitet, und diese Aktivität etwa mit der während einer Ruhephase gemessenen Aktivität zu vergleichen. So können neuronale Strukturen oder Netzwerke ermittelt werden, die bestimmten psychologischen Prozessen oder Verhaltensweisen unterliegen.

6.5.1 Bildgebungsmethoden der Hirnforschung

Bei der Bildgebung wird zwischen invasiven und nicht-invasiven Verfahren unterschieden. Bei invasiven Verfahren ist ein Eindringen in den Körper zur Messung notwendig, was bei nicht-invasiven Verfah-

Invasive Verfahren erfordern ein Eindringen in den Körper

ren nicht der Fall ist. So werden etwa bei der Elektroenzephalografie Hirnströme von der Kopfoberfläche abgeleitet, ein Eindringen ins Gehirn ist hierfür nicht erforderlich. Des Weiteren wird zwischen Verfahren unterschieden, die reine anatomische Bilder liefern, und solchen, die funktionelle Bilder ermöglichen, also die Hirnaktivität während der Bearbeitung bestimmter Aufgaben darstellen können (z. B. vgl. MRT – fMRT).

Wir konzentrieren uns auf die für die Psychologie relevanteren, nicht-invasiven Methoden und verzichten auf eine Beschreibung der invasiven Verfahren. In Tabelle 22 werden verschiedene Verfahren vorgestellt, mit denen anatomische und/oder funktionelle Untersuchungen des Gehirns möglich sind. Zwei Verfahren – die Methode der ereigniskorrelierten Potenziale und die fMRT – werden im Anschluss detaillierter betrachtet, da sie heute verhältnismäßig oft im Rahmen psychologischer Studien zum Einsatz kommen.

Tabelle 22: Übersicht über nicht-invasive, bildgebende Verfahren

Methode	Beschreibung
Computertomografie (CT)	Computergestütztes Röntgenverfahren zur Visualisierung des Gehirns und anderer innerer Strukturen des lebenden Körpers. Die CT revolutionierte die Visualisierung des lebenden humanen Gehirns in den frühen 1970er Jahren.
Positronen-Emissions-Tomografie (PET)	Bei der PET handelt es sich um die erste bildgebende Technik, die die Visualisierung von Gehirnaktivität ermöglichte. Hierfür müssen bei diesem Verfahren radioaktive Tracer injiziert werden, die die funktionelle Bildgebung ermöglichen. Das Ergebnis eines PET-Scans ist kein echtes Bild des Gehirns, sondern eine Karte der Stärke der Radioaktivität, die zum Zwecke der Lokalisation einem Gehirnbild überlagert wird.
Elektroenzephalografie (EEG)	Die Aktivität des Gehirns wird über Elektroden registriert, die auf der Kopfhaut angebracht werden. Das EEG hat eine sehr hohe zeitliche, jedoch eine recht geringe räumliche Auflösung. Das Spontan-EEG stellt die Summe aller elektrischen Ereignisse im Kopf dar. Zur Untersuchung der EEG-Wellen, die mit bestimmten psychischen Prozessen einhergehen, werden ereigniskorrelierte Potenziale berechnet (vgl. Kapitel 6.5.2).

Tabelle 22: Fortsetzung

Methode	Beschreibung
Magnetoenze-phalografie (MEG)	Das MEG misst Veränderungen in Magnetfeldern auf der Oberfläche der Kopfhaut. Das Ergebnis ist das Magnetoenzephalogramm. Die gemessenen Magnet-felder entstehen durch in Neuronen auftretende Be-wegung elektrischer Ladung. Im Vergleich zum EEG hat das MEG eine höhere räumliche Auflösung.
Magnetreso-nanztomografie (MRT)	Wasserstoffatome strahlen Wellen aus, wenn sie über Radiowellen in einem Magnetfeld erregt werden. Die-sen Umstand macht sich die MRT zu Nutze: Durch die Messung dieser Wellen erstellt sie hochauflösende Aufnahmen des Gehirns und anderer innerer Struktu-ren. Sie zeichnet sich u. a. durch eine hohe räumliche Auflösung und die Erzeugung dreidimensionaler Bilder aus.
Funktionelle Magnetreso-nanztomografie (fMRT)	Die funktionelle MRT ermöglicht die Darstellung aktiver Hirnbereiche, indem sie die Zunahme des Sauerstoff-flusses in diese Bereiche misst. Das aufgezeichnete Signal wird BOLD-Signal (blood-oxygen-level-depen-dent signal) genannt (vgl. Kapitel 6.5.3).
Funktionelle Nahinfrarot-spektroskopie (fNIRS)	Bei diesem Verfahren handelt es sich um ein optisches bildgebendes Verfahren. Veränderungen im Sauer-stoffgehalt des Blutes im Hirn werden durch die Schä-deldecke gemessen. Zur Messung dieser Veränderun-gen wird bei der fNIRS infrarotes Licht verwendet.

6.5.2 Ereigniskorrelierte Potenziale

Das ereigniskorrelierte Potenzial (EKP, engl. event-related potential, ERP), auch evoziertes Potenzial genannt, stellt eine wichtige Methode u. a. in der Psychologie und der Hirnforschung dar. Das EKP ermög-licht die zeitlich hochauflösende Untersuchung von kognitiven Pro-zessen.

Bei der Messung von ereigniskorrelierten Potenzialen werden der Versuchsperson Reize präsentiert bzw. sie muss eine Aufgabe bear-beiten. Gleiche Reize werden hierbei sehr oft wiederholt. Während-dessen werden die Hirnströme mittels EEG gemessen. Ein Aufnah-merechner empfängt nach ihrer Verstärkung die EEG-Signale sowie ein sogenanntes Trigger-Signal vom Reizrechner. Das Trigger-Signal

Kopplung von Trigger-
Signalen und
EEG-Daten

ist notwendig, da es über die genauen Zeitpunkte der einzelnen Reizpräsentationen informiert. Nach der Messung können Trigger-Signal und EEG-Daten gekoppelt werden. Dadurch wird es möglich, elektrische Potenziale mit bestimmten Ereignissen zu korrelieren. Das Ergebnis dieser Methode sind spezifische Spannungsverläufe, die nach der Reizpräsentation zu verschiedenen Zeitpunkten Minima und Maxima aufweisen. Diese Spannungsauslenkungen werden Komponenten genannt und nach ihrer Polarität (positiv oder negativ) sowie ihrer zeitlichen Rangposition oder Latenz bezeichnet. Liest man z. B. in einem wissenschaftlichen Artikel von einer P300, so ist eine positive Komponente gemeint, die ca. 300 Millisekunden nach Start der Reizpräsentation auftritt.

Ein Beispiel aus der Forschung: Ereigniskorrelierte Potenziale

Fehlererkennung
als Anwendungsfeld
ereigniskorrelierter
Potenziale

Als Beispiel zur Anwendung von ereigniskorrelierten Potenzialen in der psychologischen Forschung soll die Fehlerentdeckung herangezogen werden. Schon seit langer Zeit beschäftigen sich Kognitionspsychologen mit der Fehlererkennung beim Menschen. Es wird davon ausgegangen, dass der Mensch über einen automatischen Fehlerdetektionsmechanismus verfügt, so erfolgen z. B. richtige Antworten in der Regel schneller als falsche. Zur Überprüfung der Existenz eines solchen Fehlerdetektionsmechanismus wurden EEG-Studien mit dem Ziel durchgeführt, die hirnphysiologischen Korrelate dieses Mechanismus aufzudecken. In der Tat wurde solch ein Korrelat gefunden, die sogenannte *Error-Related-Negativity (ERN)*. Hierbei handelt es sich um eine Komponente, die ca. 50 bis 100 Millisekunden nach einer fehlerhaften Antwort eine stärkere Negativierung aufweist als nach einer richtigen Antwort (Hoffmann & Falkenstein, 2012). Bernstein, Scheffers und Coles (1995) führten eine Studie durch, in der die Versuchsteilnehmer einen von vier möglichen Buchstaben identifizieren und einen, dem jeweiligen Buchstaben zugewiesenen, Knopf drücken mussten. Nach fehlerhaften Antworten zeigte sich eine ERN.

6.5.3 Grundlagen der funktionellen Magnetresonanztomografie

Die Grundidee der funktionellen Magnetresonanztomografie (fMRT) besteht darin, funktionelle Bilder auf der Grundlage der O_2-Sättigung des Hämoglobins herzustellen. Das Hämoglobin besteht aus großen

Molekülen, welche den Sauerstoff im Blut transportieren, der z. B. für die Erzeugung der Energie für die neuronale Informationsverarbeitung benötigt wird. Man nennt die Abhängigkeit des (Bild-)Signals vom Sauerstoffgehalt in den roten Blutkörperchen BOLD-Kontrast (BOLD = Blood-Oxygen-Level-Dependent-Kontrast). Wenn Hämoglobin Sauerstoffmoleküle abgibt, wandelt es sich in Desoxyhämoglobin um. Das Desoxyhämoglobin ist paramagnetisch (paramagnetische Substanzen zeigen die Tendenz, in ein Magnetfeld hineinzuwandern). Paramagnetisch sind auch die Wasserstoffkerne, die sich die (nicht funktionelle) Magnetresonanztomografie zu Nutze macht, um durch die Manipulation dieser Kerne mit Pulssequenzen hochauflösende anatomische Bilder zu erstellen. So ist es durch die paramagnetische Eigenschaft des Desoxyhämoglobins möglich, funktionelle Bilder zu erstellen. Nun ist der Körper sehr viel reicher an Wasserstoff als an Hämoglobin, was bei der funktionellen Bildgebung aufgrund des vergleichsweise niedrigen Hämoglobingehalts zu einem relativ schwachen Signal führt. Daher sind Techniken zur Verbesserung und Verstärkung des Signals notwendig. Durch die Kombination von hochauflösenden anatomischen Bildern und funktionellen Bildern ist es mithilfe der fMRT möglich, das Gehirn bei der Informationsverarbeitung zu beobachten.

> Abhängigkeit des (Bild-)Signals vom Sauerstoffgehalt in den roten Blutkörperchen

Die fMRT hat maßgebend dazu beigetragen, ein Verständnis der neuronalen Netzwerke des Erlebens und Verhaltens sowie verschiedener Störungen des Verhaltens zu erlangen. Sie erfasst durch standardisierte Aufgaben hervorgerufene Änderungen von lokalisierten Hirnaktivierungen und macht diese statistisch auswertbar.

Ein Beispiel aus der Forschung: Funktionelle Magnetresonanztomografie

Als kurzes Beispiel für die Anwendung der fMRT in der Psychologie betrachten wir eine Studie von Lévesque, Beauregard und Mensour (2006). Es handelt sich um eine Studie, in der die Wirkung eines bestimmten Trainings (ein sog. Neurofeedback-Training) auf die funktionelle Organisation bei Kindern mit ADHS (Aufmerksamkeitsdefizit-Hyperaktivitäts-Syndrom) untersucht wurde. Im Vergleich zu einer nicht trainierten Kontrollgruppe zeigte die trainierte Gruppe während der Bearbeitung einer Aufmerksamkeitsaufgabe höhere Aktivierung in bestimmten Hirnregionen. Dieser Befund zeigt, dass das verwendete Training neben einem Einfluss auf das Verhalten auch einen Einfluss auf die neuronale Verarbeitung hat. Somit bietet sich die fMRT in der Psychologie

> Anwendung der fMRT in der ADHS-Forschung

neben der Lokalisation von Läsionen und der Erforschung von Korrelaten psychischer Prozesse auch zur Überprüfung der Wirksamkeit von psychotherapeutischen Interventionen an.

Im zweiten Teil des Interviews mit Neuropsychologen und kognitiven Neurowissenschaftler Lutz Jäncke geht es um den Einsatz bildgebender Verfahren in der psychologischen Forschung.

Experteninterview

Prof. Dr. Lutz Jäncke
Universität Zürich, Neuropsychologe und kognitive Neurowissenschaftler

Frage: Welche biologischen Methoden sind für die Kognitive Psychologie besonders geeignet?

Prof. Jäncke: Während in den 1960er bis 1980er Jahren noch die peripher-physiologischen Methode bei der biologisch orientierten Erforschung der menschlichen Kognition und des Verhaltens die größte Bedeutung hatten, sind aktuell zentralnervöse Messgrößen für die Kognitive Psychologie von herausragender Bedeutung. Dies liegt im Wesentlichen daran, dass sich die Kognitive Psychologie infolge des technischen Fortschritts bei der Messung zentralnervöser Messgrößen zunehmend auf das Gehirn konzentriert und sich dafür interessiert, wie die psychischen Funktionen durch neuronale Netzwerke generiert und kontrolliert werden. Da die psychischen Funktionen in der Regel recht schnell ablaufen, sind die neurophysiologischen Messwerte, welche Hirnaktivierungen im Millisekundenbereich erfassen, von herausragender Bedeutung. Eine wichtige Methode ist in diesem Zusammenhang die Elektroenzephalografie (EEG), mit der die elektrischen Spannungsschwankungen des Gehirns an der Schädeloberfläche gemessen werden.

Für die EEG-Messung werden in den letzten Jahren zunehmend hochauflösende EEGs mit mehr als 32 Elektroden bis hin zu 256 Elektroden eingesetzt. Die Elektroden können eleganter und schneller als noch vor 20 Jahren angebracht werden. Mittlerweile haben sich durch den Computerfortschritt auch die Analysemetho-

den des EEGs substanziell verändert, so dass vielfältige Analyse-
möglichkeiten zur Verfügung stehen. So werden neben den klassischen evozierten Potenzialen (ERPs), Zeitverläufe von elektrischen
Oszillationen, Oszillationskohärenzen zwischen verschiedenen
Elektroden und Hirngebieten und aufgabenbezogene Oszillations-
veränderungen verwendet. Des Weiteren ist es nun auch möglich,
die intrazerebralen Quellen der an der Oberfläche gemessenen
EEG-Aktivität immer besser zu schätzen. Auf der Basis dieser
Schätzungen können Netzwerkmodelle der Hirnaktivität geschätzt
und mit den jeweiligen Kognitionen in Verbindung gebracht werden. Insofern ist die EEG-Technologie zunehmend als wichtige
Methode zur Erforschung der zentralnervösen Grundlagen der
menschlichen Kognition in den Vordergrund gerückt. Ein großer
Vorteil der EEG-Technologie ist, dass sie relativ kostengünstig ist
und auch komplexe psychologische Experimente ermöglicht. Mittlerweile wird sogar eifrig an der Umsetzung mobiler EEG-Geräte
gearbeitet, die es gestatten, das EEG in realen Alltagsumgebungen
zu messen. Eine kostspieligere Variante zur Messung der elektrischen bzw. magnetischen Hirnaktivität ist die Magnetenzephalo-
grafie (MEG), mit der man die sich ändernden Magnetfelder an
der Schädeloberfläche misst. Es ist ein sehr teures Verfahren, das
einige wenige Vorteile gegenüber der EEG-Technologie aufweist,
aber im Wesentlichen Ähnliches wie das EEG misst.

Eine große Bedeutung hat die funktionelle Magnetresonanztomografie (fMRT), mit der man die den Kognitionen zugrunde liegenden
Durchblutungsveränderungen räumlich sehr genau messen kann.
Obwohl die räumliche Auflösung dieses Verfahrens sehr gut ist, ist
die zeitliche Auflösung eher mäßig. Nach Stimulation mit einem
externen Reiz entwickelt sich das Maximum der Blutflussänderung
nach ca. 4 bis 8 Sekunden, so dass die schnellen, sich im Millisekundenbereich entwickelnden kognitiven Prozesse zumindest zeitlich nicht angemessen abgebildet werden können. Dafür ist die
räumliche Auflösung hervorragend und man kann auch die Hirnaktivität (besser: die damit verbundenen neurovaskulären Prozesse)
selbst in den Basalganglien, im Kleinhirn und sogar im Hirnstamm
gut erfassen. Die fMRT-Technik ist allerdings sehr teuer und es
lassen sich nur mit großer Mühe auch komplexe Versuchsszenarien
im Magnetresonanztomografen realisieren. In den letzten Jahren
sind auch für diese Methode verschiedene Analysen entwickelt
worden, die es erlauben, neben der Lokalisation der Hirnaktivität
auch Netzwerke von Hirnaktivierungen zu charakterisieren.

Auch neuroanatomische Messwerte, wie die Dichte und das Volumen der grauen Substanz, die Größe der kortikalen Oberfläche, die Integrität der Fasersysteme und die anatomische Netzwerkstruktur gewinnen auch für die Kognitive Psychologie zunehmend an Bedeutung. Mit diesen Messwerten ist es nun möglich, die neuroanatomischen Rahmenbedingungen für neurophysiologische Aktivierungen im Zusammenhang von Kognitionen zu charakterisieren und zu verstehen. Seit einigen Jahren wird auch mit Techniken experimentiert, mit denen man die Hirnaktivität nicht-invasiv von außen beeinflussen kann. Eingesetzt wird dazu die transkranielle Magnetresonanztomografie (TMS) und die transkranielle Gleichstromstimulation (tDCS). Mit diesen Methoden kann man die Hirnaktivität an bestimmten Stellen des Gehirns beeinflussen. Durch die Manipulation der Hirnaktivität können auch Änderungen des Verhaltens und der Kognition hervorgerufen werden. Mit diesen Verfahren können kausale Zusammenhänge zwischen Hirnfunktion und psychischen Prozessen untersucht werden.

Frage: Was sind einige typische Methoden, die für die klinische Forschung von großer Bedeutung sind?

Prof. Jäncke: Eine der großen Hoffnungen bei der Anwendung moderner neurowissenschaftlicher Methoden ist es, dass man die den psychischen Störungen zugrunde liegenden zentralnervösen Dysfunktionen besser versteht. Erste Befunde liegen diesbezüglich bereits vor. So kann man bei Risikopatienten für einige psychische und neurologische Erkrankungen vor dem Ausbruch der Krankheit bereits neurophysiologische und neuroanatomische Auffälligkeiten feststellen. Das könnte die Strategien für Therapie und Rehabilitation maßgeblich verändern. Man kann auch die neurophysiologischen und neuroanatomischen Folgen von psychischen und neurologischen Erkrankungen besser erkennen. Ein interessanter neuer Ansatz ist, neurophysiologische Kennwerte (wie bei psychologischen Tests üblich) zu normieren und diese dann in entsprechenden Datenbanken zu speichern. Ziel ist es, dass man Patienten untersucht und jeden Patienten mit diesen Normen vergleicht und überprüft, ob seine neurophysiologischen Kennwerte von der Normstichprobe abweichen. Erste Datenbanken sind bereits für eine Reihe von EEG-Parametern erhältlich, die auch für klinische Diagnosen genutzt werden. Verschiedene Arbeitsgruppen arbeiten derzeit an ähnlichen Datenbanken für neuroanatomische Kennwerte, so dass es bald möglich sein wird, neuroanatomische Auffälligkeiten bei Patienten schneller und präziser zu erkennen. Gleichzeitig hat die neurophysiologisch orientierte Biofeedback-Technik einen heftigen Aufschwung erfahren. Verschiedene Patientengruppen wurden bereits mit modernen Neurofeedback- und Real-time-fMRT-Techniken trainiert, um ihre Hirnaktivitäten zu verändern und zu optimieren. Ziel dieser Trainings ist eine Verbesserung der Symptomatik aufgrund der Optimierung der zugrunde liegenden neurophysiologischen Aktivierungen. Solche Verfahren könnten das Handlungsinventar moderner Klinischer Psychologen und Psychiater erweitern und vielen Patienten alternative Behandlungen bieten. Besonders spektakulär sind solche Ansätze im Zusammenhang mit gelähmten Patienten, die mit diesen Techniken orthopädische Hilfsmittel ansteuern könnten (Brain-Computer-Interface-Techniken, BCI).

Frage: Was weiß man über die Reliabilität biologischer Methoden?

Prof. Jäncke: Auch biologische Messwerte weisen genauso wie psychologische Messwerte Methodenfehler auf. Diese Messfehler sind nicht nur technisch bedingt, sondern hängen auch von den in diesen neurophysiologischen Messumgebungen genutzten psychologischen Aufgaben ab, die ja auch mit Messfehlern behaftet sind. Besonders stabile und hohe Reliabilitäten findet man für verschiedene Kennwerte, welche für das Ruhe-EEG erhoben werden können. Für die ERPs und die hämodynamischen Reaktionen bei fMRT-Untersuchungen sind moderate bis gute Reliabilitäten berechnet worden, die in der gleichen Größenordnung liegen, wie gute psychologische Tests.

Zusammenfassung

Biologische Methoden zur Untersuchung menschlichen Verhaltens haben schon in den Anfängen der wissenschaftlichen Psychologie eine große Rolle gespielt. Ein großer Teil des psychologischen Wissens basiert auf Erkenntnissen, die durch die Untersuchung hirnläsionsbedingter, kognitiver Ausfälle gewonnen wurden.

Die Psychologie kann aus einem großen Fundus biologischer Methoden schöpfen, die in drei Bereiche unterteilt wurden:
- die peripher-psychophysiologischen Methoden (u. a. die Elektrokardiografie, die Elektrookulografie und die Hautleitfähigkeit),
- die verhaltensbiologischen Methoden (u. a. neuropsychologische und psychopharmakologische Verfahren) und die

- neurowissenschaftlichen Methoden (moderne bildgebende und elektrophysiologische Verfahren).

All diese Methoden spielen eine wichtige Rolle in verschiedenen Bereichen der Psychologie. Sie erlauben die Erfassung diverser Maße (etwa physiologische) und die Untersuchung unterschiedlicher Systeme (etwa das autonome, das somatische oder das zentrale Nervensystem). Unter anderem können sie sowohl verwendet werden, um Stress und Emotionen zu messen, als auch um die neuronalen Korrelate psychischer Prozesse zu erforschen oder die Wirksamkeit von psychologischen Interventions- und Rehabilitationsmaßnahmen zu überprüfen. Des Weiteren werden biologische Methoden heute auch vermehrt genutzt, um etwa im Rahmen einer Therapie ein Biofeedback zu ermöglichen.

Elektrophysiologische Methoden wie die Elektroenzephalografie (EEG) stellen ein wichtiges Werkzeug bei der Diagnose verschiedener Störungen, wie etwa den Schlafstörungen, dar. Mithilfe von aus den EEG-Daten errechneten ereigniskorrelierten Potenzialen ist es möglich, die zeitliche Abfolge von kognitiven Prozessen im Millisekundenbereich nachzuverfolgen.

Dank großen technischen Fortschritts, etwa im Bereich der Neurowissenschaften, kann dem Gehirn mittlerweile *beim Denken zugeschaut werden*: funktionelle Bildgebungsmethoden wie die funktionelle Magnetresonanztomografie (fMRT) oder die Positronen-Emissions-Tomografie (PET) erlauben die Aufzeichnung von Hirnaktivität, während Versuchspersonen bestimmte Aufgaben bearbeiten, und ermöglichen so die Erforschung neuronaler Korrelate psychischer Vorgänge. Solche Verfahren bieten sich im neuropsychologischen Kontext auch zur Diagnose und Untersuchung neuronal bedingter kognitiver Defizite an.

Zusammengefasst bilden die vorgestellten biologischen Zugänge zum Verhalten ein wichtiges Fundament der psychologischen Forschungsmethodik. Sie haben die Psychologie in vielerlei Hinsicht beeinflusst. Durch den raschen technischen Fortschritt in Verbindung mit durchdachten experimentellen Designs ergeben sich sicher auch in Zukunft interessante neue Zugänge und Einsichten in die biologischen Grundlagen des (menschlichen) Verhaltens.

Weiterführende Literatur

Jäncke, L. (2013). *Lehrbuch Kognitive Neurowissenschaften*. Bern: Huber.

Karnath, H. O. & Thier, P. (2012). *Kognitive Neurowissenschaften* (3. Aufl.). Heidelberg: Springer.

Schandry, R. (2011). *Biologische Psychologie* (3., überarb. Aufl.). Weinheim: Beltz.

Fragen

1. Welche Maße der Aktivität des (a) autonomen und (b) somatischen Nervensystems sind Ihnen bekannt?
2. Mit welcher Methode können raum-zeitlich begrenzte, reversible Läsionen bestimmter Hirnbereiche hervorgerufen werden?
3. Nennen sie vier verschiedene nicht-invasive bildgebende Verfahren und erklären Sie diese kurz.
4. Nehmen sie kurz Stellung zur Rolle der Biologie in der Psychologie.
5. Bei der Hautleitfähigkeit wird zwischen tonischen Aktivierungsprozessen und phasischen Leitwertveränderungen unterschieden. Erklären Sie die Unterschiede.

Lösungshinweise finden Sie unter
www.hogrefe.de/buecher/lehrbuecher/psychlehrbuchplus.

Kapitel 7
Einstellung und Verhalten

Inhaltsübersicht

Aufbau dieses Kapitels

In diesem Kapitel wird im ersten Teil die Einstellungsmessung behandelt. Wir geben viele Hinweise und Beispiele, die die Praxis der Einstellungsmessung betreffen. Außerdem beschreiben wir vier unterschiedliche Skalenniveaus und ihre Eigenschaften. Im zweiten Teil befassen wir uns mit der Einstellungs-Verhaltens-Relation. Wir stellen verschiedene Kriterien dar, deren Beachtung die Konsistenz in dieser Relation erhöht: Berücksichtigung von Barrieren, Kompatibilität der Messniveaus, Aggregation über Items oder Situationen, exemplarische Beispiele und Berücksichtigung von Alternativen in Entscheidungssituationen. Wir gehen an einem Beispiel auf die Theorie des überlegten Handelns ein, die die Einstellungs-Verhaltens-Relation transparent macht.

7.1 Einleitung

Einstellungstheorie und Einstellungsmessung gehören zu den Themen, die schon in den 1930er Jahren ausführlich behandelt wurden.

Einstellung als Bereitschaft, die Verhalten Richtung gibt, oder als Bewertung der Einstellungsobjekte

Einerseits wurde Einstellung als Bereitschaftszustand definiert, der Verhalten eine Richtung gibt und energetisiert (Allport, 1935). Andererseits wurde von Thurstone (1928) eine Reduktion des Einstellungsbegriffs auf die Bewertung des Einstellungsobjekts (im Sinne von gut vs. schlecht) favorisiert.

In ihrer Zusammenfassung der damals vorliegenden Forschung führten Katz und Stotland (1959) eine Dreiteilung des Einstellungsbegriffs

Komponenten und zugrunde liegendes Prinzip der Einstellung

durch. Sie unterschieden zwischen drei Komponenten der Einstellung, die als kognitiv, affektiv und verhaltensbezogen zu kennzeichnen sind. Dementsprechend lässt sich feststellen, dass Einstellungen auf Information, Gefühl und intendiertem Verhalten beruhen (vgl. Aaker, Kumar & Day, 2007):

- Die kognitive Komponente beruht auf Information, Wissen und Meinung,
- die affektive Komponente auf Mögen oder Nichtmögen und
- die Verhaltensintention beinhaltet eine Erwartung in Bezug auf das eigene zukünftige Verhalten sowie eine Einschätzung der Fähigkeit, das Verhalten ausüben zu können. So kann es sein, dass das Verhalten sehr aufwendig ist und hohe Kosten verursacht, so dass es als nicht ausführbar erscheint.

Jede der drei Komponenten beinhaltet eine spezifische Einsicht in unterschiedliche Facetten der Einstellung. Dabei ist wichtig zu erkennen, dass Denken, Fühlen und Handeln im Einstellungsbegriff gebündelt sind und auf einem einzigen Prozess beruhen, der als Einstellungs- oder Handlungsprozess bezeichnet werden kann (Campbell, 1963). Einstellungen haben eine große Bedeutung für die Sozialpsychologie, die Organisationspsychologie, die Klinische Psychologie, die Sozialwissenschaften, sowie für Management und Marketing, um nur die häufigsten Anwendungsfelder zu nennen. Daher handelt es sich um ein Grundlagenkonzept, das einen hohen angewandten Stellenwert besitzt.

7.2 Einstellungsmessung

Das Konzept der Skalierung und unterschiedlicher Skalenniveaus geht auf den Harvard-Psychologen Stanley S. Stevens (1946) zurück, der eine einfache Hierarchie der Skalenniveaus vorgeschlagen hat. Auf seiner Grundlage definieren Staufenbiel und Borg (2010, S. 15) Messung bzw. Skalierung als die Zuteilung von Zahlen zu Objekten oder Ereignissen entsprechend einer vorgegebenen Regel. Die Regelanwendung muss invariant über verschiedene Zeitpunkte und Objekte sein. Welche Aussagen auf der Grundlage der Skalierung eines Merkmals erlaubt sind, wird durch das Skalenniveau, auf dem gemessen wird, beantwortet (siehe unten).

Konzept der Skalierung und unterschiedlicher Skalenniveaus

> **Begriffsklärung: Einstellungsmessung**
>
> Nach Feger (1996, S. 532) erfasst Einstellungsmessung „jene soziale Orientierung eines Menschen gegenüber Einstellungsobjekten, die relativ überdauernd, nicht situationsspezifisch sind und die sich nicht primär auf den aktuellen Einzelfall bezieht." Es handelt sich also typischerweise um Klassen von Objekten, die zu einer Bedeutungseinheit zusammengefasst sind. Es kann aber auch sein, dass z. B. die Einstellung gegenüber bestimmten Politikern erfasst wird (vgl. Lord & Lepper, 1999).

Im Folgenden konzentrieren wir uns auf die direkten Verfahren der Einstellungsmessung. Die direkten Methoden erfassen die Einstellung gegenüber einem Einstellungsobjekt offen, während die indirekten Methoden verdeckt vorgehen, so dass die Einstellungsmessung für die Beurteiler intransparent ist.

Direkte Einstellungsmessungen

Zu den indirekten Maßen sind der Emotionsausdruck und psychophysiologische Maße zu zählen sowie der Implizite Assoziationstest (IAT), der von Anthony Greenwald und seinen Mitarbeitern entwickelt wurde (vgl. Gawronski, 2006).[9] Möglicherweise gelingt die Verhaltensvorhersage aufgrund des IAT besser bei impulsivem, unreflektiertem Verhalten, während Selbstberichte besser geeignet sind, überlegtes, geplantes Handeln zu prognostizieren (Asendorpf, Banse & Mücke, 2002; Gschwendner, Hoffmann & Schmitt, 2006).

Explizite Selbstberichte und der Mono-Methoden-Bias

Im Folgenden gehen wir auf explizite Selbstberichte ein. Wie schon in Kapitel 3 erläutert, besteht die Gefahr eines Mono-Methoden-Bias in dem Fall, dass Zusammenhänge zwischen Merkmalen untersucht werden, die gleichermaßen durch Selbstberichte erfasst werden. Wenn z. B. Einstellung und Verhaltensbericht gleichermaßen durch Selbstbericht gemessen werden, besteht die Gefahr eine überhöhte Beziehung zwischen Einstellung und Verhalten zu erschließen, da die gemeinsame Methode der Messung von Prädiktor und Kriterium die Korrelation in der Regel inflationiert (Podsakoff et al., 2003). In diesem Fall sind indirekte Verfahren, direkte Verhaltensbeobachtung oder Berichte von Freunden und Bekannten als nützliche Alternative zu nennen.

7.2.1 Verfahren der Einstellungsmessung

Grundlage der Einstellungsmessverfahren

Die wichtigsten Verfahren der Einstellungsmessung beruhen auf vorformulierten Aussagen (Items) über das Einstellungsobjekt. Sie profitieren davon, dass Menschen Einstellungen in der Regel in Aussageform formulieren (Feger, 1996). Die Grundidee besteht darin, dass für jedes Item entsprechend dem Ausmaß der Zustimmung ein Kennwert ermittelt wird, der dann zu einem Skalenwert der Person addiert oder gemittelt wird. Im Einzelnen wird zwischen der Skalierung nach der Methode der gleich erscheinenden Intervalle (Thurstone), nach der Methode der summierten Ratings (Likert) und nach der Skalogramm-Analyse (Guttman) unterschieden. Von diesen Verfahren hat sich die Likert-Skalierung wegen ihrer ökonomischen Durchführbarkeit weitgehend in der Praxis der Einstellungsmessung durchgesetzt.

---

9 Die folgende Internetseite der Harvard University bietet die Möglichkeit, einen Impliziten Assoziationstest online durchzuführen: https://implicit.harvard.edu/implicit/germany/ (letzter Zugriff am 15. 05. 2013). Diese Anwendung ist aus didaktischen Gründen sehr empfehlenswert und kann für die nonreaktive Messung eigener Vorurteile nützlich sein.

Das Vorgehen umfasst folgende Schritte:

- Im ersten Schritt werden relevante Aussagen zu dem Einstellungs-bereich gesammelt, der erfasst werden soll. Diese Sammlung wird idealerweise durch eine Inhaltsanalyse auf der Basis von freien Antworten der Befragten durchgeführt. Eine andere Möglichkeit besteht darin, die Items durch Brainstorming zu generieren. Eine mögliche Vorgehensweise beinhaltet, dass die Beurteiler gebeten werden anzugeben, welche Vorteile und welche Nachteile sie mit einem Einstellungsobjekt verbinden. Nachdem neutrale Antwor-ten und Redundanzen beseitigt sind, werden aus den Vor- und Nachteilen einzelne Aussagen abgeleitet. Es wird angenommen (und im Weiteren empirisch geprüft), dass alle Aussagen einen gemeinsamen Faktor abbilden (Eindimensionalität). Die vorfor-mulierten Aussagen werden Beurteilern vorgelegt, damit sie ihre Zustimmung oder Ablehnung auf einer Antwortskala abgeben können.

- Diese Beurteilung erfolgt vielfach auf numerischen Ratingskalen. Die Antwortskala weist meist fünf, sieben oder neun Abstufungen auf. Denn eine zu geringe Zahl von Antwortstufen (z. B. drei) dif-ferenziert zu wenig, bei mehr als neun Abstufungen besteht das Problem der Überdifferenzierung, weil die Befragten das Einstel-lungskontinuum nicht weiter unterscheiden können. Eine ungerade Anzahl von Abstufungen wird empfohlen, damit die Beurteiler auch eine mittlere Antwortalternative zur Verfügung haben. Diese Mög-lichkeit ist dann problematisch, wenn die Beurteiler gezwungen werden sollen, sich für die eine oder die andere Seite eines Argu-ments oder einer Feststellung zu entscheiden. Allerdings kann das dazu führen, dass die Beurteiler wegen der eingeschränkten Wahl-freiheit verärgert reagieren. In diesem Fall empfiehlt sich die Vor-gabe von grafischen Ratingskalen, auf denen durch Ankreuzen und Ausmessen die Antwortausprägung erfasst wird (vgl. Kasten, S. 259). Bei Bewertungsaussagen können die Endpunkte mit „ich stimme überhaupt nicht zu" und „ich stimme voll und ganz zu" benannt werden. Außerdem werden auch vielfach Intensitäts- und Häufigkeitsskalen verwendet (vgl. Kasten, S. 259).

- Wenn die Aussagen sowohl Vor- als auch Nachteile thematisieren, ergibt sich die Notwendigkeit der Umpolung negativer Items, so dass alle Items in dieselbe Richtung weisen. Auf diese Weise kann die Positivität der Einstellung erfasst werden. Wenn die Positivität der Einstellung gemessen werden soll, werden die Nachteile um-gepolt, so dass hohe Nachteilswerte in niedrige Vorteilswerte trans-formiert werden. Bei einer siebenstufigen numerischen Antwort-

Durchführung der Likert-Skalierung

Numerische Antwort-skalen mit 5, 7 oder 9 Abstufungen

Alternative: grafische Ratingskalen

Umpolung von Items

skala wird wie folgt umgepolt: $1 \rightarrow 7, 2 \rightarrow 6, 3 \rightarrow 5, 4 \rightarrow 4, 5 \rightarrow 3,$ $6 \rightarrow 2, 7 \rightarrow 1.$[10]

Bildung eines Summenwerts

- Über alle Antworten wird entweder ein Summenwert oder ein Durchschnittswert gebildet. Das Vorgehen bei einer Likert-Skala besteht darin, dass aus dem Ausmaß der Zustimmung zu den Items auf die Positivität der Einstellung geschlossen wird. Die Skalierung besteht also in der Abbildung der Einstellung auf einem Antwortkontinuum. Je positiver die Einstellung ist, desto höher sollte der Skalenwert ausfallen.
- Abschließend wird eine Itemanalyse durchgeführt werden, bei der die Schwierigkeit und Trennschärfe der Items ermittelt wird. Items, die extreme Schwierigkeitswerte oder niedrige Trennschärfen aufweisen, werden aus der Einstellungsskala gestrichen.
- Für die verbleibenden Items kann eine Faktorenanalyse durchgeführt werden. Da die Skala eindimensional sein soll, wird erwartet, dass alle Items auf dem ersten Faktor substanziell laden. Alle Items, die entsprechende Faktorladungen aufweisen, können in die endgültige Skala aufgenommen werden. In der Regel sind maximal 20 Items für eine zuverlässige Messung der Einstellung erforderlich. Die Bearbeitung längerer Einstellungsskalen kann durch Müdigkeit und Gleichgültigkeit der Teilnehmer beeinträchtigt werden.

Die Vorgabe der Antwort- bzw. Ratingskala wird im folgenden Kasten veranschaulicht (s. auch Abb. 6 auf S. 208).

Beispiele für Ratingskalen

Die erste Möglichkeit besteht darin, eine grafische Ratingskala vorzuheben, die z.B. zur Einschätzung der Bedeutsamkeit bestimmter Vor- und Nachteile einer Handlungsalternative eingesetzt wird (vgl. Bierhoff, 1979).

„Für wie bedeutsam bzw. gewichtig würden Sie – für sich persönlich – die folgenden Vor- und Nachteile des abendlichen Ausgehens einschätzen?"

---

10 Eine Umpolung aller Items in eine Richtung und Bildung eines Summenwerts ist nur sinnvoll, wenn sich zwischen den Antworten auf die Vorteile und die auf die Nachteile eine substanzielle negative Korrelation findet. Wenn eine Nullkorrelation vorliegt, macht es Sinn, für Vor- und Nachteile getrennte Skalen zu bilden.

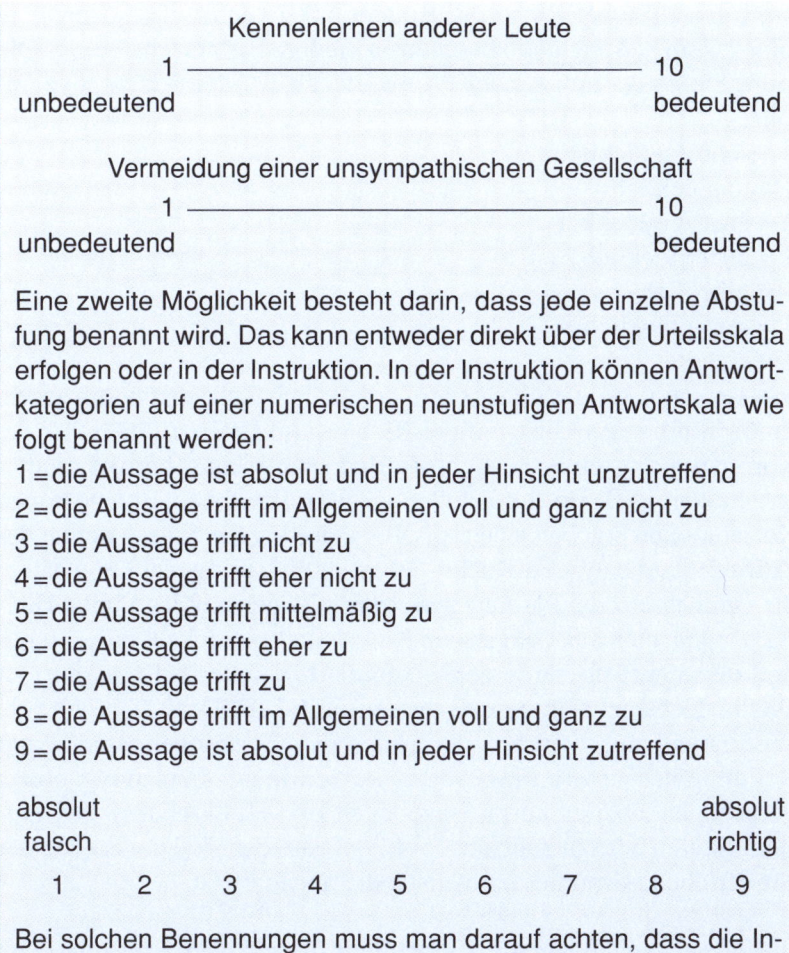

Kennenlernen anderer Leute

1 —————————————————— 10

unbedeutend   bedeutend

Vermeidung einer unsympathischen Gesellschaft

1 —————————————————— 10

unbedeutend   bedeutend

Eine zweite Möglichkeit besteht darin, dass jede einzelne Abstufung benannt wird. Das kann entweder direkt über der Urteilsskala erfolgen oder in der Instruktion. In der Instruktion können Antwortkategorien auf einer numerischen neunstufigen Antwortskala wie folgt benannt werden:

1 = die Aussage ist absolut und in jeder Hinsicht unzutreffend
2 = die Aussage trifft im Allgemeinen voll und ganz nicht zu
3 = die Aussage trifft nicht zu
4 = die Aussage trifft eher nicht zu
5 = die Aussage trifft mittelmäßig zu
6 = die Aussage trifft eher zu
7 = die Aussage trifft zu
8 = die Aussage trifft im Allgemeinen voll und ganz zu
9 = die Aussage ist absolut und in jeder Hinsicht zutreffend

absolut   absolut
 falsch   richtig

   1   2   3   4   5   6   7   8   9

Bei solchen Benennungen muss man darauf achten, dass die Intervalle, die so gekennzeichnet werden, als relativ gleich erscheinen (Herstellung von Äquidistanz). Eine empirische Studie zu den Antwortskalen (Rohrmann, 1978) hat ergeben, dass sich fünfstufige Antwortskalen, die die Anforderung der Äquidistanz erfüllen, wie unten benennen lassen. Dabei wird zwischen Häufigkeitsskalen, Intensitätsskalen und Bewertungsskalen unterschieden:

- **Häufigkeit:** nie, selten, gelegentlich, oft, immer
- **Intensität:** nicht, wenig, mittelmäßig, ziemlich, sehr
- **Bewertung:** stimmt nicht, stimmt wenig, stimmt mittelmäßig, stimmt ziemlich, stimmt sehr

Unterscheidung zwischen Häufigkeits-, Intensitäts- und Bewertungsskalen

Gelegentlich werden auch Einzel-Item-Skalen verwendet. Das gilt etwa, wenn summarisch die Zufriedenheit eingeschätzt wird. Ein Beispiel für die Einschätzung der Zufriedenheit in der Partnerschaft

Verwendung der Einzel-Item-Skala und des Glücksitems für die Messung von Zufriedenheit (nach Hinz, Stöbel-Richter & Brähler, 2001) liefert das sogenannte Glücksitem: „Wie glücklich schätzen Sie Ihre Partnerschaft ein?" Die sechs Stufen der numerischen Antwortskala wurden wie folgt verankert:

0 = sehr unglücklich
1 = unglücklich
2 = eher unglücklich
3 = eher glücklich
4 = glücklich
5 = sehr glücklich

Tatsächlich kann das Glücksitem erfolgreich Zufriedenheit messen. In der Studie von Hinz, Stöbel-Richter und Brähler (2001) ist die Korrelation mit einer 30-Item-Zufriedenheitsskala (Partnerschaftsfragebogen PFB) im Bereich von $r = .40$ relativ hoch. Solche hohen Korrelationen ergeben sich typischerweise bei der Einschätzung der Zufriedenheit bzw. des Glücks. Offensichtlich bringt das Glücksitem die Quintessenz der Partnerschaftszufriedenheit auf den Punkt. Häufig werden auch aus Langskalen Kurzskalen entwickelt, die z. B. nur drei Items aufweisen; deren Reliabilität bzw. interne Konsistenz ist aber in der Regel niedriger als die der Langskala. Denn es besteht ein Zusammenhang zwischen der Länge des Fragebogens und seiner Reliabilität. Kürzere Fragebögen werden in der Forschungspraxis vorgezogen, aber zu kurze Fragebögen sind oft unreliabel. Bei Ein-Item-Skalen besteht auch das Problem, dass der Skalenwert von der spezifischen Formulierung vollständig abhängig ist.

Verwendung der Mehrere-Item-Skala In den meisten Studien werden Mehrere-Item-Skalen verwendet, weil dafür Itemanalysen durchgeführt werden können. Die zugrunde liegenden Messmodelle und ihre Vorannahmen werden ausführlich von Eid und Schmidt (2014) diskutiert. In vielen Anwendungen liegt die klassische Testtheorie der Skalenkonstruktion zugrunde (Stumpf, 1996).

Rasch-Skalierung und ihre Anwendung auf Selbstberichte ökologischen Verhaltens Eine Alternative stellt das Rasch-Modell dar, bei der die Beziehung zwischen Fähigkeit einer Person und Schwierigkeit der Aufgabe verwendet wird, um die Antwortwahrscheinlichkeit vorherzusagen (Carstensen, 2010; Rost, 2010). Ein Beispiel ist die Verhaltensmessung ökologischen Verhaltens durch Selbstbericht (Kaiser, 1998). In dieser Anwendung ist die Wahrscheinlichkeit der Ausführung eines bestimmten ökologischen Verhaltens wie „Ich besitze energieeffiziente Haushaltsgeräte." eine Funktion der Einstellung zum ökologischen

Verhalten und der Schwierigkeit, das angesprochene Verhalten auszuführen. Da diese in diesem Fall eher gering ist, wird dem Item
häufig zugestimmt, und zwar mehr von Personen, die eine positivere
Einstellung zum ökologischen Verhalten zeigen als von Personen, die
eine durchschnittliche Einstellung zum Ausdruck bringen (Kaiser,
Byrka & Hartig, 2010). Wir gehen noch ausführlicher auf die Schwierigkeit des Verhaltens ein, wenn wir in Kapitel 7.3.1 die Bedeutung
von Verhaltensbarrieren für die Bestimmung der Einstellungs-Verhaltens-Relation herausstellen.

Die Schwierigkeit eines Items ist natürlich vor allem auch für die
Leistungsmessung bedeutsam. Deshalb wenden wir uns an dieser
Stelle in einem Exkurs der Schulleistungsforschung zu. Das Experteninterview mit Olaf Köller vom Leibniz-Institut für die Pädagogik der Naturwissenschaften und Mathematik (IPN) in Kiel gibt
Einblicke sowohl in die Schwierigkeiten als auch in die Chancen,
die mit der Anwendung von Schulleistungstests verbunden sind.
Dabei bildet die Schulleistungsuntersuchung PISA den Ausgangspunkt.

Experteninterview

**Prof. Dr. Olaf Köller, Bildungsforscher
und Pädagogischer Psychologe**
Leiter des Leibniz-Instituts für die
Pädagogik der Naturwissenschaften
und Mathematik (IPN) an der
Universität Kiel

Frage: Welche Rolle hat die Schulleistungsforschung in den
letzten 20 Jahren für die Methodenforschung gespielt?

Prof. Köller: Die großen Schulleistungsuntersuchungen wie PISA
(Programme for International Student Assessment) standen und
stehen vor der Herausforderung, dass sehr viele Testaufgaben von
Schülerinnen und Schülern bearbeitet werden müssen und in der
realen Testsituation jede Schülerin bzw. jeder Schüler nur eine
Teilmenge von Aufgaben bearbeiten kann. Die Situation, dass
unterschiedliche Testteilnehmer unterschiedliche Testversionen
bearbeiten, hat dazu geführt, dass das 1960 von Rasch vorgestellte

logistische Ein-Parameter-Modell (Rasch-Modell) in vielfältiger Art und Weise weiter entwickelt wurde. Dies drückt sich heute u. a. darin aus, dass zur Fähigkeitsschätzung einer Schülerin bzw. eines Schülers nicht allein die gelösten Items sondern viele sogenannte Hintergrundmerkmale berücksichtigt werden. Der Leistungswert einer Person, der sogenannte Plausible Value, ist also heute das Resultat des Testergebnisses, des Geschlechts, der Schulform, der sozialen Herkunft, der gesprochenen Sprache und anderer Faktoren. Weiterhin hat uns die Schulleistungsforschung dahingehend belehrt, dass die Annahme, wonach Item-Eigenschaften unabhängig von Personen und Testsituationen sein können, unhaltbar ist. Ein Item verändert seine Eigenschaften je nachdem, an welcher Position es in einem Testheft auftaucht und welches Item davor und danach steht. Ebenso wissen wir, dass es hier auch Item × Personen-Interaktionen gibt. So wird ein Item am Ende eines Tests für einen schwachen Schüler bzw. eine schwache Schülerin sehr viel schwerer als für einen leistungsstarken Schüler bzw. eine leistungsstarke Schülerin.

Frage: Das hört sich so an, als sei allein etwas in der Testtheorie passiert, sonst nichts?

Prof. Köller: Nein, vieles ist darüber hinaus passiert. Dies betrifft beispielsweise den Umgang mit fehlenden Werten (missing data). In großen Schulleistungsstudien, die oftmals längsschnittlich angelegt sind, kommt es immer wieder vor, dass Personen fehlen oder nicht alle Instrumente bearbeiten. Wir haben in den letzten 10 bis 15 Jahren einen Boom an aufregenden Arbeiten gesehen, die uns gezeigt haben, wie man angemessen mit fehlenden Werten umgeht. Wir haben gelernt, dass der fall- oder paarweise Ausschluss von Daten zu statistischen Artefakten und falschen inhaltlichen Aussagen führen kann und Wissenschaftlerinnen und Wissenschaftler gezwungen sind, sich Gedanken zu machen, wie die fehlenden Werte geschätzt/ersetzt werden können. Heute ist es State of the Art, dass fehlende Werte mit Hilfe sogenannter Multiple-Imputation-Verfahren geschätzt werden. Aufgrund der vorhandenen Daten einer Person werden dabei die fehlenden Werte geschätzt. Da diese Schätzung mit Unsicherheit verbunden ist, wird nicht einer, sondern 5, 10 oder 20 Werte geschätzt. Dies bedeutet dann, dass jede Analyse 5-, 10- oder 20-mal durchgeführt und die Ergebnisse gemittelt werden müssen. Hierzu haben wir aber auch leistungsstarke Programme, die einem viel Arbeit abnehmen. Eine gute Einführung in dieses Problem bietet hierzu der Aufsatz von Lüdtke, Robitzsch, Trautwein und Köller (2007).

Frage: Kommen wir zu einem anderen Thema: Wenn man Stichproben von Klassen zieht, kann die ganze klassische Statistik, die von der Unabhängigkeit der Beobachtungen ausgeht, nicht mehr angewendet werden?

Prof. Köller: Das ist richtig. Viele klassische statistische Verfahren gehen davon aus, dass Personenstichproben zufällig gezogen werden. Hierauf basiert dann auch die Berechnung der Standardfehler, die in jede Signifikanztestung eingehen. In der Schulforschung sind wir mit dem Problem konfrontiert, dass Schülerinnen und Schüler innerhalb von Klassen sich sehr ähnlich sind, die Zugehörigkeit zur Klasse also dafür sorgt, dass die beobachteten Werte der Schülerinnen und Schüler nicht mehr unabhängig von der Klassenzugehörigkeit sind. Wir haben aber auch hier in den letzten 20 bis 30 Jahren äußerst elaborierte Methodenweiterentwicklungen erlebt. Das Ganze firmiert unter der Bezeichnung Mehrebenenanalysen. Dabei werden explizit unterschiedliche Datenhierarchien berücksichtigt. Typischerweise sind die Schülerinnen und Schüler (innerhalb von Klassen) auf der untersten Ebene (Ebene 1) angesiedelt. Auf Ebene 2 befinden sich die Klassen (innerhalb von Schulen), auf Ebene 3 Schulen (innerhalb von Schulformen). Auf jeder Ebene gibt es dann einen Mess- bzw. Standardfehler, der in Mehrebenenanalysen modelliert wird, so dass Artefakte vermieden werden. Mehrebenenanalysen sind auch wunderbare Tools, wenn einen Schulforscher bzw. eine Schulforscherin die Frage umtreibt, welche Rolle Merkmale der Klasse für die individuelle kognitive und/oder motivationale Entwicklung spielen. Zu diesem Thema sind in den letzten Jahren viele, teilweise auch sehr anschauliche Arbeiten erschienen, beispielsweise von Marsh, Lüdtke, Nagengast et al. (2012).

Frage: Gibt es noch weitere interessante methodische Entwicklungen in der Schulforschung?

Prof. Köller: Ich glaube ja! Wir erheben ja oftmals in Quer- und Längsschnittstudien nicht experimentelle Daten und wollen dennoch kausale Aussagen über das Zusammenspiel von unabhängiger und abhängiger Variable machen. Hier haben wir in den letzten Jahren viel aus der Ökonometrie gelernt. Wirtschaftswissenschaftler befinden sich oft in der misslichen Situation, vergleichsweise schwache Daten aus empirischen Arbeiten zu haben, die sie zur Kausalanalyse verwenden. Indem dann starke Annahmen gemacht werden, warum eine Person einer bestimmten Gruppe und nicht einer anderen zugehörig ist, kann man modellieren, wie es wohl zur Zuweisung einer Person zu einer Gruppe (Bedingung) gekommen ist. Kennt man diesen Zuweisungsmechanismus, so kann man nach Anwendung entsprechender statistischer Verfahren, z. B. Propensity Score Matching, Post-hoc-Aussagen machen, welche kausalen Effekte die Zugehörigkeit zu einer Gruppe auf eine abhängige Variable hat. Wir haben das vor Kurzem selbst genutzt, indem wir an einem verfügbaren, querschnittlichen Datensatz untersucht haben, ob Schülerinnen und Schüler, die Englisch als erste Fremdsprache lernen (ab Klasse 5), am Ende der 9. Klasse mehr können als die, die Englisch als zweite Fremdsprache lernen (ab Klasse 6 oder 7). Indem wir modelliert haben, welche Faktoren bestimmen, ob ein Jugendlicher Englisch als erste oder zweite Fremdsprache lernt, konnten wir kausale Aussagen machen, was ein oder zwei Jahre zusätzlichen Englischunterrichts bringen. Die Antwort war leider ernüchternd: Der Effekt von mehr Englischunterricht war Null.

Klassische Testtheorie und Skalenlänge: Spearman-Brown-Formel

Auf der Grundlage der klassischen Testtheorie lässt sich zeigen, dass mit der Länge der Skala die Reliabilität der Skala ansteigt. Mit der Spearman-Brown-Formel kann berechnet werden, um wie viel die Reliabilität eines Tests voraussichtlich zunimmt, wenn eine bestimmte Zahl von Items hinzugefügt wird. Voraussetzung ist, dass die neuen Items mit den vorhandenen Items homogen sind (Lienert & Raatz, 1998, S. 209/10) bzw. aus demselben Bereich gezogen wurden wie die vorhandenen Items (Epstein, 1983). Skalen, die nur drei oder vier Items enthalten, haben oft eine niedrige interne Konsistenz. Dieses Problem wird bei Skalen, die auf acht bis zehn Items beruhen, eher vermieden.

Höhere Generalisierbarkeit durch differenzierte Messung

Es ist allerdings nicht so einfach, dass man sagen kann: umso höher die interne Konsistenz, umso besser. Denn eine hohe interne Konsistenz geht im Allgemeinen darauf zurück, dass die Items in ihrem Inhalt sehr ähnlich sind. Im Extremfall beurteilt die Person immer wieder dieselbe Aussage, die jeweils leicht umformuliert ist. Das ist in vielen Fällen nicht erwünscht. Man möchte eine Einstellung differenzierter messen, indem verschiedene Facetten des Einstellungsobjekts angesprochen werden. Denn dadurch kann eine höhere Generalisierbarkeit auf unterschiedliche Alltagssituationen erzielt werden, in denen das Einstellungsobjekt auftritt oder bewertet wird. Daher besteht ein „Bandbreiten-Fidelitätsdilemma".

Wenn man etwa die Einstellung zu einer politischen Partei erfasst, kann es sinnvoll sein, nach der Wirtschaftspolitik, der Sozialpolitik, der Außenpolitik und der Verteidigungspolitik zu differenzieren. Eine solche Differenzierung führt dazu, dass die Einstellung auf unterschiedlichen Facetten des Einstellungsobjekts beruht, die für sich genommen auch von Interesse sein können. So beruht etwa die Einschätzung der Partnerschaftszufriedenheit im PFB-K auf den Facetten Zärtlichkeit, Streit und Gemeinsamkeit/Kommunikation (Hinz, Stöbel-Richter & Brähler, 2001). Da die Konstruktion von Einstellungsskalen in der Anwendung (z. B. Marketing) Routine ist, wurden Richtlinien für die Praxis der Entwicklung solcher Skalen entwickelt.

Richtlinien für die Entwicklung von Mehrere-Item-Skalen

Die folgenden Richtlinien für die Skalenentwicklung werden von Aaker, Kumar und Day (2007) gegeben (S. 302f.):
- Klären, was gemessen werden soll,
- möglichst viele Items generieren,
- durch Experten auf Tauglichkeit beurteilen lassen,
- den Typ der Einstellungsskala auswählen,
- Items einbeziehen, die zur Validierung beitragen können,
- Anwendung in einer Ausgangsstichprobe,
- Bewerten und Verbessern der Items und
- Optimieren der Skalenlänge.

Richtlinien für Mehrere-Item-Skalen

7.2.2 Skalenniveaus und ihre Eigenschaften

Bei der Messung von Merkmalen lassen sich grundsätzlich vier Skalenniveaus unterscheiden, die als Nominalskala, Ordinalskala, Intervallskala und Ratioskala bezeichnet werden (vgl. Tab. 23).

Tabelle 23: Skalentypen und ihre Eigenschaften (modifiziert nach Aaker et al., 2007, S. 288)

Art der Mess-skala	Art der Einstellungs-skala	Regeln für Zuordnung von Zahlen	Typische Beispiele	Statistik/ Statistische Tests
Nominal	dichotome Ja/Nein-Skalen	die Einheiten sind entweder identisch oder unterschied-lich	Einstufung (nach Ge-schlecht, Ge-biet oder sozi-aler Klasse)	Prozentsätze, häufigster Wert/ Chi-Quadrat
Ordinal	vergleichend, Rangordnung, itemized cate-gory, gepaarter Vergleich	die Einheiten sind größer oder kleiner	Rangliste (Präferenz, Zeugnis)	Perzentil, Median, Rangkorrelation/ Friedman-ANOVA für Ränge
Intervall	Likert, Thur-stone, Stapel, assoziativ, semantisches Differenzial	Intervalle zwischen benachbarten Rängen sind gleich	Indexzahlen, Temperatur-skalen, Einstellungs-messungen	Mittelwert, Stan-dardabweichung, Produkt-Moment-Korrelationen/ t-Tests, ANOVA, Regression, Faktorenanalyse
Ratio	Skalen mit besonderen Instruktionen	es gibt einen aussagekräfti-gen Nullpunkt, der Vergleich von absoluten Größen ist möglich	Verkaufs-zahlen, Ein-kommen, produzierte Stückzahlen, Kosten, Alter	geometrischer und harmonischer Mit-telwert, Variations-koeffizient

Angabe der mög-lichen Transforma-tionen durch das Skalenniveau

Durch das Skalenniveau wird angegeben, welche Transformation einer Skala erlaubt ist. Die folgende Darstellung orientiert sich an Aaker et al. (2007), Holling und Gediga (2011) und Staufenbiel und Borg (2010).

Das Skalenniveau mit dem höchsten Informationsgehalt ist die *Ratio-skala*, die über einen natürlichen Nullpunkt verfügt. Beispiele sind in Tabelle 23 genannt. In der Physik sind Gewicht, Zeit und Geschwin-digkeit als Beispiele für Ratioskalen zu finden. Auf diesen Skalen ist ein natürlicher Nullpunkt definiert. Es ist erlaubt, die Ratioskala durch Multiplikation mit einer Konstanten zu transformieren. Das kann man sich dadurch veranschaulichen, dass die Ratioskala wie ein Gummi-band funktioniert, auf dem ein Metermaß eingetragen ist und das am

Nullpunkt befestigt ist. So lässt sich die Grammskala durch Multi-plikation mit 1/1.000 in eine Kilogrammskala transformieren. Die Verhältnisse zwischen den Skalenwerten lassen sich sinnvoll interpre-tieren und bleiben bei der Transformation erhalten. Daher gilt, dass 200 g doppelt so schwer wie 100 g ist und genauso das 0.2 kg doppelt so schwer wie 0.1 kg ist.

Für psychologische Merkmale relevanter ist das *Intervallskalenniveau*. Darunter versteht man ein Skalenniveau, bei dem lineare Transfor-mationen nach der Gleichung $s' = c \cdot s + d$ erlaubt sind. Ein Beispiel dafür ist die Intelligenz. Ein Intelligenzquotient (IQ) von 120 ist nicht doppelt so groß wie ein IQ von 60. Allerdings bleibt das Verhältnis der Differenzen nach einer linearen Transformation erhalten. Wenn z.B. die Personen A, B und C folgende IQ-Werte erreichen: 60, 90 und 120, dann ist das Intervall zwischen A und B (30 IQ-Punkte) halb so groß wie das zwischen A und C (60 IQ-Punkte). Das Verhältnis der Differenzwerte ist $30/60 = 1/2$. Wenn nun die IQ-Werte in eine neue Intelligenzskala nach der Gleichung $s' = 2 \cdot s + 10$ transformiert wer-den, ergeben sich Intelligenzwerte von 130, 190 und 250. Auf der transformierten Skala gilt, dass $60/120 = 1/2$. Das Verhältnis der Diffe-renzwerte auf der transformierten Skala entspricht also dem auf der Originalskala. Man kann sich die Intervallskala als Gummiband mit Maßeinheiten veranschaulichen, dessen Befestigung beliebig gewählt wird.

Mit dem Intervallskalenniveau ist die Erlaubnis verbunden, parame-trische statistische Tests für die Daten einzusetzen (z. B. Varianz- und Regressionsanalyse). Die Frage, ob die Einstellungsmessung dem Intervallskalenniveau entspricht, ist nicht ganz unumstritten. Aller-dings kann sie in der Regel diesem Skalenniveau zugeordnet werden. Das ist besonders gut zu rechtfertigen, wenn es sich um numerische Antwortskalen handelt oder wenn Äquidistanz der verbalen Antwort-kategorien besteht (siehe oben). Es kann auch sein, dass eine Einstel-lungsmessung zu einem Skalenniveau führt, das leicht unterhalb der Intervallskala liegt, aber immer noch die wesentlichen Merkmale einer Intervallskala aufweist (Fishburn, 1964). Nach Velleman und Wil-kinson (1994) sollte das Skalenniveau nicht als eine unumstößliche Vorschrift für die Anwendung bestimmter statistischer Verfahren missverstanden werden (vgl. auch Phillips, 1973). Wissenschaft hat immer mit Approximationen zu tun, die erforderlich sind, um Hypo-thesen empirisch zu testen. Die Frage ist nur, ob die Approximationen hinreichend gut sind, um sinnvolle Ergebnisse zu ermöglichen. Die Verwendung von nonparametrischen statistischen Verfahren (wie Rangkorrelationen oder Friedman-ANOVA für Ränge; Bradley, 1968) ist im Vergleich zu parametrischen Verfahren mit einem Informationsverlust verbunden, der zu berücksichtigen ist, wenn man sich nicht sicher ist, ob eine Einstellungsmessung auf dem Intervall- oder Ordinalskalenniveau erfolgt ist.

Vielmehr empfiehlt sich entsprechend dem Falsifikationsprinzip von Popper (vgl. Kapitel 1) ein gesunder Skeptizismus. Das Auftreten von nicht interpretierbaren Ergebnissen kann u. a. mit Problemen der Messung zu tun haben. Bei der Prüfung einer Hypothese werden immer auch die Annahmen mitgeprüft, die bei der Messung der Variablen gemacht worden sind (vgl. Anderson, 1971, 1981).

In der Einstellungsmessung können Likert- und Thurstone-Skalen auf ein Intervallskalenniveau führen. Außerdem sind semantische Differenziale zu nennen, bei denen bipolare Ratingskalen verwendet werden, die durch Gegensatzpaare (z. B. gut vs. schlecht, niedriger Preis vs. hoher Preis) verankert sind. Stapel-Skalen sind semantischen Differenzialen ähnlich, verwenden aber eine einseitige Verankerung. Das assoziative Skalieren wird für Marketingstudien verwendet. Man fragt z. B. in Telefoninterviews, welcher Laden in der Umgebung des Befragten die höchsten Ladenpreise hat und gibt eine Liste von Läden vor.

Semantische Differenziale und Stapel-Skalen

Ordinalskalen gehen von der Rangfolge der Skalenwerte aus. Sie machen also keine sinnvollen Aussagen über die Intervalle zwischen den Skalenwerten, sondern erlaubte Aussagen sind als „größer", „kleiner" oder „gleich" formuliert. Jede Transformation ist zulässig, die die Rangfolge erhält. Ein Beispiel ist das Bildungsniveau, das durch den Schulabschluss Gymnasium, Realschule und Hauptschule operationalisiert wird. Das Abitur stellt ein höheres Bildungsniveau dar als die Mittlere Reife, die ihrerseits über dem Hauptschulabschluss liegt.[11] Die Ordinalskala lässt sich als Perlenkette veranschaulichen,

---

11 *Itemized category scales* werden der Ordinalskala zugeordnet. Diese Einzel-Item-Skalen zeichnen sich dadurch aus, dass alle Antwortalternativen verbal verankert sind und dass eine neutrale Antwortmöglichkeit fehlt. Sie müssen auch nicht balanciert sein, sodass z. B. einer negativen Antwortalternative drei positive gegenüberstehen (Aaker et al., 2007).

auf der die Perlen verschiebbar sind, ohne dass sich ihre Reihenfolge ändert (Holling & Gediga, 2011).

Unter dem *Nominalskalenniveau* versteht man eine einfache Unterscheidung (ohne dass ein Größenunterschied dargestellt wird). Es geht nur um die Feststellung von „gleich" und „unterschiedlich". Das Geschlecht ist ein Beispiel: Die spezielle Kodierung von „männlich" und „weiblich" ist willkürlich, solange sie unterscheidbar ist. In diesem Fall kann man auszählen, wie viele Fälle in die vorgegebenen Kategorien fallen und ihre relative Häufigkeit (Prozente) berechnen. Die Nominalskala lässt sich durch eine Ansammlung unterschiedlicher Symbole veranschaulichen, wie sie z. B. in einer Lego-Bauanleitung enthalten ist.

Kennwerte von Ratingskalen

- **Relevanz:** Die Gütekriterien einer Einstellungsskala sind wie üblich durch Validität und Reliabilität gekennzeichnet. Unter *Relevanz* versteht man das Produkt aus Reliabilität und Validität. Wenn beide als Korrelationskoeffizienten ausgedrückt werden, ergibt sich die Implikation, dass die Relevanz niedrig ist, wenn entweder die Reliabilität oder die Validität niedrig ausgeprägt ist. Umgekehrt kann man formulieren, dass hohe Reliabilität und hohe Validität notwendig sind, um die Relevanz der Einstellungsskala sicherzustellen (Aaker et al., 2007).

  Relevanz der Einstellungsskala hängt von Reliabilität und Validität ab

- **Sensitivität** der Einstellungsskala bezieht sich auf die Frage, ob die Einstellungsmessung bedeutungsvolle Differenzen in der Einstellung differenziert. Dafür ist es notwendig, dass die Antwortskala genügend viele Abstufungen enthält (wenigstens fünf, siehe oben). Eine zu große Zahl von Abstufungen kann eine starke Zufallsfluktuation unter den Antworten erzeugen, da das Einstellungskontinuum weniger differenziert ist als das Antwortkontinuum (Aaker et al., 2007).

  Sensitivität der Einstellungsskala

- **Generalisierbarkeit:** Die Frage der Generalisierbarkeit der Einstellungsmessung bezieht sich darauf, ob das Verfahren vielfältig eingesetzt werden kann, in unterschiedlichen Kontexten und Situationen, bei unterschiedlichen Beurteilern, bei Verwendung unterschiedlicher Techniken der Datenerhebung. Je vielfältiger die Verwendungsmöglichkeit, desto größer ist die Generalisierbarkeit.

  Generalisierbarkeit der Einstellungsmessung

7.3 Einstellungs-Verhaltens-Relation

Wie hängen Einstellung und Verhalten zusammen?

Jeder von uns hat seine besonderen Erfahrungen mit dem Thema „Einstellung und Verhalten" gemacht. Wenn wir kritische Fragen stellen, dann geht es oft darum, dass ein Freund oder Bekannter eine gutwillige Einstellung geäußert hat, die mit seinem nachfolgenden Verhalten wenig zu tun hat, obwohl das Verhalten als logische Schlussfolgerung aus der Einstellung aufzufassen ist. Ein Thema, bei dem man diese Unverbindlichkeit von Einstellungen besonders gut beobachten kann, ist das Umweltschutzverhalten (vgl. Kals, 1996). Darunter versteht Kals manifeste Verhaltensweisen, Handlungsabsichten und Bereitschaften zur Bewahrung der Natur. Die meisten Menschen werden es positiv bewerten, ein Auto zu kaufen, das aufgrund seines Hybridantriebs weniger Benzin verbraucht und dadurch weniger zur Luftverschmutzung durch CO_2-Emissionen beiträgt. Trotzdem fahren nur wenige Menschen Autos, die über einen Hybridantrieb verfügen. Hier deutet sich eine „Diskrepanz zwischen Anspruch und Wirklichkeit" an, in diesem Fall zwischen einer negativen Einstellung zur Luftverschmutzung und Kaufentscheidungen, die die Luftverschmutzung überflüssigerweise erhöhen.

Einstellungen, wie die zur Luftverschmutzung, stoßen offensichtlich auf Barrieren, die einer Transformation in entsprechendes umweltschonendes Verhalten im Wege stehen. Dabei spielen die Kosten für die Ausführung des Verhaltens eine wichtige Rolle (Kaiser et al., 2010), aber auch die moralische Stellungnahme und Verantwortungsübernahme durch die denkende, fühlende und handelnde Person (Kals, 1996).

Frage nach dem wirklichen Zusammenhang zwischen Einstellung und Verhalten

Allerdings dürfen solche Beobachtungen nicht dazu führen, dass der Zusammenhang zwischen Einstellung und Verhalten ganz verneint wird oder als sehr gering angesehen wird. Im Gegenteil sind Einstellungen mit Verhalten verbunden, gerade auch was das umweltbewusste Verhalten angeht (wie Papier in einen Papiercontainer werfen oder Fahrrad fahren und den öffentlichen Nahverkehr nutzen; Kaiser et al., 2010). Es gibt offensichtlich viele Beispiele, in denen Menschen ihren Einstellungen entsprechend handeln, auch wenn sie dadurch Nachteile in Kauf nehmen müssen oder Kosten tragen müssen.

So finden sich viele Berichte, in denen mutige Bürger Zivilcourage zeigen und zugunsten von Opfern trotz bestehender Gefahren intervenieren, weil sie Diskriminierung und hasserfüllte Aggression gegen Schwache und Minderheiten ablehnen. Wir wollen natürlich nicht vergessen, dass sich vermutlich noch mehr Berichte finden lassen, in denen Menschen als Gaffer das Unrecht in ihrer unmittelbaren Umgebung geschehen lassen ohne einzugreifen. Aber möglicherweise sind die Gaffer auch Personen, deren Einstellung zur Zivilcourage eher schwach ausgeprägt ist, während diejenigen, die helfen, möglicherweise über stabile prosoziale Einstellungen verfügen, die sie Diskriminierung und Rassenhass ablehnen lassen (Bierhoff & Rohmann, 2012).

Im Folgenden werden wir zeigen, dass aus methodischen Gründen weder der Standpunkt gerechtfertigt ist, dass Einstellungen versagen, wenn konkretes Verhalten prognostiziert werden soll, noch der Standpunkt, dass es eine hohe Übereinstimmung zwischen Einstellung und Verhalten gibt. Vielmehr wird sich herausstellen, dass die Stärke des Zusammenhangs zwischen Einstellung und Verhalten von den Bedingungen abhängt, unter denen die Einstellung gemessen wird und das Verhalten geplant wird. Wenn die Bedingungen günstig sind, findet sich ein hohes Ausmaß der Einstellungs-Verhaltens-Konsistenz. Wenn hingegen ungünstige Bedingungen gegeben sind, verringert sich die Prognosekraft der Einstellung erheblich. Aus dieser allgemeinen Erkenntnis kann man ein übergeordnetes Prinzip der Verhaltensprognose ableiten: Wenn die Verhaltensvorhersage die spezifischen situativen Bedingungen berücksichtigt, unter denen das Verhalten ausgeführt werden muss, wird sie eine höhere Genauigkeit erzielen als eine Verhaltensvorhersage, der nur eine Information über die unspezifische Einstellung zugrunde liegt.

Methodische Bedingungen für Einstellungs-Verhaltens-Relation

Wir werden in den nächsten Abschnitten fünf Kriterien darstellen, deren Anwendung dazu beiträgt, das Zusammenspiel zwischen Einstellung und Verhalten realistischer einzuschätzen und Bedingungen zu identifizieren, unter denen Einstellungen prognostisch im oben genannten Sinne sind oder nicht. Diese Kriterien sind im folgenden Kasten kurz zusammengefasst.

Kriterien für die Einschätzung der Einstellungs-Verhaltens-Relation

1. Betrachtung der Stärke der Einstellung in Relation zum Aufwand, der erforderlich ist, um ein Verhalten auszuführen
2. Kompatibilitätskriterium
3. Kriterium der Aggregation
4. Kriterium der exemplarischen Fälle
5. Kriterium der zur Verfügung stehenden Alternativen

Neupositionierung der
Einstellungsforschung:
Einstellung als Funk-
tion des Zwecks in der
Mittel-Zweck-Relation

Wenn diese Kriterien in die Diskussion einbezogen werden, kann man zeigen, dass die Behauptung, „Einstellungen können Verhalten nicht oder nahezu nicht vorhersagen", vorschnell ist. Allerdings hat eine Neuorientierung zur Folge, dass auf eine einfache Frage (Wie hängt Einstellung und Verhalten zusammen?) eine komplexe Antwort gegeben wird. Die Initialzündung für die Neuorientierung der Einstellungsforschung gab Campbell (1963), der den Begriff der „erworbenen Verhaltensdisposition" prägte, der sowohl die Einstellung als auch das entsprechende Verhalten umfasst. Diese Neupositionierung der Einstellungsforschung hat bis auf den heutigen Tag ihre Inspiration nicht verloren.

Campbell (1963) betont, dass Einstellungen eine Funktion in Mittel-Zweck-Relationen besitzen, und zwar die des Zwecks (während das Verhalten das Mittel zum Zweck konstituiert). Somit gilt von vorneherein die Erwartung der Konsistenz zwischen Einstellung und Verhalten. Diese ist konzeptbedingt und stellt keine prüfbare Hypothese dar (vgl. Kapitel 3.4.1).

Einstellung und Verhalten sind zwei Seiten derselben Medaille. Das Verhalten bringt die Einstellung zum Ausdruck. Menschen sind darauf gerichtet, entsprechend ihren Einstellungen zu handeln. Das heißt aber nicht, dass sie es immer tun. Vielmehr beziehen sie den Aufwand ein, so dass ihr Handeln als kosteneffizient bezeichnet werden kann. Damit wird auf die Bedeutung von Barrieren, Hindernissen und Hürden für die Ausführung der Handlung verwiesen.

7.3.1 Barrieren, Hindernisse, Hürden: Einstellungen in Mittel-Zweck-Relationen

Scheinbare Inkonsis-
tenz zwischen tatsäch-
lichem Verhalten und
Einstellung

Eine berühmte Studie der Einstellungs-Verhaltens-Konsistenz aus den 1930er Jahren brachte das ganze Einstellungskonzept in Verruf (LaPiere, 1934). Es handelt sich um eine Untersuchung, die sich auf Unterschiede in den Antworten von Hotelmanagern bezieht, im Hinblick auf ihre Einstellung gegenüber Chinesen und ihre tatsächliche Bereitschaft, Chinesen Unterkunft zu gewähren. Die Ergebnisse der Feldstudie verweisen auf eine scheinbare Inkonsistenz: Menschen verhalten sich nicht immer so, wie sie es vorher ankündigen. Die Hotelrezeption stimmte der Übernachtung eines chinesischen Geschäftsmanns mit seiner Frau in der Regel zu, obwohl sie vorher in den überwiegenden Fällen eine schriftliche Anfrage abgelehnt hatte.

Diese Diskrepanz ist auf den ersten Blick unerklärlich. Ein Schlüssel
zum Verständnis der Inkonsistenz liegt in einer soziokulturellen Analyse der USA in den 1930er Jahren. Damals waren Chinesen in der
Regel einfache Arbeiter, die einen geringen sozialen Status innehatten.
Viele Hotelrezeptionen achteten auf den sozialen Status der Gäste und
waren wenig erfreut, wenn sich Chinesen anmeldeten. Dann war es aber
so, dass der Chinese, der persönlich an der Hotelrezeption vorsprach,
ein seriöser Geschäftsmann war, der durch sein Auftreten einen hohen
Status signalisierte. Es ist zwar so, dass in beiden Fällen „Chinesen"
das Einstellungsobjekt darstellten, aber in einem Fall waren es Chinesen, die mit dem Stereotyp eines niedrigen Status assoziiert wurden,
im anderen Fall waren es Chinesen, die hoch angesehen waren.

*Erklärung der Inkon-
sistenz durch sozio-
kulturelle Analysen
und die Bedeutung
der Situationsfaktoren*

Campbell (1963) analysiert dieses Beispiel, indem er auf die Bedeutung des Situationsfaktors hinweist. Die Barriere, einen Chinesen
abzuweisen, war bei der schriftlichen Anfrage sehr niedrig. Hingegen
war sie bei der persönlichen Begegnung sehr hoch. Denn einerseits
waren die Chinesen unerwarteter Weise Geschäftsleute. Außerdem
fällt es schwerer, einen Wunsch abzulehnen, wenn der Bittsteller vor
einem steht, als wenn er weit entfernt und weitgehend anonym ist. Bei
der schriftlichen Anfrage wurden vermutlich Stereotype von Chinesen
aktiviert, die eine Ablehnung nahelegten. Diese Stereotype wurden
durch den konkreten Chinesen, der an der Rezeption vorsprach, widerlegt. Die exemplarischen Chinesen, an die die Hotelangestellten
dachten, wichen also weit von dem Chinesen ab, der vor ihnen stand,
als er sich an der Rezeption anmeldete (Lord & Lepper, 1999). Die
Schwelle ist für das Hotelmanagement jedenfalls höher, einen gut
gekleideten Chinesen zurückzuweisen, der vor der Rezeption steht,
als eine schriftliche Anfrage aufgrund eines negativen Stereotyps abzulehnen.

Die Bedeutung von Barrieren für die Verhaltensausführung ist vielfach
belegt. Daher wurden sie auch indirekt in Einstellungsmodellen berücksichtigt. Das gilt speziell für die Theorie des geplanten Verhaltens
(Ajzen, 1991), die das Konzept der wahrgenommenen Verhaltenskontrolle verwendet (siehe unten). Denn die wahrgenommene Verhaltenskontrolle ist umso geringer, je größer die Barrieren sind (und somit
die Hürden, die überwunden werden müssen), die der Verhaltensausführung im Wege stehen.

Was konstituiert eine echte Inkonsistenz zwischen Einstellung und
Verhalten? Bei einer gegebenen Einstellung tritt echte Inkonsistenz

auf, wenn eine Person ein Verhalten in Übereinstimmung mit ihrer Einstellung ausführt, das eine hohe Schwelle hat (weil die Kosten bzw. die Barrieren hoch sind), während sie ein einstellungskonsistentes Verhalten, das eine niedrige Schwelle aufweist, verweigert. Solche Inkonsistenzen sind aber die Ausnahme (Kaiser et al., 2010).

Die Annahme besteht darin, dass hohe Schwierigkeit bedeutet, dass nur diejenigen zustimmen, die eine hohe Ausprägung der Einstellung aufweisen, während niedrige Schwierigkeit bedeutet, dass sowohl erstere Personengruppe zustimmt als auch die Personen, die eine niedrigere Ausprägung der Einstellung haben (vgl. die Anmerkung zum Rasch-Modell in Kapitel 7.2.1). Das lässt sich durch folgendes Beispiel veranschaulichen: Wenn eine Skifahrerin in den Alpen einen steilen, mit Schwierigkeiten gespickten Hang herunterfährt, den nur wenige bewältigen können ohne zu stürzen, dann wird sie auch einen Anfängerhang meistern. In diesem Fall ist es nicht die Einstellung, sondern die Fähigkeit, die so hoch ausgeprägt ist, dass auch schwierige Hänge bewältigt werden können (genauso wie einfache Abfahrten). Hingegen wird jemand, der über niedrige Fähigkeit verfügt, am steilen Hang stürzen, wenn er ihn versuchen sollte, während die Anfängerabfahrt seine Fähigkeit voll in Anspruch nimmt, aber so gerade noch mit der vorhandenen Fähigkeit bewältigt werden kann.

Das Beispiel des alpinen Skifahrens lässt sich unmittelbar auf erworbene Verhaltensdispositionen übertragen. Die Beantwortung der Einstellungsitems hängt von zwei Faktoren ab: einerseits die Ausprägung der erworbenen Verhaltensdisposition, andererseits die der Schwierigkeit des Einstellungsitems. Wenn der Beurteiler eine hohe Ausprägung der Verhaltensdisposition besitzt und die Schwierigkeit des Verhaltensitems darunter liegt, ist die Wahrscheinlichkeit hoch, dass er dem Item zustimmt. Diese Analogie lässt sich auf die Vorurteilsforschung anwenden, wie das folgende Beispiel zeigt.

Ein Beispiel aus der Forschung: Das Zeigen von Vorurteilen gegenüber Schwarzen ist abhängig von der Situation

Ein weiteres bekanntes Forschungsbeispiel führt ebenfalls zum genannten Widerspruch und kann wieder auf der Grundlage des Schwellenkonzepts erklärt werden, so dass sich die Inkonsistenz in Luft auflöst. In der Studie von Minard (1952) verhielten sich die meisten weißen Bergleute auf der Zeche schwarzen Kumpeln gegenüber freundlich und aufgeschlossen. Hingegen verhielten sie sich überwiegend reserviert und ablehnend, wenn sie den Schwarzen in der Stadt begegneten. Bei 80 % wurde im Arbeitskontext festgestellt, dass sie sich vorurteilsfrei verhielten, während in der Stadt nur 20 % vorurteilsfrei auftraten.

In Übereinstimmung mit dem Schwellenkonzept fand sich kein Untersuchungsteilnehmer, der in der Stadt gegenüber Schwarzen vorurteilsfrei auftrat, aber am Arbeitsplatz Vorurteile zeigte. Die Ergebnisse lassen sich durch die Annahme aufklären, dass die Schwelle für vorurteilsfreies Verhalten in der Stadt höher liegt. 20 % der Kumpel verpassten alle beiden Schwellen und zeigten sich generell vorurteilsvoll. Weitere 20 % überwanden beide Schwellen und erwiesen sich als generell vorurteilsfrei. Die mittleren 60 % verhielten sich zwar auf dem Betriebsgelände vorurteilsfrei, nicht aber in der Stadt (vgl. Abb. 7). Somit finden sich in diesen Ergebnissen keine Hinweise auf Inkonsistenzen.

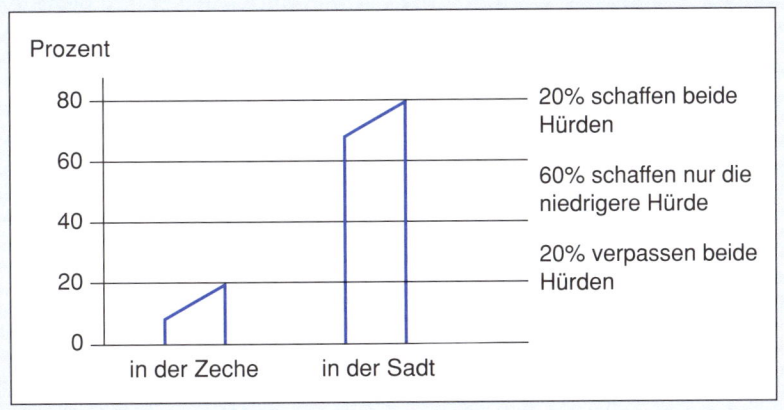

Abbildung 7: Veranschaulichung des Hürdenprinzips (nach Campbell, 1963)

Zusammenfassend kann festgestellt werden, dass Einstellung und Verhalten auf eine gemeinsame Basis zurückgeführt werden. Das hat die Implikation, dass sowohl von Einstellung auf Verhalten als auch von Verhalten auf Einstellung geschlossen werden kann. Anhand der Abbildung 7 kann man leicht nachvollziehen, dass von Verhaltensberichten Einstellungen abgeleitet werden können. Denn aus dem Ergebnis, dass Befragte beide Hürden schaffen, lässt sich ableiten, dass sie eine sehr positive Einstellung gegenüber Schwarzen haben, während aus dem Ergebnis, dass Befragte nur die niedrige Hürde schaffen, eine negative Einstellung geschlossen werden kann und aus

Gemeinsame Basis von Einstellung und Verhalten

dem Ergebnis, dass beide Hürden verpasst werden, eine sehr negative, stark vorurteilsbehaftete Einstellung erschlossen werden kann. Somit kann man mit der Variable, auf die die Einstellungsforscher häufig Vorhersagen durchführen, umgekehrt auf die Ausprägung der Einstellung schließen (Campbell, 1963; Kaiser et al., 2010). Einstellung und Verhaltensbericht sind miteinander verschränkt und durch die gemeinsame Quelle der erworbenen Verhaltensdisposition untrennbar miteinander verbunden. Das Verhalten ist das Mittel, durch das die Einstellung in der realen Welt umgesetzt wird (siehe oben).

7.3.2 Zwischen allgemein und spezifisch: Es kommt auf das Niveau der Messung an

Da Einstellung und Verhalten von einem gemeinsamen Konstrukt abgeleitet sind (vgl. Kapitel 7.3.1), sollten ihre Messungen bezogen auf ein bestimmtes Einstellungsobjekt im Sinne der konvergenten Validität positiv korrelieren (vgl. Kapitel 3.2). Wie lässt sich dann erklären, dass in vielen Forschungsbeispielen niedrige Zusammenhänge zwischen Einstellungs- und Verhaltensmessung gefunden wurden? Nach Fishbein und Ajzen (1975) liegt das hauptsächlich daran, dass die Niveaus der Messung von Einstellung und Verhalten nicht übereinstimmen. Damit wird das *Kompatibilitätskriterium* verletzt (Ajzen & Fishbein, 2005).

Bevor wir diesen Gedanken weiter verfolgen, wollen wir am Beispiel der Verhaltensintention darstellen, dass sich unterschiedliche Niveaus der Messung unterscheiden lassen, die in einer Hierarchie von global nach spezifisch angeordnet sind. Unter Verhaltensabsicht versteht man den Plan, in Übereinstimmung mit der Einstellung zu handeln oder auch das Bemühen, die Einstellung in die Tat umzusetzen (Zimolong, Elke & Bierhoff, 2008). Die Verhaltensabsicht ist dem Verhalten unmittelbar vorgeordnet. Deshalb wird sie häufig als Proxy-Variable für das Verhalten bzw. den Verhaltensbericht verwendet[12].

Niveaus der Verhaltensintention

Abbildung 8 veranschaulicht fünf Niveaus der Messung für die Verhaltensintention, die von global nach spezifisch reichen:

---

12 Eine Proxy-Variable (kurz Proxy) stellt einen Stellvertreter für eine andere, eigentlich interessierende Variable dar, die aber weniger leicht gemessen werden kann als die Proxy-Variable.

- auf der ersten Ebene wird die Verhaltensintention gegenüber einer Person X dargestellt,
- auf der zweiten Ebene kann z. B. die Intention, Person X zu bewundern, erfasst werden,
- auf der dritten Ebene wird die Intention erfasst, spezifisches Verhalten auszuführen,
- auf der vierten und fünften Ebene werden Situation und Zeitpunkt für die Intention, das spezifische Verhalten auszuführen, im Detail angegeben.

Nehmen wir an, dass die generelle Einstellung gegenüber Person X gemessen worden ist. Diese kann direkt eingeschätzt worden sein oder das Ergebnis der Aggregation über alle Einschätzungen auf einem niedrigeren Niveau der Einstellungsmessung darstellen. Mit welchem Niveau der Verhaltensintention wird die generelle Einstellung am höchsten zusammenhängen? Die Antwort wird aus dem Kompatibilitätskriterium abgeleitet.

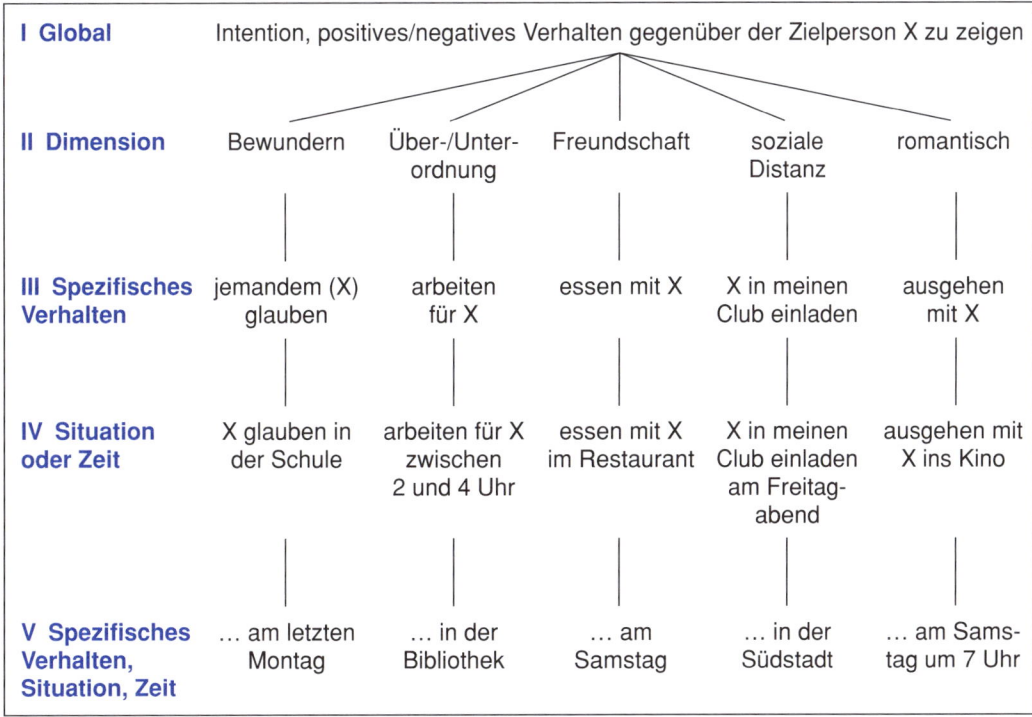

Abbildung 8: Niveaus der Spezifität von Verhaltensintentionen (modifiziert nach Fishbein & Ajzen, 1975, S. 296)

Begriffsklärung: Kompatibilitätskriterium

Die generelle Einstellung gegenüber Person X korrespondiert am besten mit der globalen Intention, weil die Messniveaus sich entsprechen. Die Intentionen auf der zweiten Ebene korrelieren schon schwächer mit der allgemeinen Einstellung, weil das Niveau der Messung unterschiedlich ist. Außerdem zeigt sich, dass der Zusammenhang mit den Intentionen Bewunderung und Freundschaft am höchsten ist und mit der Dimension romantische Intentionen am niedrigsten ist (die Dimension Über-/Unterordnung fällt aus dieser Betrachtung heraus). Ab dem dritten Niveau schließlich ist kein bedeutsamer Zusammenhang zwischen den einzelnen Verhaltensabsichten und der globalen Einstellung zu erwarten (Fishbein & Ajzen, 1975).

Nicht nur die Verhaltensintension sondern auch die Einstellung kann auf verschiedenen Niveaus gemessen werden, indem entweder die Dimension, das spezifische Verhalten, die Situation oder die Zeit festgelegt wird. Wenn gefragt wird, wie sehr Person X bewundert wird, kann diese Einstellung mit der Intention, Person X zu bewundern, in Beziehung gesetzt werden. Oder es kann gefragt werden, wie stark Person X geglaubt wird (Einstellung auf der 3. Ebene).

Einstellungs-Verhaltens-Relation hängt von der Kompatibilität der Messungen ab

Nach dem Kompatibilitätskriterium ist eine hohe Korrelation zwischen Einstellung und Verhaltensintention dann zu erwarten, wenn das Niveau der Messung beider Merkmale übereinstimmt. Daher empfiehlt sich bei der Verhaltensvorhersage durch Einstellungen die Anpassung des Niveaus der Messung, um hohe Kompatibilität herzustellen (Ajzen & Fishbein, 1977, 2005). Weiterhin kann man feststellen, dass eine niedrige Konsistenz zwischen Einstellung und Verhalten häufig auf eine niedrige Kompatibilität der Messungen von Einstellungen und Verhalten zurückgeführt werden kann.

Wenn wir die beiden Kriterien Barrieren/Kosten des Verhaltens und Kompatibilität der Messungen kombinieren, kann man zusammenfassend feststellen, dass sowohl die Schwierigkeit der Situation als auch das Niveau der Messung angepasst werden müssen, um hohe Einstellungs-Verhaltens-Konsistenz zu erzielen. Entgegen manchen Vorurteilen sind Einstellungen dann gute Prädiktoren der Verhaltensabsicht bzw. des Verhaltensberichts.

7.3.3 Reduzierung von Zufallsschwankungen

Beginnen wir mit einem Beispiel, nämlich der Frage, wie sich umweltbewusstes Verhalten zuverlässig messen lässt. Die „Beteiligung an Recyclingmaßnahmen für Flaschen" und „Ökoprodukte kaufen" könnten Items der Messung umweltbewussten Verhaltens sein. Weitere Items könnten sich auf die „regelmäßige Nutzung des öffentlichen Nahverkehrs" und die „mehrmalige Nutzung von Einkaufstüten" beziehen (vgl. Kaiser et al., 2010).

Wenn über die ersten zwei Items in einem Verhaltensbericht der Durchschnitt gebildet wird, hat eine Aggregation über zwei Einzelmessungen stattgefunden. Dem steht die Aggregation über alle vier Items gegenüber. Letztere sollte einen reliableren Wert des umweltbewussten Verhaltens ergeben als die Aggregation von zwei Items. Das ist deshalb zu erwarten, weil nach der Spearman-Brown-Formel (siehe oben) anhand von vier Beobachtungen eine verlässlichere Messung erfolgen kann als durch zwei Beobachtungen. Außerdem kann vermutet werden, dass die Vier-Item-Messung eine größere inhaltliche Breite aufweist als die Zwei-Item-Messung. Die Bestimmung umweltbezogenen Verhaltens ist breiter aufgestellt, wenn alle vier Items, die genannt wurden, einbezogen werden, als wenn nur zwei Items verwendet werden. Durch die größere inhaltliche Breite kann auf eine größere Vielzahl von Sachverhalten generalisiert werden.

Reliabilität und inhaltliche Breite des Verhaltensberichts

> **Begriffsklärung: Kriterium der Aggregation**
>
> Das Kriterium, das mit diesem Beispiel angesprochen wird, ist die Aggregation über Einzelitems, durch die Zufallsschwankungen ausgemittelt werden. Ein aggregierter Verhaltensindex hat in der Regel eine höhere Reliabilität als eine Einzelbeobachtung (siehe unten). Dasselbe Prinzip gilt auch für die Einstellungsmessung: Fünf Einschätzungen des Einstellungsobjekts erreichen in der Regel eine geringere Verlässlichkeit als 20 Einschätzungen des Einstellungsobjekts.

Diese testtheoretischen Überlegungen haben unmittelbar Relevanz für die Frage der Relation zwischen Einstellung und Verhalten. Wenn nur eine einzelne Verhaltenssituation im Labor untersucht wird, sind sehr spezifische Bedingungen gegeben, die einen erheblichen Ein-

Relation zwischen Einstellung und Verhalten

fluss auf die Ergebnisse ausüben können. Epstein (1983) berichtet von einem seiner Aggressionsexperimente, in dem die Ergebnisse abhängig vom jeweiligen Versuchsleiter waren. Zwei Versuchsleiter waren an der Datenerhebung beteiligt. Während der eine die der Studie zugrunde liegende Hypothese bestätigen konnte, lieferte der zweite Daten, die die Hypothese nicht bestätigten.

Vermeidung von situationsspezifischen Abhängigkeiten der Ergebnisse

Um solche situationsspezifischen Abhängigkeiten der Ergebnisse zu vermeiden, ist es erforderlich, dass nicht nur eine Stichprobe der Teilnehmer gezogen wird, sondern auch eine Stichprobe der Situationen (wie in dem Beispiel der Erfassung des Umweltverhaltens). Es geht also um eine systematische Replikation der Ergebnisse (vgl. Kapitel 8.4).

Ein anderes Beispiel, das von Epstein (1983) genannt wird, bezieht sich auf die Angst- und Kreativitätsmessung. Es thematisiert sowohl den Mono-Operation-Bias als auch den Mono-Methoden-Bias (vgl. Tab. 5 auf S. 124). Angenommen, Angst wird durch die Ankündigung von Elektroschocks gemessen und Kreativität durch eine Anagrammaufgabe, bei der die Anzahl der Lösungen gezählt wird. Wenn sich bei dieser Versuchsanordnung zeigt, dass Angst negativ mit Kreativität zusammenhängt, dann ist dieses Ergebnis nur dann generalisierbar, wenn es für unterschiedliche Kreativitätstests (und für unterschiedliche Verfahren der Angsterzeugung) auftritt. Ansonsten kann man nur schlussfolgern, dass der erwartete Zusammenhang für Anagrammaufgaben und die Verwendung von Elektroschocks empirisch gesichert ist.

Dementsprechend kann auch festgestellt werden, dass es wenig bringt, spezifische Handlungen in einzelnen Situationen bei einer einmaligen Gelegenheit durch inhaltlich breit gefasste Einstellungen zu prognostizieren. Handeln muss immer situationsangemessen sein, um den Erfordernissen der Situation zu entsprechen. Darüber hinaus gibt es aber auch Abstraktionen aus vergangenen Erfahrungen, die mit allgemeinen Einstellungen zusammenhängen und die Verhalten in unterschiedlichen Situationen in dieselbe Richtung beeinflussen.

Vorteile der Aggregation

Wie schon erwähnt, wird durch Aggregation der Messfehler verringert (und somit die Reliabilität der Messung erhöht). In einer Studie mit Messwiederholungen wurden verschiedene Merkmale (wie positive/negative Emotionen und physiologische Maße) an 12 Tagen gemessen. Je mehr Messzeitpunkte einbezogen wurden, desto höher fiel die Reliabilität der Messung aus (Epstein, 1983). Es gibt zwar einige Messungen (wie die der Reaktionszeit), die schon bei einmaliger Messung relativ reliabel sind und sich nicht weiter verbessern lassen, aber viele andere Merkmale lassen sich durch Messwiederholungen reliabler messen. Aggregation erhöht also in der Regel die Reliabilität der Messung. Das erleichtert es, systematische Zusammenhänge unter aggregierten Indikatoren zu entdecken (im Vergleich zur Untersuchung solcher Zusammenhänge bei Einzel-Item-Skalen). Diese Feststellung gilt natürlich auch für Einstellungs- und Verhaltensindikatoren.

7.3.4 Konkrete Beispiele sind oft verfügbarer als abstrakte Einstellungsdimensionen

Menschen denken meist an bestimmte Beispiele, wenn sie eine verallgemeinerte Einstellung bewerten. Die exemplarische Repräsentation stellt das innere Bild dar, das die Person aus ihren Erfahrungen ableitet (Lord & Lepper, 1999). Das gilt etwa bei der Messung der Einstellung zu Politikern. Die Beurteiler denken in der Regel an konkrete Politiker, um die generalisierte Einstellung einzuschätzen. Dabei können sich erhebliche Unterschiede ergeben, je nachdem, ob der bestimmte Politiker positiv oder negativ bewertet wird. Denkt der Beurteiler etwa an Peer Steinbrück mit seinen hohen Vortragshonoraren, wird er eine negativere Einstellung zu Politikern aufweisen, als wenn er an die ehrlich wirkenden Auftritte von Joachim Gauck denkt. Analog lässt sich auch die Diskrepanz in der Gastfreundschaft erklären, die von LaPiere (1934) beobachtet wurde: Einmal war der exemplarische Fall ein einfacher chinesischer Arbeiter und einmal handelte es sich um einen statusmäßig höheren Geschäftsmann.

Dieses Einstellungs-Repräsentations-Modell (Lord & Lepper, 1999) hat eine weitreichende Bedeutung. Denn die Aktivierung exemplarischer Fälle ist unmittelbar für die Retest-Reliabilität der Einstellungsmessung relevant. Für die zweimalige Erfassung der Einstellung zu Politikern im Abstand von einem Monat findet sich eine hohe Retest-Reliabilität, wenn derselbe exemplarische Politiker der Einschätzung zugrunde liegt. Wenn der Befragte jedoch bei den beiden Messzeitpunkten an unterschiedliche Politiker denkt, fällt die Einstellungsstabilität viel niedriger aus. Dieses Problem nimmt mit der Größe der zeitlichen Spanne zwischen Vortest und Nachtest zu. Denn über eine

Einstellungs-Repräsentations-Modell

längere Zeitspanne wächst die Wahrscheinlichkeit, dass ein Wechsel des exemplarischen Politikers stattfindet. Diese Zusammenhänge wurden empirisch belegt (Lord & Lepper, 1999).

Übereinstimmung in exemplarischen Beispielen

Eine weitere Anwendung ist die Einstellungs-Verhaltens-Relation. Diese ist höher, wenn das Einstellungsobjekt, dem gegenüber gehandelt wird, der exemplarischen Repräsentation entspricht, die vorhanden war, als die Einstellung gemessen wurde. Tatsächlich wurde gezeigt, dass die Übereinstimmung im exemplarischen Beispiel die Konsistenz erhöht. Das gilt sowohl bei der Einstellung gegenüber Politikern als auch bei der Einstellung gegenüber Homosexuellen (Lord & Lepper, 1999).

Die Wirkung von exemplarischen Beispielen ist vor allem für solche Einstellungsdimensionen zu erwarten, die kontrovers beurteilt werden (wie die Einstellung zu Politikern). Dann tendieren Beurteiler dazu, Beispiele heranzuziehen, um die Einstellung einzuschätzen. Diese Sachlage ist häufig gegeben, wie Vorurteile und Stereotype verdeutlichen. Es kommt nicht unbedingt darauf an, dass die exemplarischen Beispiele benannt werden können. Nehmen wir das Beispiel der Einstellung zur Obdachlosigkeit. Ein Foto kann als konkretes Beispiel ausreichen, um die Einstellung gegenüber Obdachlosen in eine bestimmte Richtung zu verschieben (Lord & Lepper, 1999).

Erklärung des Effekts durch Repräsentativitätsheuristik und Verfügbarkeitsheuristik

Tatsächlich ist bekannt, dass eine konkrete Einzelfallinformation über einen Obdachlosen die Einstellung zu Obdachlosen im Allgemeinen in großem Umfang steuert (Hamill, Wilson & Nisbett, 1980). Das gilt selbst dann, wenn betont wird, dass der beschriebene Obdachlose für Obdachlose im Allgemeinen untypisch ist. Dieser Effekt wird mit der Repräsentativitätsheuristik erklärt und durch die Verfügbarkeitsheuristik intensiviert (Tversky & Kahneman, 1974). Um nochmals auf die hohen Vortragshonorare von Peer Steinbrück zurückzukommen: Auch sie sind in der Höhe untypisch für Bundestagsabgeordnete. Trotzdem können sie die Einstellung zu Politikern beeinflussen.

Die Wirkung exemplarischer Fälle ist nicht auf Personen oder Personengruppen als Einstellungsobjekte beschränkt. Es können auch Gesprächsthemen, Freizeitaktivitäten oder unbelebte Objekte sein, die durch exemplarische Fälle dargestellt werden. Zusammenfassend kann festgestellt werden, dass die Einstellung zu einem Einstellungsobjekt durch seine kognitive Repräsentation gelenkt wird.

7.3.5 Welche Alternativen stehen zur Verfügung? Zur Anwendung der Theorie des überlegten Handelns

Viele Entscheidungen im alltäglichen Leben beinhalten die Alternative, ob man einen einmal eingeschlagenen Weg fortsetzen will oder stattdessen einen neuen Weg wählen soll (Maddux & DuCharme, 1997). Andere Entscheidungen im Konsumbereich beziehen sich darauf, welche Marke gekauft wird. Damit sind Fragen angesprochen, die der Entscheidungstheorie zuzuordnen sind. Die Dissonanztheorie hat sich ausführlich mit der Frage befasst, wie sich solche Entscheidungen auf die Neubewertung der Alternativen auswirken (Bierhoff & Frey, 2011; Festinger, 1964). Wir sind hier aber nicht an der Nachentscheidungsphase, sondern an der Vorentscheidungsphase interessiert. Im folgenden Kasten wird ein Anwendungsbeispiel der Entscheidungsforschung auf der Grundlage der Theorie des überlegten Handelns gegeben.

Entscheidung zwischen zwei Alternativen

Die Theorie des überlegten Handelns (Bierhoff & Frey, 2011; Fishbein & Ajzen, 1975) lässt sich auf Entscheidungen im Gesundheitsbereich anwenden. Diese Einstellungstheorie, der ein Erwartungs × Wert-Modell zugrunde liegt, geht davon aus, dass die Verhaltensintention durch die bewerteten Meinungen über das Einstellungsobjekt und die subjektiven Normen, die danach gewichtet werden, wie stark die Person motiviert ist, ihnen zu folgen, vorhergesagt werden kann. Es wird außerdem angenommen, dass die Verhaltensintention ihrerseits als eine direkte Determinante des Verhaltens fungiert.

> **Ein Beispiel aus der Forschung: Anwendung der Einstellungsmessung auf Entscheidungssituationen**
>
> Als Beispiel betrachten wir die Studie von Manstead, Proffitt und Smart (1983), die die Entscheidung einer Mutter bei der Geburt ihres ersten Kindes, ob sie es stillen oder ihm die Flasche geben möchte, in Hinblick auf die Theorie des überlegten Handelns überprüften. Für beide Alternativen kann es gute Gründe geben, sodass die Entscheidung von vornherein nicht weitgehend vorbestimmt ist.
>
> Auf der Grundlage der Theorie des überlegten Handelns besteht die Analyse dieser Entscheidungssituation darin, dass die Meinungen über jede Handlungsalternative abgefragt werden, um sie dann zu bewerten. Ein Beispiel für eine Meinung über das Stillen war z. B.: „Erzeugt eine enge Bindung zwischen Mutter und Kind",

eine Meinung zur Flasche lautete: „Stellt eine sehr bequeme Methode der Ernährung des Babys dar." Die Feststellungen/Meinungen wurden auf einer Sieben-Punkte-Skala von „sehr wahrscheinlich" bis „sehr unwahrscheinlich" eingeschätzt. Insgesamt wurden in der Studie sechs Meinungen pro Stillen und sechs Meinungen pro Flasche vorgegeben. Jede Meinung wurde wiederum auf einer Skala bewertet. Ein Item zur Bewertung lautete beispielsweise: „Die Verwendung einer Ernährungsmethode, die eine enge Bindung zwischen mir und dem Baby erzeugt, ist: ,sehr wichtig für mich' ... ,völlig unwichtig für mich'."

Zwischen den Meinungen und ihren Bewertungen wurde das Produkt gebildet. Die Produkte wurden summiert. Die Summe stellte das Einstellungsmaß dar. Um die differenzielle Einstellung zu erfassen, wurde die Differenz „Stillen – Flasche" berechnet. Höhere Werte auf diesem Differenzmaß bedeuten eine Einstellungspräferenz für das Stillen.

Außerdem wurde die differenzielle Verhaltensintention direkt erfasst, indem gefragt wurde: „Wie beabsichtigen Sie Ihr Baby zu ernähren?: ,Ich werde mein Baby definitiv stillen' ... ,Ich werde meinem Baby definitiv die Flasche geben'". Die Antwort wurde umgepolt, sodass hohe Werte die Bevorzugung der Verhaltensintention des Stillens anzeigen.

Die Verhaltensintention korrelierte $r_{pbis} = .82$ mit dem Verhaltensbericht, der sechs Wochen nach der Geburt postalisch erfasst wurde, und beinhaltete, ob die Mutter zu irgendeinem Zeitpunkt in den sechs Wochen gestillt hatte oder nicht (127 Mütter stillten, 88 nicht). Diese Korrelation ist sehr hoch und bestätigt die Feststellung von Kaiser et al. (2010) aus dem Umweltbereich, dass sich zwischen Verhaltensintention und Verhaltensbericht hohe Zusammenhänge finden lassen.

Die Korrelation der differenziellen Einstellung mit der Verhaltensintention betrug $r = .73$ und die mit dem Verhaltensbericht $r_{pbis} = .67$. Das spricht offensichtlich für eine hohe Einstellungs-Verhaltens-Konsistenz.

Die Erfassung der Meinungen erlaubt nun eine tiefergehende Analyse der potenziellen Ursachen für die Entscheidung. Die Meinungen zum Stillen, die besonders gut differenzierten, waren:
- Herstellung einer engen Bindung (siehe oben),
- gut für die Figur der Mutter,

- beste Ernährung des Babys und
- schützt Baby vor Infektionen.

Die Meinungen zur Verwendung der Flasche, die besonders gut differenzierten, waren:
- bequem (siehe oben) und
- problemlos.

Entsprechend der Theorie des überlegten Handelns wurden auch Meinungen darüber erfasst, was bedeutsame Bezugspersonen (Vater des Kindes, eigene Mutter, engste Freundin, Mediziner) für richtig halten. Ein Beispiel für ein solches Item lautete: „Der Vater des Kindes denkt, dass ich: ‚definitiv stillen sollte' … ‚definitiv nicht stillen sollte'.“

Außerdem wurde die Motivation erfasst, der Bezugsperson zu folgen. Ein Beispielitem: „Wie sehr achten Sie im Allgemeinen darauf, was der Vater des Kindes darüber denkt, was Sie tun sollten?: ‚achte überhaupt nicht darauf' … ‚achte sehr viel darauf'.“

Die Einschätzung der Meinung wurde mit der Stärke der Motivation, der entsprechenden Bezugsperson zu folgen, multipliziert. Dann wurden dieselben Fragen bezogen auf die Flaschenfütterung gestellt. Schließlich wurde die differenzielle subjektive Norm auf dieser Grundlage berechnet. Sie korrelierte mit der Verhaltensintention $r = .60$ und mit dem Verhaltensbericht $r_{pbis} = .49$. Jede der vier Bezugspersonen beeinflusste für sich betrachtet das berichtete Verhalten, an erster Stelle der Vater des Kindes.

Da Einstellung und subjektive Norm positiv korrelierten ($r = .49$), wurde eine multiple Regressionsanalyse durchgeführt. Die erklärte Varianz der Verhaltensintention betrug 60 %. Einstellung und subjektive Norm erwiesen sich als gleichermaßen bedeutsam. Bei Mehrfachmüttern veränderte sich das Ergebnismuster. Bei ihnen erwies sich auch das Ernährungsverhalten bei vorherigen Babys als signifikanter Prädiktor der Verhaltensintention (vgl. Bentler & Speckart, 1979; Maddux & DuCharme, 1997). Die erklärte Varianz betrug auf der Basis der drei Prädiktoren 65 %. Außerdem war für sie die Einstellung viel wichtiger als die subjektive Norm, was die Entscheidung für Stillen oder Flasche angeht.

Vorerfahrung vergrößert die Bedeutung der Einstellung für die Verhaltensintention und verringert die Bedeutung der subjektiven Norm. Das entspricht der Annahme, dass Einstellungen relativ stabil über die

Zeit sind (zumindest wenn die exemplarischen Beispiele ähnlich sind),
während subjektive Normen variabler ausfallen. Weiterhin wird auch
vermutet, dass Einstellungen über die Zeit stabiler als Verhaltensintentionen sind (Zuckerman & Reis, 1978).

Theorie des überleg-
ten Handelns erklärt
Entscheidung
zwischen zwei
Alternativen

Die Theorie des überlegten Handelns, die der Analyse von Manstead
et al. (1983) zugrunde liegt, kann die Entscheidung zwischen zwei
Alternativen erklären. Darüber hinaus besteht die Möglichkeit, durch
die Gegenüberstellung der Meinungen die Entscheidung besser zu
verstehen. Dies ist wichtig, wenn das Ziel der Einstellungsänderung
im Vordergrund steht. Nehmen wir an, eine öffentliche Gesundheits-
stelle möchte werdende Mütter davon überzeugen, das Baby zu stillen.
Dann lassen sich aus den Ergebnissen Argumente ableiten, die sinn-
vollerweise in der Kommunikation verwendet werden sollten. Es
könnte hervorgehoben werden, dass Stillen die beste Babyernährung
darstellt, dass es die sichere Bindung des Babys an die Mutter fördert,
für ihre gute Figur sorgt und das Baby gegen Infektionen schützt.
Über die Meinungen ergibt sich also eine Verbindung zwischen Einstellungsforschung und Anwendung dieser Forschung.

Eine Weiterentwicklung der Theorie des überlegten Handelns ist die
Theorie des geplanten Verhaltens, die neben Einstellungen und Normen die wahrgenommene Verhaltenskontrolle berücksichtigt (Ajzen,
1991; Ajzen & Fishbein, 2005). Diese Theorie spielt im Gesundheitsbereich eine wichtige Rolle (Maddux, 1995). Die wahrgenommene
Verhaltenskontrolle entspricht weitgehend der Selbstwirksamkeits-
erwartung (Bandura, 1997). Generell gilt, dass die wahrgenommene
Verhaltenskontrolle abnimmt, wenn die Barrieren und Hindernisse
für die Verhaltensausführung größer werden. Es kann z. B. sein, dass
eine Person sich gesund ernähren und deshalb im Bioladen einkaufen
möchte, aber nicht über genügend Einkommen verfügt, um diese
Absicht in die Tat umzusetzen.

Die Theorie des geplanten Verhaltens wurde vielfach in der Gesundheitspsychologie verwendet (Zimolong, Elke & Bierhoff, 2008). Sie
wird neben dem Health-Belief-Modell und der Theorie der Schutz-
motivation im integrativen Modell der Verhaltensänderung von Maddux und DuCharme (1997) zugrunde gelegt.

Einstellungen sind ein anwendungsnahes psychologisches Konzept.
Das zeigt sich z. B. im Bereich Marketing (Aaker et al., 2007). Auf
der Grundlage von Einstellungen lassen sich Fragen wie die folgenden beantworten:

- Sind die Konsumenten bereit, ein neues Produkt, das vor der Markteinführung steht, zu kaufen?
- Wie beurteilt die Öffentlichkeit das Verbleiben einer Ministerin in einem Regierungsamt, der die Doktorwürde wegen Plagiatvorwürfen aberkannt wurde?
- Wie reagieren die Verbraucher auf die Einführung von No-Name-Produkten in einer Lebensmittelkette?

Um solche Fragen beantworten zu können, ist Wissen über Einstellungsmessung genauso wichtig wie Wissen über Faktoren, die die Einstellungs-Verhaltens-Relation beeinflussen.

Zusammenfassung

Das Konzept der Einstellung beinhaltet eine kognitive, affektive und verhaltensbezogene Komponente. Einstellungsmessung, die Klassen von Objekten aber auch Einzelpersonen betrifft, lässt sich nach direkten und indirekten Verfahren unterscheiden. Grundlage der Standardverfahren zur Einstellungsmessung sind vorformulierte Aussagen (Items) über das Einstellungsobjekt, für die jeweils eine Einstufung nach dem Ausmaß der Zustimmung erfasst wird. Eine weitere Differenzierung ist die in Einzel-Item-Skala und Mehrere-Item-Skala. Das in der Praxis meist benutzte Verfahren ist die Likert-Skala, die auch als Methode der summierten Einstufungen bezeichnet wird. Im Allgemeinen werden numerische oder grafische Ratingskalen für die Einstufung des Ausmaßes der Zustimmung bzw. Ablehnung verwendet. Bei sprachlich verankerten Antwortskalen ist es wichtig, Äquidistanz anzustreben. Man kann zwischen Häufigkeitsskala, Intensitätsskala und Bewertungsskala trennen. Grundsätzlich lassen sich vier Skalenniveaus der Messung unterscheiden: nominal, ordinal, intervall oder rational. Diese Skalenniveaus geben an, welche Transformationen erlaubt sind. Einstellungsskalen wie die Likert-Skala werden in der Regel der Intervallskala zugeordnet.

Die Einstellungs-Verhaltens-Relation ist komplex determiniert. Denn die Stärke des Zusammenhangs hängt von verschiedenen Bedingungen ab (wie Barrieren, Kompatibilität, Reliabilität der Messung und Übereinstimmung in exemplarischen Beispielen). Generell lässt sich Verhalten als Mittel interpretieren, durch das die Einstellung, die den Zweck konstituiert, in der realen Welt umgesetzt wird. Eine häufig angewandte Einstellungstheorie ist die Theorie des überlegten Handelns. Sie lässt sich auf die Entscheidung zwischen Alternativen anwenden. Eine Weiterentwicklung ist die Theorie des geplanten Verhaltens, die neben Einstellungen und Normen die wahrgenommene Verhaltenskontrolle berücksichtigt.

Weiterführende Literatur

Ajzen, I. & Fishbein, M. (2005). The influence of attitudes on behavior. In D. Albaracin, B. T. Johnson & M. P. Zanna (Eds.), *Handbook of attitudes* (pp. 173–221). Mahwah, NJ: Lawrence Erlbaum.

Kaiser, F. G., Byrke, K. & Hartig, T. (2010). Reviving Campbell's paradigm for attitude research. *Personality and Social Psychology Review, 14,* 351–367.

Vellemann, P. & Wilkinson, L. (1994). Nominal, ordinal, interval, and ratio typologies are misleading. In I. Borg & P. P. Mohler (Eds.), *Trends and perspectives in empirical social research* (pp. 161–177). Berlin: de Gruyter.

Fragen

1. Wie definiert man Einstellung und zwischen welchen Komponenten wird differenziert? Nennen und erläutern Sie diese und notieren Sie, auf welcher gemeinsamen Grundlage diese basieren.
2. Welche Skalenniveaus gibt es? Nennen Sie von zweien die Bezeichnung, die Art der Einstellungsskala und ein typisches Beispiel. Welches ist das Skalenniveau mit dem höchsten Informationsgehalt?
3. Wie wird die Relation von Einstellung und Verhalten durch die Neupositionierung in der Einstellungsforschung beschrieben? Beschreiben Sie eine einschlägige Studie zur Konsistenz zwischen Einstellung und Verhalten.
4. Was erreicht man durch die Aggregation über Einzelitems?
5. Welchen Bezug hat die Theorie des überlegten Handelns zum Thema Einstellungen?

Lösungshinweise finden Sie unter
www.hogrefe.de/buecher/lehrbuecher/psychlehrbuchplus.

Kapitel 8

Empirische Prüfung von Hypothesen und ausgewählte Versuchspläne

Inhaltsübersicht

Aufbau dieses Kapitels

In diesem Kapitel geht es um das „Wie" der Hypothesenprüfung. Es geht um Antworten auf die Frage, durch welche konkreten Vorgehensweisen der Forscherinnen und Forscher wissenschaftliche Hypothesen geprüft werden können. Im ersten Teil dieses Kapitels stellen wir verschiedene empirische Forschungstechniken, die zur Hypothesenprüfung eingesetzt werden, gegenüber. Im zweiten Teil stellen wir ausgewählte experimentelle Versuchspläne dar, die in der Forschungspraxis eingesetzt werden. Im dritten Teil behandeln wir die Replikation als integrativen Bestandteil der Prüfung von Hypothesen.

8.1 Einleitung

Grundlegendes Ziel der Hypothesenprüfung

Das Ziel der empirischen Prüfung von Hypothesen besteht darin, die Wahrscheinlichkeit des Auffindens „wirklicher" Effekte zu maximieren und die Wahrscheinlichkeit von Scheinbestätigung, Scheinwiderlegung und Scheinkorrelation zu minimieren (vgl. Kapitel 3). Die Varianzanalyse, in der die „Varianz zwischen" und die „Varianz innerhalb" ins Verhältnis gesetzt wird, um den F-Test zu berechnen, bringt dieses Ziel auf den Punkt. Das Ziel besteht darin, die systematische Varianz zwischen den Bedingungen zu maximieren und die Fehlervarianz (Varianz innerhalb) zu minimieren (vgl. Kerlinger, 1986).

Was die Maximierung der systematischen Varianz betrifft: In den meisten Fällen ist dieses Ziel am ehesten dadurch zu verwirklichen, dass ein Experiment durchgeführt wird, in dem die verschiedenen experimentellen Abstufungen der unabhängigen Variable so unterschiedlich wie möglich sind. Außerdem ist es wünschenswert, dass die Manipulation der unabhängigen Variable nur einen bestimmten Aspekt variiert und nicht mit anderen Aspekten, die für die Hypothese **Konfundierung** irrelevant sind, konfundiert ist. Werden verschiedene Aspekte zur gleichen Zeit verändert, lässt sich nicht feststellen, auf welchen Aspekt der experimentellen Bedingungen ein möglicher Effekt zurückzuführen ist. Haslam und McGarty (1998) nennen hierfür das Beispiel einer Untersuchung, in der 50 Personen in einen kleinen Raum gebracht wurden, um die Auswirkungen von Crowding zu untersuchen. Es ist leicht vorstellbar, dass der Raum durch die Überfüllung aufgeheizt wurde, so dass neben der Enge auch Hitze induziert wurde. Hitze könnte aber ähnliche Auswirkungen haben wie die, die für das Crowding angenommen wurden.

8.2 Untersuchungsmethoden zur Hypothesen-prüfung: Ein Überblick

Mehrere Untersuchungsmethoden stehen zur Hypothesenprüfung zur Verfügung. Daher beginnen wir dieses Kapitel mit einem Überblick über diese Methoden. Die beste Möglichkeit ist die Durchführung von Experimenten. Da aber die Prüfung von Hypothesen in vielen Fällen mit Experimenten nicht durchführbar ist und da ein Mono-Operation-Bias vermieden werden soll, um die Konstruktvalidität zu steigern (vgl. Tab. 5 auf S. 124), werden auch verschiedene andere Untersuchungs-verfahren eingesetzt. Wir beginnen mit einer Gegenüberstellung der vier relevanten Untersuchungsverfahren.

Die vier relevanten Untersuchungsverfahren in der psychologischen Forschung

1. Experiment

Experimente wurden schon in Kapitel 3 thematisiert. Sie zeichnen sich im einfachsten Fall dadurch aus, dass nach einer Zufallsauf-teilung eine Experimentalgruppe mit einer Kontrollgruppe vergli-chen wird (Ellermeier & Bösche, 2010). Im Experiment wird eine unabhängige Variable manipuliert, während Störvariablen kontrol-liert werden, um eine oder mehrere abhängige Variablen zu mes-sen. Stapf (1999) verweist auf die „klassische Merkmals-Trias des psychologischen Experiments" nach Wilhelm Wundt (S. 231):

- Willkürlichkeit im Sinne des absichtlichen Herbeiführens des Experiments,
- Wiederholbarkeit des Experiments,
- Variierbarkeit des Experiments kommt in der Manipulation der unabhängigen Variable (im einfachsten Fall als vorhanden vs. nicht vorhanden) zum Ausdruck.

Klassische Merkmals-Trias des psychologi-schen Experiments

Die klassische Definition des Experiments nach Wundt (1913, zi-tiert nach Stapf, 1999, S. 231) lautet: „Das Experiment besteht in einer Beobachtung, die sich mit der willkürlichen Einwirkung des Beobachters auf die Entstehung und den Verlauf der zu beobach-tenden Erscheinungen verbindet." In Übereinstimmung damit be-tont Bredenkamp (1996) die willkürliche Einwirkung und systema-tische Variation der unabhängigen Bedingungen im Experiment sowie die Kontrollierbarkeit von Störvariablen.

Experimente erreichen in der Regel eine hohe interne Validität, während die externe Validität geringer ist. Demgegenüber ist die externe Validität in Quasi-Experimenten, aber auch in natürlichen Experimenten und Korrelationsstudien höher und die interne Validität eingeschränkt (Bierhoff & Rudinger, 1996; Hertel, Klug & Schmitz, 2010).

Nach Haslam und McGarty (1998, S. 38) ist ein Experiment ein Versuch, „die theoretisch relevanten Variablen systematisch zu variieren und den Effekt dieser Manipulationen auf das Ergebnis zu prüfen". Diese Definition verweist auf die Intervention bzw. die Variablen, die systematisch variiert werden, und den Effekt bzw. das Ergebnis der Intervention. Diese Begriffsbestimmung stellt den Bezug zur Hypothesenprüfung unmittelbar her, da sie auf theoretisch relevante Variablen verweist. Diese werden in der Wenn-Komponente der Hypothese spezifiziert, während die Dann-Komponente den Effekt bzw. das Ergebnis beinhaltet (vgl. Kapitel 1).

2. Natürliches Experiment

Unter einem natürlichen Experiment wird eine Studie verstanden, die ein auf natürliche Weise hervorgerufenes Ereignis mit einer Vergleichsbedingung kontrastiert (Shadish et al., 2002, S. 12). Ein Beispiel für ein solches Ereignis ist ein Erdbeben. Ein natürliches Experiment ist also kein Experiment im anfangs definierten Sinn.

3. Quasi-Experiment

Hingegen fällt ein Quasi-Experiment unter die obige Definition des Experiments. Darunter versteht man dementsprechend „ein Experiment, in dem die Untersuchungseinheiten nicht per Zufall den Bedingungen zugeteilt werden" (Shadish et al., 2002, S. 12). Diese Designs sind in der Klinischen Psychologie besonders wichtig (Waldmann & Petermann, 1998), denn Merkmale wie Depressivität lassen sich nicht durch Zufallsaufteilung auf experimentelle Bedingungen manipulieren.

4. Korrelationsstudie

Schließlich befassen wir uns im Folgenden auch mit Korrelationsstudien, die „die Größe und die Richtung der Beziehung zwischen Variablen" untersuchen (Shadish et al., 2002, S. 12). Korrelationsstudien beinhalten also keine Aufteilung von Teilnehmern auf Bedingungen. Vielmehr werden zwei oder mehrere Messreihen, die bei einer Stichprobe von Untersuchungseinheiten gewonnen wurden, miteinander korreliert.

Die Unterscheidung von unabhängiger und abhängiger Variablen ermöglicht in Experimenten, Quasi-Experimenten und natürlichen Experimenten kausale Schlüsse, die von vielen Forschern als das Kernstück der wissenschaftlichen Forschung angesehen werden. Im folgenden Kasten wird definiert, was unter abhängigen und unabhängigen Variablen zu verstehen ist.

Begriffsklärung: Abhängige und unabhängige Variable

Das HO-Schema der wissenschaftlichen Erklärung (vgl. Kapitel 1) beinhaltet die Wenn- und Dann-Komponente der Hypothese:

- **Unabhängige Variable:** Die Konkretisierung der Wenn-Komponente wird als unabhängige Variable (UV) bezeichnet.
- **Abhängige Variable:** Die Konkretisierung der Dann-Komponente bezeichnet man als abhängige Variable (AV).

Grundsätzlich gilt, dass die abhängige Variable nach der unabhängigen Variablen gemessen wird, um kausale Schlussfolgerungen ziehen zu können.

Wenn-Komponente = unabhängige Variable

Dann-Komponente = abhängige Variable

Ein kausaler Schluss ist dann gerechtfertigt, wenn die Veränderung der abhängigen Variable eindeutig auf die Abstufung der unabhängigen Variable zurückgeführt werden kann. Wenn ein kausaler Schluss gerechtfertigt ist, müssen alle Aspekte der Versuchsanordnung in der Experimental- und Kontrollgruppe identisch sein, außer der Bedingungsabstufung, die durch die Manipulation der unabhängigen Variablen herbeigeführt wird. Es sollte also – um ein triviales Beispiel zu verwenden – nicht so sein, dass die Versuchsleiterin in der Experimentalgruppe geraucht hat, während sie in der Kontrollgruppe nicht geraucht hat. Vielmehr sollte es entweder nur eine Versuchsleiterin geben, die sich in der Experimental- und der Kontrollgruppe gleich verhält, oder wenn mehrere Versuchsleiterinnen mitwirken, sollten sie gleich häufig in der Experimental- und in der Kontrollgruppe auftreten und sich ähnlich verhalten. Außerdem sollten Experimental- und Kontrollgruppe unter den gleichen Rahmenbedingungen realisiert werden. Es wäre verfälschend, wenn die Experimentalgruppe an einem Online-Experiment teilnimmt, während die Kontrollgruppe im Labor getestet wird.

Wird die AV eindeutig durch die Manipulation der UV verändert, ist ein kausaler Schluss gerechtfertigt

Die Rahmenbedingungen für Experimental- und Kontrollgruppe sollten gleich sein

Die Vergleichbarkeit der Bedingungen würde auch dadurch gefährdet, dass in der Experimentalgruppe Personen teilnehmen, die sich systematisch von den Teilnehmern in der Kontrollgruppe unterscheiden. Es wäre vorstellbar, dass die Teilnehmer in der Experimentalgruppe im Schnitt älter wären als die in der Kontrollgruppe. Dieses Problem bezieht sich auf Störvariablen, die mit den Untersuchungseinheiten zusammenhängen. Es wird durch eine Zufallsaufteilung der Teilnehmer zwischen Experimental- und Kontrollgruppe minimiert. Was darunter zu verstehen ist, wird im nächsten Kasten beschrieben.

Begriffsklärung: Zufallsaufteilung

Zufallsaufteilung

Unter Zufallsaufteilung wird die Zuteilung von Objekten eines Universums zu Teilmengen des Universums in der Art verstanden, dass für jede Zuteilung zu einer Teilmenge jedes Mitglied des Universums die gleiche Wahrscheinlichkeit hat, gewählt zu werden (Kerlinger, 1986). Die Versuchsleiterin könnte z. B. jedes Mal eine Münze werfen, um zu entscheiden, ob ein Versuchsteilnehmer der Experimental- oder der Kontrollgruppe zugeteilt wird.

Zufallsaufteilung wird auch als *Randomisierung* bezeichnet. Die Zufallsaufteilung stellt die effektivste Methode dar, um in einem Experiment Alternativhypothesen auszuschalten, die sich auf Unterschiede in der Zusammensetzung der Gruppen und damit zusammenhängende Störvariablen beziehen.

Wie schon erwähnt, ist es nicht immer möglich, eine Zufallsaufteilung durchzuführen. Weil aber der Gedanke der Vergleichbarkeit der Personen, die in Experimental- und Kontrollgruppe untersucht werden, so zentral ist, wurde ein Ersatzprinzip für den Fall entwickelt, dass eine Zufallsaufteilung nicht durchgeführt werden kann. Dieses Ersatzprinzip ist das Matching.

Begriffsklärung: Matching

Matching wenn keine Randomisierung möglich ist

Um bestimmte Variablen in Experimental- und Kontrollgruppe anzugleichen, besteht die Möglichkeit, jeweils Paare zu bilden, wobei ein Mitglied des Paares durch Randomisierung in die Experimentalgruppe eingeordnet wird und das zweite Mitglied in die Kontrollgruppe. Paare werden so gebildet, dass sich deren Mitglieder in Bezug auf eine kritische Störvariable möglichst ähnlich sind. Zum Beispiel könnten Paare nach gleichem Alter gebildet werden oder nach gleicher sozialer Schicht. Dieses Vorgehen wird als Matching oder Parallelisierung bezeichnet. Ein Vorteil des Matchings besteht darin, dass bei der Auswertung die parallelisierte Variable als Blockvariable einbezogen werden kann, so dass die Fehlervarianz reduziert wird (Bröder, 2011). Dadurch wird das Auffinden experimenteller Effekte erleichtert.

Allerdings kann das Matching die Zufallsaufteilung als Kontrolltechnik für Störvariablen in keiner Weise ersetzen, weil sie im Allgemeinen nur zur Angleichung in Bezug auf eine geringe Zahl von Variablen geeignet ist, während die Zufallsaufteilung zu der Erwartung führt, dass die Teilnehmer der Experimental- und Kontrollgruppe in Bezug auf alle möglichen Merkmale angeglichen sind. Rosenblatt und Miller (1972a) formulieren diesen Punkt sehr drastisch, wenn sie darauf hinweisen, dass selbst die Parallelisierung nach 847 Merkmalen die Vergleichbarkeit der Gruppen nicht gewährleisten kann.

An dieser Stelle ist darauf hinzuweisen, dass *Zufallsaufteilung* nicht gleichzusetzen ist mit *Zufallsstichprobe* oder *Zufallsfehler*.

- *Zufallsaufteilung* betrifft die Aufteilung von Personen auf Bedingungen oder Gruppen, auch wenn die Personen nicht einer Zufallsstichprobe entstammen (z. B. wenn Personen, die sich freiwillig aufgrund eines Aushangs im Büro der Versuchsleiterin gemeldet haben, am Experiment teilnehmen).   *Zufallsaufteilung*

- *Zufallsstichprobe* bedeutet, dass die Teilnehmer der Stichprobe nach dem Zufallsprinzip aus der Population ausgesucht wurden. Zufallsstichproben werden auch repräsentative Stichproben genannt. Auf die Frage, was es bedeutet, wenn in Experimenten keine repräsentative Stichprobe vorliegt, sind wir schon in Kapitel 1.6 eingegangen.   *Zufallsstichprobe*

- Schließlich bezieht sich der *Zufallsfehler* darauf, dass jede Messung neben einem wahren Wert auch einen Fehlerwert beinhaltet, der auf Zufallsschwankungen zurückgeht.   *Zufallsfehler*

8.3 Ausgewählte Versuchspläne

Während die Definition des Experiments auf Wundt zurückgeht, ist die Beschreibung und Bewertung von Versuchsplänen untrennbar mit dem Namen des amerikanischen Psychologen Donald T. Campbell verbunden. Seine Einsichten in die Gestaltung und Auswertung von experimentellen und quasi-experimentellen Versuchsplänen sind bahnbrechend und bis auf den heutigen Tag Maßstab setzend. In drei Buchveröffentlichungen, die zusammen mit Julian Stanley, Thomas D. Cook und William R. Shadish durchgeführt wurden (Campbell & Stanley, 1963; Cook & Campbell, 1979; Shadish et al., 2002), wurde eine große Vielfalt von Designs dargestellt, von denen in diesem

Kapitel nur eine Auswahl betrachtet werden kann. Die Auswahl umfasst einerseits besonders empfehlenswerte Designs. Andererseits wurden häufig vorkommende Designs berücksichtigt. Bei der Analyse der einzelnen Versuchspläne greifen wir auf die Listen zur Validitätsbewertung zurück, die in Kapitel 3 dargestellt wurden.

Die Auswahl der Versuchspläne orientiert sich an didaktischen Überlegungen. Zum einen sind klassische experimentelle Versuchspläne enthalten, die besonders empfehlenswert sind. Außerdem werden einige quasi-experimentelle Versuchspläne dargestellt, die häufig angewandt werden, aber einige Interpretationsprobleme wegen der Beeinträchtigung der internen Validität aufweisen. Im Einzelnen werden im Folgenden Vortest-Nachtest-Versuchspläne, Nur-Nachtest-Versuchspläne, faktorielle Versuchspläne, Solomon-Versuchspläne und Zeitreihen-Versuchspläne dargestellt. Bedeutungsgleich mit „Versuchsplan" wird auch von „Design" gesprochen. Die schematische Darstellung der Designs verwendet folgende Abkürzungen bzw. Konventionen.

Abkürzungen und Konventionen der Darstellung der Versuchspläne

- „O" kennzeichnet die Erhebung der abhängigen Variablen, wobei die einzelnen Messungen zur besseren Unterscheidung nummeriert werden können.
- Die links-nach-rechts-Anordnung der Zeichen symbolisiert die zeitliche Reihenfolge von Beobachtungen bzw. experimentellen Manipulationen.
- „X" oder „X_1" symbolisiert das Auftreten der experimentellen Manipulation, also die Herstellung einer Ausprägung der unabhängigen Variablen, während eine Leerstelle oder „X_0" das Fehlen der Manipulation kennzeichnet.
- Unterschiedliche Versuchsgruppen werden zeilenweise dargestellt.
- Randomisierung wird durch „R" am Beginn der Zeile gekennzeichnet, fehlende Randomisierung durch „NR" sowie eine horizontale Trennlinie.

Quasi-Experimente erfüllen nicht das Kriterium der Randomisierung

Wie schon erwähnt, erfüllen Quasi-Experimente als Teilmenge der Experimente nicht das Kriterium der Randomisierung. Oft werden z. B. Feldexperimente außerhalb des Labors durchgeführt, bei denen die Kontrolle über die Aufteilung der Teilnehmer durch die Versuchsleiterin nicht gegeben ist, obwohl sie die Manipulation der unabhängigen Variablen durchführen kann. Typische Beispiele sind nach Hertel, Klug und Schmitz (2010) die Analyse von bestimmten Therapieformen in der Klinischen Psychologie oder von unterschiedlichen Unterrichtsformen in der Pädagogischen Psychologie. Ein weiteres Anwendungsfeld sind Archivdaten und öffentlich zugängliche Dokumente, die eine reichhaltige Datenbasis für die Prüfung von psychologischen Hypothesen liefern (vgl. Kapitel 8.3.4).

8.3.1 Vortest-Nachtest-Versuchspläne

Versuchspläne weisen bestimmte strukturelle Eigenschaften auf, die die Generalisierung auf alltägliches Verhalten fördern oder beeinträchtigen. Ein Beispiel dafür ist die Rolle von Vortests, die die interne Validität einer Studie beeinträchtigen können (vgl. Tab. 4 auf S. 123). Ein Vortest kann darüber hinaus auch noch negative Auswirkungen in Bezug auf die externe Validität haben, da streng genommen nur auf Personen generalisiert werden kann, die den Vortest absolviert haben. Schließlich kann der Vortest auch die Konstruktvalidität bedrohen.

Vortests können die interne und externe Validität beeinträchtigen

Ein Grund dafür, dass ein Vortest die Konstruktvalidität gefährdet, liegt darin, dass bei den Teilnehmern das Bewusstsein erzeugt werden kann, Versuchsteilnehmer zu sein, so dass ihr nachfolgendes Verhalten vom üblicherweise gezeigten Verhalten abweicht (vgl. Punkt 4 in Tab. 5 auf S. 125). Vortests können entscheidend dazu beitragen, dass die Versuchsteilnehmer den Versuch als künstliche experimentelle Anordnung erleben und Vermutungen über die Hypothesen anstellen, die der Versuch überprüfen soll. Solche reaktiven Versuchsanordnungen stellen eine starke Bedrohung für die Generalisierbarkeit der Ergebnisse dar (vgl. auch Rosenblatt & Miller, 1972b).

Reaktive Versuchsanordnungen beeinträchtigen die Generalisierbarkeit der Ergebnisse

Das *Ein-Gruppen-Vortest-Nachtest-Design* (siehe unten) wird häufig verwendet, obwohl es inadäquat ist. Eine Variation des Beispiels, das weiter oben ausführlich dargestellt wurde, soll dieses Design veranschaulichen. Anstelle einer Kontrollgruppe verwendet die Versuchsleiterin einen Vortest. Für die Prüfung der Hypothese *Bedrohung*↑ → *Verträglichkeit*↑ (vgl. Kapitel 3.3) wird ein Vortest der Verträglichkeit durchgeführt, auf den die experimentelle Manipulation der wahrgenommenen Bedrohung durch Gefahr folgt, um dann den Nachtest durchzuführen. Nehmen wir an, dass zwischen Vortest und Manipulation eine Woche Zeit liegt und zwischen Manipulation und Nachtest eine weitere Woche verstreicht. Wenn nun der Nachtest

Ein-Gruppen-Vortest-Nachtest-Design

einen signifikant höheren Mittelwert aufweist als der Vortest, könnte man vermuten, dass die Nullhypothese widerlegt wurde.

Ein-Gruppen-Vortest-Nachtest-Design
O_1 X O_2

Das Ein-Gruppen-Vortest-Nachtest-Design hat den Vorteil, dass keine Randomisierungsprobleme entstehen, da überhaupt nur eine Versuchsgruppe vorliegt. Bei einem Vergleich von O_2 mit O_1 werden die Nachtestwerte der Teilnehmer mit ihren eigenen Vortestwerten verglichen.

Experimentierfehler im Rahmen des Ein-Gruppen-Vortest-Nachtest-Designs

Es entsteht jedoch eine Reihe von Problemen, die sich auf Fragen der internen Validität beziehen (vgl. Tab. 4 auf S. 123). Verschiedene Quellen der Invalidität sind zu nennen, die sich allgemein als Experimentierfehler kennzeichnen lassen. Zum einen könnte es sein, dass neben der experimentellen Manipulation andere Ereignisse parallel aufgetreten sind, die einen möglichen Unterschied zwischen Vor- und Nachtest bewirken und die dem Faktor *Geschichte* zugeordnet werden (vgl. Punkt 3 in Tab. 4 auf S. 123). Ein Beispiel ist, dass zwischen Vor- und Nachtest der Friedensnobelpreis verliehen wurde, während sich die abhängige Variable der Studie auf Verträglichkeit bezieht (vgl. Kapitel 3). Der Effekt dieses besonderen Ereignisses, das ebenfalls die Verträglichkeit erhöhen könnte, bleibt unkontrolliert und stellt eine plausible Alternativhypothese dar. In vielen Fällen weiß die Versuchsleiterin überhaupt nicht, ob solche relevanten Ereignisse zwischenzeitlich aufgetreten sind.

Ähnliche Interpretationsprobleme entstehen, wenn bestimmte biologische oder psychologische Faktoren systematisch mit der Zeit variieren, die zwischen Vor- und Nachtest verstreicht. So ist bei größeren Zeitabständen zwischen Vor- und Nachtest daran zu denken, dass die Verträglichkeit der Teilnehmer zunimmt oder dass jahreszeitliche Einflüsse wirksam werden (*Reifung*, vgl. Punkt 4 in Tab. 4 auf S. 123).

Eine dritte Fehlerquelle bezieht sich auf die unterschiedliche Handhabung der Messinstrumente zwischen Vor- und Nachtest. Solche Handhabungsfehler lassen sich dem Punkt 8 in Tabelle 4 auf S. 123 zuordnen *(Instrumentation)*. So wäre etwa im Fall des Verträglichkeitstest daran zu denken, dass die Kodierer veränderte Schablonen verwenden oder fehlende Antworten in veränderter Form bewerten. In anderen Fällen kann die zunehmende Übung bei der Auswertung dazu führen, dass die Auswertung des Nachtests systematisch von der des Vortests abweicht. Wenn etwa zur Messung der Verträglichkeit ein projektives Verfahren verwendet worden wäre, bestünde die Möglichkeit, dass eine zunehmend geübte Auswerterin im Laufe der Zeit ein bestimmtes Bezugsystem entwickelt, das vor allem im Nachtest wirksam wird. Solche Einflüsse können offensichtlich eine Veränderung der Messwerte zwischen Vor- und Nachtest erklären.

Eine weitere Alternativhypothese bezieht sich auf die Wirkung von Testeffekten. So ist daran zu denken, dass Teilnehmer nach der Bearbeitung des Vortests Übung entwickeln und aufgrund dessen den Nachtest besser bewältigen (Punkt 7 in Tab. 4 auf S. 123). Dieses Problem kann durch einen Solomon-4-Gruppenplan behoben werden (vgl. Kapitel 8.3.3).

Das Ein-Gruppen-Vortest-Nachtest-Design ist also wegen zahlreichen Bedrohungen der internen Validität unangemessen. Demgegenüber schneidet das *Entfernte-Treatment-Design* („Removed-Treatment-Design" nach Shadish et al., 2002) besser ab. Es hat seinen Namen, weil die Manipulation (die auch als „Treatment" bezeichnet wird) im Mittelteil entfernt wird. Entferntes-Treatment-Design

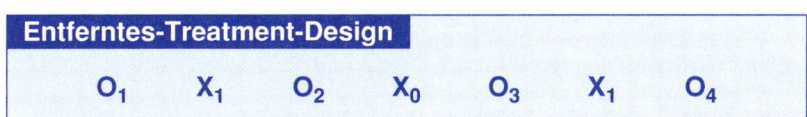

Entferntes-Treatment-Design

$$O_1 \quad X_1 \quad O_2 \quad X_0 \quad O_3 \quad X_1 \quad O_4$$

In der schematischen Darstellung dieses Designs mit wiederholten Interventionen wird die Einführung der Manipulation mit X_1 und die Entfernung der Manipulation mit X_0 gekennzeichnet, um die Übersichtlichkeit der Darstellung zu erhöhen. Dieser Versuchsplan ist ABAB-Design typisch für Lernexperimente, die durch die verhaltenstherapeutische Forschung angeregt wurden. In diesem Kontext wird die An- und Abwesenheit eines Verstärkers zu verschiedenen Zeitpunkten bei den gleichen Teilnehmern untersucht (z. B. Ayllon & Azrin, 1965). In der klinischen Forschung entspricht dieses Design im Wesentlichen dem ABAB-Design, das sich in der Notation von dem Entfernten-Treatment-Design unterscheidet. Die A-Phase bezeichnet die Beobachtungsphase, die B-Phase die Interventionsphase, in der ebenfalls Beobachtungen erhoben werden (Kazdin, 1982; Petermann, 1996a). Da die Intervention auf eine Verbesserung des Zustands des Patienten gerichtet ist, sollte eine erfolgreiche Intervention eine Verbesserung in den B-Phasen hervorrufen, während sich der Zustand in der zweiten A-Phase dem in der ersten A-Phase annähern sollte. Gelegentlich wird auch ein BABA-Design angewandt, wenn die Intervention sofort erfolgen soll und nicht aufgeschoben werden kann.

Das Entfernte-Treatment-Design hat verschiedene Vorteile. Die Teilnehmer bilden ihre eigene Kontrollgruppe. Die Manipulation wird eingeführt, entfernt und wieder eingeführt. Ein typisches Ergebnismuster besteht darin, dass O_2 sich von O_1 unterscheidet (O_3 von O_2 in der entgegengesetzten Richtung) und O_4 von O_3 (analog zu der Differenz zwischen O_2 und O_1). Bandura (1969, S. 243) betont die Nützlichkeit dieses und verwandter Designs, indem er auf die Tatsache hinweist, dass die Replikation eines Effekts bei denselben Teilnehmern besonders überzeugend für die Demonstration funktionaler Beziehungen zwischen dem Verhalten und den kontrollierenden Bedingungen ist.

Vorteile des Entfernte-Treatment-Designs

Dieses Lob stimmt mit der Feststellung überein, dass die interne Validität dieses Designs relativ hoch ist. Denn eine bedeutsame Bedrohung der internen Validität bei wiederholten Messungen, der Einfluss von parallel stattfindenden Ereignissen, die die Ergebnisse verzerren können (vgl. Punkt 3 in Tab. 4 auf S. 123), wird weitgehend ausgeschaltet, da es unwahrscheinlich ist, dass diese externen Ereignisse sowohl mit der ersten Einführung der Manipulation als auch mit ihrer zweiten Einführung zeitgleich stattfinden.

Schwächen des Entfernte-Treatment-Designs

Allerdings stellt das Wegbleiben von Teilnehmern ein Problem für das Entfernte-Treatment-Design dar (*Ausfall* in Tab. 4; wie bei allen Versuchsplänen mit zahlreichen wiederholten Messungen), da es sein kann, dass zum Zeitpunkt O_4 wesentlich weniger Teilnehmer vorhanden sind als zum Zeitpunkt O_1 oder O_2. Zusätzlich tritt eine Einschränkung der Konstruktvalidität auf, da durch die vier Messungen und die zweifache Durchführung der Manipulation eine Sensibilisierung der Teilnehmer für die zugrunde liegende Hypothese hervorgerufen werden kann (vgl. Punkt 4 in Tab. 5 auf S. 125). Außerdem kann die Entfernung der Manipulation den Groll der Teilnehmer auslösen, wenn es sich um eine positive Verstärkung handelt, die wegfällt (Punkt 8 in Tab. 5 auf S. 125). Wenn durch die erste Intervention ein nachhaltiger Lerneffekt ausgelöst wird, kann der Rückschlag nach Entfernen des Treatments entfallen.

Die folgenden beiden Versuchspläne stellen insofern eine Verbesserung des Ein-Gruppen-Vortest-Nachtest-Designs dar, weil jeweils eine

Kontrollgruppe, die in einer zweiten Zeile der symbolischen Darstellung aufgeführt ist, verwendet wird. Während der Untersuchung sollen die beiden Gruppen möglichst identischen Bedingungen unterliegen, außer in Bezug auf die experimentelle Manipulation. Die beiden folgenden Designs sind weitgehend identisch, unterscheiden sich aber im Hinblick auf die Frage, ob eine Zufallsaufteilung der Teilnehmer auf Experimental- und Kontrollgruppe stattfindet oder nicht.

Das *nicht äquivalente Vortest-Nachtest-Kontrollgruppendesign* (vgl. den folgenden Kasten für die symbolische Darstellung) ist nach Shadish et al. (2002) vermutlich das am häufigsten verwendete Quasi-Experiment. Es enthält eine Kontrollgruppe, deren Teilnehmer sich systematisch von den Teilnehmern der Experimentalgruppe unterscheiden. Das ist z. B. dann der Fall, wenn in der Kontrollgruppe gesunde Personen untersucht werden, während in der Experimentalgruppe Problempersonen enthalten sind. Oft gibt es eine ethische Verpflichtung, Menschen zu helfen, die ein Problem haben, sodass die Behandlung diesen Personen bevorzugt zur Verfügung gestellt wird. Wenn z. B. Schüler unter einer Lese-Rechtschreibschwäche leiden, wird man ihnen in der Regel eher Zusatzunterricht geben als Schülern, die keine entsprechende Schwäche erkennen lassen.

Nicht äquivalentes Vortest-Nachtest-Kontrollgruppendesign

Nicht äquivalentes Vortest-Nachtest-Kontrollgruppendesign			
NR	O_1	X_1	O_2
NR	O_1		O_2

Durch die Hinzunahme der Kontrollgruppe werden verschiedene der Alternativhypothesen ausgeschaltet, die die interne Validität bedrohen. Durch die Vortests besteht die Möglichkeit, die Größe des Selektionseffekts abzuschätzen, der aufgrund der fehlenden Randomisierung vorhanden ist (vgl. Punkt 2 in Tab. 4 auf S. 123).

Durch Verwendung einer Kontrollgruppe können viele Alternativhypothesen ausgeschlossen werden

Eine Fehlermöglichkeit, die mit dem Selektionseffekt zusammenhängt, verdient besondere Beachtung. Wenn die Experimentalgruppe im Vortest extreme Werte aufweist (z. B. hohe Depressionswerte) kann eine Regression zur Mitte auftreten, die dazu beiträgt, dass die Nachtestwerte günstiger ausfallen (niedrige Depressionswerte). Da die Kontrollgruppe keine extremen Vortestwerte aufweist, ergibt sich für sie auch keine Regression zur Mitte. Im Endergebnis kann der Eindruck entstehen, dass die Intervention erfolgreich war, obwohl die Resultate auf eine Interaktion zwischen Selektion und Regression zur Mitte zurückgehen.

Vortest-Nachtest-Kontrollgruppendesign

Im Unterschied zum nicht äquivalenten Vortest-Nachtest-Kontrollgruppendesign beruht das *Vortest-Nachtest-Kontrollgruppendesign* auf Randomisierung. Die Zufallsaufteilung der Teilnehmer auf die beiden Bedingungen unterstützt die Annahme, dass Experimental- und Kontrollgruppe in allen möglichen Merkmalen angeglichen und vergleichbar sind. Das Design kontrolliert verschiedene Fehlerquellen der internen Validität, insbesondere Selektion und Regression zur Mitte (vgl. Punkte 2 und 5 in Tab. 4 auf S. 123). Allerdings besteht die Gefahr, dass Teilnehmer der Experimentalgruppe an der Intervention nicht teilnehmen. In diesem Fall empfehlen Campbell und Stanley (1963), auch diese Teilnehmer in die Auswertung einzubeziehen. Diese Entscheidung bedeutet, dass der Effekt der experimentellen Manipulation verdünnt werden könnte, so dass der Beta-Fehler zunimmt. Damit wird eine Vergrößerung des Fehlers der 2. Art (Zurückweisung der Alternativhypothese, obwohl sie wahr ist) in Kauf genommen. Ein anderes Problem kann entstehen, wenn die Versuchsleiterin gezielt Teilnehmer eliminiert, die weit abweichende Testwerte aufweisen (sog. Ausreißer, vgl. Bröder, 2011, S. 207 f., Holling & Gediga, 2011, S. 140–143).

Hohe interne, eingeschränkte externe Validität

Das Vortest-Nachtest-Kontrollgruppendesign weist eine gute interne Validität auf und kann deshalb als Grundlage für die Designplanung empfohlen werden. Die Struktur des Designs führt allerdings dazu, dass die Generalisierbarkeit der Ergebnisse eingeschränkt ist (was im Übrigen auch für das nicht äquivalente Vortest-Nachtest-Kontrollgruppendesign gilt). Das Problem besteht darin, dass Teilnehmer durch den Vortest in einen bestimmten Kontext kommen, in dem sie antworten. Die erste Testdarbietung kann die weitere Testdarbietung beeinflussen (vgl. Punkt 7 in Tab. 4 auf S. 123). Im Prinzip lassen sich die Ergebnisse nur auf Personen generalisieren, die einen vergleichbaren Vortest absolviert haben. Somit ist nicht nur die interne, sondern auch die externe Validität eingeschränkt. Diese Probleme der Validität sind umso größer, je stärker der Vortest in den üblichen Ablauf in vergleichbaren Situationen eingreift bzw. je unähnlicher die Versuchssituation zu den Alltagssituationen wird, auf die generalisiert werden soll.

Vortest-Nachtest-Kontrollgruppendesign

$$R \quad O_1 \quad X \quad O_2$$

$$R \quad O_1 \quad \quad O_2$$

8.3.2 Nur-Nachtest-Versuchspläne

Einige Versuchspläne, die in der experimentellen Forschung häufig Verwendung finden, verzichten völlig auf Vortests. Das *nicht äqui-valente Nur-Nachtest-Design zum Vergleich von Experimental- und Kontrollgruppe* verwendet, wie die Bezeichnung schon andeutet, eine nicht äquivalente Kontrollgruppe. Daher ergeben sich plausible Al-ternativhypothesen, die so überzeugend sind, dass dieser Plan nur aus didaktischen Gründen interessant ist (um zu lernen, wie man es nicht machen sollte).

Nicht äquivalentes Nur-Nachtest-Design

Nicht äquivalentes Nur-Nachtest-Design zum Vergleich von Experimentalgruppe und Kontrollgruppe

$$NR \quad X_1 \quad O_1$$

$$NR \quad \quad O_2$$

Ein zentrales Problem ist der Selektionseffekt, der aufgrund der feh-lenden Randomisierung nahegelegt wird (vgl. Punkt 2 in Tab. 4 auf S. 123). Außerdem könnte es sein, dass das Wegbleiben von Teilneh-mern nach der Manipulation in beiden Versuchsgruppen unterschied-lich stark ausfällt (vgl. Punkt 6 in Tab. 4). Es könnte etwa sein, dass die Mitglieder der Kontrollgruppe enttäuscht sind, dass mit ihnen keine konstruktiven Maßnahmen durchgeführt werden, so dass sie Groll empfinden (vgl. Punkt 8 in Tab. 5 auf S. 125).

Dieses Problem besteht auch für das *randomisierte Nur-Nachtest-Design zum Vergleich von Experimental- und Kontrollgruppe* (kurz: randomisiertes Nur-Nachtest-Design), das allerdings aufgrund der Durchführung der Randomisierung im Hinblick auf die interne Va-lidität wesentlich besser abschneidet als das nicht äquivalente Nur-Nachtest-Design. Dieser Versuchsplan zählt wie das Vortest-Nachtest-Kontrollgruppendesign zu den klassischen Designs.

Randomisiertes Nur-Nachtest-Design

> ### Randomisiertes Nur-Nachtest-Design zum Vergleich von Experimentalgruppe und Kontrollgruppe
>
> $$R \quad X \quad O_1$$
>
> $$R \qquad O_2$$

Bewertung des randomisierten Nur-Nachtest-Designs

Da das randomisierte Nur-Nachtest-Design die Probleme des Vortests in Bezug auf die Generalisierbarkeit vermeidet und sehr ökonomisch durchzuführen ist, ist es zu empfehlen. Voraussetzung für seine Verwendung ist die Zufallszuteilung der Teilnehmer auf die Versuchsbedingungen. Die interne Validität dieses Designs ist als gesichert anzusehen. Die statistische Auswertung ist durch die Verwendung varianzanalytischer Versuchspläne auch dann, wenn mehrere unabhängige Variablen in einem faktoriellen Design variiert werden, übersichtlich durchzuführen.

Faktorielles Design

Das *faktorielle Design* berücksichtigt mehrere (wenigstens zwei) unabhängige Variablen, die systematisch variiert werden. In einem 2×2-Design ergeben sich vier Versuchsbedingungen, da die Faktoren A und B jeweils zwei Abstufungen aufweisen. Einen solchen Plan hatten wir schon in Kapitel 3 kennengelernt, als wir das Experiment von White et al. (2012) zur Frage der Auswirkung einer Bedrohung durch Gefahr auf Verträglichkeit dargestellt haben.

> ### 2×2-faktorielles Design
>
> $$R \quad X_{A1B1} \quad O_1$$
>
> $$R \quad X_{A1B2} \quad O_2$$
>
> $$R \quad X_{A2B1} \quad O_3$$
>
> $$R \quad X_{A2B2} \quad O_4$$

In faktoriellen Designs können Interaktionen unter den Faktoren getestet werden

Der 2×2-Versuchsplan lässt sich erweitern, indem ein dritter (C) oder ein vierter Faktor (D) hinzugefügt wird ($2 \times 2 \times 2$-Design oder $2 \times 2 \times 2 \times 2$-Design), wie das in vielen Experimenten tatsächlich der Fall ist. Ein Hauptvorteil eines faktoriellen Versuchsplans besteht darin, dass Interaktionen unter den Faktoren getestet werden können. So kann z. B. gefragt werden, ob sich der Faktor B unterschiedlich auswirkt, je nachdem welche Abstufung von A gegeben ist. Die Interaktion $A \times B$ wird in psychologischen Hypothesen häufig thematisiert und tritt neben den Haupteffekten von A und B auf. Auf diese

Weise kann überprüft werden, ob ein signifikanter Haupteffekt von B für beide Abstufungen von A gleichermaßen auftritt.

In einem $2 \times 2 \times 2$-Versuchsplan kann entsprechend überprüft werden, ob eine statistische Interaktion $A \times B$ für C_1 und C_2 repliziert wird. In dem Beispielexperiment von White et al. (2012), auf das in Kapitel 3 Bezug genommen wurde, zeigte sich z. B., dass die signifikante Interaktion Bedrohung durch Gefahr (A) × Vertrautheit der Zielperson (B) nur für C_2 (hohe Geschwisterzahl) auftrat, aber nicht für C_1 (niedrige Geschwisterzahl).

Dieses Experiment ist auch insofern instruktiv, als festgestellt wurde, dass die $A \times B$-Interaktion für alle Teilnehmer (C_1 und C_2 kombiniert) signifikant wurde. An diesem Beispiel wird ein häufiges Interpretationsproblem in faktoriellen Versuchsplänen deutlich. Der Interaktionseffekt in der Gruppe C_2 ist so stark, dass er sich selbst dann zeigt, wenn die Personen in C_1, die keinen Interaktionseffekt aufweisen, hinzugenommen werden. Erst durch die Analyse der Dreifachinteraktion $A \times B \times C$ wird klar, dass das Ergebnismuster der Interaktion zwischen den Faktoren A und B auf die Bedingung C_2 zurückgeht.

8.3.3 Solomon-Versuchspläne

Diese Versuchspläne kombinieren in ihrem Design den randomisierten Nur-Nachtest-Versuchsplan zum Vergleich von Experimental- und Kontrollgruppe mit dem Vortest-Nachtest-Kontrollgruppendesign. Das ist entweder vollständig der Fall (vgl. nächster Kasten) oder teilweise (vgl. übernächster Kasten).

Solomon-4-Gruppen-Design				
R	O_1	X	O_2
R	O_3		O_4
R		X	O_5
R			O_6

Das Solomon-4-Gruppen-Design kontrolliert sowohl Testeffekte (vgl. Punkt 7 in Tab. 4 auf S. 123) als auch die Interaktion von Testeffekten

Solomon-4-Gruppen-Design

mit der experimentellen Manipulation (Bröder, 2011). Es ist intern
valide und hat den zusätzlichen Vorteil, dass der Effekt der experimentellen Manipulation gleich viermal repliziert wird, nämlich durch
die Vergleiche $O_2 - O_1$, $O_2 - O_4$, $O_5 - O_6$ und $O_5 - O_3$.

Das Solomon-4-Gruppen-Design stellt eine vollständige Kombination von Vortest-Nachtest-Kontrollgruppendesign und Nur-Nachtest-
Versuchsplan dar und verbindet die Vorteile beider Versuchspläne.
Ein besonderer Gewinn des Solomon-4-Gruppen-Designs besteht
darin, dass es sich als 2×2 (Manipulation ja/nein × Vortest ja/nein)-
faktorielles Design (vgl. Kapitel 8.3.2) auswerten lässt. In diesem
faktoriellen Design wird erfasst, ob sich die unabhängige Variable
auswirkt und ob durch den Vortest eine Bedrohung der internen Validität gegeben ist. Denn der Haupteffekt des Vortests verweist auf
das (Nicht-)Vorhandensein von Testeffekten, während der Haupteffekt der Manipulation die Auswirkungen der unabhängigen Variable
auf die abhängige Variable erfasst. Neben den beiden Haupteffekten
kann auch überprüft werden, ob der Vortest mit der Manipulation
interagiert. Es könnte z. B. sein, dass die Manipulation bei den Personen, die vorgetestet sind, weniger stark wirkt als bei denen, die
keinen Vortest absolviert haben, weil die vorgetesteten Personen versuchen, möglichst konsistent zu antworten (vgl. Punkt 7 in Tab. 4 auf
S. 123).

Unten ist das Solomon-3-Gruppen-Design dargestellt, das eine ab-
gespeckte Version des Solomon-4-Gruppen-Designs beinhaltet. Der
Vorteil liegt darin, dass nur drei statt vier Versuchsgruppen gebildet
werden müssen.

Solomon-3-Gruppen-Design			
R	O_1	X	O_2
R	O_1		O_2
R		X	O_2

Solomon-3-Gruppen-Design

Der Solomon-3-Gruppen-Plan ermöglicht die Prüfung der Frage, ob
eine Interaktion zwischen Vortest und Wirksamkeit der experimentellen Manipulation auftritt (siehe oben). Allerdings wird nicht erfasst, wie die Reaktionen von Teilnehmern ausfallen, die weder
vorgetestet noch mit der experimentellen Manipulation konfrontiert
worden sind.

8.3.4 Zeitreihen-Versuchspläne

Abschließend wollen wir uns noch mit Zeitreihen befassen. Das Entfernte-Treatment-Design, das in Kapitel 8.3.1 dargestellt ist, beinhaltet schon eine (kurze) Zeitreihe. In Kapitel 9 (Längsschnittforschung und Veränderungsmessung) wird das Thema der Zeitreihen ausführlich behandelt. Während dort Längsschnittstudien im Vordergrund stehen, bei denen dieselben Personen mehrmals teilnehmen, konzentrieren wir uns in diesem Kapitel auf Querschnittstudien, die Vergleiche über die Zeit anstellen, die auf wechselnden Untersuchungseinheiten beruhen.

Verschiedene Versuchspläne stehen für die Zeitreihenanalyse zur Verfügung. An dieser Stelle wird ein Standardplan zugrunde gelegt, der quasi-experimentell ist und der als *unterbrochene Zeitreihenanalyse* bezeichnet wird.

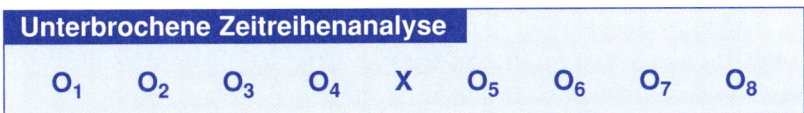

Unterbrochene Zeitreihenanalyse

$O_1 \quad O_2 \quad O_3 \quad O_4 \quad X \quad O_5 \quad O_6 \quad O_7 \quad O_8$

Die unterbrochene Zeitreihenanalyse dient dem Ziel, die Auswirkung einer Intervention auf der Grundlage einer Vielzahl von Messzeitpunkten vor und nach der Intervention zu ermitteln. Solche Interventionen können entweder durch die Versuchsleiterin manipuliert werden oder das Ergebnis eines natürlichen Experiments sein. Wenn keine Intervention stattgefunden hat (also das X in der symbolischen Darstellung des randomisierten Nur-Nachtest-Designs durch O ersetzt werden kann, vgl. Kapitel 8.3.2), haben wir es mit einer einfachen Zeitreihenanalyse zu tun.

Unterbrochene Zeitreihenanalyse

Einfache Zeitreihenanalyse

Im Folgenden werden zwei Beispiele für Zeitreihenanalysen aus der empirischen Forschung dargestellt, von denen das erste eine einfache Zeitreihenanalyse betrifft (Studie von Lips, 2003), während das zweite eine unterbrochene Zeitreihenanalyse beinhaltet (Studie von Berk et al., 2003). Beide Beispiele verwenden Archivmaterial, das eine häufig unterschätzte empirische Basis für die Prüfung von Hypothesen darstellt.

Auswertung von Archivmaterial

Ein Beispiel aus der Forschung: Gender Gap im Einkommen und in Ehrungen durch Preise

In der Studie von Lips (2003) geht es um die Hypothese, dass sich der sogenannte Gender Gap im Einkommen von Männern und Frauen in den USA im Laufe der letzten Jahrzehnte verringert hat.

Gender-Gap-Forschung

Um diese Frage zu beantworten, wertete die Autorin eine 10 und eine 50 Jahre umfassende Zeitreihe aus. Außerdem bezog sie noch eine 80 Jahre umfassende Zeitreihe ein, um zu prüfen, ob der Gender Gap auch jenseits von Einkommensstatistiken verringert worden war.

Die 10-jährige Betrachtung bezog sich auf die 1990er Jahre und stellt eine einfache Zeitreihe dar. Wenn der Unterschied im Einkommen der Frauen und der Männer als Bruch ausgedrückt wird (Einkommen$_F$/Einkommen$_M$), ergibt sich wenig überraschend immer ein Wert kleiner 1, der den Gender Gap im Einkommen dokumentiert. Für Personen mit Masterabschluss betrug dieser Kennwert z. B. .705 im Jahre 1991 und .723 im Jahre 2000. Der Gender Gap hat sich also für diese Bildungsgruppe in dem untersuchten Jahrzehnt geringfügig verkleinert.

Hingegen zeigte sich für die Bildungsgruppe mit Bachelorabschluss nahezu keine Veränderung über das untersuchte Jahrzehnt. Insgesamt ergeben diese Daten, dass der Gender Gap, entgegen der Hypothese, nicht abgenommen hat. Wenn überhaupt, dann hat sich der Gender Gap bei den niedrigen Bildungsabschlüssen etwas verringert.

Außerdem standen Einkommensdaten getrennt für Männer und Frauen für den Zeitraum von 1947 bis 2000 zur Verfügung. Die Auswertung dieser Zeitreihen ergab, dass kein Optimismus gerechtfertigt ist, was die Schließung des Gender Gaps betrifft. 1963 wurde der Equal Pay Act beschlossen, der gleiche Einkommen von Männern und Frauen für gleiche Arbeit fordert. Das Inkrafttreten dieses Gesetzes kann als natürliches Experiment aufgefasst werden, das durch eine unterbrochene Zeitreihe dargestellt werden kann. Unter einem natürlichen Experiment versteht man, wie schon erwähnt, Veränderungen, die z. B. alle Bürger eines Bundeslandes im Unterschied zu anderen Bundesländern betreffen. Solche Veränderungen können z. B. auf Naturkatastrophen zurückgehen. Der häufigere Fall besteht aber darin, dass sie sich durch neue Gesetzgebungen der Regierungen ergeben. Allerdings zeigten sich in den empirischen Daten keine Veränderungen in der Größe des Gender Gaps in Abhängigkeit von dem Inkrafttreten dieses Gesetzes.

Schließlich wollte die Autorin überprüfen, ob sich der Gender Gap auch in Leistungsbereichen außerhalb der Berufswelt zeigt. Dazu

wählte sie ein Gebiet aus, auf dem Frauen genauso gute Fähigkeiten zugeschrieben werden wie Männern, nämlich schriftstelle-
rische Leistungen. Im Einzelnen wurde analysiert, wie viele Männer und Frauen den US-amerikanischen Pulitzer-Preis gewonnen
hatten. Jährlich werden mehrere Pulitzer-Preise verliehen. Die
Zeitreihe reichte von 1917 bis 2002. Die Auswertung erbrachte
keine Hinweise darauf, dass der Gender Gap über den untersuchten Zeitraum abgenommen hatte. Allerdings ist darauf hinzuweisen, dass die Anzahl der Untersuchungseinheiten pro Jahr in
dieser Analyse sehr gering ist, so dass die Ergebnisse nur einen
geringen Stellenwert haben.

Auswertung der
Pulitzer-Preis-Vergabe

Das Grundprinzip der Zeitreihen ist einfach, während die statistische
Auswertung komplex ist. So verwendete Lips (2003) Analysen auf
der Basis des *autoregressive integrated moving average* (ARIMA)
und hierarchische log-lineare Modelle (vgl. Andersen, 1996; Krauth,
1996; Perels, 2010; Petermann, 1996b).

Ein Beispiel aus der Forschung:
Unerwartete Folgen der Legalisierung der Abtreibung

Die zweite Beispieluntersuchung, die Zeitreihen verwendete,
ging explizit von einem natürlichen Experiment aus. In dieser
Studie geht es um die langfristigen Folgen der Legalisierung der
Abtreibung, die auf der Grundlage von Archivdaten analysiert
werden. In einer Zeitreihenstudie (Berk, Sorenson, Wiebe &
Upchurch, 2003) wurde untersucht, ob sich die Legalisierung
der Abtreibung in den USA im Jahre 1973 auf Tötungsdelikte mit
jugendlichen Opfern ausgewirkt hat. Der Altersrange der Opfer
wurde zwischen 15 und 24 Jahren erfasst. Da die Legalisierung
1973 erfolgte, sollte eine Reduktion der Opferzahlen für die
15-Jährigen ab 1988 zu beobachten sein. Wenn ein solcher
Zusammenhang bestehen sollte, ist er natürlich nicht intendiert.
Es handelt sich vielmehr um einen Nebeneffekt, der interessante
Fragen aufwirft.

Die Ergebnisse zeigten, dass für männliche Jugendliche der erwartete Zusammenhang besteht, aber nicht für weibliche Jugendliche. Die Auswirkung der Intervention ließ sich nur in den Daten
der männlichen Opfer nachweisen, deren Todesfälle durch Gewalt-
anwendung nach dem entsprechenden Zeitraum gestaffelt nach
Altersgruppe abnahmen. Dieses Ergebnis könnte einen kausa-

Wie wirkt sich die
Legalisierung der
Abtreibung aus?

len Zusammenhang nahelegen, obwohl verschiedene Alternativhypothesen denkbar sind, die sich anhand der Daten nur teilweise
ausschließen lassen. So könnten in den späten 1980er Jahren
Drogenhandel und Drogenkonsum abgenommen haben. Offensichtlich bleibt hier noch ein großer Interpretationsspielraum.

Regressions-Dis-
kontinuitäts-Analyse Abschließend ist anzumerken, dass die unterbrochene Zeitreihenanalyse zwei typische Folgen einer Intervention aufzeigen kann: eine
Verschiebung des Niveaus der Kurve nach oben oder nach unten sowie
eine Veränderung der Steigung der Kurve. Diese beiden Effekte lassen sich durch eine Regressions-Diskontinuitäts-Analyse auswerten
(vgl. Bierhoff & Rudinger, 1996; Shadish et al., 2002).

Wir sind ausführlicher auf Zeitreihen eingegangen, um etwas von der
Faszination der Forschung mit Archivdaten den Leserinnen und Le-
sern zu vermitteln. In solchen Daten schlummert eine große Aussagekraft, wenn nur die richtigen Hypothesen aufgestellt und die entsprechenden Designs angewandt werden. Ein Vorteil solcher Daten
besteht auch darin, dass ihre Messung nicht durch den Forschungs-
Nicht-reaktive vorgang verfälscht werden kann, da die Messung nicht reaktiv ist
Verfahren (Benz, 2010; Petermann & Noack, 1999).

Allerdings gibt es in der Regel eine Vielzahl von möglichen Störvariablen, die sich nur unzureichend kontrollieren oder ausschalten
lassen. Außerdem kann die statistische Schlussfolgerungsvalidität
beeinträchtigt sein, wenn zufällig signifikante Ergebnisse aus großen
Korrelationstabellen als scheinbar bedeutsam herausgefischt werden.
Möglicherweise fällt die Studie von Berk et al. (2003) unter diese Kritik (vgl. Punkt 3 in Tab. 7 auf S. 137), sodass sie dringend durch eine
Replikation untermauert werden müsste, bevor der postulierte Zusammenhang als bestätigt angenommen werden kann.

8.4 Hypothesenprüfung und Replikation

Der Weg von einfachen Laborexperimenten bis zur Analyse komplexer Datenreihen, die in Zeitreihen enthalten sind, ist weit. Wir wollen
abschließend darauf hinweisen, dass die dargestellten Versuchspläne
in der Struktur sehr unterschiedlich sind. Gleichzeitig lässt sich aber
feststellen, dass das Bewertungssystem auf der Grundlage der möglichen Quellen der Bedrohung der Validität im Wesentlichen auf alle

Versuchspläne anwendbar ist. Insofern stellt es universelle Check-listen zur Verfügung, deren Nutzung dazu führt, dass die Qualität der Forschung auf der Grundlage eines methodischen Bezugssystems erhöht werden kann.

Bewertung der Qualität der Forschung auf der Grundlage eines methodischen Bezugs-systems

Für die Qualität der Forschung ist ein weiteres Kriterium von wesent-licher Bedeutung. Das ist die Replikation von Befunden. Ergebnisse werden dadurch abgesichert, dass sie repliziert werden. Das Thema der Replikation wurde in der Klinischen Psychologie schon frühzei-tig in seiner Bedeutung erkannt. Es ist aber auch für alle anderen Forschungsfelder in Psychologie und Medizin von großer Relevanz.

Die Bewertung einer empirischen Untersuchung setzt die intersubjek-tive Nachprüfbarkeit voraus (vgl. Kapitel 1.2). Diese beinhaltet nicht nur die sorgfältige Dokumentation aller Details der empirischen Un-tersuchung, sondern auch die Durchführung von Replikationen. Er-folgreiche Replikationen bestätigen die Zuverlässigkeit und Anwend-barkeit der Befunde der empirischen Untersuchung.

Begriffsklärung: Replikation

Replikation bezieht sich auf die Frage, ob die Ergebnisse in einer empirischen Untersuchung auf eine Vielzahl von Settings, Verhal-tensweisen, Messverfahren, Versuchsleiter und Stichproben ge-neralisiert werden können (Kazdin, 1982, S. 284). Die Bedeutung der Replikation ist sowohl für die Bewertung von Einzelfallstudien als auch für die Bewertung von experimentellen Studien hoch. Für Einzelfallstudien wurden verschiedene Facetten der Replikation unterschieden (Hersen & Barlow, 1976; Petermann, 1981, 1996a):
- direkte Replikation,
- klinische Replikation,
- systematische Replikation.

Frage der Generali-sierbarkeit

Diese drei Facetten der Replikation werden im Folgenden ausführli-cher dargestellt:
- Die *direkte Replikation* beinhaltet, dass eine bestimmte Interven-tion (z. B. die Durchführung eines Verstärkungsplans) wiederholt wird. Dann hat man im einfachsten Fall einen ABAB-Versuchsplan vorliegen (vgl. Kapitel 8.3.1). Wie schon erwähnt, steht in dieser Notation A für Baseline und B für Intervention. Der ABAB-Ver-suchsplan beinhaltet die zweifache Durchführung der Intervention bei derselben Person und damit eine Replikation der Intervention.

Direkte Replikation

Eine Variante der direkten Replikation besteht darin, dass die Intervention bei einer zweiten oder generell bei weiteren Personen wiederholt wird. Dadurch kann untersucht werden, ob der Effekt der Intervention über unterschiedliche Personen generalisiert oder für einzelne Personen spezifisch ist. Es geht also um die Frage, ob eine Intervention in ihren Auswirkungen über unterschiedliche Personen verallgemeinert werden kann (z. B. alle 8-Jährigen, die als Legastheniker diagnostiziert wurden). In diesem Fall wird der ABAB-Versuchsplan in AB-Teilpläne aufgespalten.

Klinische Replikation
- Unter *klinischer Replikation* wird verstanden, dass eine Intervention in der Anwendung übernommen wird. Es geht also um die Bewährung in der Praxis. Dafür werden Behandlungspakete, die von einem Versuchsleiter bei mehreren Patienten durchgeführt werden, zusammengestellt (Hersen & Barlow, 1976). Es kommt auf die sorgfältige Dokumentation der Behandlungen an, um die Praxisbewährung einer Intervention aufzeigen zu können (Petermann, 1996a).

Systematische Replikation
- *Systematische Replikation* beinhaltet die Wiederholung der Intervention unter unterschiedlichen situativen Bedingungen. Das Setting der Intervention kann verändert werden oder ein männlicher Versuchsleiter wird durch eine weibliche Versuchsleiterin ersetzt. Auf diese Weise wird untersucht, ob die Effekte der Intervention über unterschiedliche Versuchsleiter und unterschiedliche Versuchsbedingungen replizierbar sind (vgl. Kapitel 7.3.3). Die Generalisierbarkeit der Ergebnisse ist umso größer, je größer die Vielfalt der Stichproben, der Versuchsleiter und der Versuchsbedingungen ist (Petermann, 1981). Die Generalisierbarkeit wird z. B. durch Interaktionen zwischen der Intervention und der Stichprobe eingeschränkt. Wenn das der Fall ist, besteht die Aufgabe darin herauszufinden, welche Ursache der Interaktion zugrunde liegt (vgl. Kapitel 1.6)

Das Thema der Replikation hat in den letzten Jahren in der Medizin und der Psychologie an Aufmerksamkeit gewonnen. Auslöser dafür ist eine kritische Analyse von Ioannidis (2005), der bezogen auf die medizinische Forschung zu dem Ergebnis kommt, dass die Replikation der Befunde in vielen Bereichen unzureichend ist. Nachfolgende Forschung hat die Skepsis von Ioannidis in Teilbereichen der medizinischen Forschung bestätigt (Owens, 2011, zitiert nach Silver, 2012). Inzwischen hat das Thema die Psychologie erreicht, wie ein Themenheft in der Zeitschrift *Perspectives on Psychological Science*, das von Pashler und Wagenmakers (2012) herausgegeben wurde, verdeutlicht.

Die Krise der Replikation beinhaltet, dass es in der veröffentlichten Forschung viele falsch-positive Resultate gibt, bei denen die Nullhypothese fälschlicherweise zurückgewiesen wurde. Eine Ursache der Krise der Replikation besteht darin, dass in der veröffentlichten Forschung wenige direkte Replikationen von Befunden berichtet werden. Anstelle solcher exakten Replikationen finden sich sogenannte konzeptuelle Replikationen (vgl. Kapitel 3.3.3), deren Ergebnisse mit der Originaluntersuchung nicht direkt vergleichbar sind (Pashler & Harris, 2012).

Das Problem wird auch daran deutlich, dass es in der empirischen Forschung in unterschiedlichen Wissenschaften große Probleme mit der Formulierung von genauen Vorhersagen gibt (Silver, 2012, S. 249): „Die Misserfolgsrate für Vorhersagen in ganzen Feldern, die von der Seismologie bis zu politischen Wissenschaften reichen, scheint extrem hoch zu sein."

Ioannidis verweist darauf, dass die Zahl der empirischen Publikationen dramatisch angestiegen ist und dass es unwahrscheinlich ist, dass in diesem Umfang zur Wissensgenerierung beigetragen werden kann (zitiert nach Silver, 2012, S. 249). Das exponentielle Wachstum von potenziell relevanten Informationen hat dazu geführt, dass die Zahl der Hypothesen, die getestet werden, stark zugenommen hat. Als Beispiel wird von Silver (2012) genannt, dass die US-Regierung 45.000 ökonomische Statistiken veröffentlicht, auf deren Grundlage Millionen, wenn nicht Milliarden Hypothesen getestet werden können. Tatsächlich ist aber festzustellen, dass die Zahl der sinnvollen Zusammenhänge in den Daten, die sich als wissenschaftliche Hypothesen vorhersagen lassen, dramatisch niedriger ist. Wie Silver (2012, S. 250) anschaulich formuliert: „Die meisten Daten sind einfach nur noise, genauso wie der größte Teil des Universums mit leerem Raum gefüllt ist."

Es gibt aber auch viele andere Ursachen für die Veröffentlichung von falsch-positiven Ergebnissen. Dazu zählt das Phänomen der *overconfidence* der Forscher (vgl. Kapitel 1.1) sowie die Publikationspolitik vieler Zeitschriften, Beiträge zu bevorzugen, die (scheinbar) Neuland betreten. Hingegen werden direkte Replikationen als langweilig und wenig originell betrachtet und eher zurückgestellt. Das Problem von zahlreichen falsch-positiven Resultaten kann aber nur durch erfolgreiche Replikationen überwunden werden.

In Kapitel 1.3 wurde die Logik der Forschung beschrieben. Der kritische Rationalismus betont die Falsifikation von Hypothesen als Motor des wissenschaftlichen Fortschritts. Die Falsifikation von Hypothesen, für die in wissenschaftlichen Veröffentlichungen erste Belege berichtet worden sind, beruht auf direkten Replikationen, die nicht erfolgreich verlaufen. Hingegen sind erfolgreiche Replikationen eine Bestätigung für die Hypothese. Auf jeden Fall wird deutlich, dass direkte Replikationen im Forschungsprozess, der auf dem Falsifikationsprinzip aufbaut, unverzichtbar sind.

Zusammenfassung

Für die empirische Hypothesenprüfung wird neben klassischen Experimenten auf Quasi-Experimente, natürliche Experimente sowie Korrelationsstudien zurückgegriffen. In experimentellen Designs wird die unabhängige Variable systematisch variiert („manipuliert"). Durch Randomisierung der Teilnehmer wird das Problem der Vergleichbarkeit der Teilnehmer in den verschiedenen Bedingungen minimiert. In Quasi-Experimenten entfällt die Randomisierung der Teilnehmer, während es sich bei natürlichen Experimenten um Untersuchungen handelt, in denen die unabhängige Variable nicht willkürlich durch die Versuchsleiterin variiert werden kann. Stattdessen werden die Auswirkungen eines auf natürliche Weise hervorgerufenen Ereignisses mit einer Vergleichsbedingung kontrastiert. Korrelationsstudien prüfen Größe und Richtung der Beziehung zwischen Variablen.

Vortest-Nachtest-Versuchspläne umfassen das Ein-Gruppen-Vortest-Nachtest-Design, bei dem zahlreiche Bedrohungen der internen Validität zu beachten sind, sowie das Entfernte-Treatment-Design, in dem Effekte der Manipulation bei denselben Teilnehmern repliziert werden können. Ferner zählen zu den Vortest-Nachtest-Versuchsplänen das nicht äquivalente Vortest-Nachtest-Kontrollgruppendesign, bei dem eine Kontrollgruppe eingeführt wird, ohne dass eine Randomisierung stattfindet, sowie das Vortest-Nachtest-Kontrollgruppendesign, das auf Randomisierung beruht. Letzteres weist eine gute interne Validität auf, jedoch ist die Validität durch die Verwendung von Vortests eingeschränkt. Bei Nur-Nachtest-Versuchsplänen wird auf einen Vortest verzichtet, sodass die damit verbundenen Probleme vermieden werden. Das nicht äquivalente Nur-Nachtest-Design zum Vergleich von Experimental- und Kontrollgruppe verwendet eine nicht äquivalente Kontrollgruppe und ist daher nicht zu empfehlen, während beim randomisierten Nur-Nachtest-Design zum Vergleich von Experimental- und Kontrollgruppe eine randomisierte Gruppenzuteilung erfolgt. Die interne Validität dieses Designs ist als gesichert anzusehen. Das faktorielle Design berücksichtigt mehrere unabhängige Variablen, die systematisch variiert werden. Solomon-Versuchspläne kombinieren den randomisierten Nur-Nachtest-Versuchsplan mit dem Vortest-Nachtest-Kontrollgruppendesign. Durch unterbrochene Zeitreihenanalysen können die Auswirkungen einer Intervention auf der Grundlage einer Vielzahl von Messzeitpunkten vor und nach der Intervention ermittelt werden. Abschließend wurde die Bedeutung der Replikation für die Prüfung von Hypothesen im wissenschaftlichen Forschungsprozess dargestellt.

Weiterführende Literatur

Haslam, S. A. & McGarty, C. (1998). *Doing psychology.* London: Sage.

Kerlinger, F. N. (1986). *Foundations of behavioral research* (3rd ed.). New York: CBS College Publishing.

Shadish, W. R., Cook, T. D. & Campbell, D. T. (2002). *Experimental and quasi-experimental designs for generalized causal inference.* Boston, MA: Houghton Mifflin.

Fragen

1. Inwieweit können Vortests die Konstruktvalidität einer Studie beeinträchtigen?
2. Welche Vor- und Nachteile gehen mit dem Entfernten-Treatment-Design einher?
3. Aus welchen Gründen ist das nicht äquivalente Nur-Nachtest-Design nicht empfehlenswert?
4. Wodurch ist das Solomon-4-Gruppen-Designs charakterisiert?

Lösungshinweise finden Sie unter
www.hogrefe.de/buecher/lehrbuecher/psychlehrbuchplus.

Kapitel 9
Veränderungsmessung und Längs-schnittforschung

Inhaltsübersicht

Aufbau dieses Kapitels

In diesem Kapitel werden zunächst ein Überblick und Beispiele zu Anwendungsbereichen (Forschungsbereiche, Forschungsfragen) der Veränderungsmessung gegeben. Zudem wird auf die zentralen Fragestellungen und Zielparameter dieser Methodik eingegangen. Im zweiten Abschnitt werden Stabilitäts- und Variabilitätskonzepte beschrieben und anhand von Beispielen illustriert. Im dritten Abschnitt werden Quer- und Längsschnittstudien definiert und Vor- und Nachteile bzw. Problembereiche dieser Studiendesigns gegenübergestellt. Abschnitt 9.4 widmet sich dem Messbedeutungsproblem. In Abschnitt 9.5 werden die direkte und indirekte Veränderungsmessung thematisiert, Abschnitt 9.6 beschreibt methodische Aspekte von Zwillings- und Adoptionsstudien als Spezialfälle von Längsschnittstudien.

9.1 Einleitung

Veränderungsmessung ist in vielen Fachrichtungen der Psychologie relevant

Wesentliche Aussagen in der Psychologie beziehen sich auf die Variabilität und Beeinflussbarkeit psychischer Prozesse. So interessieren sich Entwicklungspsychologen u. a. dafür, wie im Kindesalter kognitive und soziale Prozesse ablaufen und welche Voraussetzungen für nachfolgende Entwicklungsschritte dringend erforderlich sind. Klinische Psychologen und Psychotherapeuten suchen nach Behandlungsmethoden und Mechanismen, wie man psychische Krankheiten gezielt verhindern oder besonders effektiv behandeln kann. Sozialpsychologen beschäftigen sich mit Einstellungsänderungen und wollen klären, durch welche Informationen und/oder Erfahrungen solche Prozesse entstehen. Neuropsychologen untersuchen u. a. unsere Aufmerksamkeitsprozesse und analysieren, unter welchen Bedingungen es zu Problemen kommt und wie man durch „Training" seine Aufmerksamkeit verbessern kann.

Veränderungsmessung firmiert auch unter anderen Begrifflichkeiten

Ein großes Problem ergibt sich aus der Tatsache, dass die Forschungsfragen der Veränderungsmessung unter verschiedenen Begrifflichkeiten behandelt werden; besonders häufig werden die folgenden Termini verwendet: Effektanalyse, Einzelfallanalyse, Entwicklungsanalyse, Längsschnittanalyse, Mehrzeitpunktmessung, Panelstudie, prospektive Studie, Prozessanalyse, Wiederholungsmessung, Zeitreihenstudie, Wirksamkeitsstudie (u. a. Petermann, 2010).

Die angeführten Beispiele verdeutlichen, dass sich die Psychologie in vielfältiger Weise mit der Beschreibung, Erklärung und Modifikation intraindividueller Veränderungen beschäftigt. Die Forschungsmethoden der Psychologie müssen sich deshalb mit der Abbildung und

Abbildbarkeit intraindividueller Veränderungen befassen. Unter dem Begriff „intraindividuelle Veränderungen" kann man in der Psychologie dabei sehr unterschiedliche Phänomene verstehen. Entsprechend unterscheiden sich die Forschungsfragen, die man in diesem Kontext beantworten möchte (vgl. dazu den folgenden Kasten).

Beispiele für Forschungsfragen, die sich mit intraindividuellen Veränderungen beschäftigen

- Wie verändern sich die kristalline und fluide Intelligenz im hohen Alter?
- In welchen Schritten bilden sich im Vorschulalter sprachliche Fertigkeiten (z. B. im Bereich der Grammatik) aus und wie lassen sich Änderungen zuverlässig erfassen?
- Welche Wirkungen zeigen unterschiedlich gestaltete Werbekampagnen auf das Kaufverhalten modebewusster jugendlicher Konsumenten?
- Mit welchen Kenngrößen gelingt es besonders ökonomisch, die Wirksamkeit unterschiedlicher Therapieprogramme miteinander zu vergleichen?
- Wie kann man die Entwicklung der Leistungsmotivation (der Leistungsbereitschaft) unter Beachtung von Vorläufermerkmalen (z. B. der Fähigkeit zum Belohnungsaufschub) analysieren?
- Welche ungünstigen Temperamentmerkmale im ersten Lebensjahr (z. B. das Merkmal „Verhaltenshemmung") erhöhen im Kindesalter die Wahrscheinlichkeit für eine Herausbildung einer Angststörung drastisch?
- Woran kann man effiziente Förderprogramme erkennen, mit deren Hilfe man einer Demenz im Alter entgegenwirken kann?
- In welchen Merkmalen unterscheiden sich Jugendliche mit und ohne Migrationshintergrund darin, ob sie aggressiv-dissoziales Verhalten entwickeln?
- Worin liegen die Ursachen selbstverletzenden Verhaltens im frühen Jugendalter und welche Störungen entwickeln weibliche und männliche Heranwachsende in erster Linie vor dem Hintergrund einer solchen psychischen Vorbelastung?
- Von welchen psychischen Merkmalen (z. B. Neugier, Leistungsmotivation) wird die soziale Mobilität in der Gesellschaft beeinflusst?

Viele Forschungsfragen beschäftigen sich mit intraindividuellen Veränderungen

Betrachtet man die oben zusammengestellten Beispiele, dann wird schnell deutlich, dass sich die Forschungsfragen verschiedenen Gruppen zuordnen lassen, die sich im Wesentlichen daran orientieren,

welche Qualität die betrachtete Veränderung besitzt und durch was
der zu untersuchende Prozess ausgelöst wird. Bei dieser Unterscheidung wird auch von Bedeutung sein, über welchen Zeitraum sich die
Veränderung erstreckt: Die Beispiele reichen von biologischen Rhythmen auf der Basis weniger Sekunden oder Minuten (z. B. die Veränderungen im EEG, der Herzfrequenz, des Pulsschlags) oder Prozessen, die sich lebenslang ereignen und nur über die Lebensspanne
insgesamt oder große Bereiche davon sinnvoll analysiert werden
können. In der Regel unterscheidet man drei Arten von Veränderungen (vgl. auch Eid, Geiser & Nußbeck, 2008; Waldmann, 1997):

Verhaltensschwankungen, entwicklungsbedingte Veränderungen, interventionsbedingte Veränderungen

- *Verhaltensschwankungen,* die durch situationale Faktoren oder
biologische Rhythmen erklärt werden können. Solche Veränderungen sind sehr variabel und in der Regel reversibel (z. B. Stimmungsschwankungen einer Person).
- *Entwicklungsbedingte Veränderungen,* die auf Lernen und Reifung
zurückgehen. Solche Veränderungen sind relativ stabil und nur
zum Teil reversibel. In der Entwicklungspsychologie werden solche Veränderungen als Trends (Wachstum, Leistungsverbesserung,
Abbau von kognitiven Leistungen im Alter) dargestellt; in der
Klinischen Psychologie wird man damit etwa die ungünstige Prognose eines unbehandelten Verlaufs einer psychischen Störung
(z. B. einer Depression) beschreiben können.
- *Interventionsbedingte Veränderungen* basieren auf einer systematisch herbeigeführten Beeinflussung. Hierbei hofft man, dass diese
durch gezielte Förderung (z. B. in der Schule) oder durch eine
Therapie herbeigeführte Veränderung (z. B. Heilung) von Dauer
ist. Interventionsbedingte Veränderungen stellen also „künstlich"
herbeigeführte Eingriffe in den naturgemäß zu erwartenden Entwicklungsverlauf dar. Solche Veränderungen wollen damit deutlich (sprunghaft) den natürlichen Verlauf einer Krankheit oder
einer anderen Beeinträchtigung positiv und nachhaltig beeinflussen. Selbstverständlich setzt diese positive Beeinflussung genaue
Kenntnisse über Entwicklungs- bzw. Krankheitszustände voraus,
um gezielt und erfolgreich Veränderungen herbeizuführen.

9.2 Stabilitäts- und Variabilitätskonzepte

Aus den Formulierungen möglicher Forschungsfragen im vorherigen
Abschnitt wurde schon deutlich, dass sehr unterschiedliche Konzepte
von Variabilität gemeint sind. So wird man bei der Veränderung der
Intelligenz im (hohen) Alter nicht von einer Invarianz oder einem

Intelligenzabfall (also einem negativen Trend) ausgehen können. Legt man eine komplexe Intelligenztestbatterie (z. B. die Wechsler-Tests, etwa die Wechsler Adult Intelligence Scale, WAIS-IV; vgl. Petermann, 2012) zugrunde, dann wird man eine große interindividuelle Variation bei Gleichaltrigen und zudem im Altersverlauf eine qualitative Veränderung von Intelligenzleistungen feststellen. Ebenso wird man bei Vorschulkindern Veränderungen in der Sprachentwicklung eher als qualitative Prozesse beschreiben können als lediglich durch eine Vergrößerung des Wortschatzes. In der Regel sind quantitative Veränderungen (u. a. Verlust, Anstieg, Wachstum) einfacher zu erfassen als qualitative Veränderungen, da sich bei „Qualitätsänderungen" im zeitlichen Verlauf neue, bislang nicht erfasste Merkmale, Fertigkeiten oder Zustände herausbilden. In solchen Fällen gelingen Veränderungsaussagen nur dann, wenn man theoretisch und/oder empirisch begründete Konzepte darüber ableiten kann, welche Vorläuferfertigkeiten im Entwicklungsverlauf mit spezifischen (neuen) Qualitäten in Beziehung stehen. So bildet z. B. die Benennungsgeschwindigkeit für Objekte, über die Kinder im Vorschulalter verfügen, einen Prädiktor für die Qualität späterer Schulleistungen.

Erwartete Veränderungen sind immer kontextabhängig

Konstanz und Variabilität können aber auch im Sinne von regelhaft vs. nicht-regelhaft verstanden werden. Eine unserer Forschungsfragen im Kasten in Kapitel 9.1 bezog sich auf das Kaufverhalten modebewusster Jugendlicher. Möchte man z. B. die Kaufgewohnheiten bei Kosmetika (z. B. einer bestimmten Marke) genauer betrachten, dann ist man an der Kauffrequenz innerhalb einer vorgegebenen Zeitspanne interessiert. Ein solches Kaufverhalten liegt dann vor, wenn das Produkt bzw. die Marke in regelmäßigen zeitlichen Abständen erworben wird; von Variabilität würde man sprechen, wenn dies nicht der Fall ist.

In der Entwicklungspsychologie untersucht man – vor allem bezogen auf das Kleinkind- und Vorschulalter, ob prototypische Entwicklungsverläufe vorliegen und ab wann man von einer abweichenden Entwicklung sprechen muss. Dies kann man am Beispiel der motorischen und gegebenenfalls klinisch auffälligen Entwicklung erläutern: 90 % aller Kinder erlernen das freie Laufen zwischen dem 9. und 17. Monat (Largo, 1999). Diese Kinder lernen dies über die Sequenz „Rollen", „Krabbeln" und „Aufstehen" – dieser Verlauf wäre prototypisch, also konsonant. Bei 13 % aller Kinder tritt jedoch eine dissonante Entwicklung auf, d. h. sie folgen nicht der oben genannten Entwicklungssequenz und insgesamt 5 % der Kinder krabbelt nie. Variabilität bedeutet in diesem Fall „dissonant zu der prototypischen Entwick-

In der Entwicklungspsychologie untersucht man, ob eine abweichende Entwicklung vorliegt

lungssequenz der ersten beiden Lebensjahre". Allerdings stellt diese Entwicklungsabweichung in diesem Fall kein Risiko für die weitere Entwicklung eines Kindes dar (Largo, 1999).

9.3 Querschnitt- und Längsschnittstudien

9.3.1 Querschnittstudien

In einer Querschnittstudie werden Daten zu einem Zeitpunkt erhoben

Bei einer Querschnittstudie stellt man zu einem Erhebungszeitpunkt Personen verschiedener Altersgruppen zusammen. Die untersuchten Stichproben entstammen verschiedenen Kohorten, d. h. Personen, die aufgrund ihres unterschiedlichen Alters verschiedenen Generationen angehören, also unterschiedliche Start- und Sozialisationsbedingungen aufweisen. Zusätzlich zu diesem Problem der Vergleichbarkeit von Stichproben kann eine selektive Populationsveränderung auftreten. Eine selektive Populationsveränderung liegt dann vor, wenn besonders willensstarke oder besonders gesundheitsbewusste Personen (oder solche mit einer besseren Bildung und Ausbildung) soziale Krisen eher „überleben". Eine solche Stichprobenveränderung (= Dropout-Rate, Morbiditätsrate) ist besonders folgenschwer, wenn man Merkmale (z. B. die Leistungsmotivation) untersuchen möchte, die direkt oder indirekt mit den Einflussgrößen der Stichprobenselektion in Beziehung stehen.

Wichtig ist die Passung zwischen Erhebungsmethode und Stichprobenmerkmalen

Ein weiteres Problem ergibt sich aus der für die einzelnen Altersstichproben unterschiedlichen Aussagekraft der Erhebungsinstrumente. So kann ein Fragebogen (als Papier-Bleistift-Test oder als Online-Fragebogen) bei älteren Menschen eine abschreckende Wirkung aufweisen; die von Älteren erzielten Testergebnisse dürfen dann nicht unmittelbar mit denen, die die Jüngeren erzielten, verglichen werden.

Bei einer Kohorte ist keine eindeutige Zerlegung der Einflüsse mehrerer Merkmale möglich

Als sehr gewichtiges Problem ist die Konfundierung von Alter und Kohorte (Generation) anzusehen. Bei einer Kohorte können die Einflüsse mehrerer Merkmale nicht eindeutig in für die einzelnen Merkmale spezifische Komponenten zerlegt werden. Möchte man in einer Querschnittstudie klären, ob ältere Personen eine stärker ausgeprägte Leistungsmotivation als junge Menschen aufweisen, so bereitet es Probleme, Veränderungen in der Leistungsmotivation eindeutig auf das Merkmal „Alter" zurückzuführen. Mit derselben Berechtigung könnte man von Effekten der Kohorte (Generation) sprechen, da sowohl das Alter als auch die Stichprobe, an der die Ergebnisse gewonnen wurden, variiert. Durch die unterschiedlichen kulturellen und sozialen Einflüsse der Gesellschaft ist ein solcher Kohorteneffekt beachtlich und verhindert entscheidend, dass ein Entwicklungsverlauf aufgrund einer Querschnittstudie bestimmt werden kann.

9.3.2 Längsschnittstudien

Die Querschnittstudie zeichnet sich durch ihre Ökonomie aus, die durch eine Datenerhebung an nur einem Zeitpunkt bedingt ist. Längsschnittstudien gehen von einer Stichprobe aus und untersuchen diese zu mehreren Zeitpunkten. Die meisten der sehr bekannten Längsschnittstudien, wie die Dunedin-Studie (vgl. S. 329/330), erheben eine Geburtskohorte von den ersten Lebenstagen über mehrere Jahrzehnte. Diese Studien sind – zumindest für eine Region – repräsentativ und umfassen minimal mehrere 100 oder gar mehrere 1.000 Personen. Die Erhebungen erfolgen im Kindesalter in kürzeren Abständen (ca. alle zwei bis fünf Jahre) und im Erwachsenenalter in deutlich längeren Zeitabständen (mindestens zehn und mehr Jahre).

In Längsschnittstudien werden Daten zu mehreren Zeitpunkten erhoben

Längsschnittstudien sind sehr teure und organisatorisch besonders aufwendige Verfahren, die eine Reihe von Problemen zur Folge haben. Im Einzelnen sind hier die im folgenden Kasten aufgelisteten Problembereiche aufzuführen (Petermann, 1978).

Problembereiche bei der Durchführung von Längsschnittstudien

- selektive Ausgangsstichprobe
- selektive Stichprobenveränderung
- Wahl eines angemessenen Erhebungsintervalls
- Testungsfaktoren
- Einflüsse des Erhebungsinstruments

Selektive Ausgangsstichprobe

Aufgrund von finanziellen und organisatorischen Rahmenbedingungen müssen sich großangelegte Längsschnittstudien beschränken; sie werden beispielsweise nur in einer Region, bezogen auf eine Stadt, einen Bezirk oder eine Insel realisiert. Manche Längsschnittstudien geben auch von Anfang an die Idealforderung auf Repräsentativität auf und untersuchen systematisch Risiko- oder Hochrisikogruppen. Im letzten Fall werden beispielsweise psychiatrische Patienten, Kinder von psychisch kranken Eltern, traumatisierte Kinder u. Ä. über Jahrzehnte

Längsschnittstudien sind oftmals hinsichtlich ihrer Stichprobenauswahl und Rahmenbedingungen begrenzt

verfolgt. Die Zugänge zu solchen Stichproben erfolgen über Kliniken oder anderen Institutionen (z. B. Einrichtungen der Jugendhilfe, Gesundheitsämter). Alle diese Zugänge im Rahmen der Gewinnung einer Ausgangsstichprobe weisen charakteristische Verzerrungen auf, die bei der Bewertung der erzielten Befunde zu beachten sind.

Es ist schwierig, eine repräsentative Stichprobe in der Allgemeinbevölkerung für eine Längsschnittstudie zu gewinnen

Versucht man eine repräsentative Stichprobe in der Allgemeinbevölkerung für eine Längsschnittstudie zu gewinnen, muss man alle Studienteilnehmer ausführlich und wahrheitsgemäß (auch über den persönlichen Aufwand der Teilnahme) informieren. In der Regel gewinnt man gebildete und finanziell besser gestellte Personen leichter als solche mit ungünstigeren Voraussetzungen. Man gewinnt also nicht nur Menschen mit einem höheren sozial-ökonomischen Status leichter, sondern diese Personen weisen IQ-Werte auf, die meistens weit über dem Bevölkerungsdurchschnitt liegen.

Selektive Stichprobenveränderung

Wiederholte Erhebungen erfordern von Seiten der Teilnehmer an einer Längsschnittstudie ein relativ hohes Engagement, sich den verschiedenen Tests (Erhebungsprozeduren) über einen relativ langen Zeitraum hinweg zu unterziehen. Ein solches Interesse kann nicht bei allen Teilnehmern vorausgesetzt werden. Neben einem Ausscheiden (Dropout) aus Desinteresse kann es zusätzlich zum Ausscheiden aus äußeren Gründen, wie Wohnungs-, Schul- und Berufswechsel kommen. Wenn diese Ausfälle nicht zufällig stattfinden (was eigentlich nicht zu erwarten ist), sondern auf einem systematischen Faktor beruhen (z. B. Konkurs eines Großbetriebes, der bestimmte Personengruppen zwingt, die Region zu verlassen), ist eine Dropout-Rate

Einem Stichprobenschwund ist schwer gegenzusteuern

selektiv. Dieser selektive Stichprobenschwund ist zwar im Nachhinein zahlenmäßig genau zu bestimmen, jedoch kann man diesem Schwund im Rahmen der Studienplanung nur schwer gegensteuern. Einige Längsschnittstudie versuchen aus diesem Grund, die Studienteilnahme langfristig durch finanzielle Anreize sicherzustellen.

Wahl eines angemessenen Erhebungsintervalls

Erhebungsintervalle können zu kurz oder zu lang gewählt werden

Eine erhebliche Schwierigkeit bringt die optimale Wahl des Erhebungsintervalls zwischen den verschiedenen Erhebungen einer Längsschnittstudie mit sich. Eine unangemessene Wahl kann sich in mehrfacher Weise negativ auswirken. So zeichnet sich ein zu kurz gewähltes Erhebungsintervall dadurch aus, dass sich in den Messungen ein noch nicht abgeschlossener Prozess (z. B. Wachstum, Genesung) niederschlägt und auf diese Weise keine Aussage über das erreichbare Entwicklungsniveau getroffen werden kann. Wählt man das Erhebungsintervall zu lang, so bildet das Messergebnis ebenfalls nicht zuverlässig den psychischen Prozess ab, da dieser von einem zwischenzeitlichen Ergebnis überlagert werden kann. Die Wahl des angemessenen Erhebungsintervalls sollte theoretisch und empirisch begründet werden. Das Grundproblem besteht demzufolge darin, Erhebungszeitpunkte so zu planen und anzuordnen, dass sie die zentralen Aussagen über den zu untersuchenden Prozess zulassen. Qualitativ hochwertige Längsschnittstudien sind aus diesem Grund vor allem in den Teildisziplinen der Psychologie zu erwarten, in denen bereits hinreichend gesichertes Wissen über die Abfolge, Struktur und Dynamik psychologischer Prozesse vorliegt.

Testungsfaktoren

Solche Faktoren ergeben sich aufgrund des Einflusses der Erst- auf die Wiederholungsmessung. Diese Effekte bestehen in erster Linie aus Übungs- und Lerneffekten der Studienteilnehmer (vgl. Bortz & Döring, 2006). Solche Effekte können nicht nur durch das Wiederholen von Aufgaben (Tests, Fragebögen) entstehen, sondern vielmehr auch als Funktion der allgemeinen Testerfahrung auftreten. Weiterhin kann man schwer ausschließen, dass nach der ersten Erhebung von Fähigkeiten (z. B. im Kindergartenalter) diese Fähigkeiten für die Folgemessung trainiert werden. Solche Effekte sind in Längsschnittstudien nicht kontrollierbar.

Wiederholungsmessungen können einen Einfluss auf die Testergebnisse ausüben

Generell spielen bei Längsschnittstudien Effekte des Testleiters und der Testsituation eine bedeutende Rolle. So ist es bei Längsschnittstudien über Jahre hinweg besonders schwer, Testleiterbedingungen konstant zu halten. Selbstverständlich treten über die Zeit bei den Teilnehmern auch Sättigungseffekte auf, die auf eine geringer werdende Motivation oder ein geringer werdendes Interesse der Teilnehmer zurückzuführen sind. Solche Testungseffekte können umfassend nur durch relativ aufwendige Versuchspläne eingegrenzt werden, die die auftretenden Störfaktoren kontrollieren (vgl. Bortz & Döring, 2006; Cook & Campbell, 1979).

Durch sorgfältige Versuchsplanung soll Testungseffekten vorgebeugt werden

Einflüsse des Erhebungsinstruments

Prinzipiell sind die Einflüsse des Erhebungsinstruments im Rahmen der Veränderungsmessung stärker als bei Einzeitpunktmessungen. Die bei Studienbeginn ausgewählten Instrumente dürfen nämlich während

Die Auswahl der Erhebungsinstrumente muss konstant gehalten werden

der Studie nicht ausgetauscht oder modifiziert werden. Ein solcher Schritt beeinträchtigt die Vergleichbarkeit der Ergebnisse, die im Verlauf der wiederholten Erhebungen erzielt wurden. Vielfach treten bei Erhebungsverfahren Decken- und Bodeneffekte auf, wodurch Veränderungen in den Extrembereichen nicht mehr zuverlässig über den Entwicklungsverlauf erkannt werden können. In manchen Fällen stellt es sich erst nach Studienbeginn heraus, dass die Erhebungsverfahren nicht sensibel genug konstruiert wurden, um auch geringere Veränderungen im Zeitverlauf anzuzeigen (vgl. das folgende Experteninterview mit Rainer Silbereisen).

Experteninterview

**Prof. Dr. Rainer Silbereisen,
Entwicklungspsychologe
und Längsschnittforscher**
Friedrich-Schiller-Universität Jena

Frage: Warum sind Längsschnittstudien für die Entwicklungspsychologie so wichtig?

Prof. Silbereisen: Intraindividuelle Veränderungen und zugleich Unterschiede zwischen Personengruppen kann man nur mittels Längsschnittdaten analysieren. Der Verlauf über die Zeit ist aber der zentrale Gegenstand der Entwicklungspsychologie. Unter den Längsschnittstudien gibt es einen besonderen Fall von großer Bedeutung, nämlich prospektive Studien an repräsentativen Stichproben, die weit vor jedem Aufscheinen des eigentlichen Zielverhaltens beginnen. Auf diese Weise kann man beispielsweise frühe Risikofaktoren oder Schutzfaktoren für abweichendes Verhalten im Jugendalter erkennen. Über lange Zeiträume angelegte Längsschnittstudien verlangen eine Anpassung der Messungen an den jeweiligen Entwicklungsstand, und wenn sie entsprechend breit angelegt sind, gehen solche Studien meist über die Kompetenz jener hinaus, die ihren Beginn konzipiert haben. Deshalb sind Sekundäranalysen und Analysen anhand von archivierten Daten typisch für großangelegte Längsschnittstudien. Allen diesen Studien ist ein Problem gemeinsam – in welchen zeitlichen Abständen sollen die Erhebungen erfolgen? Im Prinzip natürlich so, dass die eigentlich interessierenden Entwicklungsprozesse zu den angemessenen Zeitpunkten in ihrem jeweiligen Status erhoben werden. Wenn es sich aber um eine Untersuchung handelt, bei der mehrere Themen im Mittelpunkt stehen, ist dies schwer möglich und man wird sich auf konventionelle Zeitabstände einigen, beispielsweise im Jahresabstand oder in Abständen, die durch Institutionen vorgegeben werden, wie beispielsweise durch die Schule.

Frage: Welche Längsschnittstudie hat den Fortschritt der Entwicklungspsychologie am stärksten beeinflusst?

Prof. Silbereisen: Da kann man geteilter Meinung sein, je nach Thema und Altersabschnitt, der im Mittelpunkt des Forschungsinteresses steht. Auf jeden Fall sind für mich prospektive Studien mit repräsentativen Stichproben bedeutsam. Ich möchte hier unterscheiden zwischen Studien, bei denen Kontexte im Mittelpunkt stehen und solchen, bei denen biologische Prozesse und deren Folgen den Fokus darstellen. Besonders aufschlussreich für den Einfluss des gesellschaftlichen und kulturellen Kontexts auf Entwicklung sind und waren die britischen Geburtskohorten-Studien. Zu einem Stichzeitpunkt Geborene, die teils über Jahrzehnte weiter verfolgt wurden, nehmen teil. Diese Studien wurden in unterschiedlichen historischen Perioden immer wieder durchgeführt, wobei sich die Perioden beispielsweise hinsichtlich der wirtschaftlichen und politischen Situation unterscheiden und sich folglich aus dem Vergleich dieser Studien mehr oder weniger direkt der Einfluss beispielsweise der wirtschaftlichen und politischen Situation abklären lässt. Solche Studien sind für ein sozialökologisches Modell der Entwicklung grundlegend. Besonders aufschlussreich bezüglich des Einflusses biologischer Bedingungen und deren Wechselspiel mit Person und Umwelt ist die neuseeländische Dunedin-Studie, die eine Geburtskohorte von früh an über Jahrzehnte mit einem umfangreichen Programm begleitete, einschließlich, in neuerer Zeit, Markern für genetische und physiologische Prozesse. Diese Untersuchungen waren für die Verbreitung der Entwicklungspsychopathologie als eigenständige Disziplin wichtig.

Frage: Was sind die größten methodischen Probleme der Längsschnittforschung?

Prof. Silbereisen: Derer gibt es zahlreiche. Bezogen auf die Erhebung ist es die oftmals lange Wartezeit bis zur Beantwortung jener

Fragen, welche den Anlass der Studie gaben. Über diese lange Zeit geht zuweilen der wissenschaftliche Fortschritt hinweg, der neue Konzeptualisierungen erfordert. Aus diesem Grund werden langanhaltende Längsschnittstudien theoretisch oftmals neu erfunden, wobei die schon erhobenen Daten dann die Eingangsvoraussetzung sind. Weiterhin bedeutsam ist der oft große Ausfall an Teilnehmern über die Zeit. Die Unsicherheit über die angemessenen Intervalle bei den Erhebungen wurde bereits erwähnt. Bei der Auswertung sticht vor allem ins Auge, dass es sich bei den herausgestellten Herangehensweisen in der Regel um zugleich mehrere Ebenen von Daten handelt, beispielsweise Individuen, die ihrerseits in bestimmten Einheiten organisiert sind, wie beispielsweise Schulklassen oder administrative Regionen. Dabei möchte man den wechselseitigen Einfluss der Ebenen untersuchen. Das erfordert anspruchsvolle statistische Verfahren (z. B. Strukturgleichungs- bzw. Wachstumskurvenanalysen). Längsschnittforschung ist in der Regel immer korrelativ, was natürlich offenen Fragen hinsichtlich der Kausalität hinterlässt. Deshalb gibt es auch Kombinationen, wobei aus einer laufenden Längsschnittstudie heraus bei einer Teilmenge der Stichprobe systematische Interventionen mit Kontrollgruppen erfolgen, um mittels Regression vorhergesagte Veränderungen auch hinsichtlich ihrer tatsächlichen Veränderbarkeit und damit Kausalität zu erhellen. Übrigens enthalten prospektive Studien stets auch retrospektive Elemente, was wohl für nahezu alle Längsschnittstudien gilt, weil man nie in der Dichte erheben kann, wie es der Verlauf der interessierenden Prozesse eigentlich erfordert. Aus diesem Grund gibt es auch hierzu besondere Verfahren (Life History Calendar).

Frage: Wann kann man auf eine Längsschnittstudie zugunsten einer Querschnittstudie verzichten?

Prof. Silbereisen: Formal gesehen kann man auf Längsschnittstudien verzichten, wenn es keine den Alterseffekt überlagernden Effekte gibt, wie beispielsweise Kohorten und das, was an Einflüssen dahinter steht. Und wenn man nicht an interindividuellen Unterschieden und Verläufen interessiert ist bzw. diese unwahrscheinlich sind. Das ist eher im Kindesalter als im Erwachsenenalter der Fall wegen der evolutionär stärkeren Optimierung und damit Homogenisierung von Entwicklungsverläufen im Kindesalter.

Frage: Welche Längsschnittstudien aus Ihrem Forscherleben fanden Sie besonders wichtig?

Prof. Silbereisen: Unter den eigenen Studien natürlich jene im Rahmen des Sonderforschungsbereichs 580, weil sie mehrere Ebenen umfassen und den Einfluss von neuen Anforderungen aus dem sozialen und ökonomischen Wandel auf das Wohlbefinden und damit dann die Entwicklung der Persönlichkeit untersuchen (vgl. Silbereisen, Tomasik & Reitzle, 2012). Diese Studien wiederum waren angeregt durch die berühmten Sekundäranalysen, die Glen Elder zu den Berkeley- und Oakland-Längsschnittstudien aus den 20er und 30er Jahren des letzten Jahrhunderts durchgeführt hat.

Ein Beispiel aus der Forschung: Die Dunedin-Längsschnittstudie

Die Dunedin-Studie umfasst 1.037 Kinder, die zwischen dem 1. April 1972 und dem 31. März 1973 in Dunedin (Neuseeland) geboren wurden. Davon waren 535 Jungen und 502 Mädchen, 24 Zwillinge.

Die Kinder wurden nach der Geburt zum ersten Mal im Alter von 3 Jahren untersucht. Anschließend folgten Erhebungen im Alter von 5, 7, 9, 11, 13, 15, 18, 21, 26, 32 und 38 Jahren. Die nächste Erhebung erfolgt, wenn die Teilnehmer 44 Jahre alt sind (also 2016/2017). Für die Erhebungen reisen die Studienteilnehmer nach Dunedin, unabhängig davon, wo sie aktuell leben; beispielsweise haben rund 50 Studienteilnehmer derzeit ihren Wohnort in Großbritannien. Zu den Erhebungen erfolgen umfassende Untersuchungen zur körperlich-medizinischen Gesundheit (z. B. Herz-Kreislauf-System, Zahngesundheit, Atmung, Sexualität) und zur psychischen Gesundheit und dem Wohlbefinden. Zudem werden Interviews zu den Themen soziale Beziehungen, Partnerschaft, Familie und dem Verhalten durchgeführt.

Aus der Dunedin-Studie wurden im Laufe der Zeit weitere Studien abgeleitet. Die „Familiy Health History Study" beteiligte beispielsweise die Eltern der Studienteilnehmer, die „Parenting Study" bezog sich auf diejenigen Teilnehmer, die bereits selbst Eltern von Kleinkindern waren; die „Next Generation Study" bezog sich auf Studienteilnehmer und ihre Kinder im Teenageralter. Ausgehend von der Primärstudie ist es im Rahmen dieser Längsschnittstudie gelungen, die Entwicklung über drei Generationen abzubilden. Einen entscheidenden Einfluss auf die Qualität der Daten einer solchen Längsschnittstudie hat die Dropout-Rate. Die Dunedin-Studie weist eine bemerkenswert geringe Dropout-Rate auf. Von den ursprünglich 1.037 Kindern waren im Alter von 32 Jahren noch 1.015 Personen am Leben und davon nahmen 972, d. h. rund 94 % an der Erhebung teil.

Anhand der Daten der Studie konnte bereits eine große Anzahl von Publikationen verfasst werden. Besonders prominent sind z. B. die Arbeiten von Moffitt (1993; Moffitt & Caspi, 2001), die sich mit dem Verlauf aggressiv-dissozialen Verhaltens beschäftigt hat. Die Autorin konnte zwei Typen aggressiv-dissozialen Verhaltens bestimmen, die mit spezifischen Risikofaktoren und unterschiedlichen Prognosen einhergehen. Es handelt sich dabei um das aggressiv-dissoziale Verhalten mit einem frühen Beginn in der Kindheit und dem aggressiv-dissozialem Verhalten, das erst im Jugendalter auftritt. Die Einteilung des aggressiv-dissozialen Verhaltens nach dem Alter des Auftretens hat mittlerweile in den gängigen psychiatrischen Klassifikationssystemen Eingang gefunden (vgl. Petermann & Koglin, 2013). Aktuell beschäftigt sich die Arbeitsgruppe der Dunedin-Studie damit, den Verlauf aggressiv-dissozialen Verhaltens von der Kindheit bis zum mittleren Erwachsenenalter nachzuvollziehen (Odgers et al., 2008).

9.4 Das Messbedeutungsproblem

Neben verschiedenen statistischen Problemen (vgl. vor allem den sog. Regressionseffekt) tritt eine triviale Schwierigkeit auf, die sich ergibt, wenn wir Differenzbeträge aus einer Messfolge in Beziehung setzen. Die Veränderung um 10 IQ-Punkte bei einem Wechsler-Test im unteren Bereich (ca. 70 IQ-Punkte) hat eine viel größere Bedeutung als eine Änderung im mittleren Bereich (ca. 100 IQ-Punkte). Ein Fördererfolg von 70 auf 80 IQ-Punkte bedeutet für ein Kind, dass es regelhaft beschult werden kann, was bei einem deutlich niedrigeren IQ-Bereich nicht mehr ohne spezielle Förderungsmaßnahmen möglich wäre. Auf das Messbedeutungsproblem wies Bereiter (1963) schon vor einem halben Jahrhundert hin und forderte, Veränderung als unabhängige, hypothetische Größe aufzufassen, die nicht notwendigerweise die Beziehung von Anfangs- und Endwerten repräsentiert.

Differenzbeträge besitzen eine unterschiedliche Bedeutung

Auf das Messbedeutungsproblem wurde bereits vor einem halben Jahrhundert hingewiesen

Bereiters Überlegungen kann man am Beispiel einer Aufklärungskampagne zur Gefährlichkeit des Rauchens verdeutlichen. In einer solchen Studie würde man feststellen, dass die Anzahl der Zigaretten durchaus um einen bestimmten Wert pro Tag bei den Betroffenen abgenommen hat. Nach Bereiter muss man nun überprüfen, ob die zahlenmäßig gleiche Veränderung psychologisch äquivalent ist. Es ist zu vermuten, dass das subjektive Erleben der Reduktion für die einzelnen Konsumenten unterschiedlich ist, je nach den einzelnen wirkenden Randfaktoren (z. B. Veränderungen am Arbeitsplatz, neue Informationen zu Lungen- und Kehlkopfkrebs). Diese Randfaktoren finden im objektiven Veränderungsmaß keinen Niederschlag, obwohl es sich um Faktoren handelt, die für die Prognose des Erfolgs der Maßnahme von unterschiedlicher Bedeutung sind. Für Bereiter sind gerade diese Randfaktoren und deren Erfassung im Einzelfall von zentraler Bedeutung, um im Rahmen der Veränderungsmessung die relevanten Faktoren aufzudecken. In diesem Rahmen ist Bereiters Forderung einzuordnen, mit Hilfe von Skalen (z. B. Befragungen) das subjektiv erlebte Ausmaß der Veränderungen zu bestimmen. Allerdings bleibt bei diesem Ansatz unklar, auf welcher Dimension sich diese subjektiven Veränderungen abbilden lassen.

9.5 Direkte oder indirekte Veränderungsmessung

Die Methodendiskussion zum Thema „Veränderungsmessung" wurde in den letzten Jahrzehnten in der Psychologie stark von der Frage bestimmt, wie man das Ausmaß der Veränderung zwischen zwei Zuständen erfassen kann. Aufgrund der Tatsache, dass Messungen in der Psychologie (aber auch in allen übrigen Wissenschaften) von Messfehlern belastet sind, wurde das einfache Differenzmaß besonders häufig kritisiert (vgl. Cronbach & Furby, 1970; Petermann, 1978; Stieglitz & Baumann, 2001). Von den in den letzten Jahrzehnten vorgeschlagenen Alternativen hat sich nur die Schätzung der sogenannten wahren Differenzwerte nach Jacobson und Truax (1991), das Lord-McNemar-Verfahren, durchgesetzt. Mit diesem Ansatz wird ein Reliable Change Index (RC) berechnet, der auf den Messwertdifferenzen und Standardfehlern der Differenzen beruht. Den Kennwert RC verwendet man in der Regel in Psychotherapiestudien, um die therapeutische Veränderung zuverlässig bewerten zu können. Diese indirekte Form von Veränderungsmessung entspricht unserem Alltagsverständnis, da zwischen zwei Statuserhebungen eine Differenz gebildet wird (vgl. Stieglitz & Baumann, 2001). Eine ganz andere Idee zur Veränderungsmessung geht auf eine Arbeit von Bereiter zurück und ist 50 Jahre alt.

Zur Vermeidung von Messfehlern wird das Lord-McNemar-Verfahren angewandt

Die von Bereiter (1963) geforderte direkte Veränderungsmessung wird in der klinisch-psychologischen Forschung und Psychiatrieforschung

häufig eingesetzt. Man bittet Patienten und/oder Therapeuten retrospektiv (meist zu Therapieende) auf der Basis einer Symptomliste anzuzeigen, wie stark sich die Problemlage der Patienten durch die
Psychotherapie verändert hat. In der Regel wird eine Einschätzung auf
der Grundlage einer standardisierten Vorgabe (Skala) gefordert, wobei
Aussagen, Hinweise zum Umfang und der Richtung der Veränderung
eines Merkmals enthalten sein sollten. Bei kürzeren Zeiträumen (z. B.
einige Tage) liefert die direkte Veränderungsmessung keine zuverläs-
sigen Aussagen (vgl. schon Maier, Albus & Bech, 1990).

9.6 Zwillings- und Adoptionsstudien

Zwillings- und Adop-
tionsstudien ermög-
lichen Aussagen über
das Ausmaß an Erb-
lichkeit (Heritabilität)
von Personen-
merkmalen
Eine weitere Möglichkeit, die menschliche Entwicklung – vor allem
unter dem Blickwinkel der Bedeutung von Vererbung und Umwelteinflüssen – zu untersuchen, stellen Zwillings- und Adoptionsstudien
dar. Von besonderer Bedeutung ist dabei die Aussage über das Ausmaß an Erblichkeit (Heritabilität) von Intelligenz und verschiedenen
Persönlichkeitsmerkmalen (Riemann, 2005). Unter methodischen
Gesichtspunkten kann man die Entstehungseinflüsse in vier Aspekte
untergliedern:
* genetische Faktoren,
* geteilte Umwelt, also Einflüsse, die zur Ähnlichkeit von Familien-
  mitgliedern (z. B. Geschwistern) beitragen,
* spezifische Umwelt, also Aspekte, die durch die personenspezifi-
  schen Sozialisationserfahrungen entstehen, und
* Messfehler.

Zieht man Studien zur Intelligenzentwicklung heran, um die alters-
spezifisch unterschiedliche Bedeutung von genetischen und Umwelt-
faktoren zu erläutern, dann resultieren folgende Befunde (vgl. Plomin,
Der Einfluss der
Vererbung ist je
nach Altersgruppe
unterschiedlich
De Fries, Mc Clearn & Rutter, 1999): So überwiegen in frühester
Kindheit die geteilten Umwelteinflüsse, in der Kindheit kommt ihnen
ca. 25 % Einfluss zu, der im Erwachsenenalter völlig verschwindet;
der genetische Einfluss steigt hingegen von 40 im Kindes- auf 60 %
im Erwachsenenalter.

Unter methodischen Überlegungen sind Zwillings- und Adoptionsstudien Spezialfälle einer Längsschnittstudie. So untersucht man in
einer Zwillingsstudie die unterschiedlichen Entwicklungspotenziale
und -verläufe von ein- und zweieiigen Zwillingen. In dem Fall, in dem
alle Zwillingspaare in einer identischen Umwelt aufwachsen, kann

man die Unterschiede zwischen den Zwillingspaaren bei einer systematischen Gegenüberstellung von ein- und zweieiigen Zwillingen auf die Unterschiede in der genetischen Ausstattung zurückführen. Die Entwicklungsvarianz ergibt sich aus der gemeinsamen Umwelt und der genetischen Ausstattung; die spezifische Umwelt hat zumindest bei sehr jungen Kindern, die stark in ihre Familie eingebunden sind, eine geringere Bedeutung. Wachsen jedoch eineiige Zwillinge getrennt voneinander auf, dann kann man auf den Einfluss der Genetik und der spezifischen Umwelt schließen.

In Adoptionsstudien treffen genetisch nicht verwandte Personen aufeinander, die in derselben Familie aufwachsen. Diese Konstellation erlaubt einen Rückschluss auf die Wirkung der geteilten Umwelt. Wie das nachfolgende Beispiel zeigt, hängt das Ausmaß des Einflusses der Umwelt vom Alter eines Kindes ab, in dem es adoptiert wird.

Umwelteinfluss hängt vom Alter eines Kindes ab, in dem es adoptiert wurde

Ein Beispiel aus der Forschung: Adoptionsstudie mit rumänischen Waisenkindern

Die politischen Veränderungen nach der Wende in Osteuropa im Jahre 1989 führten ungewollt zu einem kinderpsychologischen Experiment. Eine sehr große Anzahl rumänischer Kinder lebte in Waisenhäusern (teilweise von ihrer Geburt an). Diese Kinder waren extrem depriviert, sie waren unterernährt und zeigten ein gestörtes Bindungsverhalten (O'Connor et al., 2003). Diese Kinder wurden in mehrere westliche Staaten (u.a. Kanada, Großbritannien) zur Adoption vermittelt. Wurden die Kinder innerhalb ihrer ersten sechs Lebensmonate adoptiert, dann konnten sie schnell die kognitiven Defizite (verglichen mit einer Kontrollgruppe frühzeitig adoptierter, in England geborener Kinder) aufholen.

Lebten jedoch die rumänischen Kinder länger als sechs Monate im Waisenhaus, dann konnten die kognitiven Defizite nicht mehr kompensiert werden. Zudem zeigten die Kinder, die länger als sechs Monate im Waisenhaus lebten, gravierende psychische Störungen, die sich vor allem als Aufmerksamkeitsdefizit-Hyperaktivitätsstörung (ADHS) und aggressiv-oppositionelles Verhalten äußerten (vgl. Kreppner et al., 2007).

Die oben erläuterte Adoptionsstudie kann man im Sinne eines natürlichen Entwicklungsexperiments interpretieren. Die Studie vermittelt eine negative Botschaft, die sich darauf bezieht, wie folgenschwer die Auswirkungen einer frühen Vernachlässigung ausfallen. Die positive

Botschaft bezieht sich auf die Chancen, die sich aus einer frühen Förderung ergeben. Ein Klinischer Kinderpsychologe wird aus der Adoptionsstudie folgern, dass eine frühe Deprivation zu Störungen des Bindungsverhaltens führt, die psychische Störungen in extremer Weise begünstigt (vgl. O'Connor et al., 2003; Kreppner et al., 2007).

Zusammenfassung

Psychologie beschäftigt sich in vielen Bereichen mit intraindividuellen Veränderungen. Diese Prozesse kennzeichnen alle Bereiche der menschlichen Entwicklung. Die Zeitabstände, die einer solchen Betrachtung zugrunde gelegt werden können, reichen von wenigen Sekunden/Minuten bis zu Jahrzehnten. Die Veränderungen können dem natürlichen Entwicklungsverlauf oder einem künstlich herbeigeführten Interventionseffekt entsprechen. Alle Fragestellungen der Veränderungsmessung basieren auf grundlegenden Vorannahmen über Variabilität und Konstanz psychischer Merkmale.

Besonders intensiv beschäftigt sich die Entwicklungspsychologie mit Fragestellungen der Veränderungsmessung. In diesem Kontext werden Quer- und Längsschnittstudien realisiert. Beide Studientypen weisen Vor- und Nachteile auf. Längsschnittstudien sind besonders teure methodische Ansätze, die möglicherweise vor allem durch einen selektiven Dropout in ihrer Aussage begrenzt werden. Immer wieder werden Vorschläge formuliert, die Nachteile von Längs- und Querschnittstudien dadurch zu reduzieren, dass man kombinierte Vorgehensweisen erprobt (z. B. sog. Kohorten-Sequenz-Pläne). Spezialfälle von Längsschnittstudien stellen Zwillings- und Adoptionsstudien dar.

Letztlich werden entwicklungspsychologische Erkenntnisse sich jedoch nur durch prospektive Studien substanzreich absichern lassen. Als ein Beispiel für eine über einen Zeitraum von 40 Jahren angelegte Längsschnittstudie wurde die Dunedin-Studie erläutert.

Das zweite große Anwendungsgebiet der Veränderungsmessung bilden Interventions- und vor allem Psychotherapiestudien in der Klinischen Psychologie und Psychiatrie. In diesem Kontext werden zeitlich eng gesetzte Zeiträume (mindestens wenige Monate) einer Prä-Post-Betrachtung zugrunde gelegt. Hierzu eignen sich Methoden der direkten und indirekten Veränderungsmessung. Ziel dieser Studien ist der Wirksamkeitsnachweis von Präventions- und Psychotherapieangeboten.

Weiterführende Literatur

Eid, M., Geiser, C. & Nußbeck, F. (2008). Neuere psychometrische Ansätze der Veränderungsmessung. *Zeitschrift für Psychiatrie, Psychologie und Psychotherapie, 56,* 181–189.

Petermann, F. (1978). *Veränderungsmessung.* Stuttgart: Kohlhammer.

Plomon, R., DeFries, J. C., McClearn, G. E. & Rutter, M. (1999). *Gene, Umwelt und Verhalten: Eine Einführung in die Verhaltensgenetik.* Bern: Huber.

Fragen

1. Benennen Sie im Rahmen von Längsschnittstudien Faktoren, die sich auf die selektive Stichprobenveränderung auswirken.
2. Vergleichen Sie die Vor- und Nachteile von Längs- und Querschnittstudien.
3. Welche Testungsfaktoren spielen in der Veränderungsmessung eine besondere Rolle?
4. Was versteht man unter dem Messbedeutungsproblem?
5. Diskutieren Sie am Beispiel der Dunedin-Studie mögliche Aussagen einer Längsschnittstudie.
6. Diskutieren Sie einige Probleme, die bei der Planung einer Längsschnittstudie im Rahmen der Wahl des Erhebungsintervalls beachtet werden müssen.

Lösungshinweise finden Sie unter
www.hogrefe.de/buecher/lehrbuecher/psychlehrbuchplus.

Kapitel 10
Online-Befragung

Inhaltsübersicht

Aufbau dieses Kapitels
Nachdem der Stellenwert des Internets für die empirische Forschung hervorgehoben worden ist, wird die Geschichte des Internets kurz skizziert. Daran anschließend befassen wir uns mit der Kommunikation im Internet unter besonderer Berücksichtigung von Chancen und Risiken. Im Weiteren beschreiben wir die Möglichkeiten der Online-Befragung einschließlich eines Beispiels, das sich auf eine weit verbreitete Befragungssoftware bezieht. Abschließend gehen wir auf verschiedene Möglichkeiten ein, neue Kommunikationstechnologien kreativ für die Datenerhebung zu nutzen.

10.1 Einleitung

Das Internet stellt eine digitale Technologie zur Verfügung, in der sich neue und faszinierende Perspektiven für die empirische Forschung ergeben. Denn das Internet eröffnet neue Kommunikationskanäle zwischen Forschern und Teilnehmern, die vielfältig genutzt werden können, zeitlich kurz getaktet sind und kostengünstig zur Verfügung stehen.

Kurze Geschichte des Internets
Die frühe Entwicklung des Internets, seiner Dienste und Anwendungen, wird übersichtlich von Döring (2003) zusammengefasst. Ende der 1980er Jahre setzte ein gewaltiger Schub in der Entwicklung ein, der durch eine Vervielfachung der Internetadressen in wenigen Jahren gekennzeichnet war. Während in den 1980er Jahren hauptsächlich die E-Mail-Dienste eine Veränderung des Arbeits- und Privatlebens herbeiführten, wurde in der Folgezeit eine Vielzahl von Diensten über das Internet zur Verfügung gestellt. Dadurch wurden ganze Branchen revolutioniert. Beispiele sind die Musik- und Filmindustrie, Lexika im Speziellen und Verlagsprodukte im Allgemeinen sowie die Informationsaufnahme, -weitergabe und -verwertung. Die zuletzt genannten Bereiche haben das Lernen in Schule und Studium und die sozialwissenschaftliche Forschung einschließlich der Datenerhebung in großem Umfang beeinflusst.

Internetkapital analog zum Sozialkapital
Es besteht kein Zweifel daran, dass das Internet unseren Alltag verändert hat. Es ermöglicht zahlreiche Leistungen, die schnell und kostengünstig zur Verfügung gestellt werden. Daher spricht Hardin (2004) in Analogie zum Begriff des Sozialkapitals vom Internetkapital, da er die Leistung des Internets als gigantisch einschätzt, eine Leistung, die nicht auf andere Leistungsträger zurückgeführt werden kann, sondern die genuin durch das Internet bereitgestellt wird. Natürlich hat

das Internet, wie jede Neuerung, auch seine Risiken und Nachteile. Diese sind besonders deutlich, wenn an die Nutzergruppe der Kinder gedacht wird.

10.2 Kommunikation im Internet: World Wide Web und E-Mail

Nach dem Aufbau des World Wide Web (WWW) veränderte sich die Nutzung des Internets schrittweise. Während ursprünglich wenigen aktiven Anbietern von Internetseiten viele passive Nutzer gegenüberstanden, wurde die Bedeutung der Nutzer zunehmend größer, weil sie selbst aktiv Inhalte für das Internet bereitstellen (z. B. Videos in *YouTube* einstellen). Diese Entwicklung des World Wide Web wird schlagwortartig als Web 2.0 bezeichnet (O'Reilly, 2005). Mit der Bezeichnung Web 2.0 wird das interaktive Internet gekennzeichnet, wie es auch durch die Bedeutung der sozialen Netzwerke, vor allem von *Facebook* zum Ausdruck kommt (Boyd & Ellison, 2007).

Durch seine schnelle Verbreitung durchdringt das Internet alle Lebensbereiche, wenn auch unterschiedlich intensiv. Nach den Internet World Stats (2012) waren zum Stichtag 30. 06. 2012 ca. 2.4 Milliarden Nutzer des Internets vorhanden. Davon leben allein 44.8 % in Asien. Besonders aufschlussreich ist die relative Verbreitung des Internets in einzelnen Weltregionen: Die höchste Verbreitung findet sich in Nordamerika mit 78.6 %. Das ist nicht weiter überraschend, wenn man bedenkt, dass die Technik des Internets in den USA entwickelt wurde (vgl. Döring, 2003). Ozeanien/Australien steht mit 67.7 % an zweiter Stelle, gefolgt von Europa (63.2 %), Lateinamerika (42.9 %), dem Mittleren Osten 40.2 % und Asien (27.5 %). Schlusslicht ist der afrikanische Kontinent mit einer relativen Verbreitung von 15.6 %. Diese Zahlen belegen die gigantische Ausbreitung der Internetteilnahme in unterschiedlichen Weltregionen. Die Wachstumsrate ist hoch. Da über die vergangenen Jahre ein stetiges Wachstum zu verzeichnen ist, spricht viel dafür, dass die Verbreitung des Internets in den nächsten Jahren weiter zunehmen wird.

Internet durchdringt alle Lebensbereiche

Verbreitung des Internets wird immer weiter zunehmen

Wofür nutzen die Menschen das Internet? Das Internet wird hauptsächlich für E-Mail, soziale Netzwerke, Informationssuche (einschließlich Nachrichten und Gesundheit), Einkäufe und Buchungen, Bildung, Arbeitssuche, Wohnungssuche und Online-Spiele genutzt. Suchmaschinen, Online-Shopping, Reisebuchungen und Ticketverkauf für Veranstaltungen sind Beispiele für wichtige Nutzungsinhalte im Internet. Daher stellt das Internet ein sehr wichtiges Kommunikationsmittel des 21. Jahrhunderts dar, das neue Perspektiven des sozialen Zusammenlebens, der Unterhaltung, der Wissensvermittlung und der Forschung eröffnet. Ein besonderer Vorteil für Online-Befragungen, die Kulturvergleiche betreffen, besteht darin, dass viele Sprachen vertreten sind, ca. ein Drittel Englisch, daneben aber auch Chinesisch, Japanisch, Spanisch, Deutsch und Koreanisch (nach Aaker, Kumar & Day, 2007).

Kommunikations-schienen: WWW und E-Mail Das Internet hat zwei besonders zentrale Kommunikationsschienen: das World Wide Web und die E-Mail. Beide lassen sich bei der Organisation einer Online-Befragung vielversprechend miteinander verbinden. Ein besonderer Vorteil der Online-Forschung im Allgemeinen und der Online-Befragung im Besonderen liegt in der Kosteneffizienz. Kleine Etats reichen aus, um große Umfragen im World Wide Web durchführen zu können. Während früher nur große Meinungsforschungsinstitute, denen umfangreiche Mittel zur Verfügung gestellt wurden, Meinungsbefragungen durchführen konnten, sind die Möglichkeiten nun vom Kostenstandpunkt und von der Organisationsplattform so verbessert, dass viele kleine sozialwissenschaftliche Firmen, aber auch Lehrstühle und Fakultäten, umfangreiche Online-Befragungen durchführen können.

Meinungsforschung und Marketing-forschung Welche Forschungsmöglichkeiten werden durch das Internet zur Verfügung gestellt? Die Möglichkeiten sind extrem vielseitig. Besonders wichtige Bereiche sind Meinungs- und Marketingforschung. Während Meinungsforschung lange Zeit auf Telefonumfragen gestützt wurde, wird nun zunehmend und mit großem Erfolg auf Internetumfragen gesetzt. Marketingforschung ermöglicht eine Vielzahl von Einsichten in das Konsumentenverhalten (Aaker, Kumar & Day, 2007). Dazu zählt die Aufzeichnung des Benutzerverhaltens beim Aufrufen von Internetseiten, die Bestimmung des Bekanntheitsgrads von Werbekampagnen, das Herausfinden geeigneter Zielgruppen für Marketing-Kampagnen, die Hervorrufung direkter Nutzerantworten *(direct-response marketing)*, die schnelle Durchführung von Marktforschungsstudien, um Informationen für Marketing-Entscheidungen zu sammeln, und die Durchführung von Experimenten, um z. B. die Wirkung visueller Cues zu erfassen (Aaker, Kumar & Day, 2007). Auf der Plattform der Suchmaschine *Google*, die eine dominante Stellung unter den Suchmaschinen einnimmt, werden jedes Jahr Hunderte von Experimenten durchgeführt, um

zu testen, ob bestimmte Änderungen in der Darstellung der Sucher-
gebnisse oder in ihrer Organisation positive Effekte aufweisen oder
nicht (Silver, 2012). Gleichzeitig ist die Suchmaschine von *Google*
die erfolgreichste Internet-Werbeplattform, die in vielen Ländern
einen Marktanteil von 50 % und mehr an der Online-Werbung erreicht.

Neben dem Internet kommt dem *Intranet* eine große Bedeutung zu.   Intranet
Darunter versteht man firmeninterne Netzwerke und Datenbanksys-
teme. Diese sind besonders für große Firmen interessant, bei denen
das Intranet ein integrierter Bestandteil des firmeneigenen Informa-
tionssystems darstellt. Der Vorteil besteht darin, dass die Zusammenarbeit der Mitarbeiter durch das Intranet beschleunigt wird. Denn das
Intranet schafft eine effektive Kommunikation und Informationswei-
tergabe. Außerdem bietet das Intranet die Möglichkeit, Mitarbeiter-
befragungen (z. B. zum Thema Arbeitszufriedenheit) schnell und
effektiv durchzuführen.

Das Internet als Forschungsumgebung bietet viele Möglichkeiten, ist
aber natürlich auch nicht völlig problemlos. Eine Bedrohung besteht   Identitätsdiebstahl
in dem Auftreten von Identitätsdiebstahl *(identity theft)*. Darunter
versteht man, dass ein Dieb ohne Erlaubnis die persönliche Identität
einer anderen Person benutzt. Dadurch kann die andere Person nicht
nur geschädigt werden, sondern es besteht auch das Problem, dass
die auf diese Weise erhobenen Daten verfälscht und unbrauchbar
sind.

Ein anderes Problem ist der Datenschutz und die Sicherung der   Datenschutz
Privatsphäre im Internet. Mit dieser Thematik hängt zusammen, dass   und Sicherung
bei vielen Internetaktivitäten durch Cookie-Dateien persönliche   der Privatsphäre
Informationen über den Nutzer gewonnen werden (z. B. Speicherung
der Zeit, die sie oder er online und auf bestimmten Seiten verbracht
hat) und dass die Cookies auf dem Rechner ohne Wissen des Nutzers
abgespeichert werden. Andere Internetprovider reservieren Speicher-
platz auf dem Rechner des Nutzers für ihre Zwecke. Um alle Gefahren abzuwehren, sind umfangreiche Sicherheitsvorkehrungen erforderlich, die nur wenige Nutzer des Internets bereit und in der Lage
sind durchzuführen. Jedenfalls steht eine Vielzahl von Techniken zur
Verfügung, die den Datenschutz im Internet verbessern (Bierhoff &
Vornefeld, 2004). Dabei spielt die Zertifizierung der Anbieter und
die Verifizierung der Identität von Sender und Empfänger eine wichtige Rolle.

Datenschutz
und Sicherung
der Privatsphäre

Verletzung von Datenschutz und Einbruch in die Privatsphäre stellen unethisches Verhalten dar (vgl. Kapitel 2.5). Ein ethisch angemessenes Vorgehen besteht darin, dass der Nutzer informiert und um Erlaubnis gebeten wird, bevor entsprechende Eingriffe auf seinem Computer stattfinden.

Cyber-Kriminalität

Ein davon zu unterscheidendes Problem ist die Cyberkriminalität, wie sie z. B. bei einem finanziellen ID-Diebstahl zu verzeichnen ist. Dabei wird der Name und die Kreditkartennummer gestohlen und für Wareneinkauf, Kreditaufnahme und andere Zwecke missbraucht, sodass die betroffene Person finanziell geschädigt wird.

10.3 Online-Befragungen

Befragungen stellen im Internet die am häufigsten verwendete Technik der Datenerhebung dar (analog zur sozialwissenschaftlichen Forschung generell; Döring, 2003). Andere Techniken wie Inhaltsanalysen von Webseiten (Brailovskaia & Bierhoff, 2012; Snijders & Zijdeman, 2004) spielen allerdings auch eine wichtige Rolle.

Teilnehmer von Online-Befragungen können sowohl über das Internet als auch offline angesprochen werden (z. B. über das Schwarze Brett an Psychologischen Instituten, das für die Suche nach Versuchsteilnehmern vorgesehen ist). Generell ist zu bevorzugen, die Teilnehmer aktiv anzusprechen, weil der Forscher dann steuern kann, wer an der Untersuchung teilnimmt. Hingegen ist eine allgemeine

Problem der Selbst-
selektion

Anwerbung über Aushänge mit dem Problem der Selbstselektion der Teilnehmer verbunden, sodass eine Verzerrung der Stichprobenzusammensetzung bei diesen passiven Auswahlverfahren resultieren kann.

Verschiedene Formen der Online-Befragung lassen sich unterscheiden (Aaker, Kumar & Day, 2007; Tuten, Urban & Bosnjak, 2002). Sie lassen sich mit den traditionellen Formen der Befragungen (persönliche oder telefonische Befragung) kombinieren. Wenn das Internet

Web surveys

für solche Befragungen verwendet wird, spricht man von *webbased surveys* oder kurz Web surveys. Im folgenden Kasten werden acht Varianten von Befragungsmethoden dargestellt, die sich auf Computer stützen.

Befragungsmethoden, bei denen Computer verwendet werden

Nach Aaker, Kumar und Day (2007, S. 270) lassen sich die folgenden Befragungsmethoden, bei denen Computer eingesetzt werden, unterscheiden:

Computergestützte Befragungsmethoden

- **Computerunterstützte persönliche Befragung:** Der Interviewer liest seine Fragen von einem Computerschirm ab und gibt die Antworten über die Tastatur ein.
- **Computerunterstützte Selbstbefragung:** Ein Mitarbeiter des Befragungsteams spricht potenzielle Teilnehmer an und bringt sie bei Interesse zu einer Computerstation, wo die Fragen auf einem Computerschirm vorgegeben werden, während die Antworten durch Knopfdruck eingegeben werden.
- **Vollautomatische Selbstbefragung:** Teilnehmer kommen von alleine zur Computerstation, um die Fragen wie bei der vorherigen Befragungstechnik am Computer zu beantworten
- **Computerunterstützte Telefonbefragung:** Die Teilnehmer werden von Mitarbeitern des Befragungsteams angerufen. Wenn Interesse besteht, werden die Fragen durch die Mitarbeiter von einem Computerbildschirm vorgelesen und die Antworten werden über die Tastatur eingegeben.
- **Vollautomatische Telefonbefragung:** Eine aufgezeichnete Stimme stellt die Fragen über das Telefon und die Teilnehmer drücken Tasten auf ihrem Telefon, um ihre Antworten anzugeben.
- **Computer-Disks**, die mit der Post verschickt werden: Die Teilnehmer erhalten eine Diskette, die die Befragung enthält, die die Teilnehmer an ihrem Computer bearbeiten können. Die Diskette wird anschließend an das Befragungsteam zurückgeschickt.
- **E-Mail-Befragung:** Die Teilnehmer werden gebeten, einen Fragebogen per E-Mail zu beantworten. Die Antworten werden über Tasten eingegeben und nach der Durchführung der Befragung schicken die Teilnehmer eine E-Mail-Antwort an das Befragungsteam.
- **Computergenerierte Fax-Befragung:** Das Befragungsteam verwendet einen Computer zum Anwählen von Fax-Nummern potenzieller Teilnehmer, um die Fragen per Fax zu schicken. Die Teilnehmer geben ihre Antworten auf dem Fax, das sie dann zurückfaxen oder per Post zurückschicken.

Die verschiedenen Techniken der Datenerhebung unter dem Einbezug von Computern sind unmittelbar nachvollziehbar. Sie stellen Varianten der traditionellen Befragungstechniken dar. Jede der Techniken hat ihre Vor- und Nachteile. Mögliche Probleme stellen wir am Beispiel der E-Mail-Befragung dar.

Probleme bei der
E-Mail-Befragung

Probleme können bei E-Mail-Befragungen entstehen, wenn Teilnehmer an die zugesicherte Anonymität nicht glauben. Das ist ein kontroverses Thema im Internet. Es gibt Nutzer, die z. B. bei entsprechenden Abfragen routinemäßig falsche demografische Angaben machen. Daher kommt der glaubwürdigen Garantie der Anonymität der Befragung und der Sicherung der Privatsphäre der Teilnehmer eine besondere Bedeutung zu.

Internetbasierte
Befragung

Neben den genannten Techniken hat die internetbasierte Befragung in den letzten Jahren an Bedeutung erheblich zugenommen. Wie die anderen computergestützten Befragungstechniken setzt sie auch die Entwicklung spezieller Befragungssoftware voraus. Internetbasierte Befragungen sind softwaregestützte Umfragen, bei denen die Teilnehmer über ihren Internetbrowser eine WWW-Adresse aufrufen, auf der ihnen die Fragebogenitems seitenweise vorgegeben werden. Die Länge der Seiten kann den Bedürfnissen der Forschung angepasst werden. Die Antworten der Teilnehmer werden durch die Befragungssoftware fortlaufend gespeichert.

In diesem Bereich sind verschiedene kommerzielle Anbieter tätig. Generell ist die Nutzung von etablierten Umfragesystemen empfehlenswert, um Datendiebstahl zu vermeiden. Ein Beispiel für eine ausgefeilte Survey-Methodologie, die WWW-basiert ist, ist *Enterprise Feedback Suite EFS Survey*, Version 9.0/1.0, der QuestBack GmbH (o. J.; www.unipark.info), das auch unter dem Namen *Unipark* bekannt ist und häufig in der internetbasierten Forschung verwendet wird (vgl. folgender Kasten). Darüber hinaus stehen zahlreiche weitere Online-Dienste für Umfragen zur Verfügung. Zu den kostenpflichtigen Diensten zählt *Onlineumfragen.com* der Onlinefragen. com GmbH (http://www.onlineumfragen.com). Hingegen stellt *FreeOnlineSurveys* (http://freeonlinesurveys.com) einen kostenlosen Dienst für internetgestützte Umfragen zur Verfügung.[13]

13 Stichtag 20.03.2013, Angaben ohne Gewähr.

Ein Beispiel für WWW-basierte Datenerhebungssoftware: Unipark

Mit der Software *Unipark* können Forschungsprojekte, wie Online-Befragungen, im Internet angelegt werden. Teilnehmer können zur Teilnahme eingeladen werden oder sich selbst einloggen. E-Mails können für Benachrichtigungen erstellt und verschickt werden.

Man kann unterschiedliche Inhalte und verschiedene Fragetypen (semantisches Differenzial, Ratingskalen, Ja/Nein-Fragen, offene Fragen usw.) verwenden. Über Multimedia-Fragen können Videos integriert werden. Es stehen Plausibilitätschecks zur Verfügung, um die Seriosität der Teilnahme zu prüfen. Für häufig benötigte Fragen kann eine Fragenbibliothek angelegt werden. Viele Layout-Optionen (Einfügen von Logos, Fortschrittsanzeigen) stehen zur Auswahl.

Ein Fragebogeneditor steht zur Verfügung, um Seiten anzulegen und zu bearbeiten und um zu kopieren (einzelne Fragen oder ganze Seiten). Zur Flexibilität tragen Filter für bestimmte Gabelungen, z. B. nach Geschlecht oder für verschiedene Sprachen, bei. Dementsprechend können mehrsprachige Projekte angelegt werden. Zufallsauswahl oder Zufallsrotation von Fragebogenseiten ist, wenn erwünscht, möglich.

Fragebogeneditor

Außerdem stehen Zufallstrigger zur Verfügung, um verschiedene Reihenfolgen oder Bedingungen aufzurufen. Die erhobenen Daten lassen sich in Statistik-Software wie *SPSS* oder *Excel* exportieren. Das Programm erstellt Statistiken, die anzeigen, wie viele Teilnehmer zugegriffen haben, beendet haben und auf welchen Seiten abgebrochen wurde (wenn es zu einem Abbruch gekommen ist). Ein weiteres Feature ist die Fortschrittsanzeige als Prozentangabe der bewältigten Fragen. Das Archivieren von Projekten und der spätere Zugriff darauf sind möglich. Die Forschung kann in Teams erfolgen, wobei spezifiziert werden kann, wer mit welchen Rechten auf Projekte zugreifen kann.

Mit *Unipark* lassen sich unterschiedliche Arten von Umfragen (wie Mitarbeiterumfragen, Panel-Umfragen) sowie Forumsdiskussionen durchführen. Alle Projekte werden in einer Liste angezeigt, wobei wichtige Projekte markiert werden können. Es kann bei Anlegen des Projekts bereits definiert werden, wie lange das Projekt laufen soll, ob die Fragebogenseiten nach dem Ausfüllen automatisch abgesendet werden sollen, ob man auf den Seiten auch zurück gehen kann, ob Hostname und IP-Adressen der Teilnehmer ermittelt werden sollen und ob eine wiederholte Panel-Befragung geplant ist. Für häufig benötigte Arbeitsschritte können Makros angelegt und eingesetzt werden. Der Projektverlauf kann im Detail dokumentiert werden und Statistiken (Zugriffe, wie viele Abbrüche/ komplette Fragebögen, auf welchen Seiten wird abgebrochen) können ausgegeben werden. Platzhalter können im Fragebogen eingesetzt werden, um vordefinierte Inhalte bereitzustellen (beispielsweise kann man Bilder mit Platzhaltern einbinden).

Panel-Befragung Eine Alternative zu einer Ad-hoc-Rekrutierung der Teilnehmer besteht in eingetragenen Mitgliedern eines Panels, die sich bereiterklärt haben, an Befragungen wiederholt teilzunehmen (Göritz, Reinhold & Batinic, 2002). Der Vorteil solcher Panels besteht darin, dass die Motivation der Teilnehmer und ihr Interesse an der Mitarbeit hoch sind. Daher ergibt sich in der Regel eine hohe Rücklaufquote.

Online-Plattform Eine weitere, in den letzten Jahren entwickelte, Möglichkeit, die z. B. von Autoherstellern genutzt wird, beruht auf Online-Plattformen, auf denen sich Teilnehmer anmelden. Auf diese Weise werden motivierte und interessierte Teilnehmer gefunden. In diesem Zusammenhang sind auch internetbasierte Serviceangebote von Firmen zu nennen, die als Mass-Customization bezeichnet werden. Sie ermöglichen, Produkte (z. B. Autos) nach den eigenen Vorstellungen zu konfigurieren (Franke, Keinz & Steger, 2009). Schließlich werden auch Online-Konferenzen angeboten, die als Online-Fokusgruppen bezeichnet werden.

Mass-Customization

Rücklaufquote Das Problem der Rücklaufquote *(response rate)* bezieht sich auf die Teilnahme bzw. Nichtteilnahme von Personen, die für eine Online-Befragung angesprochen werden. Ein wichtiges Problem ist die Abbruchquote, die möglichst gering sein sollte. Sie bezieht sich auf die Frage, wie viele Teilnehmer den Fragebogen angefangen und wie viele ihn abgeschlossen haben. Untersuchungsergebnisse zeigen, dass das Platzieren von Fragen nach persönlichen Informationen an den Anfang einer Internetstudie die Abbruchquote senkt (Reips, 2002).

Fragen nach persönlichen Informationen am Anfang einer Internetstudie senkt die Abbruchquote

Richtlinien für die Durchführung von Online-Befragungen Der Arbeitskreis Deutscher Markt- und Sozialforschungsinstitute e. V. (ADM) hat Richtlinien für die Durchführung von Online-Befragungen erarbeitet (2000, 2001), auf die an dieser Stelle nur verwiesen werden kann. Es ist allerdings anzumerken, dass sich diese Richtlinien auf „beschreibende Studien" in dem Sinne beziehen, wie wir sie in Kapitel 1.6 dargestellt hatten, also auf Studien, in denen die Einschätzung von Populationsparametern im Vordergrund steht (z. B. Welche Parteipräferenzen weisen die Wähler in Nordrhein-Westfalen auf?).

Gelegentlich werden Anreize verwendet, um die Teilnehmerrate zu erhöhen. Dazu zählt die Ankündigung einer Verlosung eines Gutscheins oder eines anderen Preises. Solche Anreize sollten aber nicht die einzige Motivation sein, wegen der Teilnehmer mitwirken. Vielmehr sollten sie immer nur eine Zusatzmotivation bei Personen bereitstellen, die grundsätzlich daran interessiert sind, an der Studie teilzunehmen (was analog für jede andere Offline-Studie genauso gilt).

Verwendung von Anreizen

In der Aufbauphase des Internets waren Online-Befragungen sehr selektiv, weil nur eine Minderheit der Bevölkerung über einen Online-Zugang verfügte (Bandilla, 2002). Inzwischen ist aber nur noch eine Minderheit der Bevölkerung ohne Internetzugang, sodass Internetumfragen auf eine breitere Basis der Bevölkerung zurückgreifen können. Das zeigt sich z. B. auch bei Wahlumfragen zur 2012-US-Präsidentenwahl, die online relativ zuverlässig ausfielen und nicht ungenauer als per Telefon oder face-to-face. Allerdings ist das Thema der Stichprobenverzerrung für webbasierte Umfragen immer relevant (Tuten, Urban & Bosnjak, 2002). Eine Möglichkeit besteht darin, die Ergebnisse von webbasierten Umfragen mit denen von Telefonumfragen und Face-to-face-Umfragen zu vergleichen.

Stichprobenverzerrung

Richtlinien für die sinnvolle Durchführung von Online-Befragungen unterscheiden sich in vielen Punkten nicht wesentlich von denen von Offline-Befragungen. Einige sinnvolle Vorsichtsmaßnahmen für die Durchführung von Online-Befragungen sind:

Vorsichtsmaßnahmen

- Sie sollten so formuliert und konfiguriert sein, dass die Beantwortung unabhängig vom Bildungsstand der Befragten möglich ist. Das schließt klare Instruktionen und einfache Handhabung der Vorgaben ein.
- Die Software sollte die Möglichkeit anbieten, einmal gegebene Antworten nachträglich zu korrigieren.
- Um Verzerrungen der Antworten durch Reihenfolge- und Kontexteffekte einzuschränken, ist die Vorgabe der Fragen in unterschiedlicher Reihenfolge sinnvoll.

- Den Teilnehmern sollten Kontaktinformationen gegeben werden, um sich über die Institution zu informieren, die die Studie durchführt, und um Fragen stellen zu können.

10.4 Weitere Anwendungsmöglichkeiten moderner Kommunikationstechnologien

Neben den genannten Methoden der Datenerhebung, die sich auf Computer stützen, sind in den letzten Jahren auch speziellere Methoden zur Gewinnung von Daten entwickelt worden, die Telefonie und Mobilfunk zugrunde legen. Die beeindruckenden Möglichkeiten der Forschung, die sich durch diese modernen Kommunikationstechnologien ergeben, werden an einigen Beispielen erläutert.

Tagebuchstudien | *Tagebuchstudien* können durch neue Kommunikationstechniken erheblich profitieren. Während den Teilnehmern früher die Fragebögen in gedruckter Form mitgegeben wurden (vgl. Gable, Reis, Impett & Asher, 2004), kann man sie nun besser erreichen. In einer Studie von Reis et al. (2010, Studie 5) wurden die Teilnehmer zwei Wochen lang gebeten, täglich ein Tagebuchprotokoll am Abend auszufüllen. Dazu wurden Fragen über die angenehmsten und unangenehmsten Ereignisse des Tages, die Kommunikation mit anderen Personen darüber und die Reaktionen der anderen Personen auf die Ereignisdarstellung erfasst. Den Teilnehmern wurden täglich bis zu drei Erinnerungs-E-Mails gesendet, die den Link zu der Befragung enthielten, die auf der entsprechenden Internetadresse bereitstand.

Verwendung von Smartphones | Die erweiterten Möglichkeiten der Datenerhebung sind besonders bei *Stimmungsmessungen* hervorzuheben. Ein Beispiel, bei dem die Möglichkeiten des Smartphones genutzt wurden, ist die Studie von Killingsworth und Gilbert (2010) über den Zusammenhang zwischen Stimmung und abschweifenden Gedanken. Die Untersucher entwickelten eine *iPhone*-App, auf deren Basis folgende Daten über Gefühle, Gedanken und Handlungen erfasst wurden:
- Stimmung: „Wie fühlen Sie sich im Moment?",
- Aktivität: „Was tun Sie gerade?" und
- Abschweifende Gedanken: „Denken Sie über etwas anderes nach als das, was Sie gerade tun?"

Zur Erfassung der Aktivitäten wurden 22 Alternativen vorgegeben, die sich in früheren Studien bewährt hatten. Die App kontaktierte die

Teilnehmer zu einem zufällig ausgewählten Zeitpunkt in ihrer Wachzeit, um die Fragen vorzugeben und die Antworten zu erfassen. Die Ergebnisse bei über 2.000 Teilnehmern zeigten, dass Gedanken, die während der Tätigkeit ablaufen, die Stimmung beeinträchtigen. Das gilt unabhängig von der Tätigkeit. Das gilt sowohl in dem Fall, dass die Personen über angenehme Dinge nachdenken, wie für den Fall, dass sie über neutrale oder unangenehme Dinge nachdenken.

Eine weitere Anwendung der neuen Kommunikationstechniken dient der Verbesserung des Therapieerfolgs durch *Steigerung der Compliance* bzw. Adhärenz der Patienten bei medizinischen Behandlungen, die die regelmäßige Einnahme von Medikamenten erfordern (Schwarzer & Luszczynska, 2005). Adhärenz (bzw. Compliance) bezeichnet die Bereitschaft der Patienten, den medizinischen Anordnungen Folge zu leisten. Die Adhärenz kann durch Geräte, die der elektronischen Erinnerung an die Medikamenteneinnahme dienen, beeinflusst werden. Das wurde am Beispiel der antiretroviralen Therapie (ART) bei Personen, die mit HIV/AIDS leben, aufgezeigt (Wise & Operario, 2008). Der Erfolg von Adhärenz unterstützenden Interventionen hängt von der verwendeten Technik der elektronischen Erinnerung ab (Hardy et al., 2011). In einem experimentellen Design mit Randomisierung wurde der Vergleich

Steigerung der Compliance bei Therapien

- zwischen einer Erinnerung über das Handy durch Textbotschaften und
- einer Erinnerung durch einen Beeper, also ein tragbares elektronisches Rufgerät, durch das ein Signal (Piepton) gegeben wird, durchgeführt. Ein bekanntes Beispiel für den Beeper-Einsatz ist der Bereitschaftsdienst von Ärzten.

Die Ergebnisse des Experiments zeigten, dass im Vergleich zur Compliance vor der Intervention sich die Erinnerung über das Handy als effektiver erwies als die über das Beeper-Signal. Tatsächlich stieg die Compliance in der Bedingung Handy im Vergleich zur Basisrate vor der Intervention, während sie in der Bedingung Beeper sogar sank.

Diese drei Beispiele veranschaulichen das enorme Potenzial, das in den neuen Kommunikationstechnologien für die Techniken der Datenerhebung steckt. Das letzte Beispiel zeigt aber auch, dass durch die Verwendung der neuen Kommunikationstechnologien darüber hinaus Verbesserungen des Behandlungserfolgs im therapeutischen Bereich erzielt werden können. Der kreative Einsatz dieser neuen

Technologien kann weitere Dimensionen der Datenerhebung eröffnen, aber auch für angewandte Fragestellungen neue Interventionsmöglichkeiten bereitstellen.

Zusammenfassung

Das Internet bietet aufgrund seiner großen Verbreitung vielfältige Möglichkeiten zur Datengewinnung. Dabei sind Online-Befragungen eine internetbasierte Befragungsmethode in der empirischen Sozial-, Bildungs-, Markt- und Meinungsforschung. Ein besonderer Vorteil der Online-Forschung im Allgemeinen und der Online-Befragung im Besonderen liegt in der Kosteneffizienz. Risikobehaftet sind Online-Umfragen durch die Gefahr der Verletzung von Datenschutzbestimmungen, Einbruch in die Privatsphäre oder Identitätsdiebstahl. Bei der Planung und Durchführung von Online-Befragungen (Fragebogeneditor, Layout-Optionen) stehen Internetdienste zur Verfügung. Schließlich besteht die Möglichkeit, durch die Anwendung moderner Kommunikationstechnologien die Methoden der Datenerhebung und den Therapieerfolg zu verbessern.

Weiterführende Literatur

Aaker, D. A., Kumar, V. & Day, G. S. (2007). *Marketing research* (9th ed.). New York: Wiley.

Batinic, B., Reips, U. D. & Bosnjak, M. (Eds.). (2002). *Online social sciences*. Seattle, WA: Hogrefe & Huber.

Döring, N. (2003). *Sozialpsychologie des Internet* (2. Aufl.). Göttingen: Hogrefe.

Fragen

1. Welche wirtschaftlichen Vorteile liegen in der Online-Befragung?
2. Welche Forschungsbereiche werden durch Online-Befragungen ermöglicht bzw. ergänzt?
3. Welche ethischen und rechtlichen Probleme können bei Online-Umfragen auftreten?
4. Wie lassen sich moderne Kommunikationstechnologien zur Verbesserung der Datenerhebung verwenden?

Lösungshinweise finden Sie unter
www.hogrefe.de/buecher/lehrbuecher/psychlehrbuchplus.

Anhang

Literatur

Aaker, D. A., Kumar, V. & Day, G. S. (2007). *Marketing research* (9th ed.). New York: Wiley.

AGS Panel on Persistent Pain in Older Persons (2002). The management of persistent pain in older persons. *Journal of the American Geriatrics Society, 50,* 205–224.

Aiken, L. S. & West, S. G. (1991). *Multiple regression: Testing and interpreting interaction*. Thousand Oaks, CA: Sage.

Ainsworth, M. D. S., Blehar, M. C., Waters, S. & Wall, S. (1978). *Patterns of attachment. A psychological study of the strange situation*. Hillsdale, NJ: Lawrence Erlbaum.

Ajzen, I. (1991). The theory of planned behavior. *Organizational Behavior and Human Decision Processes, 50,* 179–211. DOI: 10.1016/0749-5978(91)90020-T

Ajzen, I. & Fishbein, M. (1977). Attitude-behavior relations. Theoretical analysis and review of empirical research. *Psychological Bulletin, 84,* 888–918. DOI: 10.1037/0033-2909.84.5.888

Ajzen, I. & Fishbein, M. (2005). The influence of attitudes on behavior. In D. Albaracin, B. T. Johnson & M. P. Zanna (Eds.), *Handbook of attitudes* (pp. 173–221). Mahwah, NJ: Lawrence Erlbaum.

Alemann, H. von (1977). *Der Forschungsprozess. Eine Einführung in die Praxis der empirischen Sozialforschung*. Stuttgart: Teubner.

Allport, G. W. (1935). Attitudes. In C. Murchison (Ed.), *Handbook of social psychology* (pp. 798–844). Worcester, MA: Clark University Press.

Alves, H. & Correia, I. (2010). The strategic expression of personal belief in a just world. *European Psychologist, 15,* 202–210. DOI: 10.1027/1016-9040/a000020

American Psychiatric Association. (2000). *Diagnostic and Statistical Manual of Mental Disorders – DSM-IV-TR* (4th ed., Text Revision). Washington, DC: American Psychiatric Association. [Deutsch: Saß, H., Wittchen, H.-U., Zaudig, M. & Houben, I. (Hrsg.). (2003). *Diagnostisches und Statistisches Manual Psychischer Störungen – Textrevision DSM-IV-TR*. Göttingen: Hogrefe.]

Andersen, E. B. (1996). Log-lineare Modelle. In E. Erdfelder, R. Mausfeld, T. Meiser & G. Rudinger (Hrsg.), *Handbuch quantitative Methoden* (S. 303–314). Weinheim: Beltz.

Anderson, C. A. & Sechler, E. S. (1986). Effects of explanation and counerexplanation on the development and use of social theories. *Journal of Personality and Social Psychology, 50,* 24–34. DOI: 10.1037/0022-3514.50.1.24

Anderson, N. H. (1971). Integration theory and attitude change. *Psychological Review, 78,* 171–206. DOI: 10.1037/h0030834

Anderson, N. H. (1981). *Foundations of information integration theory*. New York: Academic Press.

Andrews, M., Squire, C. & Tamboukou, M. (Eds.). (2013). *Doing narrative research* (2nd ed.). London: Sage.

Arbeitskreis Deutscher Markt- und Sozialforschungsinstitute e. V. (ADM) (Hrsg.). (2000). *Richtlinie für Online-Befragungen*. Verfügbar unter: http://www.adm-ev.de/fileadmin/user_upload/PDFS/R08_D_07_08.pdf (Zugriff am 06.03.2013).

Arbeitskreis Deutscher Markt- und Sozialforschungsinstitute e. V. (ADM), Arbeitsgemeinschaft Sozialwissenschaftlicher Institute e. V. (ASI), Berufsverband Deutscher Markt-

und Sozialforscher e. V. (BVM) & Deutsche Gesellschaft für Online-Forschung e. V. (D. G. O. F.) (Hrsg.). (2001). *Standards zur Qualitätssicherung für Online-Befragungen.* Verfügbar unter: http://www.adm-ev.de/fileadmin/user_upload/PDFS/Onlinestandards_D. PDF (Zugriff am 06.03.2013).

Arkes, H. R., Wortmann, R. L., Saville, P. D. & Harkness, A. R. (1981). Hindsight bias among physicians weighing the likelihood of diagnoses. *Journal of Applied Psychology, 66,* 252–254. DOI: 10.1037/0021-9010.66.2.252

Aronson, E. & Carlsmith, J. M. (1968). Experimentation in social psychology. In G. Lindzey & E. Aronson (Eds.), *Handbook of social psychology* (Vol. 2, pp. 1–79). Reading, MA: Addison-Wesley.

Aronson, E., Ellsworth, P. C., Carlsmith, J. M. & Gonzales, M. H. (1990). *Methods of research in social psychology* (2nd ed.). New York: McGraw-Hill.

Asendorpf, J. B., Banse, R. & Mücke, D. (2002). Double dissociation between implicit and explicit personality concept: The case of shy behavior. *Journal of Personality and Social Psychology, 83,* 380–393. DOI: 10.1037/0022-3514.83.2.380

Aslin, R. N. (2007). What's in a look? *Developmental Science, 10,* 48–53.

Atteslander, P. (2003). *Methoden der empirischen Sozialforschung* (10. Aufl.). Berlin: De Gruyter.

Ayllon, T. & Azrin, N. H. (1965). The measurement and reinforcement of behavior of psychotics. *Journal of the Experimental Analysis of Behavior, 8,* 357–383. DOI: 10.1901/jeab.1965.8-357

Bakermans-Kranenburg, M. J, van Ijzendoorn, M. H. & Juffer, F. (2003). Less is more: Meta-analysis of sensitivity and attachment interventions in early childhood. *Psychological Bulletin, 129,* 195–215. DOI: 10.1037/0033-2909.129.2.195

Bamberg, E., Mohr, G. & Busch, C. G. (2011). *Arbeitspsychologie.* Göttingen: Hogrefe.

Bandilla, W. (2002). Web Surveys – An appropriate mode of data collection for the social sciences? In B. Batinic, U. D. Reips & M. Bosnjak (Eds.), *Online social sciences* (pp. 1–6). Seattle, WA: Hogrefe & Huber.

Bandura, A. (1969). *Principles of behavior modification.* New York: Holt.

Bandura, A. (1997). *Self-efficacy: The exercise of control.* New York: Freeman.

Basler H., Hüger D., Kunz R., Luckmann J., Lukas A. & Nikolaus T. (2006). Beurteilung von Schmerz bei Demenz (BESD). *Der Schmerz, 20,* 519–526. DOI: 10.1007/s00482-006-0490-7

Baumgartner, T., Heinrichs, M., Vonlanthen, A., Fischbacher, U. & Fehr, E. (2008). Oxytocin shapes the neural circuitry of trust and trust adaptation in humans. *Neuron, 58,* 639–650. DOI: 10.1016/j.neuron.2008.04.009

Bayley, N. (1993). *Manual for the Bayley Scales of Infant Development* (2nd ed.). San Antonio, TX: The Psychological Corporation.

Beauducel, A. & Brocke, B. (2002). Sensation-Seeking Scale – Form V: Merkmale des Verfahrens und Bemerkungen zur deutschsprachigen Adaptation. In M. Roth & P. Hammelstein (Hrsg.), *Sensation Seeking – Konzeption, Diagnostik und Anwendung* (S. 77–99). Göttingen: Hogrefe.

Beck, U. (1986). *Risikogesellschaft. Auf dem Weg in eine andere Moderne.* Frankfurt am Main: Suhrkamp.

Beckmann, J. & Elbe, A. M. (2003). Sportpsychologie. In A. E. Auhagen & H. W. Bierhoff (Hrsg.), *Angewandte Sozialpsychologie. Ein Praxishandbuch* (S. 556–574). Weinheim: Beltz.

Bentler, P. M. & Speckart, G. (1979). Models of attitude-behavior relations. *Psychological Review, 86,* 452–464. DOI: 10.1037/0033-295X.86.5.452

Benz, B. F. (2010). Nonreaktive Methoden: Vermeidung reaktiver Effekte in der psychologischen Forschung. In H. Holling & B. Schmitz (Hrsg.), *Handbuch Statistik, Methoden und Evaluation* (S. 173–178). Göttingen: Hogrefe.

Bereiter, C. (1963). Some persisting dilemmas in the measurement of change. In C. W. Harris (Ed.), *Problems in measuring change* (pp. 3–20). Madison, WI: University of Wisconsin Press.

Berk, R. A., Sorenson, S. B., Wiebe, D. J. & Upchurch, D. M. (2003). The legalization of abortion and subsequent youth homicide: A time series analysis. *Analysis of Social Issues and Public Policy, 3,* 45–64. DOI: 10.1111/j.1530-2415.2003.00014.x

Bernstein, P. S., Scheffers, M. K. & Coles, M. G. H. (1995). „Where Did I Go Wrong?" A psychophysiological analysis of error detection. *Journal of Experimental Psychology: Human Perception and Performance, 21,* 1312–1322. DOI: 10.1037/0096-1523.21.6.1312

Bierhoff, H. W. (1979). *Kognitive Organisation, Wahl und Voraussage.* Göttingen: Hogrefe.

Bierhoff, H. W. (1986). *Personenwahrnehmung.* Berlin: Springer. DOI: 10.1007/978-3-642-70490-1

Bierhoff, H. W. (1990). Lehrer-Erwartungseffekte aus sozialpsychologischer Sicht: Ein Kommentar zu dem Beitrag von Siu L. Chow. *Zeitschrift für Pädagogische Psychologie, 4,* 167–171.

Bierhoff, H. W. (1991). Schema der hinreichenden Ursache als Maxime der Kausalerklärung: Was sind informative und ausreichende Erklärungen? *Zeitschrift für Sozialpsychologie, 22,* 112–122.

Bierhoff, H. W. (2002). Soziale Verantwortung im Berufs- und Wirtschaftsleben. *Zeitschrift für Personalforschung, 16,* 209–229.

Bierhoff, H. W. & Bierhoff-Alfermann, D. (1977). Attribution impliziter Persönlichkeitstheorien in einer Interaktionssituation durch Beurteiler. *Zeitschrift für Sozialpsychologie, 8,* 50–66.

Bierhoff, H. W. & Frey, D. (2011). *Sozialpsychologie – Individuum und soziale Welt.* Göttingen: Hogrefe.

Bierhoff, H. W. & Neumann, E. (2006). Soziale Verantwortung und Diffusion der Verantwortung. In H. W. Bierhoff & D. Frey (Hrsg.), *Handbuch der Sozialpsychologie und Kommunikationspsychologie* (S. 174–179). Göttingen: Hogrefe.

Bierhoff, H. W. & Rohmann, E. (2012). Zivilcourage. In C. Steinebach, D. Jungo & R. Zihlmann (Hrsg.), *Positive Psychologie in der Praxis* (S. 52–59). Weinheim: Beltz.

Bierhoff, H. W. & Rudinger, G. (1996). Quasi-experimentelle Untersuchungsmethoden. In E. Erdfelder, R. Mausfeld, T. Meiser & G. Rudinger (Hrsg.), *Handbuch quantitative Methoden* (S. 47–58). Weinheim: Beltz.

Bierhoff, H. W. & Vornefeld, B. (2004). The social psychology of trust with applications in the Internet. *Analyse und Kritik. Zeitschrift für Sozialtheorie, 26,* 48–62.

Blickle, G. (2003). Ethik in Organisationen. In A. E. Auhagen & H. W. Bierhoff (Hrsg.), *Angewandte Sozialpsychologie* (S. 380–393). Weinheim: Beltz.

Blickle, G. (2007). Zur Ethik der Arbeit in Organisationen. In H. Schuler (Hrsg.), *Lehrbuch Organisationspsychologie* (4. Aufl., 143–154). Bern: Huber.

Bodenmann, G. (2000). *Stress und Coping bei Paaren.* Göttingen: Hogrefe.

Bodenmann, G. (2006). Beobachtungsmethoden. In F. Petermann & M. Eid (Hrsg.), *Handbuch der Psychologischen Diagnostik* (S. 151–159). Göttingen: Hogrefe.

Bortz, J. (1999). *Statistik für Sozialwissenschaftler* (5. Aufl.). Berlin: Springer.

Bortz, J. & Döring, N. (2006). *Forschungsmethoden und Evaluation für Human- und Sozialwissenschaftler* (4., erweit. Aufl.). Berlin: Springer. DOI: 10.1007/978-3-540-33306-7

Boyd, D. M. & Ellison, N. B. (2007). Social network sites: Definition, history, and scholarship. *Journal of Computer-Mediated Communication, 13,* 210–230. DOI: 10.1111/j.1083-6101.2007.00393.x

Bradley, J. V. (1968). *Distribution-free statistical tests.* Englewood Cliffs, NJ: Prentice-Hall.

Brailovskaia, J. & Bierhoff, H. W. (2012). Sensationssuchende Narzissten, Extraversion und Selbstdarstellung in sozialen Netzwerken im Web 2.0. *Journal of Business and Media Psychology, 3,* 343–360.

Bredenkamp, J. (1996). Grundlagen experimenteller Methoden. In E. Erdfelder, R. Mausfeld, T. Meiser & G. Rudinger (Hrsg.), *Handbuch quantitative Methoden* (S. 37–46). Weinheim: Beltz.

Brinkmann, G. (1997). *Analytische Wissenschaftstheorie* (3. Aufl.). München: Oldenbourg.

Bröder, A. (2011). *Versuchsplanung und experimentelles Praktikum.* Göttingen: Hogrefe.

Buck, E. & Bierhoff, H. W. (1986). Verlässlichkeit und Vertrauenswürdigkeit. *Zeitschrift für Differentielle und Diagnostische Psychologie, 7,* 205–223.

Burger, J. M. (2009). Replicating Milgram: Would people still obey today? *American Psychologist, 64,* 1–11.

Campbell, D. T. (1963). Social attitudes and other acquired behavioral dispositions. In S. Koch (Ed.), *Psychology: A study of a science* (Vol. 6, pp. 94–172). New York: McGraw-Hill.

Campbell, D. T. & Fiske, D. W. (1959). Convergent and discriminant validation by the multitrait-multimethod matrix. *Psychological Bulletin, 56,* 81–105. DOI: 10.1037/h0046016

Campbell, D. T. & Stanley, J. C. (1963). *Experimental and quasi-experimental designs for research.* Chicago, IL: Rand McNally.

Carstensen, C. H. (2010). Item-Response-Modelle für kategoriale Daten. In H. Holling & B. Schmitz (Hrsg.), *Handbuch Statistik, Methoden und Evaluation* (S. 660–666). Göttingen: Hogrefe.

Cohen, J. (1988). *Statistical power analysis for the behavioral sciences* (2nd ed.). Hillsdale, NJ: Lawrence Erlbaum.

Cohen, J. (1994). The earth is round (p < .05). *American Psychologist, 49,* 997–1003. DOI: 10.1037/0003-066X.49.12.997

Cohen, J., Cohen, P., West, S. G. & Aiken, L. S. (2003). *Applied multiple regression/correlation analysis for the behavioral sciences* (3rd ed.). Mahwah, NJ: Lawrence Erlbaum.

Cook T. & Campbell D. T. (1979). *Quasi-experimentation. Design & analysis issues for field settings.* Chicago, IL: Rand McNally.

Cook, T. & Leviton, L. C. (1980). Reviewing the literature: A comparison of traditional methods with meta-analysis. *Journal of Personality, 48,* 449–472. DOI: 10.1111/j.1467-6494.1980.tb02379.x

Cooper, H. M. & Rosenthal, R. (1980). Statistical versus traditional procedures for summarizing research findings. *Psychological Bulletin, 87,* 442–449. DOI: 10.1037/0033-2909.87.3.442

Corrigan, P. (2004). How stigma interferes with mental health care. *American Psychologist, 59,* 614–625. DOI: 10.1037/0003-066X.59.7.614

Coyne, J.C., Stefanek, M. & Palmer, S.C. (2007). Psychotherapy and survival in cancer: The conflict between hope and evidence. *Psychological Bulletin, 133*, 367–394. DOI: 10.1037/0033-2909.133.3.367

Crano, W.D. & Brewer, M.B. (1973). *Principles of research in social psychology*. New York: McGraw-Hill.

Crano, W.D. & Brewer, M.B. (1975). *Einführung in die sozialpsychologische Forschung*. Köln: Kiepenheuer & Witsch.

Cronbach, L.J. & Furby, L. (1970). How we should measure „change" – or should we? *Psychological Bulletin, 74*, 68–80.

Csikszentmihalyi, M. & Larson, R. (1987). Validity and reliability of the experience-sampling method. *The Journal of Nervous and Mental Disease, 175*, 526–536. DOI: 10.1097/00005053-198709000-00004

Dalgaard, P. (2008) *Introductory Statistics with R* (2nd ed.). New York: Springer.

Davis, E.P., Glynn, L.M., Schetter, C.D., Hobel, C., Chicz-Demet, A. & Sandman, C.A. (2007). Prenatal exposure to maternal depression and cortisol influences infant temperament. *Journal of the American Academy of Child and Adolescent Psychiatry, 46*, 737–746. DOI: 10.1097/chi.0b013e318047b775

Dawes, R.M. (1988). *Rational choice in an uncertain world*. San Diego, CA: Harcourt Brace Jovanovich.

DeWall, C.N., Maner, J.K., Deckman, T. & Rouby, D.A. (2011). Forbidden fruit: Inattention to attractive alternatives provokes implicit relationship reactance. *Journal of Personality and Social Psychology, 100*, 621–629. DOI: 10.1037/a0021749

Döring, N. (2003). *Sozialpsychologie des Internet* (2. Aufl.). Göttingen: Hogrefe.

Dunkel, H. (1999). *Handbuch psychologischer Arbeitsanalyseverfahren*. Zürich: vdf.

Eid, M., Geiser, C. & Nußbeck, F. (2008). Neuere psychometrische Ansätze der Veränderungsmessung. *Zeitschrift für Psychiatrie, Psychologie und Psychotherapie, 56*, 181–189. DOI: 10.1024/1661-4747.56.3.181

Eid, M. & Schmidt, K. (2014). *Testtheorie und Testkonstruktion*. Göttingen: Hogrefe.

Ellermeier, W. & Bösche, W. (2010). Experimentelle Versuchspläne. In H. Holling & B. Schmitz (Hrsg.), *Handbuch Statistik, Methoden und Evaluation* (S. 37–48). Göttingen: Hogrefe.

Epstein, S. (1983). Aggregation and beyond: Some basic issues on the prediction of behavior. *Journal of Personality, 51*, 360–392. DOI: 10.1111/j.1467-6494.1983.tb00338.x

Erdfelder, E., Faul, F., Buchner, A. & Cüpper, L. (2010). Effektgröße und Teststärke. In H. Holling & B. Schmitz (Hrsg.), *Handbuch Statistik, Methoden und Evaluation* (S. 358–369). Göttingen: Hogrefe.

Esser, G., Scheven, A., Petrova, A., Laucht, M. & Schmidt, M.H. (1989). Mannheimer Beurteilungsskala zur Erfassung der Mutter-Kind-Interaktion im Säuglingsalter (MBS-MKI-S). *Zeitschrift für Kinder- und Jugendpsychiatrie, 17*, 185–193.

Eysenck, M.W. (2004). *Psychology. An international perspective*. Hove: Psychology Press.

Fahrenberg, J., Leonhart, R. & Foerster, F. (2011). *Alltagsnahe Psychologie. Datenerhebung im Feld mit hand-held PC und physiologischem Mess-System e-book*. Verfügbar unter: http://www.jochen-fahrenberg.de/uploads/media/ALLTAGSNAHE_PSYCHOLOGIE.pdf (Zugriff am 15.05.2013).

Fassnacht, G. (2007). *Systematische Verhaltensbeobachtung*. München: Reinhardt.

Fähndrich, E. & Stieglitz, R.-D. (1998). *Leitfaden zur Erfassung des psychopathologischen Befundes: Halbstrukturiertes Interview anhand des AMDP-Systems* (2., überarb. Aufl.). Göttingen: Hogrefe.

Feger, H. (1996). Methoden der Sozialpsychologie. In E. Erdfelder, R. Mausfeld, T. Meiser & G. Rudinger (Hrsg.), *Handbuch quantitative Methoden* (S. 529–538). Weinheim: Beltz.

Festinger, L. (1959). Sampling and related problems in research methodology. *American Journal of Mental Deficiency, 64,* 358–366.

Festinger, L. (1964). *Conflict, decision, and dissonance.* Stanford, CA: Stanford University Press.

Fichter, M. & Quadflieg, N. (1999). *SIAB. Strukturiertes Inventar für Anorektische und Bulimische Essstörungen nach DSM-IV und ICD-10.* Göttingen: Hogrefe.

Field, T., Diego, M., Dieter, J., Hernandez-Reif, M., Schanberg, S., Kuhn, C. et al. (2004). Prenatal depression effects on the fetus and the newborn. *Infant Behavior and Development, 27,* 216–229. DOI: 10.1016/j.infbeh.2003.09.010

Fischer, P., Krueger, J., Greitemeyer, T., Kastenmüller, A., Vogrincic, C., Frey, D. et al. (2011). The bystander-effect: A meta-analytic review on bystander intervention in dangerous and non-dangerous Emergencies. *Psychological Bulletin, 137,* 517–537. DOI: 10.1037/a0023304

Fishbein, M. & Ajzen, I. (1975). *Belief, attitude, intention and behavior: An introduction to theory and research.* Reading, MA: Addison-Wesley.

Fishburn, P. C. (1964). *Decision and value theory.* New York: Wiley.

Fisseni, H.-J. (2004). *Lehrbuch der psychologischen Diagnostik: Mit Hinweisen zur Intervention* (3., überarb. u. erw. Aufl.). Göttingen: Hogrefe.

Fisseni, H.-J. & Preusser, I. (2007). *Assessment-Center. Eine Einführung in Theorie und Praxis.* Göttingen: Hogrefe.

Flick, U. (1999). *Qualitative Forschung.* Reinbek: Rowohlt.

Flick, U. (Hrsg.). (2006). *Qualitative Evaluationsforschung. Konzepte, Methoden, Anwendungen.* Reinbek: Rowohlt.

Forsyth, D. R. (2009). *Group dynamics* (5th ed.). Belmont, CA: Wadsworth

Frank, G., Kleinjung, T., Landgrebe, M., Vielsmeier, V., Steffenhagen, C., Burger, J. et al. (2010). Left temporal low-frequency rTMS for the treatment of tinnitus: clinical predictors of treatment outcome – a retrospective study. *European Journal of Neurology, 17,* 951–956. DOI: 10.1111/j.1468-1331.2010.02956.x

Franke, N., Keinz, P. & Steger, C. (2009). Testing the value of customization: When do customers really prefer products tailored to their preferences. *Journal of Marketing, 73,* 103–121. DOI: 10.1509/jmkg.73.5.103

Frantz, R. L. (1963). Pattern vision in new born infants. *Science, New Series, 140,* 296–297.

Frey, D. & Bierhoff, H. W. (2011). *Sozialpsychologie – Interaktion und Gruppe.* Göttingen: Hogrefe.

Gable, S. L., Reis, H. T., Impett, E. A. & Asher, E. R. (2004). What do you do when things go right? The intrapersonal and interpersonal benefits of sharing positive events. *Journal of Personality and Social Psychology, 87,* 228–245. DOI: 10.1037/0022-3514.87.2.228

Gawronski, B. (2006). Die Technik des impliziten Assoziationstests als Grundlage für objektive Persönlichkeitstests. In T. M. Ortner, R. T. Proyer & K. D. Kubinger (Hrsg.), *Theorie und Praxis objektiver Persönlichkeitstests* (S. 53–69). Bern: Huber.

Gee, J. P. (2005). *An introduction to discourse analysis: Theory and method.* London: Routledge.

Gehring, U. (2008). *Was ist MI und wo wird es angewendet. Einführung in das Motivational Interviewing.* Heidelberg: GK Quest Akademie.

Geiser, C., Eid, M., Nussbeck, F. W., Lischetzke, T. & Cole, D. A. (2010). Multirait-Multimethod-Analyse. In H. Holling & B. Schmitz (Hrsg.), *Handbuch Statistik, Methoden und Evaluation* (S. 679–685). Göttingen: Hogrefe.

Gerlach, A. L., Wilhelm, F. H. & Roth, W. T. (2003). Embarrassment and social phobia: the role of parasympathetic activation. *Journal of Anxiety Disorders, 17,* 197–210. DOI: 10.1016/S0887-6185(02)00197-4

Gigerenzer, G. (1993). The superego, the ego, and the id in statistical reasoning. In G. Keren & C. Lewis (Eds.), *A handbook of data analysis in the behavioral sciences* (pp. 311–339). Hillsdale, NJ: Lawrence Erlbaum.

Gigerenzer, G. (2013). *Risiko: Wie man die richtigen Entscheidungen trifft.* München: Bertelsmann.

Gigerenzer, G., Hertwig, R. & Pachur, T. (Eds.). (2011). *Heuristics: The foundations of adaptive behavior.* New York: Oxford University Press.

Göritz, A. S., Reinhold, N. & Batinic, B. (2002). Online panels. In B. Batinic, U. D. Reips & M. Bosnjak (Eds.), *Online social sciences* (pp. 27–47). Seattle, WA: Hogrefe & Huber.

Gottman, J. M., Coan, J. & McCoy, K. (1996). *The Specific Affect Coding System (SPAFF) for observing emotional communication in marital and family interaction.* Mahwah, NJ: Lawrence Erlbaum.

Grant, D. A. & Berg, E. A. (1948). A behavioural analysis of degree of reinforcement and ease of shifting to new responses in a Weigl-type card-sorting problem. *Journal of Experimental Psychology,* 38, 404–411. DOI: 10.1037/h0059831

Grice, H. P. (1975). Logic and conversation. In P. Cole & J. L. Morgan (Eds.), *Syntax and semantics 3: Speech acts* (pp. 41–58). New York: Academic Press.

Gross, A. & Steins, G. (1998). Geschlechtsspezifische Auswirkungen von empathischem vs. kritischem Kommunikationsstil auf die Befindlichkeit in einem therapeutischen Erstgespräch. *Zeitschrift für Klinische Psychologie, 27,* 262–270.

Gschwendner, T., Hoffmann, W. & Schmitt, M. (2006). Ein Modell des Zusammenhangs impliziter Reaktionszeitverfahren mit Fragebogenmaßen. In T. M. Ortner, R. T. Proyer & K. D. Kubinger (Hrsg.), *Theorie und Praxis objektiver Persönlichkeitstests* (S. 70–87). Bern: Huber.

Hadjistavropoulos, T. (2005). Assessing pain in older persons with severe limitations in ability to communicate. In S. Gibson & D. Weine (Eds.), *Pain in older persons. Progress in pain research and management.* Seattle, WA: IASP Press.

Häder, M. & Häder, S. (Hrsg.). (2000). *Die Delphi-Technik in den Sozialwissenschaften. Methodische Forschungen und innovative Anwendungen.* Wiesbaden: Westdeutscher Verlag. DOI: 10.1007/978-3-663-09682-5

Hamill, R., Wilson, T. D. & Nisbett, R. E. (1980). Insensitivity to sample bias: Generalizing from atypical cases. *Journal of Personality and Social Psychology, 39,* 578–589. DOI: 10.1037/0022-3514.39.4.578

Hardin, R. (2004). Internet capital. *Analyse und Kritik. Zeitschrift für Sozialtheorie, 26,* 122–138.

Hardy, H., Kumar, V., Doros, G., Farmer, E., Drainoni, M.-L., Rybin, D. et al. (2011). Randomized controlled trial of a personalized cellular phone reminder system to enhance adherence to antiretroviral therapy. *Aids Patient Care and STDs, 25,* 153–161.

Hartje, W. & Poeck, K. (2002). *Klinische Neuropsychologie* (6. Aufl.). Stuttgart: Thieme.

Haslam, S. A. & McGarty, C. (1998). *Doing psychology.* London: Sage.

Hedges, L. V. & Olkin, I. (1985). *Statistical methods for meta-analysis.* San Diego, CA: Academic Press.

Heintz, B. & Werron, T. (2011). Wie ist Globalisierung möglich? Zur Entstehung globaler Vergleichshorizonte am Beispiel von Wissenschaft und Sport. *Kölner Zeitschrift für Soziologie und Sozialpsychologie, 63,* 359–394. DOI: 10.1007/s11577-011-0142-5

Helfferich, C. (2005). *Die Qualität qualitativer Daten. Manual für die Durchführung qualitativer Interviews* (2. Aufl.). Wiesbaden: VS Verlag.

Hempel, C. G. & Oppenheim, P. (1948). Studies in the logic of explanation. *Philosophy of Science, 15,* 135–175. DOI: 10.1086/286983

Hendrick, C. & Jones, R. A. (1972). *The nature of theory and research in social psychology.* New York: Academic Press.

Hersen, M. & Barlow, D. H. (1976). *Single case experimental designs: Strategies for studying behavior change.* New York: Pergamon.

Hertel, S., Klug, J. & Schmitz, B. (2010). Quasi-experimentelle Versuchspläne. In H. Holling & B. Schmitz (Hrsg.), *Handbuch Statistik, Methoden und Evaluation* (S. 49–62). Göttingen: Hogrefe.

Hiller, W., Zaudig, M. & Mombour, W. (1995). *IDCL für ICD-10. Internationale Diagnosen Checklisten für ICD-10 und ICD-10 Symptom Checklisten für psychische Störungen (SCL) von der Weltgesundheitsorganisation (WHO).* Göttingen: Hogrefe.

Hiller, W., Zaudig, M. & Mombour, W. (1997). *IDCL für DSM-IV: Internationale Diagnosen Checklisten für DSM-IV.* Göttingen: Hogrefe.

Hinz, A., Stöbel-Richter, Y. & Brähler, E. (2001). Der Partnerschaftsfragebogen (PFB): Normierung und soziodemografische Einflussgrößen auf die Partnerschaftsqualität. *Diagnostica, 47,* 132–141. DOI: 10.1026//0012-1924.47.3.132

Hoffmann, S. & Falkenstein, M. (2012). Predictive information processing in the brain: Errors and response monitoring. *International Journal of Psychophysiology, 83,* 208–212. DOI: 10.1016/j.ijpsycho.2011.11.015

Hoffrage, U., Hertwig, R. & Gigerenzer, G. (2000). Hindsight bias: A by-product of knowledge updating? *Journal of Experimental Psychology: Learning, Memory, and Cognition, 26,* 566–581.

Holling, H. & Gediga, G. (2011). *Statistik – Deskriptive Verfahren.* Göttingen: Hogrefe.

Holling, H. & Gediga, G. (2013). *Statistik – Wahrscheinlichkeitstheorie und Schätzverfahren.* Göttingen: Hogrefe.

Hoyer, J. & Becker, E. S. (2000). Verhaltenstherapie des Sich-Sorgens und Grübelns. *Verhaltenstherapie und Psychosoziale Praxis, 32,* 213–222.

Hoyer, J. & Köllner, V. (2005). Gesprächsführung in der Verhaltensmedizin. In V. Köllner & M. Broda (Hrsg.), *Praktische Verhaltensmedizin* (S. 31–43). Stuttgart: Thieme.

Huffcutt, A. I., Conway, J. M., Roth, P. L. & Klehe, U.-C. (2004). Evaluation and comparison of the situational and behavior description interview formats. *International Journal of Selection and Assessment, 12,* 262–273. DOI: 10.1111/j.0965-075X.2004.280_1.x

Huffcutt, A. I., Roth, P. L. & McDaniel, M. A. (1996). A meta-analytic investigation of cognitive ability in employment interview evaluations: Moderating characteristics and implications for incremental validity. *Journal of Applied Psychology, 81,* 459–473. DOI: 10.1037/0021-9010.81.5.459

Huizink, A. C., Robles de Medina, P. G., Mulder, E. J., Visser, G. H. & Buitelaar, J. K. (2003). Stress during pregnancy is associated with developmental outcome in infancy. *Journal of Child Psychology and Psychiatry, 44,* 810–818. DOI: 10.1111/1469-7610.00166

Hunter, J. E., Schmidt, F. L. & Jackson, G. B. (1982). *Meta-analysis. Cumulating research findings across studies.* Beverly Hills, CA: Sage.

Internet World Stats (2012). *Internet users in the world. Distribution by world regions – 2012 Q2.* Verfügbar unter: http://www.internetworldstats.com/stats.htm (Zugriff am 11.03.2013).

Ioannidis, J. P. A. (2005). Why most published research findings are false. *PLOS Medicine, 2,* e124. DOI: 10.1371/journal.pmed.0020124

Jacobson, N. S. & Truax, P. (1991). Clinical significance: A statistical approach to defining meaningful change in psychotherapy research. *Journal of Consulting and Clinical Psychology, 59,* 12–19. DOI: 10.1037/0022-006X.59.1.12

Jäncke, L. (2013). *Lehrbuch Kognitive Neurowissenschaften.* Bern: Huber.

Janis, I. L. (1982). *Groupthink* (2nd ed.). Boston, MA: Houghton Mifflin.

John, O. P. & Srivastava, S. (1999). The big five trait taxonomy: History, measurement and theoretical perspective. In L. A. Pervin & O. P. John (Eds.), *Handbook of personality* (2nd ed., pp. 102–138). New York: Guilford.

Jones, E. E. & Gerard, H. B. (1967). *Foundations of social psychology.* New York: Wiley.

Jöreskog, K. G. & Sörbom, D. (1996). *LISREL 8: User's reference guide.* Chicago, IL: Scientific Software.

Kaiser, F. G. (1998). A general measure of ecological behavior. *Journal of Applied Social Psychology, 28,* 395–422. DOI: 10.1111/j.1559-1816.1998.tb01712.x

Kaiser, F. G., Byrke, K. & Hartig, T. (2010). Reviving Campbell's paradigm for attitude research. *Personality and Social Psychology Review, 14,* 351–367. DOI: 10.1177/1088 868310366452

Kals, E. (1996). *Verantwortliches Umweltverhalten: Umweltschützende Entscheidungen erklären und fördern.* Weinheim: Beltz.

Karnath, H. O. & Thier, P. (2012). *Kognitive Neurowissenschaften* (3. Aufl.). Heidelberg: Springer. DOI: 10.1007/978-3-642-25527-4

Katz, D. & Stotland, E. (1959). A preliminary statement to a theory of attitude structure and change. In S. Koch (Ed.), *Psychology: A study of a science* (Vol. 3, pp. 423–475). New York: McGraw-Hill.

Kazdin, A. E. (1982). *Single-case research design. Methods for clinical and applied settings.* New York: Oxford Universtity Press.

Keller, S. (Hrsg.). (1999). *Motivation zur Verhaltensänderung. Das Transtheoretische Modell in Forschung und Praxis.* Freiburg: Lambertus.

Kerlinger, F. N. (1986). *Foundations of behavioral research* (3rd ed.). New York: CBS College Publishing.

Killingsworth, M. A. & Gilbert, D. T. (2010). A wandering mind is an unhappy mind. *Science, 330,* 932. DOI: 10.1126/science.1192439

Kingston, D., Tough, S. & Whitfield, H. (2012). Prenatal and postpartum maternal psychological distress and infant development: a systematic review. *Child Psychiatry and Human Development, 43,* 683–714. DOI: 10.1007/s10578-012-0291-4

Kolip, P. & Müller, V. E. (Hrsg.). (2009). *Qualität von Gesundheitsförderung und Prävention*. Bern: Huber.

Kosfeld, M., Heinrichs, M., Zak, P. J., Fischbacher, U. & Fehr, E. (2005). Oxytocin increases trust in humans. *Nature, 435,* 673–676. DOI: 10.1038/nature03701

Krauth, J. (1996). Zeitreihenanalyse. In E. Erdfelder, R. Mausfeld, T. Meiser & G. Rudinger (Hrsg.), *Handbuch quantitative Methoden* (S. 290–302). Weinheim: Beltz.

Kreppner, J. M., Rutter, M., Beckett, C., Castle, J., Colvert, E., Groothues, C. et al. (2007). Normality and impairment following profound early institutional deprivation: A longitudinal follow-up into early adolescence. *Developmental Psychology, 43,* 931–946. DOI: 10.1037/0012-1649.43.4.931

Krippendorf, K. (2012). *Content analysis. An introduction to its methodology* (3rd ed.). London: Sage.

Kuhn, J. T. (2010). Hypothesentestung. In H. Holling & B. Schmitz (Hrsg.), *Handbuch Statistik, Methoden und Evaluation* (S. 350–357). Göttingen: Hogrefe.

Kuhn, T. S. (1996). *Die Struktur wissenschaftlicher Revolutionen* (13. Aufl.). Frankfurt am Main: Suhrkamp.

Kunz R. (2002). Schmerzerfassung bei Patienten mit Demenzerkrankungen. *Geriatrie Journal 2,* 14–21.

Lamnek, S. (2005). *Qualitative Sozialforschung*. Weinheim: Beltz.

LaPiere, R. T. (1934). Attitudes vs. actions. *Social Forces, 13,* 230–237. DOI: 10.2307/2570339

Largo, R. (1999). *Kinderjahre*. München: Piper.

Latané, B. & Nida, S. (1981). Ten years of research on group size and helping. *Psychological Bulletin, 89,* 308–324. DOI: 10.1037/0033-2909.89.2.308

Latham, G. P. (1989). The reliability, validity, and practicality of the situational interview. In R. W. Eder & G. R. Ferris (Eds.), *The employment interview: Theory, research, and practice* (pp. 169–182). Thousand Oaks, CA: Sage.

Latham, G. P. & Finnegan, B. J. (1993). Perceived practicality of unstructured, patterned, and situational interviews. In H. Schuler, J. L. Farr & M. Smith (Eds.), *Personnel selection and assessment: Individual and organizational perspectives* (pp. 41–55). Hillsdale, NJ: Lawrence Erlbaum.

Leonhart, R. (2010). *Datenanalyse mit SPSS*. Göttingen: Hogrefe.

Levelt Committee, Noort Committee & Drenth Committee (2012). *Flawed science: The fraudulent research practices of social psychologist Diederik Stapel*. Verfügbar unter: https://www.commissielevelt.nl/ (Zugriff am 15. 05. 2013).

Lévesque, J., Beauregard, M. & Mensour, B. (2006). Effect of neurofeedback training on the neural substrates of selective attention in children with attention-deficit/hyperactivity disorder: A functional magnetic resonance imaging study. *Neuroscience Letters, 394,* 216–221. DOI: 10.1016/j.neulet.2005.10.100

Lewin, K. (1946). Aktionsforschung und Minderheitenprobleme. In K. Lewin (Hrsg.), *Die Lösung sozialer Konflikte* (S. 278–298). Bad-Nauheim: Christian-Verlag.

Lienert, G. A. & Raatz, U. (1998). *Testaufbau und Testanalyse* (6. Aufl.). Weinheim: Beltz.

Lips, H. P. (2003). The gender pay gap: Concrete indicator of women's progress toward equality. *Analysis of Social Issues and Public Policy, 3,* 87–109. DOI: 10.1111/j.1530-2415.2003.00016.x

Lipsey, M. W. & Wilson, D. B. (2001). *Practical meta-analysis*. Thounsand Oaks, CA: Sage.

Lord, C. G. & Lepper, M. R. (1999). Attitude representation theory. *Advances of Experimental Social Psychology, 25,* 265–343. DOI: 10.1016/S0065-2601(08)60275-0

Lüdtke, N. & Matsuzaki, H. (Hrsg.). (2011). *Akteur – Individuum – Subjekt. Fragen zu ‚Personalität' und ‚Sozialität'.* Wiesbaden: VS Verlag. DOI: 10.1007/978-3-531-934 63-1

Lüdtke, O., Robitzsch, A., Trautwein, U. & Köller, O. (2007). Umgang mit fehlenden Werten in der psychologischen Forschung: Probleme und Lösungen. *Psychologische Rundschau, 58,* 103–117. DOI: 10.1026/0033-3042.58.2.103

Maddux, J. E. (1995). Self-efficacy theory: An introduction. In J. E. Maddux (Ed.), *Self-efficacy, adaptation, and adjustment* (pp. 3–36). New York: Plenum.

Maddux, J. E. & DuCharme, K. A. (1997). Behavioral intentions in theories of health behavior. In D. S. Gochman (Ed.), *Handbook of health behavior research* (pp. 133–151). New York: Plenum.

Maier, W., Albus, M. & Beck, P. (1990). Validitätskriterien für die Veränderungsmessung mit Ratingskalen. In U. Baumann, E. Fähndrich, R.-D. Sieglietz & B. Woggon (Hrsg.), *Veränderungsmessung in Psychiatrie und Klinischer Psychologie* (S. 286–306). München: Profil.

Manstead, A. S. R., Proffitt, C. & Smart, J. L. (1983). Predicting and understanding mothers' infant-feeding intentions and behavior: Testing the theory of reasoned action. *Journal of Personality and Social Psychology, 44,* 657–671. DOI: 10.1037/0022-3514.44.4.657

Marsh, H. W., Lüdtke, O., Nagengast, B., Trautwein, U., Morin, A. J. S., Adbuljabbar, A. & Köller, O. (2012). Classroom climate and contextual effects. Methodological issues in the evaluation of group-level effects. *Educational Psychologist, 47,* 106–124. DOI: 10.1080/00461520.2012.670488

Mayntz, R, Holm, K. & Hübner, P. (1969). *Einführung in die Methoden der empirischen Soziologie.* Köln: Westdeutscher Verlag. DOI: 10.1007/978-3-322-96383-3

Mayntz, R, Holm, K. & Hübner, P. (1978). *Einführung in die Methoden der empirischen Soziologie* (5. Aufl.). Opladen: Westdeutscher Verlag.

McCrae, R. R. & Costa, P. T. (1999). A five-factor theory of personality. In L. A. Pervin & O. P. John (Eds.), *Handbook of personality* (2nd ed., pp. 139–153). New York: Guilford.

Mehl, M. & Conner, T. S. (Eds.). (2012). *Handbook of research methods for studying daily life.* New York: Guilford.

Merton, R. K. (1957). *Social theory and social structure.* New York: Free Press.

Meta-Analyse: Antidepressiva nur bei schwersten Depressionen wirksam. (2008). *aerzteblatt.de, 26.* Februar. Verfügbar unter: http://www.aerzteblatt.de/nachrichten/31489/ (Zugriff am 08. 05. 2013).

Milgram, S. (1974). *Obedience to authority.* London: Tavistock.

Miller, W. R. & Rollnick, S. (2009). *Motivierende Gesprächsführung* (3. Aufl.). Freiburg: Lambertus.

Minard, R. D. (1952). Race relationships in the Pocahontas coal field. *Journal of Social Issues, 8,* 29–44. DOI: 10.1111/j.1540-4560.1952.tb01592.x

Moffitt, T. E. (1993). Adolescence-limited and life-course-persistent antisocial behavior – A developmental taxonomy. *Psychological Review, 100,* 674–701. DOI: 10.1037/0033-295X.100.4.674

Moffitt, T. E. & Caspi, A. (2001). Childhood predictors differentiate life-course persistent and adolescence-limited antisocial pathways among males and females. *Development and Psychopathology, 13,* 355–375. DOI: 10.1017/S0954579401002097

Montada, L. (2009). Gerechtigkeitsforschung: Themen, Erkenntnisse und ihre Relevanz. In G. Krampen (Hrsg.), *Experten als Zeitzeugen* (S. 275–288). Göttingen: Hogrefe.

Moosbrugger, H. & Reiß, S. (2010). Mehrfaktorielle Varianzanalyse und Varianzanalyse mit Messwiederholung. In H. Holling & B. Schmitz (Hrsg.), *Handbuch Statistik, Methoden und Evaluation* (S. 439–457). Göttingen: Hogrefe.

Müller, V. E. (2009). Qualität in der Gesundheitsförderung: Eine Methode für Alle(s)? In P. Kolip & V. E. Müller (Hrsg.), *Qualität von Gesundheitsförderung und Prävention* (S. 41–59). Bern: Huber.

Mumford, M. D., Costanza, D. P., Connelly, M. S. & Johnson, J. F. (1996). Item generation procedures and background data scales: Implications for construct and criterion-related validity. *Personnel Psychology, 49,* 361–398. DOI: 10.1111/j.1744-6570.1996.tb01804.x

Mummendey, H. D. (2006). *Psychologie des „Selbst".* Göttingen: Hogrefe.

Mummendey, H. D. & Grau, I. (2008). *Die Fragebogen-Methode* (5. Aufl.). Göttingen: Hogrefe.

Musch, J., Brockhaus, R. & Bröder, A. (2002). Ein Inventar zur Erfassung von zwei Faktoren Sozialer Erwünschtheit. *Diagnostica, 48,* 121–129. DOI: 10.1026//0012-1924.48.3.121

Nisbett, R. E., Peng, K., Choi, I. & Norenzayan, A. (2001). Culture and systems of thought: Holistic versus analytic cognition. *Psychological Review, 108,* 291–310. DOI: 10.1037/0033-295X.108.2.291

O'Connor, T. G., Marvin, R. S., Rutter, M., Olrick, J. T., Britner, P. A. & the English and Romanian Adoptees Study Team (2003). Child-parent attachment following early institutional deprivation. *Development and Psychopathology, 15,* 19–38. DOI: 10.1017/S0954579403000026

O'Reilly, T. (2005). *What Is Web 2.0. Design patterns and business models for the next generation of software.* Verfügbar unter: http://oreilly.com/web2/archive/what-is-web-20.html (Zugriff am 11.03.2013).

Odgers, C. L., Moffitt, T. E., Broadbent, J. M., Dickson, N., Hancox, R. J., Harrington, H. et al. (2008). Female and male antisocial trajectories: From childhood origins to adult outcomes. *Development and Psychopathology, 20,* 673–716. DOI: 10.1017/S0954579408000333

Opp, K. D. (1967). Zur Anwendung sozialwissenschaftlicher Theorien für praktisches Handeln. *Zeitschrift für die Gesamte Staatswissenschaft, 123,* 393–418.

Opp, K. D. (1970). *Methodologie der Sozialwissenschaften.* Reinbek: Rowohlt.

Opp, K. D. (2005). *Methodologie der Sozialwissenschaften. Einführung in Probleme ihrer Theorienbildung und praktischen Anwendung* (6. Aufl.). Wiesbaden: VS Verlag. DOI: 10.1007/978-3-531-90333-0

Orne, M. T. (1969). Demand characteristics and the concept of quasi-controls. In R. Rosenthal (Ed.), *Artifact in behavioral research* (pp. 143–179). New York: Academic Press.

Ostendorf, F. & Angleitner, A. (2004). *NEO-PI-R. Neo-Persönlichkeitsinventar nach Costa und McCrae (Revidierte Fassung).* Göttingen: Hogrefe.

Parker, S. K., Williams, H. M & Turner, N. (2006). Modeling the antecedents of proactive behavior at work. *Journal of Applied Psychology, 91,* 636–652. DOI: 10.1037/0021-9010.91.3.636

Pashler, H. & Harris, C. R. (2012). Is the replicability crisis overblown? Three arguments examined. *Perspectives on Psychological Science, 7,* 531–536. DOI: 10.1177/1745691612463401

Pashler, H. & Wagenmakers, E. J. (2012). Editors' introduction to the special section on replicability in psychological science. *Perspectives on Psychological Science, 7,* 528–530. DOI: 10.1177/1745691612465253

Pauli-Pott, U., Mertesacker, B. & Beckmann, D. (2005). Ein Vergleich unterschiedlicher Erfassungsmethoden der frühkindlichen Emotionalität. *Zeitschrift für Kinder- und Jugendpsychiatrie und Psychotherapie, 33,* 123–135. DOI: 10.1024/1422-4917.33.2.123

Pelphrey, K. A., Sasson, N. J., Reznick, J. S., Paul, G., Goldman, B. D. & Piven, J. (2002). Visual scanning of faces in autism. *Journal of Autism and Developmental Disorders, 32,* 249–261. DOI: 10.1023/A:1016374617369

Perels, F. (2010). Zeitreihenanalyse. In H. Holling & B. Schmitz (Hrsg.), *Handbuch Statistik, Methoden und Evaluation* (S. 632–641). Göttingen: Hogrefe.

Petermann, F. (1978). *Veränderungsmessung.* Stuttgart: Kohlhammer.

Petermann, F. (1981). Möglichkeiten der Einzelfallanalyse in der Psychologie. *Psychologische Rundschau, 32,* 31–48.

Petermann, F. (1996a). *Einzelfalldiagnostik in der klinischen Praxis* (3., erweit. Aufl.). Weinheim: Beltz.

Petermann, F. (Hrsg.). (1996b). *Einzelfallanalyse* (3. Aufl.). München: Oldenbourg.

Petermann, F. (2010). Veränderungsmessung. In D. H. Rost (Hrsg.), *Handwörterbuch Pädagogische Psychologie* (4. Aufl., S. 896–902). Weinheim: Beltz.

Petermann, F. (Hrsg.). (2012). *Wechsler Adult Intelligence Scale – Fourth Edition (WAIS-IV).* Frankfurt: Pearson Assessment.

Petermann, F. (2013). *Psychologie des Vertrauens* (4., überarb. Aufl.). Göttingen: Hogrefe.

Petermann, F. & Koglin, U. (2013). *Aggression und Gewalt bei Kindern und Jugendlichen.* Heidelberg: Springer.

Petermann, F. & Noack, H. (1999). Nicht-reaktive Messverfahren. In E. Roth, K. Heidenreich & H. Holling (Hrsg.), *Sozialwissenschaftliche Methoden* (5. Aufl., S. 440–460). München: Oldenbourg.

Petermann, F. & Petermann, U. (2012). *Training mit aggressiven Kindern* (13., vollst. überarb. Aufl.). Weinheim: Beltz.

Phillips, L. D. (1973). *Bayesian statistics for social scientists.* London: Nelson.

Plomin, R., DeFries, J. C., Mc Clearn, G. E. & Rutter, M. (1999). *Gene, Umwelt und Verhalten: Einführung in die Verhaltensgenetik.* Bern: Huber.

Podsakoff, P. M., MacKenzie, S. B., Lee, J. Y. & Podsakoff, N. P. (2003). Common method biases in behavioral research: A critical review of the literature and recommended remedies. *Journal of Applied Psychology, 88,* 879–903. DOI: 10.1037/0021-9010.88.5.879

Popper, K. (2002a). *The logic of scientific discovery* (urspr. Logik der Forschung, 1935). London: Routledge.

Popper, K. R. (2002b). *The poverty of historicism* (urspr. 1957). London: Routledge.

Preacher, K. J. & Hayes, A. F. (2004). SPSS and SAS procedures for estimating indirect effects in simple mediation models. *Behavior Research Methods, Instruments, and Computers, 36,* 717–731. DOI: 10.3758/BF03206553

Preacher, K. J. & Hayes, A. W. (2008). Asymptotic and resampling strategies for assessing and comparing indirect effects in multiple mediator models. *Behavioral Research Methods, 40,* 879–891. DOI: 10.3758/BRM.40.3.879

Prochaska, J. O., DiClemente, C. C. & Norcross, J. (1992). In search of how people change: Applications to addictive behaviors. *American Psychologist, 47,* 1102–1114. DOI: 10.1037/0003-066X.47.9.1102

QuestBack GmbH (o. J.). *Enterprise Feedback Suite EFS Survey, Version 9.0/1.0.* Hürth: QuestBack GmbH.

Rammsayer, T. & Weber, H. (2010). *Differentielle Psychologie – Persönlichkeitstheorien.* Göttingen: Hogrefe.

Raudenbush, S., Bryk, A., Cheong, Y. F., Congdon, R. & du Toit, M. (2004). HLM6. *Hierarchical linear & nonlinear modeling.* Lincolnwood, IL: Scientific Software International.

Reinecker, H. (2005). *Grundlagen der Verhaltenstherapie.* Weinheim: Beltz.

Reips, U. D. (2002). Internet-based psychological experimenting. Five dos and five don'ts. *Social Science Computer Review, 20,* 241–249.

Reis, H. T., Smith, S. M., Carmichael, C. L., Caprariello, P. A., Tsai, F. F., Rodrigues, A. & Maniaci, M. R. (2010). Are you happy for me? How sharing positive events with others provides personal and interpersonal benefits. *Journal of Personality and Social Psychology, 99,* 311–329. DOI: 10.1037/a0018344

Riemann, R. (2005). Zwillings- und Adoptionsstudie. In H. Weber & T. Rammsayer (Hrsg.), *Handbuch der Persönlichkeitspsychologie und Differentiellen Psychologie* (S. 205–212). Göttingen: Hogrefe.

Rogers, C. R. (1983). Klientenzentrierte Psychotherapie. In J. R. Corsini (Hrsg.), *Handbuch der Psychotherapie* (S. 471–512). Weinheim: Beltz.

Rohrmann, B. (1978). Empirsche Studien zur Entwicklung von Antwortskalen für die sozialwissenschaftliche Forschung. *Zeitschrift für Sozialpsychologie, 9,* 222–245.

Rosenblatt, P. C. & Miller, N. (1972a). Experimental design. In C. G. McClintock (Ed.), *Experimental social psychology* (pp. 21–48). New York: Holt.

Rosenblatt, P. C. & Miller, N. (1972b). Problems and anxieties in research design and analysis. In C. G. McClintock (Ed.), *Experimental social psychology* (pp. 409–74). New York: Holt.

Rosenthal, G. (2002). Biografisch-narrative Gesprächsführung. Zu den Bedingungen heilsamen Erzählens im Forschungs- und Beratungskontext. *Psychotherapie und Sozialwissenschaften, 4,* 204–227.

Rosenthal, R. (1969). Interpersonal Expectations: Effects of the experiment's hypothesis. In Rosenthal, R. (Hrsg.), *Artifact in behavioral research* (pp. 181–277). New York: Academic Press.

Rosenthal, R. (1978). Combining results of independent studies. *Psychological Bulletin, 85,* 185–192. DOI: 10.1037/0033-2909.85.1.185

Rosenthal, R. (1979). The „file drawer problem" and tolerance for null results. *Psychological Bulletin, 86,* 638–641. DOI: 10.1037/0033-2909.86.3.638

Rosenthal, R. (1984). *Meta-analytic procedures for social research.* Beverly Hills, CA: Sage.

Rosenthal, R. & Fode, K. L. (1963). The effect of experimenter bias on the performance of the albino rat. *Behavioral Science, 8,* 183–189. DOI: 10.1002/bs.3830080302

Rosenthal, R. & Jacobson, L. (1971). *Pygmalion im Unterricht.* Weinheim: Beltz. (Original erschienen 1968).

Rosenthal, R. & Rubin, D. B. (1978). Interpersonal expectancy effects: The first 345 studies. *Behavioral and Brain Sciences, 3,* 377–386. DOI: 10.1017/S0140525X00075506

Ross, L., Lepper, M. R. & Hubbard, M. (1975). Perseverance in self-perception and social perception: Biased attribution processes in the debriefing paradigm. *Journal of Personality and Social Psychology, 32,* 880–892. DOI: 10.1037/0022-3514.32.5.880

Ross, M. & Olson, J. M. (1981). An expectancy-attribution model of the effects of place-bos. *Psychological Review, 88,* 408–437. DOI: 10.1037/0033-295X.88.5.408

Rost, D. (2007). *Interpretation und Bewertung pädagogisch-psychologischer Studien* (2. Aufl.). Weinheim: Beltz.

Rost, J. (2010). Messtheorie von Rasch. In H. Holling & B. Schmitz (Hrsg.), *Handbuch Statistik, Methoden und Evaluation* (S. 649–659). Göttingen: Hogrefe.

Roubini, N. & Mihm, S. (2011). *Crisis economics.* London: Penguin.

Salgado, J. F. & Moscoso, S. (2002). Comprehensive meta-analysis of the construct validity of the employment interview. *European Journal of Work and Organizational Psychology, 11,* 299–324. DOI: 10.1080/13594320244000184

Salsburg, D. (2001). *The lady tasting tea. How statistics revolutionized science in the twentieth century.* New York: Freeman (Paperback New York: Holt, 2002).

Schachter, S. (1959). *The psychology of affiliation.* Stanford, CA: Stanford University Press.

Schaie, K. W. (1965). A general model for the study of developmental problems. *Psychological Bulletin, 64,* 92–107. DOI: 10.1037/h0022371

Schandry, R. (2011). *Biologische Psychologie* (3., überarb. Aufl.). Weinheim: Beltz.

Schipper, M. & Petermann, F. (2011). Trust: A subject for social neuroscience. *Zeitschrift für Neuropsychologie, 22,* 245–255. DOI: 10.1024/1016-264X/a000053

Schneewind, K. A., Schröder, G. & Cattell, R. B. (1994). *Der 16-Persönlichkeits-Faktoren-Test (16 PF).* Bern: Huber.

Schneider, S. & Margraf, J. (2011). *Diagnostisches Interview bei psychischen Störungen* (4. Aufl.). Berlin: Springer.

Schütz, A., Marcus, B. & Sellin, I. (2004). Measuring narcissism as a personality construct: Psychometric properties of a long and a short version of the German Narcisstic Personality Inventory. *Diagnostica, 50,* 202–218. DOI: 10.1026/0012-1924.50.4.202

Schuler, H. (2002). *Das Einstellungsinterview.* Göttingen: Hogrefe.

Schuler, H. & Moser, K. (1995). Die Validität des Multimodalen Interviews. *Zeitschrift für Arbeits- und Organisationspsychologie, 39,* 2–12.

Schwarzer, R. & Luszczynska, A. (2005). Compliance als universelles Problem des Gesundheitsverhaltens. In R. Schwarzer (Hrsg.), *Gesundheitspsychologie* (S. 585–601). Göttingen: Hogrefe.

Shadish, W. R., Cook, T. D. & Campbell, D. T. (2002). *Experimental and quasi-experimental designs for generalized causal inference.* Boston, MA: Houghton Mifflin.

Silbereisen, R. K., Tomasik, M. J. & Reitzle, M. (2012). Sozialer Wandel und subjektives Wohlbefinden: Die Rolle von Anforderungen, Bewältigung, Ressourcen und Kontexten. In H. Best & E. Holtmann (Hrsg.), *Aufbruch der entsicherten Gesellschaft. Deutschland nach der Wiedervereinigung* (S. 305–327). Frankfurt am Main: Campus.

Silver, N. (2012). *The signal and the noise: Why so many predictions fail – but some don't.* New York: Penguin.

Sixtl, F. (1982). *Messmethoden der Psychologie* (2. Aufl.). Weinheim: Beltz.

Smith, M. L. & Glass, G. V. (1977). Meta-analysis of psychotherapy outcome studies. *American Psychologist, 32,* 752–760. DOI: 10.1037/0003-066X.32.9.752

Snijders, C. & Zijdeman, R. (2004). Reputation and Internet auctions: eBay and beyond. *Analyse und Kritik. Zeitschrift für Sozialtheorie, 26,* 158–184.

Spezio, M. L., Adolphs, R., Hurley, R. S. E. & Piven, J. (2007). Analysis of face gaze in autism using „Bubbles". *Neuropsychologia, 45,* 144–151. DOI: 10.1016/j.neuropsychologia.2006.04.027

Stapf, K. H. (1999). Laboruntersuchungen. In E. Roth, K. Heidenreich & H. Holling (Hrsg.), *Sozialwissenschaftliche Methoden* (5. Aufl., S. 228–244). München: Oldenbourg.

Staufenbiel, T. & Borg, I. (2010). Grundkonzepte der Skalierung. In H. Holling & B. Schmitz (Hrsg.), *Handbuch Statistik, Methoden und Evaluation* (S. 15–26). Göttingen: Hogrefe.

Stegmüller, W. (1973). Der Begriff der Erklärung und seine Spielarten. In W. Stegmüller (Hrsg.), *Probleme und Resultate der Wissenschaftstheorie und Angewandten Philosophie* (Bd. 1, Teil 1, S. 72–153). Berlin: Springer.

Stelzl, I. (1982). *Fehler und Fallen der Statistik*. Bern: Huber. (Reprint in: D. H. Rost (Hrsg.). (2005). *Standardwerke aus Psychologie und Pädagogik*. Münster: Waxmann.)

Stephan, U. & Westhoff, K. (2002). Personalauswahlgespräche im Führungskräftebereich des deutschen Mittelstandes: Bestandsaufnahme und Einsparungspotenzial durch strukturierte Gespräche. *Wirtschaftspsychologie, 3,* 3–17.

Stevens, S. S. (1946). On the theory of scales of measurement. *Science, 103,* 677–680. DOI: 10.1126/science.103.2684.677

Stieglitz, R.- D. & Baumann, U. (2001). Veränderungsmessung. In R.-D. Stieglitz, U. Baumann & H. J. Freyberger (Hrsg.), *Psychodiagnostik in Klinischer Psychologie, Psychiatrie, Psychotherapie* (2., überarb. Aufl., S. 21–38). Stuttgart: Thieme.

Stumpf, H. (1996). Klassische Testtheorie. In E. Erdfelder, R. Mausfeld, T. Meiser & G. Rudinger (Hrsg.), *Handbuch quantitative Methoden* (S. 411–430). Weinheim: Beltz.

Terpstra, D. E., Mohamed, A. A. & Kethley, R. B. (1999). An analysis of federal court cases involving nine selection devices. *International Journal of Selection and Assessment, 7,* 26–34. DOI: 10.1111/1468-2389.00101

Thompson, K. N. & Schumacker, R. E. (1997). An evaluation of Rosenthal and Rubin's binomial effect size display. *Journal of Educational and Behavioral Statistics, 22,* 109–117.

Thorndike, E. L. (1920). A constant error in psychological rating. *Journal of Applied Psychology, 4,* 25–29. DOI: 10.1037/h0071663

Thurstone, L. L. (1928). Attitudes can be measured. *American Journal of Sociology, 33,* 529–554. DOI: 10.1086/214483

Tuten, T. L., Urban, D. J. & Bosnjak, M. (2002). Internet surveys and data quality. In B. Batinic, U. D. Reips & M. Bosnjak (Eds.), *Online social sciences* (pp. 7–26). Seattle, WA: Hogrefe & Huber.

Tversky, A. & Kahneman, D. (1974). Judgment under uncertainty: Heuristics and biases. *Science, 185,* 1124–1131. DOI: 10.1126/science.185.4157.1124

Twenge, J. M., Konrath, S., Foster, J. D., Campbell, W. K. & Bushman, B. J. (2008). Egos inflating over time: A cross-temporal meta-analysis of the Narcissistic Personality Inventory. *Journal of Personality, 76,* 875–901. DOI: 10.1111/j.1467-6494.2008.00507.x

van der Zee, K. I, Bakker, A. B. & Bakker, P. (2002). Why are structured interviews so rarely used in personnel selection? *Journal of Applied Psychology, 87,* 176–184.

van Ijzendoorn, M. H. & Kroonenberg, P. M. (1988). Cross-cultural patterns of attachment: A meta-analysis of the strange situation. *Child Development, 59,* 147–156. DOI: 10.1111/j.1467-8624.1988.tb03202.x

Vellemann, P. & Wilkinson, L. (1994). Nominal, ordinal, interval, and ratio typologies are misleading. In I. Borg & P. P. Mohler (Eds.), *Trends and perspectives in empirical social research* (pp. 161–177). Berlin: De Gruyter.

Waldmann, H. C. (1997). *Sozialwissenschaftliche Methoden in der klinischen Forschung.* Frankfurt am Main: Lang.

Waldmann, H. C. & Petermann, F. (1998). Multiple group comparisons: Quasi-experimental designs. In A. S.Bellack & M. Hersen (Eds.), *Comprehensive clinical psychology* (pp. 63–89). New York: Pergamon.

Waldmann, H. C. & Petermann, F. (2005). Meta-Analyse und klinische Signifikanz. In F. Petermann & H. Reinecker (Hrsg.), *Handbuch der Klinischen Psychologie und Psychotherapie* (S. 101–111). Göttingen: Hogrefe.

Walster, E., Berscheid, E., Abrahams, D. & Aronson, V. (1967). Effectiveness of debriefing following deception experiments. *Journal of Personality and Social Psychology, 6,* 371–380. DOI: 10.1037/h0024827

Walter, O. B. (2010). Konfidenzintervalle. In H. Holling & B. Schmitz (Hrsg.), *Handbuch Statistik, Methoden und Evaluation* (S. 335–349). Göttingen: Hogrefe.

Weber, H. (2006). Persönlichkeit und Gesundheit. In R. Schwarzer (Hrsg.), *Gesundheitspsychologie* (S. 129–147). Göttingen: Hogrefe.

Weber, H. & Rammsayer, T. (2012). *Differentielle Psychologie – Persönlichkeitsforschung.* Göttingen: Hogrefe.

Weber, S. J. & Cook, T. D. (1972). Subject roles in laboratory research: An examination of subject roles, demand characteristics and valid inference. *Psychological Bulletin, 77,* 273–295. DOI: 10.1037/h0032351

Weintraub, S. & Mesulam, M.-M. (1985). Mental state assessment of young and elderly adults in behavioral neurology. In M.-M. Mesulam (Ed.), *Principles of behavioral neurology* (pp. 71–123). Philadelphia: F. A. Davis.

Welsh, D. P. & Dickinson, J. W. (2005). Video-recall procedures for examining subjective understanding in observational data. *Journal of Family Psychology, 19,* 62–71. DOI: 10.1037/0893-3200.19.1.62

Westermann, R. (1987). *Strukturalistische Theoriekonzeption und empirische Forschung in der Psychologie.* Eine Fallstudie. Berlin: Springer. DOI: 10.1007/978-3-642-955 39-6

Westermann, R. (2000). *Wissenschaftstheorie und Experimentalmethodik: Ein Lehrbuch zur psychologischen Methodenlehre.* Göttingen: Hogrefe.

Westhoff, K. (Hrsg.). (2009). *Das Entscheidungsorientierte Gespräch (EOG) als Eignungsinterview.* Lengerich: Pabst.

Westhoff, K. & Kluck, M.-L. (2008). *Psychologische Gutachten schreiben und beurteilen* (5., vollst. überarb. u. erw. Aufl.). Berlin: Springer.

Wettstein, A. (2008). *BASYS. Beobachtungssystem zur Analyse aggressiven Verhaltens in schulischen Settings.* Bern: Huber.

Weuster, A. (2004). *Personalauswahl.* Wiesbaden: Gabler. DOI: 10.1007/978-3-663-07661-2

White, A. E., Kenrick, D. T., Li, YJ., Mortensen, C. R., Neuberg, S. L. & Cohen, A. B. (2012). When nasty breeds nice: Threats of violence amplify agreeableness at national, individual, and situational levels. *Journal of Personality and Social Psychology, 103,* 622–634. DOI: 10.1037/a0029140

Wise, J. & Operario, D. (2008). Use of electronic reminder devices to improve adherence to antiretroviral therapy: A systematic review. *Aids Patient Care and STDs, 22,* 495–504. DOI: 10.1089/apc.2007.0180

Wittchen, H.-U., Zaudig, M. & Fydrich, T. (1997). *SKID-I und SKID-II. Strukturiertes Klinisches Interview für DSM-IV.* Göttingen: Hogrefe.

Wonnacott, T. H. & Wonnacott, R. J. (1990). *Introductory statistics for business and economics* (4th ed.). New York: Wiley.

World Health Organization (1992). *International Statistical Classification of Diseases ICD-10* (2nd ed.). Genf: WHO.

Worsley, P., Bechhofer, F., Brown, R., Jeffreys, M., McIntosh, M. & Newby, H. (Eds.). (1970). *Introducing sociology.* Harmondsworth: Penguin.

Wottawa, H. (1993) Spezielle Methodenfragen der Arbeits- und Organisationspsychologie als angewandter Disziplin. In W. Bungard & T. Herrmann (Hrsg.), *Arbeits- und Organisationspsychologie im Spannungsfeld zwischen Grundlagenorientierung und Anwendung* (S. 195–206). Bern: Huber.

Wundt, W. (1913). *Grundriss der Psychologie.* Leipzig: Kröner.

Yee, V. (2013, 14. März). Capturing the stories of a hurricane's survivors. *The New York Times.* Verfügbar unter: http://nyti.ms/Yv24f6 (Zugriff am 15.03.2013).

Zetterberg, H. L. (1973). Theorie, Forschung und Praxis in der Soziologie. In R. König (Hrsg.), *Handbuch der empirischen Sozialforschung* (Bd. 1, S. 103–160). Stuttgart: Enke.

Zifonun, D. (2010). Jenseits von „ethnic community" und „ethclass". Migrantenmilieus als lebensweltliche Individualisierungs- und Differenzierungsphänomene. In P. A. Berger & R. Hitzler (Hrsg.), *Individualisierungen* (S. 139–151). Wiesbaden: VS Verlag.

Zimolong, B., Elke, G. & Bierhoff, H. W. (2008). *Den Rücken stärken. Grundlagen und Programme der betrieblichen Gesundheitsförderung.* Göttingen: Hogrefe.

Zuckerman, M. & Reis, H. T. (1978). Comparison of three models for predicting altruistic behavior. *Journal of Personality and Social Psychology, 36,* 498–510. DOI: 10.1037/0022-3514.36.5.498

Glossar

Abhängige Variable (AV)
Bezeichnet in einem experimentellen Versuchsplan die Variable, mit der der Effekt der → *unabhängigen Variablen* erfasst wird. Sie lässt sich der Dann-Komponente der Hypothese zuordnen.

Adoptionsstudie
Durch den Vergleich nicht genetisch verwandter Personen, die in derselben (Familien-)Umwelt aufwachsen, lässt sich die Bedeutung der geteilten Umwelt abschätzen.

Aggregation
Bezeichnet die Durchschnittsbildung über mehrere Messungen, die zur Bildung einer Gesamtgröße führt. Die aus den Einzelmessungen abgeleitete Gesamtgröße wird auch als Aggregat bezeichnet. Dieses Verfahren dient zur Verringerung des Messfehlers. Aggregation kann über Personen, Beurteiler, Stimuli, Items, Situationen, Durchgänge oder Zeitpunkte erfolgen. Voraussetzung für den Erfolg der Aggregation ist das Vorhandensein einer gemeinsamen Varianz unter den Messungen, über die aggregiert wird.

Aggregierter Verhaltensindex
Bezeichnet einen Verhaltensindex, der durch → Aggregation über einzelne Verhaltensbeobachtungen entstanden ist. In Übereinstimmung mit dem Konzept der Kompatibilität der Messung von Einstellung und Verhalten ist es erforderlich, über unterschiedliche Verhaltensweisen zu aggregieren, um eine Verhaltensmessung zu erzielen, die mit einer generellen Einstellung übereinstimmt. Man spricht auch von „multiple act criterion". Ein aggregierter Verhaltensindex des religiösen Verhaltens kann z. B. das Beten vor den Mahlzeiten, den sonntäglichen Kirchenbesuch und das Unterstützen religiöser Organisationen durch Spenden umfassen.

Alpha-Fehler
(Ausführlich: Alpha-Fehlerwahrscheinlichkeit, alternativ: „Fehler der 1. Art") Bringt bei einem Hypothesentest die Wahrscheinlichkeit zum Ausdruck, mit der die Nullhypothese irrtümlich zurückgewiesen wird. Es wird z. B. erschlossen, dass ein nicht vorhandener Mittelwertunterschied zwischen zwei Populationen besteht. Wird nach konventionellen Vorgaben in der Regel auf 5 %, 1 % oder 0.1 % festgelegt. Wenn eine Teststatistik in einem vorher für die Zurückweisung der Nullhypothese festgelegten Extrembereich liegt, obwohl die Nullhypothese zutrifft, spricht man von Scheinbestätigung der Alternativhypothese oder „false positives" bzw. falsch-positiver Entscheidung.

Anamnese
Dialogische Methode zur Sammlung von Informationen über die Biografie und die aktuelle Befindlichkeit einer Person.

Antworttendenz

(engl. response set) Bezeichnet eine Verfälschungstendenz, die bei Befragungen und Beobachtungen auftreten kann. Sie beruht auf kognitiven Schemata der Teilnehmer und beinhaltet häufig eine Beschönigungstendenz. Ein Beispiel ist die → *soziale Erwünschtheit*.

Äquidistanz

bedeutet, dass die Abstufung einer Antwortskala, die in einem Test verwendet wird, so gestaltet wird, dass die Distanz zwischen jeweils zwei Abstufungen (nahezu) gleich ist. Die verbalen Anker „nie, selten, gelegentlich, oft, immer", für die numerischen Abstufungen von 1 bis 5, erfüllen z.B. diese Bedingung.

Assessment-Center (AC)

(engl. assessment – „Beurteilung") Das AC ist ein Personalauswahlverfahren, das unter mehreren Bewerbern diejenigen ermittelt, die den Anforderungen eines Unternehmens und einer zu besetzenden Stelle (am besten) entsprechen. Hierzu werden die Bewerber vor verschiedene Probleme gestellt und im Umgang mit diesen bewertet.

Aufforderungscharakteristika

(engl. demand characteristics) Explizite oder implizite Hinweisreize des Versuchsablaufs, die dem Teilnehmer bestimmte Erwartungen nahelegen und das Versuchsergebnis verfälschen können. Als Gegenmaßnahme wird der → *Doppelblind-Versuch* empfohlen.

Ausfall

(engl. attrition, mortality) Faktor, der die → *interne Validität* einer Studie beeinträchtigen kann: durch einen unterschiedlichen Ausfall von Teilnehmern in Experimental- und Kontrollgruppe wird deren Vergleichbarkeit eingeschränkt.

Axiom

Aussagen innerhalb einer Theorie, die nicht weiter abgeleitet werden können.

Beobachterdrift

Ohne tatsächliche Verhaltensänderung werden zunehmend mehr oder immer weniger relevante Ereignisse registriert.

Beschreibende Studie

Studie, bei der die Erfassung der Merkmalsausprägung der Untersuchungseinheiten auf interessierenden Merkmalsdimensionen im Mittelpunkt steht. Beispiel: Meinungsforschung.

Beta-Fehler

(Ausführlich: Beta-Fehlerwahrscheinlichkeit, alternativ: „Fehler der 2. Art") Bringt bei Hypothesentests die Wahrscheinlichkeit zum Ausdruck, dass die Alternativhypothese irrtümlich zurückgewiesen wird. Es wird z.B. erschlossen, dass ein tatsächlich vorhandener Mittelwertunterschied zwischen zwei Populationen nicht vorhanden ist. Da die Teststatistik im Geltungsbereich der Nullhypothese liegt und die Alternativhypothese tatsächlich zutrifft, spricht man von einer Scheinwiderlegung der Alternativhypothese oder von „false negatives" bzw. falsch-negativer Entscheidung.

Bewertungsskala	Stellt eine → Einstellungsskala dar, bei der die Bewertung von Sachverhalten oder Ereignissen durchgeführt wird. Bei einer fünfstufigen Skala wird die Verwendung der verbalen Label „stimmt nicht, stimmt wenig, stimmt mittelmäßig, stimmt ziemlich, stimmt sehr" für die numerischen Abstufungen empfohlen, um → Äquidistanz zu erreichen.
Biofeedback	Eine Methode, mithilfe derer der unmittelbaren Sinneswahrnehmung nicht zugängliche Veränderungen biologischer Parameter gemessen und somit zugänglich gemacht werden. Hierfür werden technische Hilfsmittel, wie die → *Elektromyografie*, verwendet. Die Methode wird z. B. im verhaltenstherapeutischen Kontext eingesetzt.
Biografisches Interview	Gesprächsform zur Erfassung von vergangenen für den Lebensverlauf besonders relevantem Verhalten.
Bionominal Effect Size-Display (BESD)	Stellt die Erfolgsrate einer Behandlung in der Versuchsgruppe im Vergleich zu einer unbehandelten Kontrollgruppe in einem 2×2-Schema dar und dient zur intuitiven Veranschaulichung von → *Effektstärkemaßen*.
Bipolare Ratingskala	Antwortskala, bei der die Endpunkte durch Gegensatzpaare verankert sind (z. B. gut vs. schlecht). Wird in → Semantischen Differenzialen verwendet.
Blocking	Bildung eines Blockfaktors, auf dem Personen aufgrund ihrer Ähnlichkeit zusammengefasst werden. Beispiel: Der Blockfaktor Geschlecht fasst alle Männer und alle Frauen zusammen, die in der Experimental- und Kontrollgruppe teilnehmen. Durch Blockfaktoren können potenzielle Störvariablen statistisch kontrolliert werden. Als Folge davon wird die → *Power* des statistischen Tests, der die Ergebnisse in Experimental- und Kontrollgruppe vergleicht, erhöht.
Blockfaktor	→ *Blocking*
Bodeneffekt	Tritt auf, wenn die Testitems eines Verfahrens zu „schwer" sind, wodurch auch Personen mit einer hohen Merkmalsausprägung diese Items nicht lösen können.
Computertomografie (CT)	Computergestütztes Röntgenverfahren zur Visualisierung des Gehirns und anderer innerer Strukturen des lebenden Körpers.
Daten	Merkmalsausprägungen auf bestimmten Merkmalsdimensionen bzw. Variablen, die Untersuchungseinheiten zugeordnet sind. Die Merkmalsdimensionen können quantitativ oder qualitativ sein. Daten werden üblicherweise in Tabellen dargestellt, deren Zeilen die Untersuchungseinheiten und deren Spalten die Merkmalsdimensionen repräsentieren.

Debriefing	→ Postexperimentelle Aufklärung.
Deckeneffekt	Tritt auf, wenn die Testitems eines Verfahrens zu „leicht" sind, wodurch auch Personen mit einer geringen Merkmalsausprägung eine hohe Testleistung erbringen können.
Delphi-Studie	Befragung ausgesuchter Experten zu einem komplexen Phänomen in einem mehrstufigen Verfahren.
Diskriminante Validität	Ausmaß, in dem die Messung eines Konstrukts (z. B. Gewissenhaftigkeit) unabhängig ist von der Messung eines anderen Konstrukts (z. B. Verträglichkeit).
Doppelblind-Versuch	Weder Versuchsleiter noch Versuchspersonen wissen, ob sich der Teilnehmer in der Experimental- oder Kontrollgruppe befindet. Dient zur Kontrolle von → *Aufforderungscharakteristika* des Versuchsablaufs und von → *Versuchsleitereffekten*.
Effektstärkemaß	Statistisches Maß für die Stärke des Einflusses einer (unabhängigen) Variable auf eine (abhängige) Variable. Kennzeichnet die praktische Bedeutung eines Zusammenhangs und ist unabhängig von der Stichprobengröße. Beispiele sind die Produkt-Moment-Korrelation r und Cohens d.
Eindimensionalität	Bedeutet bei einer Einstellungsskala oder einem Fragebogen, dass alle Items in einer → Faktorenanalyse auf dem ersten Faktor hohe Ladungen aufweisen (Generalfaktor). Ist die Voraussetzung für die Bildung eines Gesamtskalenwertes. Zur Bestimmung der Eindimensionalität wird der erste Faktor bzw. die erste Komponente extrahiert. Die Eindimensionalität hängt von der inhaltlichen Gleichheit (Homogenität) der Items ab.
Einfache unterbrochene Zeitreihe	Untersuchungsdesign mit mehrfach wiederholten Messungen, in das eine experimentelle Manipulation eingebettet ist. Dient dem Ziel, die Auswirkung einer Intervention auf der Grundlage einer größeren Zahl von Messzeitpunkten vor und nach der Intervention zu ermitteln. Eine Auswertungsmethode stellt die → *Regressions-Diskontinuitäts-Analyse* dar.
Einfache Zeitreihe	Mehrfach wiederholte Messungen, um zeitliche Trends zu ermitteln. Eine Erweiterung stellt die → *einfache unterbrochene Zeitreihe* dar.
Einstellung	Stellt eine kognitiv-motivationale Bereitschaft dar, die dem Verhalten Richtung und Antrieb gibt. Wird z. B. auf der Grundlage der → *Theorie des überlegten Handelns* gemessen. Eine andere Vorgehensweise fokussiert auf die Bewertung des Einstellungsobjekts.

Einstellungs-interview	Gesprächsmethode zur Personalauswahl und Personalentwicklung → *Multimodales Interview*, → *biografisches Interview*, → *situatives Interview*.
Einstellungsskala	Dient zur Messung von Einstellungen gegenüber einem Einstellungsobjekt durch standardisierte Selbsteinschätzung. Man unterscheidet Ein-Item-Skalen und Mehr-Item-Skalen. Die Skalen bestehen aus Einstellungsitems, die Aussagen über das Einstellungsobjekt enthalten. Die wichtigsten Techniken der Einstellungsmessung sind die Methode der gleich erscheinenden Intervalle (→ Thurstone-Skala), die Methode der summierten Einstufungen (→ Likert-Skala), die → Skalogramm-Analyse (Guttman-Skala), das → semantische Differenzial und die → Stapel-Skala. Man unterscheidet je nach der Antwortskala zwischen → Bewertungsskalen, → Häufigkeitsskalen und → Intensitätsskalen.
Elektroenzephalografie (EEG)	Über Elektroden, die auf der Kopfhaut angebracht werden, wird die Aktivität des Gehirns registriert. Das EEG hat eine sehr hohe zeitliche, jedoch eine recht geringe räumliche Auflösung.
Elektrokardiografie (EKG)	Durch auf dem Brustkorb platzierte Elektroden wird das mit jedem Herzschlag verbundene elektrische Signal aufgezeichnet.
Elektromyografie (EMG)	Dieses Verfahren dient der Messung der Muskelspannung. In der Regel erfolgt die Ableitung zwischen zwei Elektroden, die über dem zu untersuchenden Muskel auf der Hautoberfläche angebracht werden.
Elektrookulografie (EOG)	Bei diesem Verfahren wird die Augenbewegung als Änderung im elektrischen Potenzial zwischen zwei Elektroden, die um das Auge herum angebracht werden, gemessen.
E-Mail-Befragung	Teilnehmer werden gebeten, einen Fragebogen per E-Mail zu beantworten.
Entferntes-Treatment-Design	(engl. removed-treatment design) Versuchsplan mit wiederholten Interventionen, bei der die Manipulation („treatment") im Mittelteil des Versuchsablaufs zurückgenommen wird. Die Teilnehmer bilden in diesem Design ihre eigene Kontrollgruppe.
Entscheidungstheorie	Kennzeichnet den Entscheidungsprozess bei Vorgabe von mehreren Alternativen, analysiert seine Ursachen und sagt sein Ergebnis vorher. Der Entscheidungsprozess lässt sich in Vorentscheidungsphase, Entscheidung und Nachentscheidungsphase unterteilen. Grundbegriffe der Entscheidungstheorie sind Nutzen und Wahrscheinlichkeit, die in Erwartungs × Wert-Modellen kombiniert werden. Generell kann zwischen subjektiven Einschätzungen dieser Größen und ihren objektiven Werten unterschieden werden. Die

Dissonanztheorie betont den Unterschied der psychologischen Orientierung zwischen der Vorentscheidungsphase und der Nachentscheidungsphase. Der → Theorie des überlegten Handelns und der → Theorie des geplanten Verhaltens liegt ein Erwartungs × Wert-Modell zugrunde.

Ereigniskorrelierte Potentiale (EKP)

Bezeichnung für entweder von Sinneswahrnehmungen ausgelösten (evozierten) oder mit kognitiven Prozessen korrelierten Wellenformen im Elektroenzephalogramm (EEG) → *Elektroenzephalografie.*

Erhebungsintervall

Zeitspanne zwischen Erhebungszeitpunkten.

Erklärende Studie

Studie, bei der der Schwerpunkt auf dem Auffinden gesetzmäßiger Zusammenhänge zwischen Merkmalsdimensionen liegt.

Event-Sampling

Stellt eine Stichprobentechnik dar. Beobachtung von Beginn, bezogen auf Verlauf und Ausgang des zu beobachtenden Geschehens, ohne Festsetzung eines Beobachtungszeitintervalls.

Experiment

→ *experimentelle Studie*

Experimental-gruppe (EG)

Bedingung des experimentellen Plans, in der die experimentelle Manipulation verwirklicht wird, die aber ansonsten der → *Kontrollgruppe* entspricht.

Experimentelle Studie

Empirische Studie, die auf willkürlicher Einwirkung und systematischer Manipulation der → *unabhängigen Variablen* beruht, um Auswirkungen auf interessierende Phänomene zu erfassen, die durch die → *abhängige Variable* repräsentiert werden, während Störvariablen kontrolliert werden.

Experteninterview

Gesprächsform, in der dem Forscher das besondere Wissen der in die Situation und Prozesse involvierten Menschen (= Experten) zugänglich gemacht wird.

Explanandum

Im → *HO-Schema* ein empirischer Sachverhalt, der in einem singulären Satz beschrieben wird, der eine raum-zeitliche Spezifizierung enthält. Bezieht sich auf den zu erklärenden Tatbestand der Gesetzesaussage.

Explanans

Beinhaltet im → *HO-Schema* das → *Gesetz* und die → *Randbedingungen.*

Exploration

(lat. explorare = erforschen) Einsatz von Erhebungstechniken, um Information über die Person (Stimmung, Erinnerungen, Bedürfnisse, Motivation) zu erhalten.

Externe Validität   Bezieht sich auf die Generalisierung der Untersuchungsergebnisse und somit auf die Frage, ob die Ergebnisse nur für die untersuchte Stichprobe in der speziellen verwendeten Versuchsanordnung gelten oder auch unter anderen Gegebenheiten (Situationen, Populationen, → *Operationalisierungen* der unabhängigen und abhängigen Variablen).

Eye-Tracking   Beim Eye-Tracking werden Augenbewegungen in einer bestimmten Situation aufgezeichnet. Es handelt sich um ein optisches Verfahren, bei dem Augenbewegungen etwa mithilfe einer Videokamera aufgenommen werden. Die Exploration der Umgebung findet im Wechsel von schnellen Bewegungen der Augen (Sakkaden) und Fixationen (Blickfixierungen auf einen bestimmten Punkt im Raum) statt. Diese Sakkaden und Fixationen sind in den meisten Fällen die wichtigsten Faktoren der Augenbewegungsanalyse, auf deren Grundlage etwa Rückschlüsse auf nicht direkt beobachtbare kognitive Prozesse gezogen werden können.

Fallstudie   Stellt die detaillierte Untersuchung einer einzelnen Untersuchungseinheit, eines Einzelereignisses oder einer einzelnen Gruppe dar.

Falsifikation   Wissenschaftstheoretisches Prinzip, das die Zurückweisung von Hypothesen in den Mittelpunkt der empirischen Forschung stellt. Hingegen ist die → *Verifikation* einer Hypothese nicht möglich. Voraussetzung für die Zurückweisung der Hypothese ist die angemessene → *Operationalisierung* der Variablen, die in der Wenn- und der Dann-Komponente der Hypothese enthalten sind.

Faktorenanalyse   Multivariates statistisches Verfahren, das auf mathematischen Modellen zur Datenreduktion beruht. Die bekanntesten Extraktionsmethoden sind die Hauptkomponentenanalyse und die Hauptachsenanalyse. Aus einer größeren Zahl von Variablen wird auf der Grundlage ihrer Zusammenhänge, wie sie z. B. in Korrelationen ausgedrückt werden, eine geringere Zahl von Dimensionen bzw. Faktoren abgeleitet. Die Ladungen der Variablen auf diesen Faktoren werden statistisch berechnet. Sie repräsentieren die Korrelationen zwischen den Variablen und den Faktoren.

Faktorielles Design   Versuchsplan, in dem mehrere (wenigstens zwei) unabhängige Variablen gleichzeitig variiert werden, die auch Faktoren genannt werden. Die Faktoren werden systematisch miteinander kombiniert. Der einfachste Fall ist das 2×2-Design. Jede Abstufung eines Faktors wird mit jeder Abstufung des anderen Faktors kombiniert. Neben den Haupteffekten der Faktoren kann auch die statistische Interaktion unter den Faktoren getestet werden.

Fehler der 1. Art   → *Alpha-Fehler*

Fehler der 2. Art   → *Beta-Fehler*

Fishing   Vorgang, der die → *statistische Schlussfolgerungsvalidität* einer Studie beeinträchtigt: wiederholte Tests für signifikante Beziehungen können dazu führen, dass die Zahl der statistisch signifikanten Ergebnisse inflationiert wird, wenn nicht für die Anzahl der Tests korrigiert wird. Dadurch erhöht sich der → *Fehler der 1. Art.*

Forced-Choice-Format   Antwortformat, bei dem dem Beurteiler zwei widersprüchliche Feststellungen vorgegeben werden, mit der Instruktion, die Feststellung zu kennzeichnen, die seine Einstellung/Meinung besser repräsentiert. Der Beurteiler ist gezwungen, sich zwischen beiden Optionen zu entscheiden.

Fragen, direkte   Frageziel ist klar und unmissverständlich.

Fragen, geschlossene   Frage, bei der die Antwortalternativen feststehen.

Fragen, indirekte   Frageziel bleibt verdeckt.

Fragen, offene   Frage gibt keine Antwortalternativen vor.

Fremdbeobachtung   (unvermittelte Beobachtung) Eine auf äußere Situationen und das Verhalten anderer Personen gerichtete Beobachtung.

Geburtskohorte   Eine Gruppe von Personen, die alle einem bestimmten Geburtsjahrgang angehören, wodurch sich gleiche bzw. ähnliche Start- und Sozialisationsbedingungen ergeben.

Gegenstand   In der Prädikatenlogik Untersuchungseinheit, der ein Merkmal zugewiesen wird. Synonym wird der Begriff „Objekt" verwendet.

Geschichte   (engl. history) Ereignisse, die gleichzeitig mit der Behandlung stattfinden, können einen ungewollten Einfluss auf den beobachteten Effekt haben. Solche Probleme, die die → *interne Validität* bedrohen, können bei → *Vortest-Nachtest-Kontrollgruppen-Designs* auftreten, wenn zusätzliche Ereignisse parallel mit der experimentellen Manipulation stattfinden.

Gesetz   Allgemeine Aussage, die empirisch bewährt ist und verschiedene weitere Bedingungen erfüllt: Es fehlt ein raum-zeitlicher Bezug, die Aussage geht über den konkreten Erfahrungsbereich hinaus und die Struktur lässt sich als Wenn-Dann- oder Je-Desto-Aussage darstellen (→ *Hypothese*).

Gesprächsleitfaden	Vollständiger, konkret ausformulierter Plan für die Durchführung eines Gesprächs.
Groll	Faktor, der die → *Konstruktvalidität* einer Studie beeinträchtigt. Entsteht, wenn Teilnehmer, die in einer Kontrollgruppe keiner erwünschten Manipulation unterliegen, wie sie in der Experimentalgruppe gegeben ist, derart nachtragend oder demoralisiert sind, dass sie negativer reagieren als sonst. Dadurch besteht die Gefahr, dass die Kontrollgruppe besonders schlecht abschneidet.
Halo-Effekt	Stellt eine → *Antworttendenz* dar. Eine hervorstechende Eigenschaft einer Person „überstrahlt" andere Eigenschaften. Beispiel: die zu beurteilende Person erscheint als sympathisch. Als Folge wird die Person in einer ganzheitlichen Weise positiv eingeschätzt.
Häufigkeitsskala	Stellt eine → Einstellungsskala dar, bei der die Häufigkeit von Sachverhalten oder Ereignissen eingeschätzt wird. Bei einer fünfstufigen Skala wird die Verwendung der verbalen Label „nie, selten, gelegentlich, oft, immer" für die numerischen Abstufungen empfohlen.
Hautleitfähigkeit	Die Hautleitfähigkeit kann durch Anlegen einer konstanten Spannung an den Innenflächen von Fingern oder Händen erfasst werden. Mithilfe dieser Methode können Aktivierungsprozesse und Leitwertveränderungen bestimmt werden.
Hempel-Oppenheim Schema	→ *HO-Schema*
Heritabilität	Statistischer Kennwert zur Beschreibung des Beitrags genetischer Unterschiede an beobachteten Unterschieden zwischen Individuen.
Hindsight-Bias	Beinhaltet, dass Ereignisse im Nachhinein als notwendige Konsequenz der vorangehenden Geschehnisse interpretiert werden („es konnte nicht anders kommen"). Beruht auf einem Gedächtnisfehler, da die Erinnerung in die Richtung verzerrt wird, in die sich die Ereignisse entwickelt haben. Alternative Bezeichnung: Rückschaufehler.
HO-Schema	Deduktiv-nomologische Erklärung. Abkürzung für Hempel-Oppenheim Schema (benannt nach Carl Gustav Hempel und Paul Oppenheim). Verbindet die Aussagenlogik mit der Prädikatenlogik. Enthält ein → *Gesetz*, eine → *Randbedingung* und das → *Explanandum*. Gesetz und Randbedingung bilden zusammen das → *Explanans*.

Hypothese	Aussage, die sich auf den vermuteten Zusammenhang von mindestens zwei Variablen bezieht und die verschiedene Bedingungen erfüllt: Es fehlt ein raum-zeitlicher Bezug, die Aussage geht über den konkreten Erfahrungsbereich hinaus und die Struktur lässt sich als Wenn-Dann- oder Je-Desto-Aussage darstellen (→ *Gesetz*).
Identitätsdiebstahl	(engl. identity theft) Ein Dieb benutzt ohne Erlaubnis die persönliche Identität einer anderen Person.
Impliziter Assoziationstest (IAT)	Ist ein indirektes computer- und reaktionszeitbasiertes Verfahren zur Einstellungsmessung im Internet, das von dem amerikanischen Sozialpsychologen Anthony Greenwald und seinen Mitarbeitern entwickelt wurde. Die Testperson führt am Computer per Tastendruck Kategorisierungsaufgaben durch. Dabei werden Reize (z. B. Karriere) vorgegebenen Zielkategorien (z. B. Männlich) zugeordnet. Die Aufgabe kann schneller gelöst werden, wenn für stark assoziierte Kategorien (z. B. Männlich-Karriere) dieselbe Taste gedrückt werden muss als wenn weniger stark assoziierte Kategorien auf einer Taste gemeinsam belegt sind (z. B. Weiblich-Karriere). Beispiel: Wenn die Reaktionszeit kürzer bei stark assoziierte Begriffspaarungen (wie Männlich-Karriere) auf einer Taste im Vergleich zur Tastenbelegung von weniger stark assoziierten Paarungen (wie Weiblich-Karriere) ausfällt, wird dieses Ergebnis als Indikator für das Vorliegen eines Geschlechterstereotyps interpretiert.
Inhaltsvalidität	Ist dann gegeben, wenn gezeigt werden kann, dass die Testitems den Inhalt des Konstrukts, das gemessen wird, nachvollziehbar repräsentieren.
Instrumentation	Faktor, der die → *interne Validität* einer Studie beeinträchtigt: Veränderung des Inhalts einer Messung über die Zeit oder über Bedingungen, sodass diese Veränderung mit einem Effekt der experimentellen Manipulation verwechselt wird. Diese Bedrohung ist bei wiederholten Messungen im Allgemeinen und bei → *Vortest-Nachtest-Kontrollgruppen-Designs* im Besonderen relevant.
Interaktionseffekt	Wirkung einer unabhängigen Variablen A auf die abhängige Variable variiert in Abhängigkeit von der Ausprägung einer zweiten unabhängigen Variablen B.
Interne Konsistenz	Dient zur Bestimmung der Reliabilität eines Tests oder einer Skala (z. B. → Einstellungsskala) und ist eine Weiterentwicklung der Split-Half Methode, bei der der Test in zwei Hälften geteilt wird, um die Split-Half Korrelation zu berechnen. Stellt den Durchschnitt aller Split-Half Korrelationen, *die sich für alle möglichen Testhalbierungen berechnen lassen*, dar. Zur Berechnung wird in der Regel Cronbachs Alpha verwendet, das auf den amerikanischen Psychologen Lee Cronbach zurückgeht.

Internet	(Abkürzung für interconnected network) Verbindet Rechner, die an das Netz angeschlossen sind, untereinander zum Zweck des Datenaustauschs. Der bekannteste Internetdienst ist das World Wide Web (WWW).
Interne Validität	Bezieht sich auf die Frage, ob eine verlässliche Beziehung zwischen unabhängiger und abhängiger Variable erschlossen werden kann. Betrifft das Ausmaß der Gewissheit, mit der erschlossen wird, dass die Beziehung zwischen zwei Variablen kausal ist oder dass das Fehlen einer Beziehung das Fehlen eines kausalen Zusammenhangs impliziert. Die interne Validität wird z. B. bedroht, wenn Ursache und Wirkung gleichzeitig auftreten.
Intersubjektive Überprüfbarkeit	Bezieht sich darauf, dass Versuchsablauf und Datenerhebung nicht von den Fähigkeiten einer speziellen Person abhängen darf. Vielmehr sollte jede wissenschaftlich arbeitende Person das Experiment bzw. das gefundene Resultat nachprüfen können. Dazu ist es erforderlich, dass der Versuchsablauf und die Datenerhebung genau und bis ins Detail festgelegt und dokumentiert werden. Unter diesen Umständen können Beobachtungen von unterschiedlichen Forschern unabhängig voneinander nach dem gleichen standardisierten Schema kodiert werden, so dass sie in unterschiedlichen Forschungseinrichtungen wiederholbar sind.
Intervallskala	Dieses Skalenniveau erlaubt lineare Transformationen nach der Gleichung $s' = c \cdot s + d$. Das Verhältnis der Differenzen bleibt nach einer solchen linearen Transformation erhalten. Beispiel: Temperaturmessung.
Interview	Kommunikative Methode zur Datengewinnung über Einstellungen, Meinungen, Wissen oder Verhaltensweisen.
Interview, episodisches	Anhand eines Leitfadens werden zielgerichtet Fragen gestellt und der Befragte erzählt.
Interview, fokussiertes	Ziel des Interviews ist es, die subjektiven Erfahrungen der Befragten in der früher erlebten und vom Forscher aufgrund der Beobachtung analysierten Situation zu erfassen.
Interview, narratives	Interviewform, bei der der Verlauf völlig offen ist und der Interviewte ausführlich erzählen kann ohne Bewertung des Interviewers.
Interview, nicht standardisiertes	Enthält offene Fragen ohne vorgegebene Antwortkategorien.
Interview, problemzentriertes	Methodenkombination von qualitativem Interview, Fallanalyse, biografischen Methoden, Gruppendiskussion und Inhaltsanalyse. Im Mittelpunkt stehen die Erfahrungen des Befragten zu einem ganz bestimmten Problem oder Thema.

Interview, rezeptives	Aufnahme einseitiger, alltäglicher Mitteilungen nach wissenschaftlichen Regeln zur Exploration von Sachverhalten.
Interview, standardisiertes	Enthält geschlossene Fragen mit mehreren Antwortkategorien, festgelegter Gesprächsablauf.
Interview, stark strukturiertes	Inhalt, Anzahl und Reihenfolge sowie sprachliche Formulierung und Verwendungsweise von Antwortkategorien sind vorgegeben.
Interview, teilstrukturiertes	Fragen sind vorformuliert und vorbereitet, die Reihenfolge bleibt offen.
Interview, wenig strukturiertes	Enthält groben Gesprächsleitfaden, freier Gesprächsverlauf.
Intranet	Firmeninterne Netzwerke und Datenbanksysteme.
Itemanalyse	Umfasst statistische Verfahrensweisen, die der Entwicklung einer Skala auf der Grundlage bestimmter Kriterien dienen. Wenn die Itemanalyse nach dem Ansatz der → klassischen Testtheorie erfolgt, stehen die Optimierung von → Trennschärfe des Items, → Itemschwierigkeit und → Reliabilität der Skala im Mittelpunkt. Eine alternative Grundlage der Itemanalyse stellt die probabilistische Testtheorie (→ Rasch-Modell) dar.
Itemschwierigkeit	Wird durch den Schwierigkeitsindex eines Items erfasst, der die relative Häufigkeit, mit der das Item von den Teilnehmerinnen und Teilnehmern der Stichprobe zustimmend beantwortet bzw. gelöst wird, darstellt.
Intensitätsskala	Stellt eine → Einstellungsskala dar, bei der die Intensität von Sachverhalten oder Ereignissen eingeschätzt wird. Bei einer fünfstufigen Skala wird die Verwendung der verbalen Label „nicht, wenig, mittelmäßig, ziemlich, sehr" für die numerischen Abstufungen empfohlen.
Kategoriensystem	Geschehensstrom wird unter bestimmten Aspekten vollständig aufgeteilt, so dass in jedem Augenblick das beobachtete Verhalten einer und nur einer der zur Verfügung stehenden Kategorien zugeordnet werden kann.
Kausale Beziehung	Ursache-Wirkungs-Relation, bei der die Ursache die Wirkung auslöst oder hervorruft.
Klassische Testtheorie	Geht davon aus, dass sich der beobachtete Wert aus dem wahren Wert und einem zufälligen Messfehler zusammensetzt.

Kompatibilität	Kriterium, das sich auf das Niveau der Messung von zwei oder mehreren Testverfahren bezieht. Hohe Kompatibiliät bedeutet, dass das Niveau der Messung der Testverfahren übereinstimmt. Eine Anwendung ist die Verhaltensvorhersage durch Einstellungen, für die sich eine Anpassung des Niveaus der Messung von Einstellung und Verhalten empfiehlt, um hohe Kompatibilität zu erreichen.
Kompatibilitäts- prinzip	Bezieht sich auf die Einstellungs-Verhaltens-Relation. Wenn die Messung der Einstellung und des Verhaltens in der Handlung, im Ziel der Handlung, im Kontext und im Zeitpunkt korrespondieren, liegt hohe Kompatibilität zwischen den Messungen vor. Das ist eine Voraussetzung, um hohe Konsistenz zwischen Einstellung und Verhalten zu erzielen.
Kompensatorische Rivalität	Verzerrung, die entsteht, wenn Teilnehmer, die in einer Kontrollgruppe keine positive Manipulation erhalten, besonders motiviert sind, ihr Können zu präsentieren, weil sie eine Rivalität mit der Experimentalgruppe empfinden. Dadurch besteht die Möglichkeit, dass die Kontrollgruppe besonders gut abschneidet und die Experimentalgruppe, die die positive Manipulation erhält, erreicht oder sogar überholt. Das kann den → *Fehler der 2. Art* erhöhen.
Konfundierung	Überlagerung eines Effekts, die sich ergibt, wenn neben der unabhängigen Variablen weitere Kovariablen auf die abhängige Variable einwirken. Man spricht auch von einer Drittvariable, die als Störfaktor den Zusammenhang zwischen zwei Variablen beeinflusst. Bedeutet das Vorhandensein einer methodischen Alternativhypothese zu der inhaltlichen Hypothese, die ihre Bestätigung vortäuschen kann (→ *Alpha-Fehler*).
Konsistenzstreben	Stellt eine → *Antworttendenz* dar. Teilnehmer nehmen an, dass Merkmale natürlicherweise zusammenhängen und stellen unter ihren Antworten die Zusammenhänge her, von deren Existenz sie überzeugt sind.
Konstruktvalidität	Bezieht sich auf die Frage, ob die unabhängige Variable und die abhängige Variable die psychologischen Konstrukte der Hypothese, auf die sie sich beziehen, angemessen erfassen. Häufige Bedrohungen bestehen im → *Mono-Methoden-Bias*, in der → *Reaktivität* auf die experimentelle Situation und in → *Versuchsleitereffekten*.
Kontrollgruppe (KG)	Bedingung des experimentellen Plans, in der keine experimentelle Manipulation eingesetzt wird, die aber ansonsten der → *Experimentalgruppe* entspricht.

Konvergente Validität	Ausmaß, in dem zwei Messverfahren eines Konstrukts (z. B. Selbstbericht und Fremdbericht der Gewissenhaftigkeit) übereinstimmen bzw. „konvergieren".
Korrelationsstudie	Dient dazu, die Beziehung zwischen Variablen zu erforschen, ohne dass eine Manipulation dieser Variablen vorgenommen wird. Zwei Messreihen werden über die Untersuchungseinheiten der Stichprobe hinweg in Beziehung gesetzt.
Längsschnittstudie	Forschungsdesign zur Untersuchung individueller und sozialer Wandlungsprozesse. Bei einer Längsschnittstudie wird dieselbe empirische Erhebung zu mehreren Zeitpunkten durchgeführt und die Ergebnisse der einzelnen Untersuchungswellen werden verglichen.
Läsionen	(lat. laesio = Verletzung) Die Schädigung oder Störung einer anatomischen Struktur oder physiologischen Funktion.
Likert-Skala (andere Bezeichnung: Methode der summierten Ratings)	Stellt eine vielfach verwandte → Einstellungsskala dar. Die Antworten auf die Items des Tests werden auf einem Kontinuum eingeschätzt, das von starker Zustimmung bis starker Ablehnung variiert (→ Bewertungsskala). Die Konstruktion der Skala, die von dem amerikanischen Sozialwissenschaftler Rensis Likert entwickelt wurde, beruht auf der → Itemanalyse.
Logische Fehler	Beobachtungsverzerrung, bei der zur Beurteilung der Person Hinweise herangezogen werden, die nicht passen.
Magnetoenzephalografie (MEG)	Veränderungen in Magnetfeldern auf der Oberfläche der Kopfhaut werden mithilfe dieser Methode gemessen. Im Vergleich zum EEG hat das MEG eine höhere räumliche Auflösung.
Magnetresonanztomografie (MRT)	Mithilfe dieser Methode, die auch unter der Bezeichnung *Kernspintomografie* bekannt ist, werden hochauflösende Aufnahmen des Gehirns und anderer innerer Strukturen erstellt. Sie zeichnet sich u. a. durch eine hohe räumliche Auflösung und die Erzeugung dreidimensionaler Bilder aus.
Magnetresonanztomografie, funktionelle (fMRT)	Die funktionelle MRT ermöglicht die Darstellung aktiver Hirnbereiche, indem sie die Veränderung des Sauerstoffflusses in diese Bereiche misst.
Magnetstimulation, transkraniale	(lat. transkraniell = durch den Schädel hindurch) (TMS). Bei diesem Verfahren werden kortikale Neuronen durch ein zeitlich veränderliches Magnetfeld in ihrer elektrischen Aktivität beeinflusst, wodurch etwa reversible Läsionen hervorgerufen werden können.

Magnetstimulation, repetetive (rTMS)	Die schnell und regelmäßig aufeinanderfolgende Anwendung der TMS wird als repetitive TMS (rTMS) bezeichnet. Bei rTMS-Serien sind frequenzabhängig spezifische Effekte zu beobachten, die sich von denen bei der TMS unterscheiden; so kann etwa die Aktivität eines bestimmten Gehirnareals erhöht oder gehemmt werden.
Mehrebenenanalyse	Dieses Vorgehen berücksichtigt mehr als nur eine Betrachtungsebene (z. B. Schüler, die Schulklasse und Schulen). Damit kann die Mehrebenenanalyse neben personenbezogenen Merkmalen auch Aspekte des sozialen Kontextes (z. B. von Organisationen, aber auch Regionen) erfassen. Auf diesem Wege ist eine differenzierte Betrachtung komplexer Zusammenhänge möglich, da personenbezogene Merkmale (je nach Art des Umfeldes oder der Kontextbedingungen) unterschiedlich ausgeprägt sein können. Die Zahl der Ebenen, die einer Analyse zu Grunde gelegt werden, hängt von der Anzahl der Aggregationsstufen (→ Aggregation) ab, die in einer Studie gleichzeitig berücksichtigt werden sollen.
Messbedeutungs-problem	Schwierigkeit, Maße für Veränderungen zu finden, die gleichermaßen exakt quantifizierbar und individuell bedeutungsvoll sind.
Metaanalyse	Forschungsintegrativer Ansatz, bei dem die Ergebnisse mehrerer vergleichbarer Untersuchungen zu einer bestimmten Hypothese oder Forschungsfrage zusammengefasst werden. Effektstärkemaße einzelner Studien werden zu einem integrativen Effektstärkemaß zusammengefasst (→ *Effektstärke*).
Methode	Verfahren, die eingesetzt werden, um wissenschaftlich relevante Evidenz zu sammeln.
Milde-Effekt	Stellt eine → *Antworttendenz* dar. Beurteilungsverzerrungen zum Positiven, z. B. aus Mitleid.
Mittel-Zweck-Relation	Nach Campbell (1963) stellt das Verhalten das Mittel dar, um den Zweck, der durch die → *Einstellung* verkörpert wird, zu erreichen oder zu verwirklichen. Danach gibt es eine gemeinsame Basis – die erworbene Verhaltensdisposition –, auf die sich Einstellung und Verhalten gleichermaßen zurückführen lassen.
Mono-Methoden-Bias	Verzerrung, die entsteht, wenn die Variablen der Wenn- und der Dann-Komponente einer Hypothese durch die gleiche Methode (häufig handelt es sich um Selbstberichte) gemessen werden. Die Verzerrung in Richtung einer Erhöhung des Zusammenhangs wird durch gemeinsame Methodenvarianz hervorgerufen.
Mortalität	→ *Ausfall*

Multimodales Interview	Komplexe Form eines vorab geplanten und strukturieren Bewerberinterviews, das aus acht Gesprächskomponenten besteht.
Multipler Operationalismus	Wissenschaftliche Vorgehensweise, bei der das zu untersuchende Konstrukt durch mehrere parallele Verfahrensweisen („multipel") operationalisiert wird. Ermöglicht die Kontrolle der spezifischen Fehlerquellen jedes einzelnen Verfahrens.
Multitrait-Multi-method-Analyse	Verfahren, um gleichzeitig die konvergente und die diskriminante Validität zu prüfen. Dabei werden mehrere Eigenschaften einer Person mit jeweils mehreren Messverfahren gemessen. Auf der Basis der resultierenden Korrelationsmatrix kann die konvergente und diskriminante Validität statistisch abgeleitet werden.
Nahinfrarot-spektroskopie, funktionelle (fNIRS)	Ein optisches bildgebendes Verfahren, bei dem Veränderungen im Sauerstoffgehalt des Blutes im Hirn durch die Schädeldecke gemessen werden. Zur Messung dieser Veränderungen wird infrarotes Licht verwendet.
Natürliches Experiment	Eine Studie, die ein auf natürliche Weise hervorgerufenes Ereignis mit einer Vergleichsbedingung kontrastiert.
Nominalskala	Verwendung unterschiedlicher Symbole für unterschiedliche Sachverhalte, sodass eine symbolische Unterscheidung der Sachverhalte zustande kommt. Es geht um die Feststellung von „gleich" und „unterschiedlich". Beispiel: Kodierung des Geschlechts mit 0 (männlich) und 1 (weiblich). Wie „männlich" und „weiblich" kodiert wird, ist willkürlich. Man kann ermitteln, wie viele Fälle in jede der gebildeten Kategorien fallen. Auf dieser Basis ist die Berechnung von relativen Häufigkeiten möglich.
Nullhypothesen-Signifikanz-Test (NHST)	Testverfahren der Inferenzstatistik, mit dem die Wahrscheinlichkeit eines Stichprobenergebnisses unter der Nullhypothese berechnet wird.
Nur-Nachtest Design zum Vergleich von Experimental- und Kontrollgruppe	Versuchsplan, in dem die abhängige Variable in der Experimental- und Kontrollgruppe ausschließlich nach der experimentellen Manipulation der unabhängigen Variablen gemessen wird. Experimental- und Kontrollgruppe sind bei Randomisierung äquivalent, bei fehlender Randomisierung nichtäquivalent.
Objektives Wissen	Beruht auf der angemessenen Repräsentation von Daten, die intersubjektiv überprüfbar sind.
Objektivität	Ist gegeben, wenn die Datengewinnung, Auswertung und Interpretation der Daten nicht durch die ausführende Person (Beobachter, Interviewer, Versuchsleiter, Kodierer) beeinflusst werden.

Ökonometrie

Stellt statistische Ansätze bereit, um wirtschaftswissenschaftliche Tatbestände quantitativ zu beschreiben und wirtschaftswissenschaftliche Hypothesen empirisch zu prüfen. Wichtige Schwerpunkte sind → Entscheidungstheorie, Zeitserien, mathematische Gleichungssysteme und regressionsanalytische Ansätze.

Operationalisierung

(andere Bezeichnung: operationale Definition) Konkretisierung der in der Hypothese enthaltenen Begriffe/Konstrukte, um diese empirisch realisieren oder messen zu können. Grundsätzlich lässt sich zwischen der Operationalisierung durch Messung der Variable und durch Manipulation der Variable unterscheiden.

Ordinalskala

Verwendet die Rangfolge der Werte, die sich der Größe nach ordnen lassen. Aussagen als „größer", „kleiner" oder „gleich" können abgeleitet werden. Jede Transformation ist zulässig, die die Rangfolge erhält.

Panel

Besteht aus eingeschriebenen Mitgliedern, die sich bereiterklärt haben, an Befragungen wiederholt teilzunehmen.

Parametrische statistische Tests

Statistische Tests lassen sich in parametrische und nicht-parametrische Tests einteilen. Parametrische statistische Tests beinhalten Annahmen über die Verteilung der Testgröße (z. B. Mittelwert), in der Regel die Annahme der Normalverteilung. Nicht-parametrische Tests sind verteilungsfrei, da sie keine bestimmte Verteilung voraussetzen. Parametrische Tests setzen mindestens das Intervallskalenniveau voraus, während nicht-parametrische Tests für Daten auf Ordinal- oder Nominalskalenniveau geeignet sind.

Positronen-Emissions-Tomografie (PET)

Eine bildgebende Technik, die die Visualisierung von Gehirnaktivität ermöglicht. Bei diesem Verfahren müssen radioaktive Kontrastmittel injiziert werden, um die funktionelle Bildgebung zu ermöglichen.

Postexperimentelle Aufklärung

(engl. debriefing) Teilnehmer werden durch den Versuchsleiter über Details der Studie, ihre zugrunde liegende Hypothese und die verwendete Prozedur informiert, nachdem das Experiment stattgefunden hat.

Power

(alternativ: „Teststärke") Bezeichnet die Wahrscheinlichkeit, dass die Alternativhypothese aufgrund eines Hypothesentests angenommen wird, wenn sie zutrifft.

Prädikat

In der Prädikatenlogik das jeweilige Merkmal, das einer Person zugewiesen wird.

Primacy-Effekt	Informationen, die zu Beginn aufgenommen werden, üben einen besonderen Einfluss auf Urteile im Allgemeinen und Eindrucksbildung im Besonderen aus.
Psychologische Methodologie	Erkenntnisgewinnung durch die Anwendung wissenschaftlicher Methoden, die aus einer Sammlung von Regeln und Kriterien besteht, mit deren Hilfe die psychologische Forschung dargestellt und kritisch gewürdigt wird.
Quasi-Experiment	Stellt ein Experiment ohne zufällige Zuteilung der Untersuchungseinheiten auf die Bedingungen dar.
Querschnittsstudie	Forschungsdesign, bei dem eine Datenerhebung (z. B. Befragung, Inhaltsanalyse) zu einem einzigen Messzeitpunkt durchgeführt wird. Beim Querschnittsdesign verwendet man Zufallsstichproben, um die Repräsentativität zu gewährleisten.
Randbedingung	Teil des → *Explanans* im → *HO-Schema*. Gibt die Bedingungen an, unter denen das Explanandum auftritt. Beinhaltet singuläre Sätze, die sich auf raum-zeitlich eingegrenzte Sachverhalte beziehen. Stellt eine Teilklasse der Wenn-Komponente des → *Gesetzes* dar.
Randomisierung	→ *Zufallsaufteilung*
Rasch-Modell	Ist eine Messtheorie, die sich der probabilistischen Testtheorie zuordnen lässt. Geht auf den dänischen Statistiker Georg Rasch zurück. Wichtige Kennzeichen sind die spezifische Objektivität (Unabhängigkeit der Messung von der Auswahl der Items aus dem Itemuniversum), die latente Additivität, die beinhaltet, dass es für die Modellparameter eine mathematische Repräsentation gibt, in der sie additiv verknüpft sind, und die Abbildung von Itemparametern und Personparametern auf einer gemeinsamen, eindimensionalen Skala (→ Eindimensionalität). Die Wahrscheinlichkeit der Zustimmung zu einem Item ist eine Funktion beider Parameter. Je mehr der Personenparameter den Itemparameter übertrifft, desto größer ist die Wahrscheinlichkeit, dass die Person dem Item zustimmt. Dieser Zusammenhang wird in der Item-Charakteritik-Kurve dargestellt. Die Berechnung der Zustimmungswahrscheinlichkeit erfolgt auf der Grundlage der logistischen Funktion.
Ratingsystem	Der Ausprägungsgrad, mit dem bestimmte zu beobachtende Verhaltensweisen auftreten, wird durch den Beobachter anhand vorgegebener Ratingskalen (numerisch, verbal, grafisch) eingeschätzt.

Ratioskala	Es ist erlaubt, die Skala durch Multiplikation mit einer Konstante zu transformieren. Eine alternative Bezeichnung ist „Verhältnisskala". Verfügt über einen natürlichen Nullpunkt. Beispiel: Gewicht.
Reaktivität	Reaktion des Beobachteten auf die Beobachtungssituation. Die Beobachtung beeinflusst, was beobachtet wird.
Reaktivität auf die experimentelle Situation	Faktor, der die → *Konstruktvalidität* einer Studie beeinträchtigt: Beeinflussung des Verhaltens von Personen durch die Wahrnehmung der experimentellen Situation im Sinne der → *Reaktivität*.
Recency-Effekt	Zuletzt dargebotene Informationen werden bei der Urteilsbildung übergewichtet.
Regressions-Diskontinuitäts-Analyse	Statistisches Auswertungsverfahren auf der Basis der Regressionsanalyse für → *einfache unterbrochene Zeitreihen*, die zwei typische Folgen einer Intervention berücksichtigt: Verschiebung des Niveaus der Regressionslinie nach oben oder nach unten sowie die Veränderung der Steigung der Regressionslinie verdeutlichen das Vorliegen eines Effektes.
Regression zur Mitte	Statistischer Effekt, der bewirkt, dass bei Personen mit einem extrem hohen Wert in der Vortestmessung in der nachfolgenden Messung niedrigere Werte erzielt werden. Wenn die Teilnehmer einer Experimentalgruppe aufgrund extremer Werte (z.B hohe Lese-Rechtschreibschwäche) ausgesucht wurden und dann eine besondere Förderung erhielten, kann ein Erfolg der Förderung im Vergleich zur Kontrollgruppe vorgetäuscht werden (→ *Alpha-Fehler*). Stellt eine Bedrohung der → *internen Validität* dar.
Reifung	(engl. maturation) Natürliche Veränderungen über die Zeit können bei wiederholten Messungen zu Veränderungen der Ergebnisse führen. Diese Bedrohung der → *internen Validität* betrifft sowohl die Kontrollgruppe als auch die Experimentalgruppe in einem → *Vortest-Nachtest-Kontrollgruppen Design*.
Relevanz	Produkt aus → *Reliabilität* und → *Validität* einer Einstellungsskala. Hohe Reliabilität und hohe Validität sind notwendige Voraussetzungen, um die Relevanz einer Einstellungsskala zu gewährleisten.
Reliabilität	Ausmaß, in dem ein Messverfahren das, was es misst, genau misst. Genauigkeit der Messung eines Tests, die durch seine Konsistenz bestimmt wird. Neben der internen Konsistenz werden auch die Paralleltest-Reliabilität und die Retest-Reliabilität verwendet.

Reliable Change Index

Maß zur Bestimmung von intraindividueller Veränderung (im Sinne von Verbesserung), bei dem die Differenz aus Prä- und Posttestwert in Bezug zum Standardfehler der Differenzen gesetzt wird.

Replikation

Bezieht sich auf die Frage, ob die Ergebnisse in einer empirischen Untersuchung auf eine Vielzahl von Settings, Verhaltensweisen, Messverfahren, Versuchsleiter und Stichproben generalisiert werden kann.

Retest-Reliabilität

Ist eine Variante der Bestimmung der → Reliabilität und wird mittels der Testwiederholungsmethode durchgeführt. Dabei gibt man ein und denselben Test einer Stichprobe zweimal nacheinander vor und ermittelt die Korrelation zwischen den beiden Ergebnisreihen. Man spricht auch von Stabilitäts-Koeffizienten, die das Ausmaß der Invarianz der Ergebnisse bei Testwiederholung angeben. Voraussetzung für hohe Retest-Reliabilität ist die Konstanz der zugrundeliegenden Merkmalsausprägung über die Zeit (geringe Merkmalsfluktuation).

Rückschaufehler

→ *Hindsight-Bias*

Schwellenkonzept

Bezieht sich auf die Beurteilung der Konsistenz bzw. Inkonsistenz zwischen Einstellung und Verhalten. Wenn die Schwelle höher ist (weil die Aufgabe schwieriger ist), erreichen nur Personen mit einer stark ausgeprägten Einstellung (z. B. Vorurteilsfreiheit) das Kriterium (z. B. vorurteilsfreies Verhalten). Hingegen wird das Kriterium bei einer niedrigen Schwelle sowohl von den Personen erreicht, die die hohe Schwierigkeit meistern als auch von denen, deren Einstellung ausreicht, die niedrige Schwierigkeit zu bewältigen, ohne dass sie die hohe Schwierigkeit erfolgreich überwinden können. Bezogen auf Leistungen lässt sich das Schwellenkonzept durch ein Beispiel aus dem Skiort veranschaulichen: Wenn eine Skifahrerin einen steilen, schwierigen Hang herunterfährt, dann wird sie auch einen Anfängerhang bewältigen. Hingegen wird jemand, der über niedrige Fähigkeit verfügt, an dem steilen Hang stürzen, während die Anfängerabfahrt einfach genug ist, um sie mit der vorhandenen Fähigkeit zu bewältigen.

Sekundäranalyse

Erneute Auswertung von Daten, die bereits in früheren Untersuchungen gewonnen und ausgewertet worden sind.

Selbstbeobachtung

Eine auf sich selbst gerichtete Beobachtung, bei der die beobachtende Person selbst ihr Verhalten, ihre Gefühle, Gedanken oder Befindlichkeit beobachtet.

Selektive Ausgangsstichprobe

Auswahl der Stichprobe anhand definierter Kriterien (z. B. Alter, Region, Risikogruppe), die schon zu Beginn einer Längsschnittstudie zu Verzerrungen führen.

Selektive Stichprobenveränderung

Systematischer Ausfall von Studienteilnehmern im Rahmen einer Längsschnittstudie.

Selektion

Zwischen Experimental- und Kontrollgruppe finden sich systematische Unterschiede der Teilnehmer, die den beobachteten Effekt verfälschen können. Es kommt zu einer → *selektiven Stichprobenveränderung*. Stellt eine Bedrohung der → *internen Validität* dar.

Semantisches Differenzial

Stellt eine Methode der Einstellungsmessung dar, bei der die Endpunkte der Antwortskala mit Gegensatzpaaren benannt werden (z. B. gut – schlecht; → *bipolare Ratingskala*).

Sensitivität

Bezieht sich auf die Frage, ob die Einstellungsskala bedeutungsvolle Differenzen bezogen auf das zugrunde liegende Einstellungsobjekt erfasst.

Serendipität

(engl. serendipity) Eine Entdeckung, die unerwartet auftritt, inspiriert eine Hypothese oder Theorie.

Single-subject-Design

Untersuchungsdesign, in dem der Teilnehmer die eigene Kontrolle darstellt. Nachdem eine Baseline durch wiederholte Messung erfasst worden ist, folgt eine Intervention. Nach der Interventionsphase wird die Manipulation wieder rückgängig gemacht, um zu prüfen, ob die Intervention sich nach ihrer Beendigung noch günstig auswirkt. Besonders bedeutsam in der angewandten und klinischen Forschung.

Situatives Interview

Es werden realitätsnahe Arbeitssituationen geschildert und der Bewerber wird aufgefordert anzugeben, wie er in dieser Situation handeln würde.

Skalogrammanalyse

(alternativ „Guttman-Skalierung"): Es geht um die Frage, ob man n Personen und m Items auf einer Skala so platzieren kann, dass jede Person alle für sie leichten Items richtig beantwortet hat (bzw. ihnen zugestimmt hat), die kleinere Skalenwerte haben als die Person selbst, und kein Item richtig beantwortet hat (bzw. keinem Item zugestimmt hat), das einen größeren Skalenwert hat als sie selbst. Der Skalenwert der Person ist die Summe der gelösten Items. Er erfasst eine bestimmte latente Eigenschaft und die Skalenwerte der Items ihre Schwierigkeit. Dem liegt ein gemeinsames Kontinuum der Items und der Personen zugrunde. Die Passung des Skalierungsmodells wird durch den Replizierbarkeitskoeffizienten bestimmt.

Solomon-4-Gruppen Design

Kombiniert das Nur-Nachtest-Design zum Vergleich von Experimental- und Kontrollgruppe mit dem → *Vortest-Nachtest-Kontrollgruppen-Design*. Es kontrolliert Testeffekte und deren Interaktion mit der experimentellen Manipulation. Als reduzierte Version steht das Solomon-3-Gruppen Design zur Verfügung.

Soziale Erwünschtheit	Stellt eine Antworttendenz dar. Fragebogenitems werden so beantwortet, dass durch die Antworten ein möglichst günstiger Eindruck hervorgerufen wird.
Spearman-Brown-Formel	Wird verwendet, um die Reliabilität eines Tests zu schätzen, wenn er um einen bestimmten Betrag verlängert oder verkürzt wird. Geht auf die englischen Psychologen Charles Spearman und William Brown zurück.
Standardfehler	Standardabweichungen der Verteilung eines geschätzten Parameters (z. B. des Populationsmittelwerts).
Stapelskala	Vergleichbar mit → Semantischen Differenzialen, wobei anstelle von → bipolaren Ratingskalen unipolare Ratingskalen mit einseitiger Verankerung verwendet werden.
Statistische Schlussfolgerungsvalidität	Beinhaltet die Frage, ob die statistische Auswertung Gültigkeit aufweist. Dazu sind Fragen wie die Folgenden zu beantworten: Wurden reliable Messungen verwendet (→ *Reliabilität*)? Wurde eine hohe Teststärke (→ *Power*) erreicht? Wurden die Voraussetzungen des statistischen Tests verletzt? Wurde durch zahlreiche Tests eine Inflation statistisch signifikanter Ergebnisse herbeigeführt?
Szenario-Studie	Untersuchung, bei der die Teilnehmer gebeten werden, sich in die Hauptfigur eines Szenarios hineinzuversetzen. Das Szenario beinhaltet eine Geschichte, in der ein Handlungsablauf dargestellt wird.
Testen	(engl. testing) Faktor, der die → *interne Validität* einer Studie beeinträchtigt: in → *Vortest-Nachtest-Kontrollgruppen-Designs* kann die Darbietung eines Tests die Ergebnisse des nachfolgend dargebotenen Tests beeinflussen. Lässt sich auf → *Testungsfaktoren* zurückführen.
Testungsfaktoren	Fehlerquellen bei Wiederholungsmessungen, die das Verhalten bzw. die Leistung der Teilnehmer beeinflussen. Hierzu zählen Übungs- und Lerneffekte, Effekte des Testleiters und der Testsituation sowie Sättigungseffekte.
Theorie	Eine Menge von aufeinander bezogenen Konstrukten, Definitionen und Aussagen (→ *Axiome*, → *Gesetze*, → *Hypothesen*), die eine systematische Perspektive auf ein Phänomen darstellen, indem sie Beziehungen unter → *Variablen* spezifizieren mit dem Ziel der Erklärung und Vorhersage des Phänomens (→ *erklärende Studie*).
Theorie des geplanten Verhaltens	Stellt eine Weiterentwicklung der → *Theorie des überlegten Handelns* durch Icek Ajzen dar. Die Determinanten Einstellung gegenüber dem Verhalten und subjektive Norm der → *Verhaltensintention* werden um die wahrgenommene Verhaltenskontrolle erweitert. Von ihr wird angenommen, dass sie sowohl das Verhalten direkt beeinflusst als auch indirekt über die Verhaltensintention. Je höher die Barrieren, desto geringer die Verhaltenskontrolle.

Theorie des über-legten Handels	Einstellungstheorie von Martin Fishbein und Icek Ajzen (1975), die davon ausgeht, dass die → *Verhaltensintention* eine direkte Determinante des Verhaltens darstellt. Der Theorie liegt ein Erwartungs × Wert-Modell zugrunde. Denn die Verhaltensintention wird durch die Einstellung (bewertete Meinungen über das Einstellungsobjekt) und die subjektiven Normen, die danach gewichtet werden, wie stark die Person motiviert ist, ihnen zu folgen, vorhergesagt. Eine Weiterentwicklung ist die → *Theorie des geplanten Verhaltens.*
Thurstone-Skala	→ *Einstellungsskala,* die auf der Skalierung nach der Methode der gleich erscheinenden Intervalle beruht, die von Louis L. Thurstone entwickelt wurde. Solche Items werden ausgewählt, die möglichst konsistent eingestuft wurden und die auf das gesamte Antwortkontinuum verteilt sind.
Time-Sampling	Stellt eine Stichprobentechnik dar. Unterteilung der Beobachtung in exakt gleich lange Beobachtungsintervalle.
Trennschärfe	Wird durch den Trennschärfenkoeffizienten angegeben, der die Korrelation zwischen dem Item und dem Gesamttestwert (unter Ausschluss des jeweiligen Items) bezeichnet.
Unabhängige Variable (UV)	Stellt in einem experimentellen Versuchsplan die Variable dar, die manipuliert wird, um einen Effekt auf die → *abhängige Variable* auszuüben. Sie lässt sich der Wenn-Komponente der Hypothese zuordnen.
Untersuchungs-einheit	Das Objekt der Beobachtung oder Messung. Häufig eine Person, es kann aber auch ein Schimpanse oder Vogel sein, oder auch eine Gruppe von Personen oder Wochen eines Jahres bzw. Jahre eines Jahrzehnts.
Validität	Ausmaß, in dem eine Schlussfolgerung aus den Daten die bestmögliche Annäherung an die Wahrheit darstellt bzw. aus einem Versuchsergebnis sichere Schlussfolgerungen über die zugrunde liegende Hypothese gezogen werden können. Bezogen auf Messverfahren: Ausmaß, in dem ein Messverfahren das misst, was gemessen werden soll.
Variable	Merkmalsdimension, die im Unterschied zu einer Konstanten dadurch gekennzeichnet ist, dass sie unterschiedliche Merkmalsausprägungen aufweisen kann.
Veränderungs-messung	Methodik zur Erfassung intraindividueller Prozesse über einen längeren Zeitraum.
Veränderungs-messung, direkte	Veränderung wird retrospektiv erfasst, indem ein Beurteiler (z. B. der Patient) gebeten wird, die stattgefundene Veränderung direkt einzuschätzen.

Veränderungs-messung, indirekte	Prospektive Form der Messung, bei der die Differenzen zwischen den Werten zu Beginn und Ende einer Intervention als Indikator für die stattgefundene Veränderung herangezogen werden.
Verhaltens-beobachtung	Visuelle und/oder auditive Betrachtung von Personen, Geschehnissen oder sozialen bzw. interaktiven Prozessen und Situationen.
– aktiv-teilnehmende	Beobachter nimmt selbst aktiv an der Situation teil und beobachtet gleichzeitig.
– passiv-teilnehmende	Beobachter nimmt an der Situation teil, beobachtet jedoch nur.
– nicht-teilnehmende	Beobachter ist nicht anwesend oder kann von Beobachteten nicht gesehen werden.
– direkte	Beobachtung erfolgt zu dem Zeitpunkt, zu dem das Verhalten auftritt.
– indirekte	Beobachtung erfolgt zeitversetzt, z. B. anhand von Videoaufzeichnungen.
– geräteunterstützt	(vermittelte Beobachtung) Verhalten wird mit technischen Geräten aufgezeichnet und später ausgewertet.
– strukturierte	(Systematische) Beobachtung anhand eines festgelegten Beobachtungsplans.
– unstrukturierte	Keine oder sehr allgemeine Beobachtungsrichtlinien werden vorgegeben.
Verhaltensintention	Stellt die Handlungsabsicht dar, die entweder einen Plan beinhalten kann, in bestimmter Weise zu handeln oder eine Anstrengungsbereitschaft, entsprechend zu handeln. Steht im Mittelpunk der → *Theorie des überlegten Handelns* und der → *Theorie des geplanten Verhaltens*.
Verhaltensmessung	Bezieht sich auf Verhaltensweisen, die von außen beobachtet werden (→ Verhaltensbeobachtung) oder über die von den Akteuren in einem Verhaltensbericht Auskunft gegeben wird.
Verifikation	Bestätigung einer Hypothese, indem ihre Wahrheit festgestellt wird. In empirischen Wissenschaften logisch unmöglich (vgl. → *Falsifikation*).
Versuchsleitereffekt	Ungewollte und subtile Beeinflussung des Versuchsablaufs einschließlich der Versuchsergebnisse durch Merkmale und Erwartungen des Versuchsleiters. Als Gegenmaßnahme wird der → *Doppelblind-Versuch* empfohlen.

Versuchsleiter-erwartungen	→ *Versuchsleitereffekt*
Vortest-Nachtest-Kontrollgruppen-Design	Versuchsplan, in dem die abhängige Variable in der Experimental- und Kontrollgruppe zweifach gemessen wird, einmal vor der experimentellen Manipulation der unabhängigen Variable und einmal danach. Experimental- und Kontrollgruppe sind bei Randomisierung äquivalent, bei fehlender Randomisierung nicht äquivalent.
Webbasierte Umfrage	Softwaregestützte Befragung, bei der den Teilnehmern die Fragebogenitems seitenweise vorgegeben werden. Die Antworten der Teilnehmer werden durch die Befragungssoftware fortlaufend gespeichert.
Zeichensystem	(auch Indexsystem) Aufstellung einer Anzahl spezifischer Verhaltensäußerungen oder -merkmale (Zeichen), die während eines Beobachtungszeitraumes auftreten können.
Zentrale Tendenz	Stellt eine Antworttendenz dar. Bevorzugung mittlerer Ratings.
Zufallsaufteilung	(andere Bezeichnung: „Randomisierung") Aufteilung von Untersuchungseinheiten einer Stichprobe auf die Untersuchungsbedingungen nach Zufall, so dass die gleiche Wahrscheinlichkeit für jede Untersuchungseinheit besteht, jeder der Bedingungen zugewiesen zu werden.
Zufallsfehler	Beruht auf unsystematischer Fluktuation und stellt die Abweichung vom wahren Testwert dar, die auf Schwankungen im individuellen Befinden der Teilnehmer, auf situative Besonderheiten und auf Probleme mit dem Messinstrument zurückgehen.
Zufallsstichprobe	Bezeichnet die Auswahl von Teilnehmern in einer Stichprobe aus der zugrunde liegenden Population nach dem Zufallsprinzip. Wird auch repräsentative Stichprobe genannt.
Zustimmungs-tendenz	Stellt eine Antworttendenz dar, d. h. einer Feststellung unabhängig von ihrem Inhalt zuzustimmen. Andere Bezeichnung: Ja-Sage-Tendenz.
Zwillingsstudie	Der Vergleich der genetischen Übereinstimmung eineiiger Zwillinge und zweieiiger Zwillinge ermöglicht eine Schätzung, in welchem Ausmaß genetische Variationen für individuelle Unterschiede verantwortlich sind.

Sachregister